BIBLIOGRAPHIE

DES

MAZARINADES

PUBLIÉE

POUR LA SOCIÉTÉ DE L'HISTOIRE DE FRANCE

PAR C. MOREAU

TOME PREMIER

A — F

A PARIS

CHEZ JULES RENOUARD ET CIE

LIBRAIRES DE LA SOCIÉTÉ DE L'HISTOIRE DE FRANCE

RUE DE TOURNON, N° 6

M. DCCC. L

BIBLIOGRAPHIE

DES

MAZARINADES

A PARIS

DE L'IMPRIMERIE DE CRAPELET

RUE DE VAUGIRARD, 9

M. DCCC. L

BIBLIOGRAPHIE

DES

MAZARINADES

PUBLIÉE

POUR LA SOCIÉTÉ DE L'HISTOIRE DE FRANCE

PAR C. MOREAU

TOME PREMIER

A — F

A PARIS

CHEZ JULES RENOUARD ET CIE

LIBRAIRES DE LA SOCIÉTÉ DE L'HISTOIRE DE FRANCE

RUE DE TOURNON, N° 6

M. DCCC. L

EXTRAIT DU RÈGLEMENT.

Art. 14. Le Conseil désigne les ouvrages à publier, et choisit les personnes les plus capables d'en préparer et d'en suivre la publication.

Il nomme, pour chaque ouvrage à publier, un Commissaire responsable, chargé d'en surveiller l'exécution.

Le nom de l'Éditeur sera placé à la tête de chaque volume.

Aucun volume ne pourra paraître sous le nom de la Société sans l'autorisation du Conseil, et s'il n'est accompagné d'une déclaration du Commissaire responsable, portant que le travail lui a paru mériter d'être publié.

Le Commissaire responsable soussigné déclare que l'Édition préparée par M. C. Moreau *de la* Bibliographie des Mazarinades, *lui a paru digne d'être publiée par la* Société de l'Histoire de France.

Signé RAVENEL.

Fait à Paris, le 30 *avril* 1850.

Certifié,

Le Secrétaire de la Société de l'Histoire de France,

J. DESNOYERS.

INTRODUCTION.

Les grands catalogues de livres relatifs à l'histoire de France comprennent tous des listes plus ou moins étendues de Mazarinades; mais ces listes sont toujours fort incomplètes : elles ne contiennent guère que des titres réduits, qui ne peuvent pas aider le travailleur dans ses recherches; on y trouve à peine quelques renseignements sur les auteurs, sur l'origine et le caractère des pamphlets, sur la pensée politique qui les a dictés, sur les rapports de polémique qui existent entre plusieurs, sur les différentes éditions qui en ont été faites, enfin sur les obstacles que l'action de la justice a opposés à leur publication. Rédigées d'après des collections particulières, elles affectent la méthode que les possesseurs avaient appliquée dans le classement des pièces. Ainsi, l'ordre chronologique a été adopté pour le catalogue de La Vallière; et l'arrangement des cartons de M. Leber résulte d'une combinaison des matières et des dates.

Le père Lelong et ses savants continuateurs n'ont pu que se conformer au plan général sur lequel a été conçu le laborieux édifice de leur *Bibliothèque :* ils ont suivi l'ordre chronologique. Leur liste est, de toutes, la plus étendue sans contredit; elle comprend mille quatre cent trente-trois Mazarinades. Les titres sont en général exacts, les notes nombreuses et parfois assez développées. Pourtant, ce n'est pas encore là un travail complet; ce n'est pas même un travail suffisant. La science et l'attention des auteurs n'ont pu le défendre d'un peu de confusion; et dans la confusion, il s'y est glissé quelques doubles. Il me serait facile, d'ailleurs, d'y signaler des lacunes énormes et des erreurs considérables. Enfin, les reproches que j'ai faits aux listes des catalogues, je les ferai à celle de la *Bibliothèque historique*, avec le même fondement, quoique dans une autre mesure.

Je ne crois pas m'avancer trop en disant que jusqu'ici on n'avait pas encore étudié les Mazarinades dans leur ensemble; qu'on s'était contenté d'apprécier isolément celles que l'on avait rencontrées, sans les chercher peut-être; qu'on s'était borné à quelques anecdotes vérifiées avec peu de soin, à quelques jugements acceptés sans contrôle, et qu'ainsi la bibliographie des pamphlets de la Fronde était un travail à faire en quelque sorte tout entier.

Que sait-on des Mazarinades au delà de ce que Naudé nous en a appris dans son *Mascurat?* Presque rien. Le *Mascurat*, cependant, n'est qu'une défense du cardinal Mazarin contre les pamphlétaires. Naudé n'envisage qu'à ce point de vue les publications des frondeurs, si ce n'est qu'il en apprécie quelquefois la valeur purement littéraire; et à cause de cela, il en néglige le plus grand nombre. D'ailleurs, la première édition du *Mascurat* est d'août ou de septembre 1649; la seconde, du commencement de 1650, c'est-à-dire qu'il n'a pu y être question que des pamphlets publiés pendant le blocus de Paris, et tout au plus quelques mois après. Nous n'avons sur les trois dernières années de la Fronde que les renseignements épars dans les mémoires du temps, dans quelques ouvrages de critique ou de polémique et dans les pamphlets eux-mêmes.

Aussi, toutes les questions qui se rattachent aux Mazarinades, sont-elles restées fort incertaines. On s'est accoutumé à dire que les pièces qui ont paru pendant les luttes de Mazarin contre le Parlement et contre les princes, doivent être au nombre de sept ou huit mille. Pourquoi? L'*Interprète des écrits du temps* en compte huit cents à la fin de mars 1649. Naudé paraît accepter ce chiffre : il dit sept à huit cents. Guy-Patin, dans une lettre du 15 mars, ne parle que de cent cinquante; ce n'est évidemment pas assez. Dans l'*Adieu et désespoir des auteurs*, il est dit trois mille cinq cents; c'est trop. Prosper Marchand, dans son *Dictionnaire*, au mot *Anti-désintéressé*, a adopté les calculs qui suivent : du 6 janvier au 1er mars, deux cent quatre-vingt-six pièces; du 1er mars au 20, cent soixante-quatorze; du 20 mars au 1er avril, deux cents. Je ne sais pas où il a pris ce dernier chiffre; mais certainement les deux premiers sont empruntés aux deux *Lettres d'un gentilhomme suédois*, avec une légère transposition. Le gentilhomme suédois donne, en effet, deux cent quatre-vingt-quatre pièces au 1er mars, et au vingt, cent soixante-seize. Il existe une *Lettre du sieur Lafleur*, qui contient une liste de cent dix pamphlets au 9 février 1649; mais cette liste fait à peu près double emploi avec celle de la première *Lettre* du gentilhomme suédois. Deux ans après, en 1651, l'auteur anonyme du *Vrai caractère du tyran* n'annonçait pas moins de onze mille pièces; mais dans un autre pamphlet de la même date, les *Dernières convulsions de la monarchie*, on s'en tient à dix-huit grands volumes; ce qui, d'après les calculs les plus exagérés, ne pourrait jamais faire plus de douze à quinze cents Mazarinades.

Voilà toutes les données qu'il m'a été possible de recueillir. Sans doute il n'y a point à en tirer de conséquences absolues; cependant on peut remarquer que l'évaluation la plus élevée qui se puisse accepter pour le temps du blocus, est de huit cents. Le total des chiffres adoptés par Prosper Marchand ne monte qu'à six cent soixante; et les deux *Lettres* du gentilhomme suédois, qui méritent le plus de confiance, puisqu'elles contiennent les titres des pièces, ne présentent qu'une somme de quatre cent cinquante pamphlets jusqu'à la date du 20 mars.

Comptons mille Mazarinades pour toute l'année, à cause des actes officiels, tels que déclarations, édits, ordonnances, arrêts, qui n'ont pas été relevés dans les *Lettres* avec toute l'exactitude possible, et aussi à cause des plus insignifiants libelles, qui ont pu être négligés. Quelque envie qu'en eussent les plus hardis comme les plus obscurs pamphlétaires, la presse ne put pas vivre longtemps, après la paix de Saint-Germain, dans la liberté sans frein qui lui avait été accordée pendant le blocus. La justice, qui avait consenti à fermer les yeux, les ouvrit. Le Parlement rendit des arrêts; et le lieutenant civil fit saisir les pamphlets, arrêter les libraires, les imprimeurs, les colporteurs. Ce fut un moment de lutte très-vive entre les premiers efforts de l'ordre, pour reprendre l'empire, et les dernières tentatives de la licence, pour maintenir sa possession; mais ce ne fut qu'un moment. Il y eut certainement des publications frondeuses après la paix; il y en eut de violentes, de grossières, de cyniques; il y en eut de très-remarquables à des titres divers; mais il y en eut peu. Donc, en admettant même le chiffre de l'*Interprète des écrits du temps*, je ne crois pas qu'on doive porter beaucoup au-dessus de mille le chiffre des Mazarinades pour l'année 1649.

Cette année pourtant ne fut ni la moins active, ni la moins féconde. Ainsi, en calculant que la Fronde, dans ses diverses phases, de janvier 1649 à octobre 1652, a produit quatre mille pièces environ, on ne doit pas être très-loin de la vérité. L'essai de bibliographie que je publie, après des recherches poursuivies sans relâche depuis huit ans, contient moins de quatre mille titres.

Mais je ne compte, ni, dans les journaux, tous les numéros qui ont suivi le premier, ni, dans les pamphlets, toutes les *suites* et les éditions successives qui ont conservé les mêmes titres, ni, dans les actes officiels, ceux qui ont été enregistrés par la Chambre des Comptes ou par la Cour des Aydes, quand ils l'avaient été déjà par le Parlement. Or, ce n'est pas exagérer que d'en porter le nombre à sept ou huit cents, peut-être mille.

J'ai rencontré, il est vrai, quatre-vingt-deux titres qui n'ont pas pu avoir de rang dans mon travail; les uns, parce qu'ils désignent des pamphlets qui ont échappé à toutes mes recherches; les autres, parce qu'ils ont été tout simplement empruntés à la *Gazette*. Mais parmi les premiers, il en est quelques-uns qui me paraissent inexacts, et qu'il faudrait peut-être appliquer à des pièces qui m'ont passé sous les yeux; d'autres pourraient bien appartenir à des *Mazarinades* demeurées manuscrites. Je n'avais point à m'occuper des derniers [1].

La collection du duc de La Vallière, la plus curieusement faite, puisqu'elle avait été commencée par Se-

[1] Cependant pour ne rien négliger, je les ai recueillis et portés, tous, aux places que leur assignait l'ordre alphabétique. Mais je les ai marqués d'un astérique. Ainsi on les trouvera toujours facilement, sans qu'il soit possible de les confondre avec les pamphlets que j'ai vus, touchés, lus, et dont je puis certifier l'existence.

cousse, était aussi la plus nombreuse de toutes celles qui ont été classées avec quelque méthode. Elle se composait de soixante-sept cartons. A cinquante pièces par carton, elle n'en aurait encore donné que trois mille trois cent cinquante; à soixante, quatre mille vingt. Mais soixante, cinquante même sont des moyennes évidemment trop fortes. Il est tel pamphlet, l'*Histoire de la prison de M. le prince,* par exemple, qui remplirait presque, à lui seul, un carton. Je suppose d'ailleurs que la collection avait été scrupuleusement purgée de tous les doubles.

On comprend que Naudé n'a pu, que par une exagération poétique, parler des Mazarinades de 1649 comme d'essaims de mouches ou de frêlons qu'auraient engendrés les plus grandes chaleurs de l'été : *quàm sit muscarum et crabonum, quàm calet maximè.* Il cite, quelque part, un écrivain du Pont-Neuf qui a publié, à lui seul, jusqu'à six pamphlets dans un jour; et cependant il ne fait pas difficulté d'accepter, pour le temps du blocus de Paris, le chiffre de sept ou huit cents. Ailleurs, pour prouver la fécondité des pamphlétaires, il dit qu'on a vu paraître trente libelles par semaine. A ce compte, il n'y en aurait eu que trois cent soixante jusqu'à la paix de Saint-Germain.

Au reste, j'aurai occasion de démontrer que les Mazarinades n'ont pas toutes été imprimées. Loin de là; comptez qu'un quart, peut-être, est resté manuscrit.

Je ne prétends certainement pas être arrivé, par ces calculs, à déterminer d'une manière positive le nombre des pamphlets de la Fronde; j'ai seulement voulu montrer que je ne me suis pas arrêté, dans mes recherches, faute de patience; que j'ai pu croire mon travail à peu près aussi complet que possible, dans l'état des études sur les Mazarinades; et qu'il m'est permis de le présenter avec quelque confiance. Du moins est-il vrai qu'il n'existe point de collection, point de livre, qui aient pu me servir de guide et de modèle. Ce sera mon excuse.

Le cardinal de Retz a dit, quelque part, dans ses *Mémoires* : « Il y a plus de soixante volumes de pièces composées dans le cours de la guerre civile ; et je crois pouvoir dire, avec vérité, qu'il n'y a pas cent feuillets qui méritent qu'on les lise. » Le père Lelong n'en a conclu qu'une chose : c'est qu'apparemment, le cardinal ne faisait cas que des pamphlets qu'il a publiés lui-même, et qui, en effet, ne comprennent guère moins de cent feuillets. Je ne souscris pas tout à fait à cette conclusion, assez méritée pourtant ; car je me souviens que le cardinal de Retz a loué aussi, dans ses *Mémoires*, les pièces que Caumartin, Patru, Portail ont écrites pour lui ; mais je crois que son jugement général sur les Mazarinades est trop sévère. Il est vrai que les publications de la Fronde ne sont ni aussi vives, ni aussi spirituelles que les pamphlets de la régence de Marie de Médicis ; comme ces pamphlets n'ont ni l'originalité, ni l'âcreté, ni la verve des libelles de la Ligue. Il y a, dans cette succession de temps, un mouvement très-sensible de dégénérescence. La cause s'en découvre aisément ; elle est dans l'abaissement des intérêts, qui a eu, pour conséquence immédiate, l'affaiblissement des passions.

Mais il faut dire, cependant, que la Fronde a publié des pièces très-amusantes, très-gaies, qu'on peut lire encore ; des pièces très-hardies, très-importantes, qu'il faut toujours consulter pour la vérité de l'histoire. Parmi les premières, je citerai : l'*Agréable récit des barricades*, la *Lettre au cardinal burlesque*, l'*Interprète des écrits du temps*, la *Plainte du carnaval*, le *Terme de Pâques sans trébuchet*, la *France au duc d'Orléans endormi*, le *Burlesque remerciement des imprimeurs aux auteurs*, le *Ministre d'État flambé*, les *Triolets de Saint-Germain*, la *Remontrance burlesque du Parlement*, la *Lettre joviale à M. de Laboulaye*, la *Question dasthicotée*, le *Dialogue des deux Guépins*, etc.; parmi les secondes, le *Contrat de mariage du Parlement avec la ville de Paris*, la *Lettre du chevalier Georges*, la *Contribution d'un bourgeois de Paris*, le *Manuel du bon citoyen*, la *Lettre d'un religieux au prince de Condé*, la *Décision de la question du temps*, les *Raisons ou les Motifs véritables de la défense du Parlement*, le *Censeur politique au très-auguste Parlement de Paris*, l'*Anathème et l'Excommunication d'un ministre d'État étranger*, l'*Apologie pour monseigneur le cardinal Mazarin*, le *Sommaire de la doctrine curieuse du cardinal Mazarin*, la *Lettre d'un secrétaire de saint Innocent à Jules Mazarin*, le *Factum servant au procès criminel du cardinal Mazarin*, le *Catéchisme des partisans*, le *Catéchisme royal*, la *Parabole du temps présent*, l'*Avis, Remontrance et Requête par huit paysans*, l'*Avis à la reine sur la conférence de Ruel*, les *Demandes des princes et seigneurs qui ont pris les armes avec le Parlement*, la *Lettre d'avis écrite au Parlement de Paris par un provincial*, la *Requête civile contre la conclusion de la paix*, l'*Apologie pour messeigneurs les princes envoyée par madame la duchesse de Longueville*, la *Lettre des princes prisonniers au Hâvre*, le *Vraisemblable sur la conduite du coadjuteur*, le *Vrai et le faux du prince de Condé et du cardinal de Retz*, la *Lettre d'un marguillier*, la *Défense de l'ancienne et légitime Fronde*, les *Intrigues de la paix*, la *Doctrine chrétienne des bons François*, la *Croisade pour la conservation du roi et du royaume*, le *Tarif du prix dont on est convenu* (pour l'assassinat de Mazarin), l'*Esprit de paix*, l'*Histoire de la prison de M. le Prince*, la *Bataille de Lens*, la *Lettre d'Ariste à Nicandre sur la bataille de Réthel*, etc.

Les pamphlets de 1649 n'ont, pour ainsi parler, que deux sujets : la maltôte et Mazarin. Les financiers, traitants, partisans, monopoleurs, ont fait les frais d'une moitié des écrits sérieux ou burlesques de cette première année de la Fronde; Mazarin, de l'autre moitié. C'est alors qu'ont paru sa *Confession*, son *Testament*, et ce que j'appellerai ses Heures, le *Salve Regina*, l'*In manus*, le *De profundis*, etc. La reine régente, odieusement outragée, calomniée, trouve à peine un défenseur, comme le père Magnien; mais le roi est l'objet des respects et de l'affection de tous. Cinquante, cent pamphlets le comparent au soleil, qui dissipe les nuages, dont les rayons répandent sur la terre une chaleur féconde, vers qui toutes les fleurs se tournent avec amour. Cette comparaison est une sorte de lieu commun de l'éloquence parlementaire, comme de la presse frondeuse. On la trouve, à Paris, dans les harangues de l'avocat général Talon; à Bordeaux, dans celles du président de La Tresne. La Fronde avait pris pour devise et elle avait brodé sur ses drapeaux ces trois mots latins : *Querimus regem nostrum:* Nous cherchons notre roi.

Le Parlement avait ses courtisans et ses flatteurs; c'est tout simple : il gouvernait; il était vraiment le roi de la Fronde. L'armée de Paris était son armée; on l'appelait l'armée parlementaire. Les finances étaient entre ses mains; il levait des impôts par arrêt. Il avait à ses gages un maréchal de France, Lamothe Houdancourt, un prince de la maison de Lorraine, duc et pair de France, le duc d'Elbeuf. Il nommait des généraux, des gouverneurs de places. Ses louanges remplissaient bien des *cayers*, comme on disait alors; mais elles ne sont pas tellement unanimes qu'on ne rencontre, de temps à autre, des critiques sensées, des réflexions hardies, des attaques judicieuses autant que vives.

Je ne parle pas de la presse de Saint-Germain, qui le ménageait peu, on le comprend; je parle des pièces qui se publiaient à Paris même; et je cite en exemple le *Censeur politique*.

Au reste, les pamphlets de 1649 ne touchent que bien rarement aux grandes thèses de la politique. A peine en trouve-t-on quelques-uns où l'origine et le droit de la royauté soient discutés ou contestés par incidence. La polémique la plus haute qui se soit engagée, a pour objet cette question : La voix du peuple est-elle la voix de Dieu? Or, le peuple alors, et c'est un des pamphlétaires qui le fait remarquer, le peuple ne demandait que l'expulsion de Mazarin.

Ce qui abonde le plus après les pièces financières et mazariniques, ce sont les *Visions*, les *Apparitions*, les *Pronostics*. La Fronde entretenait un grand commerce avec les démons, les ombres et les sorciers. Alors elle était sotte; elle ne savait ni inventer avec art, ni raconter avec esprit. Ce commerce malheureux n'a pas produit une seule pièce supportable.

Dès le commencement du siége de Paris, le Parlement eut sa gazette : c'est le *Courrier françois*, que publiaient les deux fils de Renaudot. On raconte que leur père, partant pour Saint-Germain avec la cour, leur ordonna de rester à Paris et leur laissa des instructions pour rédiger un journal parlementaire. Son calcul était que le privilége de la *Gazette* lui serait ainsi certainement conservé, quelle que pût être la suite des événements. La secte des politiques est plus vieille que la Fronde.

Le *Courrier françois* eut un succès immense. Le pain ne se vendait pas mieux que ses cayers, dit l'auteur anonyme du *Commerce des lettres rétabli*. Il fut aussitôt traduit en vers burlesques, sous le même titre. Puis on vit accourir la foule des imitateurs, empressés de recueillir une part des bénéfices de l'invention ; et successivement parurent, tant en prose qu'en vers : le *Courrier plaisant*, le *Courrier extravagant*, le *Courrier souterrain*, le *Courrier de la cour*, le *Courrier bourdelois*, le *Courrier polonois*, le *Courrier étranger*, le *Courrier burlesque de la paix de Paris*, le *Mercure parisien*, le *Journal du Parlement*, le *Journal poétique de la guerre parisienne*. L'année 1649 produisit plus de journaux que les trois autres années ensemble ; mais beaucoup n'allèrent pas au delà de leur premier numéro ; et peut-être leurs auteurs ne leur avaient-ils pas promis une plus longue carrière. Il s'agissait simplement d'allécher les acheteurs par un titre que la vogue avait consacré. Les journaux, d'ailleurs, sont en général d'une rare insignifiance, et quelques-uns, de la sottise la plus plate.

Il n'en est pas ainsi des pièces burlesques, qui appartiennent également, pour le plus grand nombre, à l'année 1649. Elles se distinguent par l'esprit, par la verve, par la gaieté, mais aussi par le libertinage. La *Mazarinade* est de 1651. Je n'en suis pas moins d'avis que les pamphlets en vers qui ont été publiés pendant le blocus et peu après les conférences de Ruel, sont les meilleurs incontestablement.

Enfin je dois signaler une sorte de pièces qu'on ne rencontre plus après la paix : ce sont les pièces de Saint-Germain. Depuis la fondation de la *Gazette*, la presse était devenue, entre les mains de ministres habiles, un moyen de gouvernement. Elle instruisait l'opinion publique dans la mesure qui convenait à l'autorité ; elle la préparait à recevoir les impressions qui devaient naître des événements, provoqués ou prévus; elle lui donnait, pour ainsi parler, le ton que le pouvoir voulait lui faire prendre. Il faut bien que Richelieu et Mazarin aient tiré quelque utilité de ces communications, mystérieuses encore, puisqu'ils s'en servaient souvent; et on sait que le roi Louis XIII lui-même ne dédaignait pas toujours de s'en servir. Quand les premières résistances du Parlement éclatèrent, quand les assemblées de la salle de Saint-Louis ne laissèrent plus de doute sur le caractère de la lutte qui commençait à s'engager, il ne fut pas difficile de comprendre que la guerre se ferait autant avec la plume qu'avec l'épée. On avait l'expérience du règne précédent; et d'ailleurs on voyait déjà courir quelques pièces manuscrites.

A peine la cour fut-elle établie à Saint-Germain, qu'on installa dans l'orangerie du château une imprimerie. Renaudot en eut la direction. Il est naturel de croire qu'il n'avait été appelé de Paris que pour cet emploi. Il était ainsi chargé des publications de la cour; et quelquefois il y mettait la main. J'ai noté plusieurs pamphlets qui sont dus à sa plume, moins élégante, moins correcte même qu'exercée. Le 4 mars, le roi visita son imprimerie, et voulut voir manœuvrer la presse. Renaudot raconte, dans la relation intitulée : *le Siége mis devant le Ponteau de mer* (sic), qu'il improvisa des vers, dont quelques épreuves furent tirées en présence de Sa Majesté et distribuées aux courtisans. Le roi, avant de se retirer, récompensa magnifiquement les ouvriers.

C'est de cette imprimerie que sont sorties toutes les pièces de Saint-Germain, et notamment les éditions originales des deux billets du chevalier de La Valette. Quoique la cour ne se fût pas fait suivre d'une imprimerie, quand elle crut devoir sortir de Paris dans les années suivantes, elle ne négligea pas pourtant de s'adresser au public par la voie de la presse. Le maréchal de L'Hôpital dit au roi, dans l'*Avis sincère :* « Votre Majesté sait que, des beaux succès de M. le Prince, il n'en est pas un seul dont je ne me sois hâté de faire ébaucher promptement une relation à son désavantage. » Et Bussy nous apprend, pages 101 et 117 du IIe volume de ses *Mémoires*, qu'en 1652, il lui fut envoyé, de la cour, des pamphlets pour les répandre dans le Nivernais, dont il était lieutenant général.

La plupart des pièces qui furent publiées alors par ordre ou avec la permission du ministre, portent le nom de Julien Courant, imprimeur du roi à Pontoise. Quelques-unes parurent à Paris, où, même au milieu des plus grands troubles, le maréchal de L'Hôpital, gouverneur de l'Ile-de-France, eut toujours son imprimeur breveté. Deux pamphlets, écrits pour la défense du premier ministre, et peut-être par son exprès commandement, ont été imprimés au Louvre : ce sont les *Éclaircissements sur quelques difficultés touchant l'administration du cardinal Mazarin*, en 1650, et en 1652, les *Sentiments d'un fidèle sujet du roi sur l'arrêt du 29 décembre*.

En 1650, les pamphlets sont grossiers, cyniques, bavards, niais; ou bien ils sont raisonneurs; ils traitent, avec une certaine liberté, des affaires du gouvernement et de la diplomatie; ils se vantent de dévoiler les secrets de l'un et les mystères de l'autre. Mais il ne faut pas s'y fier : ils sont menteurs. On y trouve beaucoup de récits et d'anecdotes sur les négociations de Munster, sur les prétentions du prince de Condé, sur ses idées d'indépendance, sur son projet de se constituer quelque part, hors de France, une principauté souveraine. La grande affaire de cette année, c'est la prison des princes. Les pamphlets rentrent dans l'une ou l'autre des deux catégories que je viens d'indiquer.

selon qu'ils attaquent les princes ou qu'ils les défendent. Ils sont d'ailleurs peu nombreux. Le temps des luttes passionnées était passé; ou il n'était pas encore revenu.

Mais l'année 1651 amena l'alliance des deux Frondes d'abord, puis leur rupture et la guerre des princes. Les pamphlets, alors, prirent un caractère d'audace qu'ils n'avaient pas encore eu. Ils se mirent au service de toutes les haines, de toutes les ambitions; et ils ne respectèrent rien de ce qui fut livré à leurs emportements. On en vit, en 1652, qui provoquèrent hautement l'assassinat du cardinal et le masssacre des mazarins. Il n'y a pas de violence qui n'ait eu ses apologistes, pas même l'incendie de l'Hôtel de Ville.

Pendant la lutte des deux Frondes, les pamphlets sont personnels, insolents, remplis d'outrages, plus hardis que spirituels, plus emportés qu'habiles, plus raisonneurs que sensés. C'est le temps des pamphlétaires les plus illustres : Gondy, Joly, Sarrazin, Patru, Caumartin, Portail. La guerre éclate; et la presse aborde sans hésitation les questions les plus hautes, les plus ardues, les plus irritantes. Elle traite de la constitution de l'État, des droits du roi et du peuple, des priviléges des princes, de l'aristocratie; elle en traite avec passion, mais sans critique et sans doctrine. Le plus souvent sa politique est sotte et sa philosophie niaise; elle ne sait rien de l'histoire, rien de la morale, rien de l'homme, rien du gouvernement. Le Mazarin est encore poursuivi avec rage; mais c'est surtout à la reine qu'on en veut. Il y a sans doute des personnages qui prétendent à la place du ministre; mais il y en a aussi dont l'ambition, non moins impatiente, est plus haute. Ils voudraient que l'autorité de la reine cessât avec la régence. Louis XIV lui-même n'est pas toujours épargné. Après le combat de la porte Saint-Antoine, un pamphlétaire propose de loger le roi à

Saint-Denis, le duc d'Orléans au Louvre, et le duc de Valois à la place Dauphine.

Une remarque intéressante à faire, c'est que les libellistes réfugiés ont repris contre Louis XIV, avant, comme après, la révocation de l'édit de Nantes, les accusations et les reproches de la Fronde contre Mazarin. Pour s'en convaincre, il suffira de feuilleter l'*Alcoran de Louis XIV*, le *Breviarium politicorum*, le *Véritable tableau de la France*, les *Maximes de Louis XIV*, le *Salut de la France à M. le Dauphin*, etc. Qu'on me permette d'en citer un exemple, un seul; mais il n'est pas le moins curieux. Un pamphlétaire de la Fronde, Dubosc Montandré, dans le *Coup d'État du Parlement des pairs*, a dit : « Le pouvoir que les Francs donnèrent à Pharamond, à la naissance de leur monarchie, doit être la règle de la royauté françoise et le terme de son ambition. » Jurieu a tourné ainsi cette phrase dans les *Soupirs de la France esclave* : « Pharamond a établi la monarchie françoise sur ces deux lois : la première, que le peuple serait le maître de l'élection de ses rois; la seconde, que l'autorité des rois serait bornée selon la volonté du peuple. »

Ce que je viens de dire des pamphlets, indique déjà que la Fronde a changé de caractère dans ses différentes phases. J'ai besoin d'insister sur cet aperçu, pour que ma pensée soit bien comprise.

Au commencement, c'est-à-dire en 1649, c'était surtout une question d'impôt, dans laquelle le Parlement de Paris s'était engagé pour l'intérêt du peuple, moins que pour son intérêt propre. L'auteur anonyme du *Raisonnement sur les affaires présentes* a dit : « Une question de finances et de tyrannie fiscale. » Celui du *Bandeau levé de dessus les yeux des Parisiens* appelle le blocus de Paris, la guerre du droit annuel.

La France venait de conclure les glorieux traités de Westphalie ; mais elle entretenait encore contre l'Espagne, qui avait refusé la paix, trois armées, en Flandre, en Italie et en Catalogne. La guerre lui était fort onéreuse; car elle payait en outre tous ses alliés ; et Mazarin voulait qu'on fût avec eux d'une parfaite exactitude. Les finances étaient mal administrées. On ne savait vivre alors que d'expédients. Le meilleur surintendant était celui qui avait le plus de crédit auprès des prêteurs d'argent, et qui savait le mieux trouver ce que nous appelons aujourd'hui la matière imposable. Comme il n'y avait pas d'imagination si active et si féconde qu'elle pût suivre le mouvement toujours plus rapide des besoins du Trésor, il s'était formé, autour du conseil des finances, une classe d'exploiteurs que nous ne connaissons plus, celle des donneurs d'avis.

Il y avait une prime pour tout avis qui était reconnu, je ne dis pas bon, mais praticable. Puis venaient les traitants qui l'exploitaient. Comme le Trésor n'avait jamais d'argent, et qu'il ne pouvait pas attendre, ils faisaient au surintendant des avances proportionnées aux bénéfices qu'ils croyaient pouvoir se promettre ; et le plus souvent, c'était tout ce qui revenait de l'impôt à l'épargne. On comprend, en effet, que, pour avoir du crédit auprès des financiers, il fallait être très-coulant sur leurs comptes.

Entre autres pratiques du temps, je veux citer celle-ci : les fermiers des gabelles avaient fait insérer dans leur traité une clause qui leur assurait une indemnité considérable, pour le cas où la vente du sel ne produirait pas une somme donnée. Or, ce cas se présentait toujours; et voici comment : les fermiers ne payaient pas les officiers des gabelles, dont les gages étaient à leur charge. Ceux-ci toléraient la contrebande, parce qu'ils y trouvaient leur profit; et très-souvent, ils la faisaient eux-mêmes. Il en résultait un déficit énorme dans la vente publique. Le roi y perdait; mais les fermiers y gagnaient, d'abord le montant des gages des officiers, puis l'indemnité qui leur était garantie par le traité.

Sous un pareil régime, avec une guerre glorieuse sans doute, mais aussi très-onéreuse, c'étaient tous les jours, pour ainsi parler, de nouveaux impôts, des emprunts, des réductions des rentes de l'Hôtel de Ville, des augmentations de taxes, des créations d'offices. Paris supportait la plus grande part de ces charges. Il avait, de plus, deux raisons particulières de se plaindre : au commencement de la régence, Anne d'Autriche avait fait remise d'une partie des tailles aux contribuables. Il en résulta dans le Trésor un déficit. Les traitants ne furent pas remboursés de leurs avances. Le crédit de l'État en souffrit; et l'alarme se répandit partout. Les bourgeois, inquiets, retirèrent leur argent des mains des financiers. Ainsi la remise des tailles se convertit, pour le commerce, en faillites. C'est la première raison.

Voici la seconde : le désordre des finances qu'on palliait quelquefois, qu'on ne faisait jamais disparaître, avait obligé la cour, d'abord à suspendre le payement des rentes de l'Hôtel de Ville, ensuite à réduire les quartiers, à en supprimer même. Or, ces rentes étaient, toutes, entre les mains des bourgeois de Paris et des magistrats du Parlement.

Le mécontentement était donc grand dans la capitale, qui se ressentait, d'ailleurs un peu, des intrigues et des agitations de la cour. Le Parlement commença de s'échauffer à propos d'une taxe dont d'Émery prétendait frapper, à l'entrée de la ville, différents objets de consommation. Il éclata sur les conditions qui lui furent offertes pour jouir de la paulette. Le surintendant lui demandait quatre années de ses gages. Ce furent les maîtres des requêtes qui donnèrent le branle. La cour venait de créer, par édit, douze nouveaux offices. Les maîtres des requêtes protestèrent solennellement et en audience publique du Parlement, disant que la valeur de leurs charges en serait amoindrie. C'était encore une question d'argent.

Dans la lutte, le Parlement se souvint qu'il avait attribué la régence successivement à deux reines. Il affecta, pour mieux jouer son rôle, des prétentions au gouvernement de l'État; et il se laissa donner, s'il ne le prit pas lui-même, le titre ambitieux de tuteur des rois. C'est peut-être à cette politique qu'il dut de rester maître de Paris, malgré la présence du coadjuteur de l'archevêque, d'un maréchal de France, d'un prince de la maison de Lorraine, le duc d'Elbeuf, d'un petit-fils de Henri IV, le duc de Beaufort, d'une princesse et d'un prince du sang royal, la duchesse de Longueville et le prince de Conti. On crut pouvoir obéir sans bassesse au grand corps de magistrature qui se plaçait hardiment au-dessus du ministre, au-dessus de la régente même, et qui présumait assez de sa puissance pour couvrir de sa tutelle les rois mineurs. Toujours est-il que sa suprématie n'a point été contestée pendant toute la durée du blocus, et qu'il a pu faire la paix, quand il l'a voulu, malgré le mécontentement de la cour et du cloître.

Mais il arriva aussi que, par cette conduite, il concentra sur lui seul tous les ressentiments de la reine, des princes et des ministres. A Saint-Germain, on ne prêta qu'une attention très-secondaire aux questions de finances. On ne vit et on ne voulut voir que la rivalité de pouvoir à laquelle s'était élevé le Parlement. Peu importait que le peuple eût fait les barricades, et que les bourgeois eussent exigé, les armes à la main, la liberté de Blancmesnil et de Broussel. On l'avait oublié; et cela ne paraissait pas mériter qu'on s'en souvînt. Que des courtisans et jusqu'à des princes fissent la guerre au roi, on ne s'en inquiétait pas. Mais le Parlement avait désappris l'obéissance : il refusait de se rendre à Montargis, que lui avaient assigné, pour résidence, les ordres de la cour. Le Parlement aspirait à la domination : il avait proscrit, par arrêt, le cardinal Mazarin. Voilà ce qui était regardé, à Saint-Germain, comme la question capitale, je dirais volontiers comme la seule question. Aussi, dans le même temps qu'on renvoyait, sans les entendre, les députés du Parlement, le roi écrivait officiellement à l'Hôtel de Ville; et quand la reine était sollicitée de revenir à Paris, elle répondait d'une manière invariable : « Que le Parlement se retire par une porte; et le roi rentrera par l'autre. » C'était toute la condition de son retour. Nous verrons ailleurs que la cour se montra, dans toutes les circonstances, aussi facile, aussi bienveillante avec le peuple que sévère et fière avec le Parlement.

En 1650, la Fronde n'est plus qu'une intrigue. Le prince de Condé, qui, suivant l'expression d'un pamphlétaire, ne croit pas que le ciel soit au-dessus de sa tête, prétend tout dominer : la cour, le Parlement et le peuple. Le duc de Beaufort et le coadjuteur veulent se venger du prince. La reine et Mazarin, bien décidés à maintenir l'autorité royale, négocient à la fois avec les deux factions. Ils se tiennent prêts à frapper l'une par l'autre, n'importe laquelle. Si Condé n'avait pas été si impétueux et si hautain, on doit penser que la cour ne l'aurait pas sacrifié à la sécurité de trois ou quatre frondeurs, qui pouvaient bien s'allier momentanément avec elle, mais qui n'avaient garde de se livrer.

Dans ces circonstances, le Parlement se laissa entraîner un peu par son ressentiment contre le prince de Condé, beaucoup par les menées de quelques brouillons que soufflait le coadjuteur. Il suivit le mouvement; il ne l'imprima plus, ne le dirigea plus. Il avait été le principal acteur de la Fronde de 1649 ; il ne fut plus qu'un instrument de celle de 1650. Le peuple, fort désintéressé dans cette lutte, dont l'issue ne pouvait lui apporter ni la diminution de ses charges, ni la paix, mais trop habitué aux émotions de la place publique pour ne pas les accepter sans hésitation et sans crainte, le peuple céda aux inspirations qu'on voulut lui donner. Il célébra l'emprisonnement des princes par des feux de joie, et leur mise en liberté par des acclamations.

Il y avait alors deux Frondes : celle du Parlement et de la bourgeoisie, qui reconnaissait pour ses chefs le duc de Beaufort et le coadjuteur : on l'appelait la vieille Fronde; celle des princes, qui était la jeune Fronde; car elle était née après le blocus de Paris.

Mais la vieille Fronde n'avait plus ni l'élan qui avait fait les barricades, ni la puissance d'assentiment qui lui avait donné une armée. Elle avait été amoindrie, je ne voudrais pas dire par des défections, non pas même par des conversions, mais par des séparations très-naturelles, que justifient les changements survenus dans la situation générale des affaires. Elle avait été un intérêt; elle n'était plus qu'une ambition; moins qu'une ambition, une inquiétude, je ne sais quel besoin d'agitation et de bruit. Elle tendait à se personnifier, en quelque sorte, dans un petit nombre d'hommes et de femmes, qui ne pouvaient se l'assimiler que pour en faire une intrigue. Quelques-uns de ses membres influents l'avaient donc abandonnée pour la jeune Fronde, d'autres pour la cour.

Trop faible pour agir seule désormais, on la voit,

en 1650, contracter alliance avec le cardinal Mazarin, et lui livrer le prince de Conti, le duc de Longueville et le président Perrault, pour se garantir contre les ressentiments du prince de Condé, et, en 1651, s'allier au prince de Condé, pour tâcher de renverser le cardinal Mazarin. Dans cette même année 1651, elle se rapprocha encore une fois de la cour, pour combattre avec elle les princes, dont elle avait provoqué la mise en liberté par des pamphlets et par des arrêts du Parlement; mais, toujours inquiète et toujours mécontente, elle se rejeta bientôt dans la jeune Fronde, sans pourtant s'y confondre tout à fait. Malgré l'autorité du duc d'Orléans, qui consentit à lui prêter son nom, malgré l'activité et l'audace du coadjuteur, elle ne put jamais s'élever au-dessus du rôle secondaire auquel la paix de 1649 l'avait réduite.

C'est au milieu de ces complications que la guerre de 1651 éclata. La Fronde des princes, la jeune Fronde est sur le premier plan. Les armées lui obéissent, même celle que le duc de Beaufort commande avec une commission du duc d'Orléans. Elle domine Paris en dépit des résistances du coadjuteur; et quand, après le combat de Bleneau, le prince de Condé se présente aux portes de la ville, elle traîne l'oncle du roi lui-même sur les pas du victorieux.

Des intrigues et des vanités de cour, des haines privées, des préoccupations personnelles, des liaisons honteuses et immorales, voilà tous les mobiles de cette guerre. Sans doute le Mazarin est toujours pris à partie; mais il n'est plus guère qu'un prétexte. Au fond, toutes les factions s'arrangeraient fort bien de lui, si elles pensaient trouver, dans un accommodement, leur sûreté d'abord, et puis la perte de leurs ennemis. Le fait est qu'elles négocient à l'envi les unes des autres. Condé aimerait mieux Mazarin que le coadjuteur;

et le coadjuteur préférerait à Condé le Mazarin. Le duc d'Orléans est résigné à tout; on devine aisément qu'au premier ordre du roi, il quittera Paris, sans s'inquiéter de ce qui en arrivera pour ceux qui l'ont servi, ou plutôt qui se sont servis de son nom et de son autorité. Le Parlement, opprimé par les intéressés et les brouillons, est un instrument qu'on laissera briser, quand on n'en aura plus besoin ; et les bourgeois s'éloignent des partis avec dégoût, pendant que le peuple crie au palais, en attendant l'incendie de l'Hôtel de Ville.

La cour, cependant, suit avec fermeté le plan très-habile qu'elle s'était tracé dès le premier jour. En 1649, elle avait affecté de séparer le peuple du Parlement; en 1652, elle le sépare encore du parti des princes. Même au milieu des plus grandes fureurs de la guerre, elle n'a pour lui que des paroles de compassion, des prévenances et des caresses. J'en veux citer un exemple. Dans le temps que la cour était à Pontoise, par ordre exprès du roi, le pain de Gonesse fut réservé exclusivement pour le marché de Paris; et Louis XIV en donna, lui-même, avis au prévôt des marchands, par une lettre en date du 1er juillet 1652. La cour poussa la complaisance jusqu'à faire escorter, par des détachements de l'armée royale, les boulangers qui se rendaient à la ville. Il faut voir, dans les pamphlets de l'époque, l'effet immense de cette mesure si simple.

Une anecdote de 1649 se présente ici naturellement à ma pensée. Elle est, en effet, la contre-partie, pour ainsi dire, de celle que je viens de raconter. Je l'emprunte au *Manuel du bon citoyen*. « Dernièrement, par un stratagème qu'on ne peut honnêtement nommer, on fit cesser l'ordinaire des officiers du roi. Il n'y eut bon bourgeois qui n'en fût indigné, et qui n'offrît sa bourse pour réparer ce scandale. » C'était pendant le blocus de Paris.

J'ai le droit, assurément, de dire que quand, au milieu des luttes ardentes de 1652, les pamphlétaires touchaient aux questions les plus hautes et les plus délicates de la politique, c'était pure théorie. Ni le duc d'Orléans ni le prince de Condé ne pensaient à l'usurpation; et jamais le peuple ou le Parlement n'aurait été jusque-là.

Je ne sais pas ce qu'il faut penser de l'anecdote d'un hausse-col de la Ligue, qui aurait été brisé sur une enclume par ordre du coadjuteur. Elle est peut-être vraie ; mais le cardinal de Retz a-t-il bien pu écrire sérieusement, vingt ans après la Fronde, qu'il avait craint de voir renaître les furieuses passions de 1588 ? J'aurais beaucoup de peine à accorder qu'un reste du vieux levain eût fermenté encore dans quelque obscur réduit. Je nie absolument qu'il ait été pour quelque chose dans l'irritation de la bourgeoisie et dans les emportements du peuple. Au plus fort du blocus, le 20 février, on célébrait à Notre-Dame avec le même éclat, avec la même pompe, avec le même concours de peuple que par le passé, la messe commémorative de l'entrée de Henri IV à Paris.

Rien ne ressemblait moins à la Ligue que la Fronde. Ce n'en était ni un souvenir, ni une parodie, comme on l'a dit. Les pensées du Parlement ou du peuple ne remontaient ni si haut, ni si loin. Je n'ai vu qu'un seul pamphlet de la Ligue que les Frondeurs aient réimprimé. Il traite de la situation des finances sous le roi Henri III.

Si l'on veut trouver une similitude, il faut la chercher dans les troubles de la régence de Marie de Médicis. Là elle est grande et presque complète. Ce sont, du côté du Parlement, les mêmes prétentions ; du côté des princes, les mêmes ambitions ; du côté du peuple, la même résistance à l'impôt ; du côté de la cour, le même système de gouvernement. Aux deux époques, un roi mineur, une reine mère régente, un ministre étranger, italien, que manque-t-il ? Les états généraux comme en 1614 ? La noblesse les a demandés avec opiniâtreté ; deux fois, la reine régente les a convoqués ; et une fois du moins, le roi les a promis. Dès l'année 1649, une lettre circulaire du roi, en date du 23 janvier, ordonna que l'assemblée des états généraux se tiendrait, le 15 mars, à Orléans. Cependant il n'en fut question, lors de la paix, ni dans les articles de Ruel, ni dans ceux de Saint-Germain. Personne même, pendant tout le cours des conférences, ne parut s'en souvenir. On peut croire qu'en 1651, les élections furent faites et que des députés se rendirent à Tours, pour y attendre l'ouverture des états généraux, qui devaient s'assembler le 8 septembre; mais les événements de la guerre civile détournèrent les résolutions de la cour et l'attention publique. En 1652, dans le mois de février, les gentilshommes des bailliages autour de Paris firent, à Magny[1], un acte d'union qui renouvelait l'acte signé, le 6 février 1651, dans le grand couvent des Cordeliers. On se réunit encore à Maintenon, à la Roche-Guyon, à Dreux ; on envoya des députés au roi, qui promit les états généraux pour le 2 novembre; mais la Fronde finit le 22 octobre ; le roi rentra dans Paris, avec son armée, aux applaudissements des bourgeois et du peuple. On ne pensa plus qu'à obéir. La noblesse avait essayé de reprendre les errements de 1614 ; mais le Parlement l'avait contrariée ; et le Tiers État l'avait abandonnée. Le Parlement qui fit la paix de Saint-Germain en 1649, n'avait pas même daigné parler des états généraux, qui devaient pourtant, aux termes de

[1] Voir le *Journal de l'Assemblée de la noblesse*.

la lettre du 23 janvier, s'ouvrir quatre jours après la clôture de la conférence de Ruel; en 1651, il avait menacé d'un arrêt l'assemblée de la noblesse. Pendant les quatre années de la Fronde, on ne voit ni un acte de l'Hôtel de Ville de Paris, ni une manifestation de la bourgeoisie ou du peuple qui, sur ce point, ne se conforment aux dispositions du Parlement.

Faut-il ajouter qu'en 1648, comme en 1610, on sortait d'un règne victorieux et fort, et que si Henri IV avait livré Biron au bourreau, Louis XIII lui avait abandonné Chalais, Marillac, Cinq-Mars, Montmorency? Mais Marie de Médicis était loin de posséder le jugement, la fermeté, la constance d'Anne d'Autriche; et Concini n'avait pas plus l'habileté infinie, la pénétrante sagacité que la souplesse merveilleuse de Mazarin. Les rapports d'analogie qui existent entre les deux époques, sont si frappants qu'on put reprendre, pour la Fronde, des pamphlets de la minorité de Louis XIII, sans craindre de n'être pas compris de la multitude. C'est ainsi que parurent en 1649 et 1650, les uns avec quelques modifications nécessitées par les changements de personnes, les autres dans toute la pureté de leur texte primitif: l'*Ambitieux ou le Portrait d'Elius Sejanus*, le *Sejanus romain*, l'*Avis salutaire donné à Mazarin pour sagement vivre à l'avenir*, le *Bon François à M. le Prince*, le *Caquet de l'accouchée*, le *Diogène françois*, le *Donnez-vous de garde du temps qui court*, le *Gentilhomme françois armé de toutes pièces*, les *Lunettes à toutes âges*, le *Manifeste de M. le Prince envoyé au C.*, le *Dialogue du berger Damon et de la bergère Sylvie*, qui, composé pour l'emprisonnement de Henri II, prince de Condé, put être appliqué, sans y changer un seul mot, à l'emprisonnement du grand Condé, son fils.

La Fronde a été une réaction contre le ministère du

cardinal de Richelieu, comme les troubles de la régence de Marie de Médicis avaient été une réaction contre le gouvernement de Henri IV. On ne repoussait rien avec tant d'horreur que ce qui était appelé, dans le langage d'alors, le ministériat. Dans ses remontrances du 26 janvier 1649, le Parlement exprimait ainsi la doctrine du gouvernement en France : « La loi fondamentale de la monarchie veut qu'il n'y ait qu'un maître en titre et en fonctions ; de sorte qu'il est toujours honteux au prince et dommageable aux sujets qu'un particulier prenne trop de part à son affection et à son autorité, celle-là devant être communiquée à tous, et celle-ci n'appartenant qu'à lui seul. » Je ne crains pas d'affirmer que tel a été, du premier au dernier jour, l'esprit de la Fronde.

Un pamphlétaire, l'auteur anonyme du *Second discours d'État et de religion*, a très-bien exprimé la raison de l'impatience publique par ce mot : « Il y a trente-huit ans que la France est gouvernée par des régences de favoris et de ministres. » On avait retenu, des mœurs féodales, ce principe, que la liberté française consistait à ne rendre obéissance qu'au roi. La puissance ministérielle apparaissait donc en même temps et comme une usurpation sur l'autorité royale, et comme une injure au caractère de la nation. On ne la voyait pas seulement avec répugnance, avec chagrin, mais avec haine, avec une haine furieuse qui ne craignait pas de dire, comme dans le *Jugement rendu sur le plaidoyer de l'auteur de la* Vérité toute nue : « Louis XIII s'était acquis tant de bienveillance de tous les Français par l'assassinat du maréchal d'Ancre qu'il n'aurait jamais pu la perdre. » Je ne sais plus quel écrivain se plaignait, en 1651, de ne pas trouver entre tous les gentilshommes qui tenaient le parti des princes, un *cœur de Vitry*. L'opinion de la Fronde était unanime pour Henri III contre les Guises, et contre Concini pour Louis XIII.

Dans le parti contraire, plus d'un bon serviteur du roi répétait assurément, avec le vieux Brienne : « Je ne connais de ministre qu'à Charenton ou aux Mathurins. » Claude Joly raconte, dans son *Histoire de la prison de M. le Prince*, que le duc d'Orléans prononça, en plein Parlement, ces paroles : « Je reconnais que ce mot de ministre est une usurpation depuis quelques années, et qu'il ne devrait point être admis. » L'auteur des *Très-humbles remontrances faites au roi dans son avènement à sa majorité* définit ainsi le ministériat : « C'est un venin doux et lent qui corrompt les parties les plus saines de l'État, un charme trompeur pour le peuple, un piége tendu à la royauté. » Mais voici l'expression la plus curieuse de cette opinion : le *Politique universel* explique la chute des anges rebelles par ce fait qu'il y avait au milieu d'eux un premier ministre.

Est-il possible de ne pas voir là une réaction violente de la pensée publique contre ce qu'un pamphlétaire appelait, tout à l'heure, énergiquement la régence du cardinal de Richelieu? Prenons garde que si cette réaction a eu sa doctrine, c'est que déjà elle s'était manifestée dans les faits. Le premier acte du Parlement de Paris, en 1648, n'avait-il pas été de supprimer les intendants de justice, police et finances, qui lui avaient été substitués dans les provinces pour une bonne part de ses attributions? Quand on en vint à rédiger la fameuse déclaration d'octobre, il se montra assez facile sur l'article dit de la sûreté publique, qui garantissait les princes et les courtisans contre l'emprisonnement arbitraire; mais il ne relâcha rien de sa prétention à être rétabli dans la plénitude de sa juridiction criminelle; et il insista, avec autant de persévérance que de vigueur, pour que ses membres ne pussent être troublés, ni inquiétés à l'avenir dans l'exercice de leurs charges par lettres de cachet ou autrement. De leur côté, les princes, et à leur suite les grands seigneurs, cherchaient à ressaisir les charges de la cour et de l'armée, les gouvernements de provinces et de places que Richelieu leur avait enlevés. C'était le dernier gage de leur autorité et de leur indépendance. Quand ils auront été définitivement vaincus par Louis XIV, il ne leur restera plus qu'à se faire ministres sous Louis XV.

On obéissait au même esprit de réaction dans les provinces. En Normandie, c'était pour le Parlement une question d'argent; en Provence et en Guyenne, à la question d'argent se joignait une question de suprématie et de domination. Le Parlement de Rouen et celui d'Aix voulaient la suppression des semestres, dont l'établissement avait considérablement réduit le prix de leurs charges. Le Parlement de Bordeaux avait tout simplement supprimé, par arrêt, la Cour des Aydes qui siégeait à Agen; et il avait, par le même arrêt, repris les attributions dont l'édit de création de cette cour l'avait dépouillé. En Normandie, le gouverneur et le Parlement furent d'accord, en 1649, pour seconder la Fronde; en Provence le comte d'Alais, en Guyenne le duc d'Épernon, restèrent fidèles au roi contre les Parlements. Pendant les troubles de 1650, le Parlement de Rouen ne fit pas la moindre démonstration pour la cause des princes, qui était aussi celle du gouverneur de la province. Il avait été désintéressé par la suppression du semestre. Si le Parlement d'Aix obtint, dans l'affaire du semestre, la satisfaction qu'il demandait, il ne réussit pas tout d'abord à éloigner le comte d'Alais. Il continua donc ses luttes; mais le bruit n'en fut presque pas entendu hors de la Provence. Le Parlement de Bordeaux, qui ne prétendait à rien moins qu'au titre de Majesté, se jeta avec emportement dans toutes les querelles des princes, en haine du duc d'Épernon; et les peuples de la Guyenne, qu'il avait appelés à la révolte, demeurèrent les derniers sur le champ de bataille de la Fronde. Le prince de Condé avait quitté Paris et la France qu'ils combattaient encore.

Le cardinal de Retz a dit que, dans les premières agitations qui suivirent les jours heureux de la régence, on chercha les lois, et qu'on ne les trouva plus. Ce n'étaient pas les lois qu'on cherchait. Le terrible pouvoir de Richelieu avait longtemps courbé toutes les têtes. Quand le tout-puissant ministre fut mort, on se sentit plus libre; on se releva. On commença par jouir de sa liberté; puis on voulut l'essayer. On étendit les mains autour de soi. On ne trouva qu'une reine facile jusqu'à la prodigalité, un ministre bienveillant jusqu'à la faiblesse. On se montra exigeant alors. Princes, courtisans, parlement, peuple, ce fut à qui reprendrait ce qu'il avait perdu sous le règne précédent; mais comme la cour ne put pas contenter tout le monde, les cupidités se plaignirent; les ambitions s'emportèrent; des haines éclatèrent dans toutes les classes, dans toutes les conditions, à la cour et à la ville, dans l'armée et dans la magistrature, dans le clergé même. Mazarin, moins puissant et moins redouté que Richelieu, fut pourtant en butte à tous les ressentiments. On éleva aussitôt contre le ministériat une doctrine; et nous venons de voir qu'on la poussait jusqu'à l'assassinat! Mais plus on abaissait et plus on niait la puissance ministérielle, plus on exaltait l'autorité royale. Il était d'opinion et de principe que personne ne devait être assez hardi pour résister aux commandements du roi. Seulement il fallait que les commandements fussent directs, qu'ils vinssent bien réellement du roi et non d'un premier ministre. C'est avec cette subtilité qu'on se crut dispensé d'obéissance, un an encore après la majorité.

Voilà la Fronde. Je ne crains pas de dire que ses opinions et ses manifestations expliquent, autant du moins que le désordre où elle avait mis l'État, la puissance absolue de Louis XIV. J'aime la naïveté de ce mot de mademoiselle de Montpensier, parce qu'elle exprime admirablement la disposition des esprits : « Contre le roi, je ne vis jamais personne qui avouât d'en avoir été. » Tout le monde, en effet, fut pour le roi à toutes les époques de la Fronde; et il est vrai que, dans cette exaltation de la majesté royale, qui est le caractère le plus marqué de son règne, Louis XIV ne fut que le complice de ses sujets.

Dans cette double succession d'intérêts et d'événements dont je viens d'esquisser rapidement le tableau, les pamphlétaires, il est facile de le comprendre, ont dû former plusieurs catégories très-distinctes. Les uns ont été acteurs directs de la Fronde, comme le cardinal de Retz; leur plume obéissait à une conviction personnelle ou à une exigence de parti. D'autres, écrivains mercenaires, s'étaient vendus à une coterie ou à un homme. Entre ceux-ci, le plus célèbre est Dubosc Montandré. Les deux Laffemas, Du Châtelet, Verderonne, composaient des pamphlets pour s'amuser. Davenne cédait à sa folie. Mathieu de Morgues revenait à un ancien métier, qui lui avait valu, avec la haine de Richelieu, une assez grande renommée. Sandricourt, Du Pelletier, Nicolas Jamin, Mercier, Mathieu Dubos, Mengau, Du Crest, spéculaient sur la vente de leurs écrits. Enfin c'était la tourbe des séditieux qui ne demandaient qu'à faire du bruit, et des affamés qui cherchaient dans le scandale leur pain de chaque jour;

car tout le monde alors se mêlait d'écrire. « Il n'y avait enfant de bonne mère, dit l'auteur anonyme de la *Lettre du sieur Lafleur,* il n'y avait aucun véritable Français qui ne se crût obligé de donner une pièce au public. » Dans le *Remèrciement des imprimeurs au cardinal Mazarin,* on trouve ce passage, qui est à peine une hyperbole : « Une moitié de Paris imprime ou vend des imprimés ; l'autre moitié en compose : le parlement, les prélats, les docteurs, les prêtres, les moines, les religieux, les chevaliers, les avocats, les procureurs, les clercs, les secrétaires de Saint-Innocent, les filles du Marais. » Quelques barbouilleurs de papier se mettaient aux gages des libraires et s'obligeaient à fournir des pamphlets, à tant par semaine. Mathurin Questier, imprimeur sans crédit et sans argent, était de ce nombre. Suzanne de Nervèze, qu'on peut croire sœur de cet Antoine qui s'est honoré par sa lettre au prince de Condé pendant la minorité de Louis XIII, Suzanne de Nervèze, fille au moins septuagénaire, n'avait pas chez elle un bon dîner, suivant l'expression de la *Fourberie découverte.* Charlotte Hénault était à la fois la sœur et la servante de Jean Hénault, le libraire. Un pauvre pamphlétaire, l'auteur des *Généreux sentiments de Mademoiselle*, raconte qu'ayant été offrir à un grand seigneur un libelle de sa façon, il avait eu le visage égratigné par un singe, parce que son habit, tout déchiré, lui donnait l'aspect d'un mendiant.

Il est remarquable que l'intervention de personnages ou de littérateurs célèbres dans la guerre des pamphlets ne date, en quelque sorte, que de 1651. Jusqu'à cette époque, la presse est à peu près abandonnée aux écrivains de la Samaritaine et aux secrétaires de Saint-Innocent : aussi les pamphlétaires qui ont exploité le blocus de Paris, sont-ils restés presque tous inconnus. « Peu de bonnes plumes, dit Naudé, ont eu part à toutes ces compositions burlesques. » C'est de loin en loin qu'on rencontre quelques noms, soustraits, pour d'autres raisons, à l'oubli, comme ceux de Balzac, Laffemas, Cohon, Faure, Verderonne. Encore les quatre derniers défendent-ils la cause de la cour. Pourtant, Croissy et Portail appartiennent au parti du Parlement; mais Portail n'a certainement écrit son *Histoire du temps* qu'après la paix.

Les pamphlets sont très-rarement signés. Quand ils le sont, c'est d'un nom à peu près inconnu aujourd'hui, ou d'un pseudonyme, comme Nicolas Ledru, Sandricourt, Dorandre. Quelquefois ils portent des initiales ou des désignations arbitraires, dont il est presque impossible de pénétrer le sens. On en trouve, cependant, que des auteurs honorables ont avoués publiquement par leurs signatures. J'en citerai deux exemples qui n'ont pas été donnés sans courage; ce sont ceux du Père Magnien et de l'abbé de Lescalopier, qui n'ont pas craint de prendre hautement la défense de la reine, attaquée avec la plus odieuse violence.

Naudé a publié, dans son *Mascurat*, un signalement des bonnes pièces. Selon lui, on peut croire qu'une Mazarinade est de quelque valeur, quand elle n'a pas de premier feuillet blanc; ou quand l'impression est menue et compacte; ou encore quand elle se compose de six à sept feuillets; à plus forte raison quand elle réunit toutes ces conditions à la fois. Ces remarques peuvent être bonnes pour les pamphlets de 1649. Toutefois il ne faut pas douter qu'il n'y ait de nombreuses exceptions. Pour les écrits des trois années suivantes, les indications de Naudé sont tout à fait sans application. Il n'existe pas, à mon avis, de données qui autorisent à juger du mérite d'une pièce rien qu'à son aspect.

J'en dirai autant des noms des imprimeurs. Les plus séditieux pamphlets, suivant Naudé, sont sortis des presses de la veuve Coulon. « Robert Sara, au contraire, la veuve Guillemot et Cardin Besoigne n'ont pas imprimé des pires. » Encore une fois, j'admets tout cela pour 1649; mais il n'y a rien à en conclure pour les trois dernières années de la Fronde. J'ai dressé une liste de tous les imprimeurs et libraires dont les noms se lisent sur le titre ou à la fin des Mazarinades. On en compte environ cent cinquante, tant de Paris que des provinces. Je ne pense pas qu'on puisse désigner avec certitude ceux qui se sont signalés par les publications les plus remarquables, quelque sens qu'on attache à cette épithète... Morlot, qui faillit être pendu pour la *Custode de la reine,* a publié, à la louange d'Anne d'Autriche, des pièces pleines de chaleur.

Un pamphlétaire qui apparemment devait avoir de bons renseignements, l'auteur de l'*Anti-Satyre*, a dit des écrivains, qu'il prétendait bien défendre : « Il leur est indifférent de louer ou de blâmer, de noircir ou de blanchir la vie d'un homme, de justifier ou de condamner ses actions, de faire son satyrique ou son apologie, de le mettre au rang des saints ou des démons... De croire que les auteurs, au moins pour la plupart, épousent quelque parti, et n'écrivent qu'avec dessein, c'est une tromperie manifeste... J'en connois de qui la plume est toujours mal taillée, lorsqu'il faut tracer des invectives, ou écrire les fourbes du vice. » Ce qui était vrai des écrivains, l'était au moins autant des imprimeurs. Les uns et les autres n'avaient, dans leur conduite, d'autre règle que l'opinion populaire, d'autre passion que l'amour du gain. La seule chose qu'il soit utile de savoir, c'est que Guill. Sassier fut nommé imprimeur du maréchal de L'Hôpital, le 16 mars 1650, Vivenay, imprimeur du prince de

Condé, vers la fin de la même année, et que la veuve Guillemot reçut un brevet du duc d'Orléans le 2 décembre 1651. Ces faits établissent le caractère officiel, en quelque sorte, de certains pamphlets.

Aux écrivains du Pont-Neuf, les imprimeurs du mont Saint-Hilaire; c'est dans l'ordre. La plus grande partie des Mazarinades a été imprimée autour du Puits-Certain. On ne peut rien imaginer de plus médiocre en typographie. Le papier est mauvais et sale; les caractères sont usés, l'encre pâteuse, la justification irrégulière, la correction détestable. Ce n'est plus l'art; c'est le métier.

Les pièces des auteurs qui s'étaient mis aux gages des libraires, ou qui plaçaient l'espoir de leur journée sur un libelle, étaient quelquefois livrées à l'imprimeur avant même d'avoir été achevées; mais, en général, les meilleures, les plus importantes, celles qui avaient été calculées avec le plus de soin, et dont les partis attendaient le plus d'effet, circulaient d'abord manuscrites. On les communiquait à ses amis; on les lisait dans les réunions politiques; les plus curieux en prenaient des copies; tout Paris en parlait déjà, qu'elles n'avaient pas encore paru. Il arrivait que, dans ce mouvement de circulation mystérieuse, une copie tombait entre les mains d'un libraire, qui s'emparait du pamphlet, le faisait imprimer pour son compte, et le vendait. C'est ainsi que les premières gazettes imprimées de Loret ont reçu une publicité contre laquelle il protesta vainement, et dont il ne cessa de demander vengeance, jusqu'au moment où un accident, arrivé à son copiste, le décida à les donner lui-même à l'impression. On rencontre parfois deux éditions d'un même livret, de la même date, mais chez deux libraires et avec deux titres différents. On peut croire que le livret a été publié sans la participation de l'auteur, sur des copies qui couraient, et que les libraires avaient ramassées.

Bernard de Bautru, avocat au Parlement de Paris, fut enfermé au Châtelet pour délit de presse, au mois de mai 1649. Il s'agissait du *Discours sur la députation du Parlement au prince de Condé*. On ne l'accusait pas de l'avoir écrit : tout le monde l'en reconnaissait parfaitement incapable. Son crime était d'avoir offert ce pamphlet à Desdin d'abord, puis à Boucher, pour l'imprimer. Ce procès fit un très-grand bruit. Guy Joly dans ses *Mémoires,* Guy Patin dans ses *Lettres,* en parlent assez longuement. Ni l'un ni l'autre n'a songé à relever cette circonstance de l'accusation. C'est qu'apparemment elle n'avait rien que d'ordinaire. Bautru soutient, dans son *Factum*, que le *Discours* avait été répandu en manuscrit, plus d'un mois avant d'être imprimé, et qu'il n'avait pas été nécessaire d'engager les libraires, si friands de pareils morceaux, à le mettre sous la presse. C'était, en effet, une bonne fortune que la rencontre d'un libelle injurieux, à la fois, pour le prince de Condé et pour le Parlement.

Il fut acquis au procès que Bautru aimait à faire copier des pamphets par son clerc. Talon raconte que le cardinal de Retz lui apporta, en manuscrit, l'*Avis important et nécessaire à M. le duc de Beaufort et à M. le coadjuteur,* et qu'il le lui présenta comme une pièce dont il avait fort à se plaindre. L'*Avis* ne fut imprimé que plusieurs jours après. J'ai lu dans une lettre de Bonair qu'il avait composé plus de 150 pamphlets en faveur du cardinal Mazarin, qui n'avait pas voulu qu'ils fussent imprimés. Faisons rire, dit l'auteur de la *Poésie sur la barbe du P. P.*,

> Faisons rire
> Tous ceux qui ces vers *écriront*,
> Ou, *écrits*, après les liront.

Dans la *Pierre de touche aux Mazarins,* Saintot, le conseiller au Parlement, est accusé de donner des relations *manuscrites* à certains cabaretiers. Enfin, l'écrivain qui a composé la *Retraite de Mazarin et de ses nièces à Cologne*, dit qu'il répond à un pamphlet non imprimé, *le Fantôme errant de Mazarin.*

On accordera aisément que les Mazarinades qui circulaient d'abord manuscrites, ne pouvaient être que les meilleures. Elles provenaient, en effet, ou des chefs de la Fronde, comme Gondy, ou de leurs serviteurs particuliers, Caumartin, Sarrazin, Portail. Pour de tels écrivains, c'était une affaire de parti, et non de spéculation. Il semble résulter de la *Lettre d'un Bordelois à un bourgeois de Paris* que le coadjuteur donnait, au commencement, ses pamphlets, et qu'il avait fini par les vendre. L'auteur demande ironiquement si c'est que Gondy veut se récompenser des refus de bénéfices ecclésiastiques dont il se vante tant. « Car, ajoute-t-il, je ne peux pas penser qu'il ait besoin de racheter la vaisselle qu'il a engagée, sans être tenté d'accuser les Parisiens d'une ingratitude sans pareille.» Quant aux Mazarinades qui ne trouvaient pas d'imprimeur, c'étaient infailliblement les plus mauvaises. Pour peu qu'on ait jeté les yeux sur cet amas de pièces, où il y en a tant de grossières, de sottes et de niaises, on aura peine à croire que d'autres aient été assez détestables pour être refusées par les libraires. Cela est vrai pourtant. Un pamphlétaire se plaint d'avoir été obligé de mettre en vers un de ses livrets, *le Philosophe malotru,* parce que personne n'en avait voulu en prose. Mathurin Questier était imprimeur; mais il n'eut garde d'imprimer ses propres pamphlets, qu'il signait cependant.

En général, les écrivains de métier vendaient leurs manuscrits aux libraires. Néanmoins, quelques-uns faisaient les frais de l'impression, et couraient les chances de la vente directe. C'était le très-petit nombre. Mengau, qui avait confié ses deux premiers *Avertissements* aux presses de Jacques Boucher, porta le troisième chez Jean Brunet, parce que Boucher avait annoncé qu'il était substitué, pour dix ans, au privilége de l'auteur. Plus tard, il changea encore Brunet pour Papillon. D'autres pamphlétaires semblent avoir conservé un intérêt dans la vente par colporteurs. Au moins les voit-on rappeler, sur chaque livret nouveau, ceux qu'ils ont publiés antérieurement, en indiquer les prix et exciter, par des provocations directes, le lecteur à les acheter. Sandricourt manque rarement de cette précaution.

Mais, plus ordinairement, l'aliénation des manuscrits au profit des imprimeurs ou libraires était complète et absolue. Une pièce de prose ou de vers était payée trois livres, la rame; en d'autres termes, l'auteur recevait trois livres par chaque rame de papier imprimé. Quand la pièce promettait de grands profits par sa violence ou par son obscénité, l'imprimeur allait jusqu'à quatre livres; mais c'était fort rare. Il y avait des écrivains qui, moyennant une pistole ou dix livres, s'engageaient, dit Naudé, à faire rouler la presse, toute la semaine.

L'imprimeur, après cela, tirait parti de son marché comme il l'entendait. Il paraît que, peu confiant dans le génie des pamphlétaires, que Sandricourt appelle plaisamment des rabolisseurs, il remettait, pour l'ordinaire, le payement de l'auteur après la vente de la pièce; quelquefois il consentait à faire une modique avance, s'il faut en croire le poëte burlesque qui, dans l'*Adieu et le désespoir des auteurs*, n'a parlé sans aucun doute que des écrivains du plus bas étage; mais il s'arrangeait de manière à ne rien perdre au règlement des comptes; et il renvoyait le pauvre pamphlétaire avec ces paroles, qui pouvaient être une menace autant qu'une promesse :

> Sans doute vous aurez le reste
> Quand le papier sera vendu.

Il faisait venir ensuite des colporteurs, et leur distribuait les exemplaires du pamphlet qu'il fallait vendre. A quelles conditions? je ne le sais pas très-clairement. Voici cependant ce qui me paraît le plus probable : le colporteur avait un droit proportionnel sur le prix de la marchandise qu'il avait vendue.

> Six deniers pour quatre feuillets
> Entrent, dans mon gousset, tout nets,
> L'imprimeur payé de sa feuille,

dit un colporteur dans le *Remerciement burlesque*. Or, le prix fixe de chaque exemplaire était de deux liards ou six deniers le feuillet. Le droit proportionnel du colporteur était donc du quart.

Ceux

> Qui veulent avoir quelque chose,
> Soit en vers ou bien en prose,
> Ils paient deux liards le cahier.

J'ai accepté cette donnée, que m'a fournie le *Politique burlesque*, parce qu'elle s'accorde avec le tarif, imposé aux imprimeurs du roi par leur privilége même, pour la vente des pièces officielles, telles que *Lettres*, *Déclarations*, *Édits*, *Arrêts*, etc. Toutefois, je dois avouer que deux pamphlets parlent d'un *sol tapé*, qui est, si je ne me trompe, le *sol marqué*, connu de nos jours encore et récemment démonétisé. Ce sol valait six liards.

> Pour l'appétit d'un sol tapé,
> Quoi! vous voulez vous faire pendre!

est-il dit dans l'*Adieu des Écrivains*. L'*Entretien poli-*

tique de Jaquelon et Catau se termine par cette phrase prophétique : « Je gage que les colporteurs vendront notre *Entretien* pour un sol tapé. » Enfin, l'auteur de la *Suite et deuxième partie du burlesque on de ce temps* s'adresse en ces termes à ses vers :

Belles rimes, on vous envoie
Encore un coup tirer le sou.

Ce n'est plus le *sou tapé*. Sandricourt veut qu'on paye ses écrits six ou douze deniers *sans marchander :* six deniers, ce sont les deux liards du *Politique burlesque ;* douze, c'est le sou du *Burlesque on*. Il est facile de concilier, je crois, ces données, dont la différence n'est peut-être qu'apparente, en admettant que les douze deniers de l'un et le sou de l'autre sont le prix de deux feuillets. Il y a bien peu de pamphlets qui n'aient pas plus de quatre pages.

Guy Joly prétend qu'il a été vendu cinq mille exemplaires des *Intrigues de la paix* en fort peu de jours. Ce pamphlet est composé de huit pages ou deux feuillets. Ainsi il coûtait un sol l'exemplaire ; c'est, pour les cinq mille exemplaires, deux cent cinquante livres. Sur cette somme, les colporteurs ont prélevé soixante-deux livres dix sous. Leur métier aurait été bon si tous les pamphlets de la Fronde avaient eu le même succès ; il aurait été meilleur que celui des écrivains ; et vraiment il en a bien été quelque chose. Aussi est-il arrivé que des auteurs n'ont pas dédaigné d'exercer la profession plus modeste, mais plus lucrative, de colporteur. A leur tour, il est vrai, des colporteurs ont eu l'ambition de s'élever au rang des auteurs ; et plus d'un s'était donné la satisfaction d'écrire le pamphlet qu'il débitait. On serait fort embarrassé de marquer le point précis où cessaient de se confondre les deux industries.

Si j'en crois un pamphlétaire, les colporteurs n'étaient pas moins de huit cents ou mille. « Les violons sont devenus gazetiers, dit l'auteur du *Hasard de la blanque renversée;* comme ils sont dispos et légers du pied, ils vont d'un bout à l'autre de Paris en trois ou quatre caprioles; et comme ils sont connus dans les plus grandes maisons, au lieu de sarabandes, ils donnent des pièces d'état. » La concurrence entre les colporteurs était fort active; et la presse n'y suffisait pas toujours. Pour avoir des *Courriers françois* en prose, par exemple, il fallait déposer des arrhes dès la veille. Ceux qui négligeaient cette formalité, de condition absolue, étaient bien certains de n'en plus trouver quand ils se présentaient.

J'ai vu, dans la collection des gravures historiques de M. Alexandre Vattemare, une planche où le colporteur tient avantageusement sa place, et qui est assez rare pour qu'on soit bien aise d'en trouver ici la description. Le sujet est la fondation de la *Gazette* de Renaudot.

A peu près au centre du tableau, la *Gazette,* grande, forte et belle femme, est assise sur un trône élevé de trois marches. Sa robe grecque est recouverte d'un manteau, brodé de langues et d'oreilles. Elle tend la main gauche à un cavalier français, qui lui présente une lettre; et de la droite, elle désigne un personnage assis à ses pieds et qui tient, à la main, une plume. Ce personnage que le graveur a désigné sous le nom du *greffier,* c'est Théophraste Renaudot. On le reconnaît aisément à sa robe de médecin, et surtout à son nez, qu'une raillerie de Guy Patin et les sarcasmes des pamphlétaires du temps ont rendu fameux. A la gauche du trône, et sur la seconde marche, la Vérité est assise, les bras croisés, apparemment pour protester qu'elle n'a point de part à l'œuvre de la *Gazette.* Du même côté, un peu en arrière du cavalier français, on voit arriver à pied l'Espagnol, l'Américain, le Flamand, l'Allemand, l'Italien, tous porteurs de lettres. Dans le fond, à la droite de la *Gazette*, trois personnages, coiffés de chapeaux à plumes, s'approchent, avec précaution, de Renaudot. Celui qui est le plus en vue, compte de l'argent dans sa main, en même temps qu'il parle bas au gazetier, qui l'écoute évidemment avec intérêt. Cet épisode me paraît justifier pleinement l'attitude de la Vérité. On aperçoit d'ailleurs, debout derrière Renaudot, une figure allégorique qui tient un masque à la main. Enfin sur le premier plan, du même côté, le colporteur, jeune, grand, élancé, est fièrement campé sur la jambe droite. Il attend, pour commencer sa tournée, que les exemplaires de la *Gazette* lui soient remis. Devant lui, pend, par une courroie qui lui passe sur l'épaule droite, un panier en osier, de forme carrée, sans couvercle. C'est son magasin, sa boutique. C'est là qu'il entasse les journaux, les pamphlets, les livrets de toutes façons, qu'il va vendre. A son épaule gauche est attaché un manteau court, qu'il peut, quand il est en crainte de la police, étendre sur son panier.

Ainsi équipés,
Chargés de boutique d'osier,

dit l'auteur de la *Nocturne chose du lieutenant civil*, les colporteurs se répandaient par les rues, à peu près comme font aujourd'hui les crieurs de la police. Il paraît que le travail de l'imprimeur se faisait pendant la nuit; car Naudé raconte que les *Mazarinades* étaient criées le matin, sortant de la presse, ainsi que les petits pâtés sortant du four, « à la même heure qu'anciennement à Rome, on vendoit le déjeuner des petits enfants. » C'est, comme on voit, un usage fort ancien que celui qui prévaut, de nos jours encore, dans le journalisme.

Mais les pamphlets n'étaient pas toujours du goût de la multitude au milieu de laquelle on les criait. En 1649, le peuple n'aurait pas aimé qu'on lui eût offert les louanges de Mazarin. En 1651, il était partagé entre les deux Frondes. Le parti qui lisait avec le plus d'avidité les écrits des princes, rejetait brutalement ceux du coadjuteur; et, de leur côté, les partisans du coadjuteur ne se montraient pas plus tolérants envers les serviteurs des princes. Les colporteurs étaient donc quelquefois hués, injuriés, poursuivis, battus même. On les faisait soutenir alors par des hommes armés de bâtons. Ainsi la publication d'un pamphlet devenait la cause de rixes violentes, surtout aux abords du Pont-Neuf. Piarrot, de l'*Agréable conférence des deux paysans de Saint-Ouen et de Montmorency*, Piarrot, attiré à Paris par la curiosité, reçut, dans une de ces bagarres, tant de coups qu'il en faillit rester sur la place. Le cardinal de Retz fit appuyer, par cinquante hommes, les colporteurs de la *Défense de l'ancienne et légitime Fronde*. Talon nous apprend que ceux de la déclaration contre le prince de Condé furent battus.

C'était le temps des passions les plus emportées; mais enfin tout s'use. Les pamphlets perdirent leur crédit. Le public ne les achetait plus. Que faire? on inventa, ou mieux, on perfectionna les placards. Si j'en croyais le livret intitulé : *Le bon François au véritable Mazarin*, les premiers placards auraient été dirigés contre le prince de Condé, en 1650 : « L'usage du placard est un abus que M. le Prince n'a pas inventé. Sa prison a été le produit des affiches sanglantes que l'on a publiées, pour décrier sa conduite dans le public. » Mais on en avait vu dès 1649, pendant les négociations de la paix. C'est d'ailleurs seulement en

1652 qu'ils sont devenus les auxiliaires, et quelquefois les rivaux des pamphlets. On rencontre des écrits de cette époque qui, imprimés en *cayers*, ont été réimprimés en placards; d'autres, dont on a extrait, pour les afficher, les meilleurs passages.

La police faisait aux placards une guerre acharnée. Elle les déchirait partout où elle les trouvait; mais quelquefois, il lui fallait livrer bataille pour s'en saisir. Le placard qui montrait le cardinal Mazarin pendu en effigie, ne put pas être arraché sans qu'il en coûtât du sang. Il y eut meurtre au bout du Pont-Neuf pour l'affiche intitulée : *le Maréchal de Turenne aux bons bourgeois de Paris*. Souvent les partis faisaient, sur ce point, la police pour leur propre compte. Il n'y avait pas plus de sûreté pour les afficheurs que pour les colporteurs. On imagina alors l'ingénieux moyen que voici : quand la nuit était venue, des hommes sortaient d'une maison, portant, sur le derrière de leurs épaules, chacun une affiche étendue et enduite de colle. Ils se glissaient par les rues les plus obscures; et dès qu'ils trouvaient un moment favorable, ils se renversaient contre une muraille ou contre la porte d'une église par un brusque mouvement; en se relevant, ils laissaient des placards qui, le lendemain, appelaient les regards du populaire. C'est ainsi que fut affichée l'amnistie de 1652.

Un prêtre, dans le même temps, avait le courage de lire du haut d'une chaire, dans la grande salle du Palais, une lettre du roi, qui autorisait les assemblées du Palais-Royal, malgré les arrêts du Parlement. La Fronde était maîtresse encore de Paris; mais elle n'avait plus le peuple avec elle. Le Palais, cependant, était le rendez-vous ordinaire des frondeurs et des nouvellistes. C'était là que venaient aboutir tous les bruits de la ville, et de là qu'ils se répandaient dans les provinces par les journaux et par les pamphlets. Le *Courrier françois* et le *Courrier de Bordeaux*, par exemple, étaient écrits, en quelque sorte, aux portes de la Grand'Chambre.

> C'est ici que, dessus nos bancs,
> On fait les *Courriers* allemands,
> Ceux qu'on appelle polonois,
> Et tous les *Courriers* françois,

dit le *Politique burlesque*. On peut croire qu'il s'agit des réunions du palais dans la *Pièce d'État*, quand le pamphlétaire dit qu'il a vu, trois fois, l'auteur de l'*Apologie des Normands* « dans les assemblées des politiques. » Les écrivains se rencontraient là, sans doute; ils s'y voyaient; ils y causaient des nouvelles du jour; mais il ne paraît pas qu'ils aient entretenu des relations plus intimes. Aussi quand l'auteur de la *Véritable censure de la lettre d'avis*, etc., voulut faire appeler celui de la *Réplique*, il fut obligé de s'adresser à l'imprimeur, que, pour le dire en passant, le titre du pamphlet ne fait pas connaître : « Pour mon nom et ma demeure, un gentilhomme de mes amis en fut instruire votre imprimeur, afin d'apprendre le vôtre. » C'est d'ailleurs le seul trait de ce genre que je puisse citer. La polémique était de la plus extrême violence; elle ne ménageait point ses paroles. Audacieuse et cynique, elle rendait toujours la pensée la plus insolente par le mot le plus dur. Les pamphlétaires ne s'en offensaient pas. Entre les libertés dont jouissait la presse, il faut compter celle d'être injurieuse jusqu'à la diffamation, et grossière jusqu'à la brutalité.

On peut dire que la plus grande activité de la politique se partageait entre le Palais et le Pont-Neuf. Au Palais, se réunissaient les chefs, les agents et les lettrés de la Fronde; au Pont-Neuf, se heurtaient les colporteurs, les crieurs, les chanteurs et toute la foule du peuple. Les pamphlets étaient conçus, médités, écrits au Palais ; au Pont-Neuf, on les vendait. Quand le populaire avait bien crié, bien vociféré, bien menacé au Palais, il se battait au Pont-Neuf. Ce qui n'était au Palais qu'un tumulte, était, au Pont-Neuf, une émeute.

Placé presque au centre de Paris, à la sortie du Palais, entre le Louvre et le Palais-Royal d'un côté, de l'autre l'hôtel de Condé et le Luxembourg, le Pont-Neuf était assurément l'endroit le plus fréquenté de la ville. La foule s'y pressait à toute heure du jour. Elle y faisait cercle autour de Cormier, dont on applaudissait avec fureur les tours de gibecière ; elle s'arrêtait, en passant, devant la boutique de Comelet, qui faisait commerce d'astronomie en plein vent ; ou bien elle demandait à l'Orviétan la drogue qu'il avait eu l'adresse de faire approuver par douze docteurs de la Faculté de Médecine. Le Savoyard y chantait pour elle des chansons populaires au pied de la statue de Henri IV ; et les filous, toujours à l'affût des occasions, y faisaient leurs meilleurs coups. Pendant la Fronde, la politique s'empara de cette multitude si bien disposée pour le tumulte et les cris. C'est sur le Pont-Neuf qu'en 1649, le maréchal de La Meilleraie, serré de près par l'émeute qui pourchassait le chancelier, tua d'un coup de pistolet le syndic des crocheteurs. C'est encore sur le Pont-Neuf qu'en 1652, les filous osèrent fouiller et voler, jusque dans leurs carrosses, les courtisans qui allaient recevoir, à la porte de Paris, le prince de Condé après le combat de Bleneau. Un pamphlétaire cite madame d'Ornano, la duchesse de Châtillon, Fontrailles, le comte de Brancas, le marquis de Mouy, le commandeur de Saint-Simon, le prince de Tarente et son frère, le commandeur de Mercé et cette madame de Bonelle, belle-fille de l'ancien surintendant Bullion, dont parle madame de Sévigné, et qui, dit le pamphlétaire, envoya cent fois le Mazarin au diable.

Les parapets du Pont-Neuf ont été les premiers couverts par les étalages des libraires. Ils furent alors envahis par les pamphlets, si bien que l'auteur du *Prédicateur déguisé* a pu dire que la Samaritaine était la bibliothèque de la Fronde.

Il ne paraît pas que, pendant le blocus de Paris, le Parlement ait fait aucun effort sérieux pour réprimer la licence effrénée de la presse. Il y eut sans doute, dès le 25 janvier, un arrêt qui défendait, aux imprimeurs et colporteurs, d'imprimer et mettre en vente aucuns ouvrages et autres écrits concernant les affaires publiques, sans permission registrée au greffe de la cour; mais comment fut-il exécuté? Deux commissaires avaient été nommés, qui devaient exercer, sur toutes les publications, une sorte de censure. A eux seuls appartenait le droit d'autoriser l'impression et la vente des pamphlets. On trouve sans doute quelques écrits où il est fait mention de l'autorisation obtenue; mais ils sont en très-petit nombre. Il faut que les commissaires aient eu peu de goût pour leurs fonctions; car s'il y a une permission d'imprimer, elle est, le plus ordinairement, donnée par le lieutenant civil.

En général les pamphlétaires se passaient fort bien d'un visa qui ne pouvait pas allécher le public, et dont l'absence restait toujours impunie. Le Parlement fermait les yeux. Je ne crois pas qu'il y ait eu, pendant tout le blocus, une poursuite ou un semblant de poursuite. Faut-il le dire? Je ne crois pas non plus que, pour s'abstenir, le Parlement ait eu besoin d'une excessive indulgence. Assurément les pamphlets étaient hardis, grossiers, insolents, libertins; mais ils ne s'attaquaient guère qu'à des personnages qu'on pouvait, sans trop de dommage, abandonner à la malignité publique. C'était l'époque de la guerre du droit annuel;

et les questions les plus controversées étaient des questions de finances.

Je ne vois pas que l'arrêt du 25 janvier ait été renouvelé. Celui du 12 mars n'avait pour objet que d'empêcher la publication des conférences de Ruel, qui, terminées la veille, n'avaient pas été approuvées par le Parlement. C'était une simple mesure de prévention et de police.

Mais il devint, par le fait, comme le signal d'un mouvement de répression, qui se développa après la paix avec une certaine énergie. Quand

> Paris vit naître l'espérance
> D'une fourrée conférence,
> On commença de réprimer
> Cette licence d'imprimer,

dit très-bien l'auteur de la *Nocturne chasse du lieutenant civil.*

C'est que les pamphlets les plus odieux sont, tous ou presque tous, postérieurs à la paix de Saint-Germain. Il y eut alors un redoublement de licence, que le cardinal de Retz signale dans ses *Mémoires;* et madame de Motteville fait remarquer avec raison que les libelles furent plus dangereux après qu'avant la paix. « Avant, dit-elle, ils n'attaquaient que le cardinal Mazarin. »

Il existe un pamphlet (la *Requête des auteurs*), dans lequel les écrivains « représentés par les plus habiles, tant du haut style du Palais que de celui du Pont-Neuf et de la Samaritaine, » supplient le Parlement de sauver leurs œuvres de la vengeance du cardinal; sinon, ils déclarent qu'ils continueront la guerre à leurs dépens. C'était une plaisanterie dans la pensée de l'auteur : la *Requête* n'est qu'une pièce burlesque. Dans le fait, la menace s'est réalisée. La paix de Saint-Germain, on le sait, est du 1er avril 1649. Le 28 mai, le Parlement, dont l'inaction avait été gourmandée d'ailleurs dans quelques écrits, se vit obligé de rendre un nouvel arrêt, par lequel il était défendu, à tous sujets du roi, de composer, semer ou publier aucun libelle diffamatoire, à peine de la vie.

A peine cet arrêt avait-il paru, que Bautru était arrêté et écroué dans les prisons du Châtelet, sous l'accusation d'avoir fait imprimer le *Discours sur la députation du Parlement au prince de Condé*. C'était le lieutenant civil qui dirigeait les poursuites. Le tribunal était le Châtelet. Les lois, invoquées contre l'accusé, étaient la roi romaine, *De famosis libellis*, l'édit de Nantes, l'ordonnance de Moulins, art. 77, l'édit de pacification de 1577, art. 44 : « Défenses, à toutes sortes de personnes, de faire imprimer ou imprimer, mettre en lumière aucun livre, placard ou libelle diffamatoire, à peine de confiscation de corps et de biens. » La peine requise était la mort.

Bautru fut sauvé par l'intervention de Guy Joly, par les sollicitations des frondeurs, surtout du duc de Beaufort, et, je le crois véritablement aussi, par la rigueur même de la loi. Les juges durent être effrayés du châtiment qu'on leur demandait d'appliquer à une faute comparativement légère. Ce qui me confirme dans cette opinion, c'est que le Parlement, qui était aussi insulté que le prince de Condé, ne s'en montra pas moins indulgent, et qu'il confirma la procédure par laquelle le Châtelet, évitant de se prononcer sur la question du fond, avait élargi Bautru, sans ôter au pamphlet son caractère de culpabilité.

Un mois après, l'imprimeur Morlot fut pris au moment même où il achevait le tirage de la *Custode de la reine*. Le Châtelet et le Parlement furent inflexibles. Le procès, commencé le 17 juillet, fut terminé le 20 devant les deux juridictions; et Morlot, condamné à être pendu, marchait au supplice, quand il fut délivré par les garçons imprimeurs, suivant les uns, suivant les autres, par des écoliers.

C'est le seul exemple que je connaisse de cette application rigoureuse de la loi par le Châtelet et le Parlement, unis dans une pensée commune de répression. Après cela, je ne trouve plus qu'un arrêt prononçant la peine de la réprimande contre Antoine Estienne, coupable d'avoir imprimé, sans permission, les *Remontrances du Parlement semestre de Normandie*. Il est du 24 septembre 1649. L'affaire n'avait point été portée devant le Châtelet. Le Parlement s'en était saisi directement, parce qu'elle regardait les anciens du Parlement de Rouen, déterminés frondeurs, qui avaient, dès les premiers jours de janvier, rendu arrêt contre le Mazarin. Antoine Estienne dut paraître en personne devant la Cour, pour y être réprimandé par le premier président.

Guy Patin raconte à Spon, dans une lettre du 16 novembre 1649, qu'un petit libraire du Palais, nommé Vivenay, « grand vendeur de pièces mazarinesques, avait été surpris distribuant quelques papiers diffamatoires contre le sieur d'Emery, surintendant; qu'il avait été mis au Châtelet, où il avait été condamné aux galères pour cinq ans, sauf son appel à la Cour, où, ajoute Guy Patin, il y a apparence qu'il ne sera pas si rudement traité. » Sur ce récit, M. Gabriel Peignot a dit, dans un opuscule de 1832, l'*Essai sur la liberté d'écrire :* « J'ignore quel a été le résultat de l'appel de Vivenay; mais à partir de 1649, on ne le voit plus figurer parmi les libraires de Paris. » J'ignore également comment le Parlement a prononcé dans cette affaire, ou même s'il a prononcé. Il est fort probable que l'appel n'a pas été vidé, et que la sentence du Châtelet est restée simplement comme une menace pour tous les colporteurs et distributeurs de pamphlets; au moins puis-je affirmer que Vivenay était encore libraire à Paris en 1651 et 1652. J'ai déjà dit qu'en 1650, il avait été nommé imprimeur-libraire du prince de Condé. J'ajoute ici que le prince lui avait donné un atelier dans son hôtel. Peut-être était-ce pour le soustraire aux conséquences de la sentence du Châtelet.

Le lieutenant civil montrait beaucoup d'ardeur dans ses poursuites contre les *Mazarinades*. Il usait de toutes les ressources de la police pour découvrir et arrêter les auteurs, les imprimeurs, les colporteurs; il avait, parmi les ouvriers eux-mêmes, ses espions ; il faisait des descentes de nuit dans les imprimeries ; il demandait à l'autorité ecclésiastique des monitoires ; puis quand à force d'activité, d'énergie, de passion, il avait obtenu du Châtelet une condamnation terrible, tout ce beau zèle venait expirer devant l'inertie calculée du Parlement. J'ai rencontré plusieurs indications de procès jugés par le Châtelet. Je n'en connais pas un, excepté ceux de Bautru et de Morlot, qui ait été, devant la Cour, plus loin que l'acte d'appel.

De 1649 à 1652, je ne puis citer que deux noms d'auteurs emprisonnés : Davenne et Bonair. Le premier était un fou, d'abord disciple de Simon Morin, puis prophète pour son compte personnel, et précurseur de lui-même. Le second n'avait pas non plus la tête trop bien faite. Il était pourtant gentilhomme de la garde écossaise et historiographe du roi. Les pamphlets de Davenne sont pleins d'insolence, et d'extravagance aussi. Le crime s'y rachète par la folie. L'insignifiance des pamphlets de Bonair échappe à toute accusation, à toute critique; et on peut croire, en effet, que l'emprisonnement de cet écrivain a eu une autre cause que le *libelle de Jézabel*, qu'il reniait d'ailleurs, et qui, pour me servir de ses propres expressions, n'était ni contre l'État, ni contre le gouvernement. Davenne a été arrêté deux, trois fois peut-être; la première fois, par ordre de l'officialité de Paris, qui s'employa ensuite pour le faire rendre à la liberté. Bonair est resté près d'un an dans la Conciergerie du Palais. Enfin, après ce temps, il réussit à s'échapper, chercha un refuge auprès du duc de Vendôme, qui avait le gouvernement de la Bourgogne, et, apprenant le voyage de la cour en Normandie dans l'année 1650, alla recevoir, à Rouen, sa grâce de la main même du roi. Le Parlement n'a jugé ni Davenne, ni Bonair.

Plusieurs pamphlétaires se plaignent d'avoir souffert pour la Fronde; mais un seul parle de prison. C'est l'auteur du *Bonheur de la France*. Celui de la *Justification de M. le Prince* autorise à croire qu'il a été condamné..... Par qui? à quoi? Je n'ai sur ces deux points aucun renseignement. Après la publication du *Manifeste de M. le Prince*, Du Bos fut obligé de se cacher; mais peut-être fuyait-il moins la justice du Parlement que la vengeance du marquis de Vardes. L'auteur de l'*Avis important de M. de Châteauneuf* a eu la *bouche fermée*; celui du *Véritable ami du public* a vu déchirer ses *cayers*, qu'apparemment un ouvrier de son imprimeur avait livrés au lieutenant civil. L'*Anti-Mazarin* dit, dans le *Tableau funeste des harpies de l'Etat*, qu'un de ses pamphlets a été saisi avant qu'il fût sorti de l'imprimerie. Enfin Loret, l'inoffensif Loret lui-même, gémit, en plusieurs endroits de ses *Gazettes*, des menaces qui lui ont été faites au nom du Parlement.

Quoique j'aie l'âme assez bonne,
Et point de fiel contre personne,
Quelques messieurs du Parlement
N'aiment pas mon raisonnement;

Si que, craignant, en ce rencontre,
Que l'on ne donne un arrêt contre,
(Car ces messieurs sont absolus)
Je ne raisonnerai donc plus
Sur l'état présent des affaires.

Quinze jours après, il revient encore sur la défense qui lui a été signifiée

D'écrire politiquement.
Le Parlement s'est assemblé ;
Mais je suis encor si troublé
Des médisances qu'ils ont faites
De mes misérables gazettes,
Que, dût-on me trancher en deux,
Je ne parlerai plus d'eux.

Je ne sais si je dois ajouter, pour terminer cette liste, bien complète, je le crois, qu'en 1656, l'abbé Daurat fut arrêté pendant qu'il distribuait aux membres de l'assemblée du clergé une lettre du cardinal de Retz, et conduit à la Bastille, où les manuscrits de Colbert nous apprennent qu'il était encore de 1661 à 1666.

Les imprimeurs et libraires qui ont été emprisonnés ou poursuivis pendant les quatre années de la Fronde, et dont j'ai pu recueillir les noms, sont au nombre de treize. Ce sont, outre Morlot, Antoine Estienne et Vivenay, la veuve Musnier et ses deux enfants; Rollin de La Haye, imprimeur du *Courrier françois* en prose ; Le Gentil, ajourné pour les *Dernières résolutions faites au Parlement*, etc., *le* 15 *mai* 1652; Brunet, aussi ajourné pour l'*Arrêt portant permission de déménager sans payer les termes de Pâques et de la Saint-Jean ;* La Caille, Monet, Desprez et Langlois. Puis il faut compter Boucher, qui s'est caché à la nouvelle des poursuites dirigées contre Bernard de Bautru pour la publication du *Discours sur la députation du Parlement au prince de Condé;* les imprimeurs de l'*Harmonie de l'amour et de la justice de Dieu*, emprisonnés, suivant Guy Patin, dans une lettre du 16 septembre 1650; ceux de la *Lettre du roi au Parlement de Rouen* (10 juin 1652), forcés de s'absenter; celui de l'*Amnistie*, pourchassé par ce qu'on pourrait appeler le Parlement-croupion de la Fronde, et réduit à se cacher, aussi bien que ceux de la *Lettre de la princesse de Condé présentée à la reine;* l'imprimeur de la *Requête des trois Etats*, arrêté, condamné à l'amende honorable et au bannissement. L'Éclanche, Raulin et Laurent *Prends-ton-Verre*, dont il est parlé dans la *Nocturne chasse du lieutenant civil*, étaient des colporteurs apparemment; car je ne les trouve pas dans ma liste des imprimeurs et libraires.

Guy Patin nous apprend que la veuve Musnier et ses deux enfants étaient au cachot dans les prisons du Châtelet, le 17 juillet 1649. Ils avaient été condamnés, l'aîné à la potence, le cadet aux galères, la mère au bannissement; mais avant d'être jetée hors du royaume, elle devait assister au supplice de ses enfants, et recevoir le fouet. Elle était âgée de soixante-neuf ans! L'auteur du *Silence au bout du doigt* fait, de cette triple condamnation, le texte d'une amère philippique contre le lieutenant civil d'Aubray. Il lui reproche de n'avoir obéi qu'au sentiment de haine qu'il avait conçu pour le mari et le père de ses victimes, et que la mort même n'avait pu apaiser; il l'accuse d'avoir suborné par argent les domestiques de la veuve Musnier, et de leur avoir dicté de faux témoignages. Je ne saurais discuter la valeur de ces assertions du pamphlétaire; car ni lui, ni Guy Patin ne font connaître le titre du libelle qui a décidé le Châtelet à prononcer son horrible sentence. La condamnation, toutefois, ne fut pas exécutée. Il y eut appel au Parlement; et l'affaire en resta là. Pour les libraires comme pour les auteurs, la seule chose importante était d'éviter d'être pris dans la première chaleur des poursuites. Ce temps passé, on n'y pensait plus.

Vingt et un pamphlets ont été dénoncés à la justice ou frappés de condamnation pendant toute la durée de la Fronde. En voici les titres : *Arrêt du Parlement de Bretagne*, du 18 janvier 1649 ; les *Soupirs françois sur la paix italienne* ; le *Véritable ami du public* ; *Discours sur la députation du Parlement au prince de Condé* ; *Remontrances du Parlement semestre de Normandie* ; le *Maréchal de Turenne aux bons bourgeois de Paris* ; l'*Harmonie de l'amour et de la justice de Dieu* ; *Lettre de la princesse de Condé présentée à la reine* ; la *Franche marguerite* ; le *Point de l'ovale* ; *Arrêt portant permission de déménager sans payer les termes de Pâques et de la Saint-Jean* ; *Lettre de l'archiduc Léopold au Parlement de Paris* ; la *Sapience du ciel* ; l'Amnistie de 1652 ; les *Dernières résolutions faites au Parlement* (Lettre du roi au Parlement de Rouen) ; la *Requête des trois Etats* ; *Recueil des maximes pour l'institution du roi* ; *Lettre du cardinal de Retz au clergé de France*, 14 décembre 1654 ; *Lettre du cardinal de Retz à MM. de l'assemblée du clergé*, 1er janvier 1656 ; *Réponse à une lettre qui a été publiée sans titre, et qui traite de ce qui s'est passé dans l'assemblée générale du clergé*, 1657 ; et peut-être l'*Avis important de M. de Châteauneuf*, etc. — Dans l'audience du 29 mars 1649, le procureur général au Parlement demanda l'autorisation d'informer sur la publication de l'*Arrêt de confirmation de l'arrêt du* 8 *janvier* ; le président Le Coigneux dénonça les *Eclaircissements sur l'administration du cardinal Mazarin*, dans l'audience du 27 février 1651 ; les Vicomte, Majeur et échevins de Dijon ont porté plainte, devant le Parlement de Paris, contre la *Relation véritable contenant la sortie par force de M. le duc d'Epernon* ; mais je ne vois pas qu'il ait été donné aucune suite à ces trois affaires.

Dans les provinces, la *Réponse des habitants d'Angers à la lettre pastorale de leur évêque* a été brûlée par sentence du président, et le *Curé bordelois*, condamné au feu par arrêt du Parlement de Bordeaux. On apprend enfin, par les mémoires du temps, que le même Parlement a fait lacérer des placards injurieux pour le prince de Conti et la duchesse de Longueville.

Voilà tout ce que j'ai pu savoir des sévérités de la justice contre la presse. A ne consulter que les lois et les arrêts, on devrait croire que tant de pamphlets odieusement méchants, tant de libelles cruellement diffamatoires ont provoqué des répressions impitoyables. Les lois, je l'ai déjà dit, ne prononcent guère d'autre peine que la mort, ou, pour parler le langage plus adouci de notre vieille législation criminelle, la confiscation de corps et de biens. Les arrêts ne sont pas moins rudes. On a vu ceux des 27 janvier et 28 mai 1649. Transgressés par les auteurs, les imprimeurs, les colporteurs, en un mot par tout ce qui vivait de la presse, transgressés par les juges eux-mêmes, ils n'ont inspiré de craintes sérieuses à personne; et quand un pamphlétaire félicite le lieutenant civil d'avoir comprimé la fureur d'écrire, c'est tout simplement une flatterie : « Mon lieutenant civil a si bien travaillé et travaille encore, tous les jours, avec tant de soin et de vigilance que peu de personnes osent s'en rendre coupables, sans voir en même temps leur condamnation et leur supplice. » (*La France rétablie*). Leur supplice ! On n'en citerait pas un seul. Je sais bien que Guy Patin a dit, dans une lettre du 12 juillet 1649 : « On n'imprime plus de pièces mazariniques, tant le lieutenant civil a persécuté les imprimeurs. » Mais je sais aussi que la *Custode de la reine* a été imprimée le 16.

Il est vrai, c'est du mois de juin au mois de septembre qu'eurent lieu les trois seuls procès de presse sur lesquels nous ayons quelques informations assez précises, ceux de Bautru, de Morlot et d'Antoine Estienne. La condamnation de la veuve Musnier et de ses enfants par le Châtelet est du mois de juillet. C'est la preuve de l'activité dont l'auteur de *la France rétablie* loue le lieutenant civil. Mais en faut-il conclure qu'on cessa d'écrire et d'imprimer? Non certes. On ne se hasarda plus à braver la loi et la justice avec la même ardeur qu'on l'avait fait auparavant; on éluda l'une; et on trompa l'autre.

C'est alors que sortirent,

> Sans nom ni marque,
> De la presse de Variquet,
> De Preuveray, Sara, Cottinet,
> Qui ne se vend et ne s'achète
> Qu'entre chien et loup en cachette,
> Des satyriques ouvrages en vers,
> Jouxte sur exemplaire d'Anvers.

Ce passage de la *Nocturne chasse du lieutenant civil* explique comment l'auteur du *Monologue et entretien de Mazarin* a été autorisé à dire :

> On ne peut empêcher d'écrire
> Par menaces ni autrement;
> Et les arrêts du Parlement
> N'ont pas assez de suffisance
> Pour empêcher la médisance.

Saint-Julien a été plus loin, dans le *Courrier burlesque de la guerre de Paris*. Il a dit avec raison que l'arrêt du 29 mars 1650, qui

> Défendit de rien imprimer,
> . . . ne fit que ranimer
> Cette criminelle manie.

Dès qu'un événement venait solliciter la verve des auteurs et l'activité des imprimeurs, les pamphlets paraissaient en foule; et les colporteurs encombraient les rues.

Cet arrêt du 29 avait été rendu à l'occasion de l'emprisonnement des princes. Il contenait une défense générale de publier des livrets sur la politique, à peine des châtiments les plus sévères. Est-ce qu'il a empêché un seul pamphlet? ou bien, les libelles ont-ils été moins menteurs, moins licencieux, moins insolents?

On sait si les défenseurs des princes ont eu quelque respect de la loi, ou quelque crainte de la justice. Toutefois la guerre des pamphlets ne fut pas très-longue à cette époque; mais elle se ranima vers la fin de 1650, par l'accord des deux Frondes, puis en 1651, par leur rupture. Le 29 juillet de cette dernière année, le Parlement rendit un nouvel arrêt contre les auteurs, imprimeurs, colporteurs, distributeurs et acheteurs de libelles. Les colporteurs devaient avoir été reçus par-devant le bailli du Palais ou le prévôt de Paris. L'arrêt prononçait la peine du fouet contre ceux qui auraient osé se soustraire à cette formalité. Les acheteurs étaient passibles d'une amende de 16 livres parisis pour la première fois, pour la seconde, d'une amende arbitraire. Quant aux auteurs et aux imprimeurs, il n'y avait rien de changé; ils continuaient d'écrire et d'imprimer *à peine de la vie.*[1]

Le 31 janvier 1652, un nouvel arrêt vient inutilement confirmer l'arrêt de l'année précédente. Les pamphlets semblent se multiplier sous les efforts de la justice. Ils redoublent d'audace et d'insolence. Aussi le 27 mars, le Parlement se décide-t-il à condamner au feu les deux plus odieux libelles de Dubosc Montandré : *le Point de l'ovale* et *la Franche marguerite.* L'arrêt défend de les vendre, débiter ni publier à peine de la vie, même de les garder et retenir *sur telles peines qu'au cas il appartiendra.* Il enjoint, en outre, au lieutenant civil et à tous officiers du Châtelet, de visiter les maisons, hôtels, colléges et monastères pour y saisir les imprimeries qui s'y trouveront, et les apporter au greffe de la Cour. Le 4 avril, trois individus, arrêtés dans une assemblée du Pont-Neuf, sont livrés aux lieutenants civil et criminel; et parce que des placards ont été affichés en divers endroits, il est recommandé, à ces deux magistrats, de tenir la main à l'exécution des arrêts antérieurs. Le 8, sur la *Lettre* prétendue *de l'archiduc Léopold au Parlement,* la Cour ordonne, encore une fois, que les arrêts précédents seront exécutés; que les auteurs et imprimeurs seront recherchés, pour être traduits devant elle.

Ces défenses toujours renouvelées témoignent assez qu'elles étaient toujours enfreintes. « L'arrêt qu'on respecte, dit très-bien M. Leber, la loi qu'on exécute, ne parlent qu'une fois et pour toujours. » Les arrêts du Parlement ont parlé trop souvent, dans cette année 1652, pour qu'il soit permis de croire qu'ils ont été respectés. Nous ne sommes encore qu'au 8 d'avril; et en voilà déjà quatre. On en compte cinq de plus jusqu'au mois d'octobre. Ceux des 15 mai, 30 juillet et 28 septembre sont des arrêts de condamnation sans doute; mais ils contiennent aussi des dispositions réglementaires. L'arrêt du 27 juin et celui du 26 septembre sont ce qu'on appelait alors des arrêts de règlement. Ils ne prononcent point de condamnations; ils défendent, généralement et absolument, de rien publier ni afficher, à peine de confiscation de corps et de biens.

Si on veut savoir jusqu'où est allée, malgré cette apparente activité de répression, l'impuissance du Parlement, il faut se rappeler qu'il y a eu, après l'incendie de l'Hôtel de Ville, un moment où il n'osait plus même ordonner de poursuites contre les imprimeurs qui falsifiaient ses arrêts. Ainsi, quand Chevalier et Lesselin publièrent, dans la forme ordinaire, une rédaction mensongère de ses délibérations des 19 et

20 juillet sur la lieutenance générale du duc d'Orléans, il dut se contenter de faire paraître le *Véritable arrêt* chez les imprimeurs du roi. C'était tout ce qui lui restait d'autorité, pour défendre son caractère et ses actes. Et cependant alors la Fronde n'avait plus les sympathies des bourgeois ni du peuple : tellement que plusieurs pamphlets ne purent être imprimés que *par le commandement exprès de son Altesse Royale.*

A côté des arrêts du Parlement, il y a eu des ordonnances du prévôt de Paris qui avait, comme on sait, sa juridiction criminelle. C'est lui qui a condamné au feu le *Recueil des maximes pour l'institution du roi.* Une ordonnance du 20 octobre 1651 défendait de chanter aucunes chansons sur le Pont-Neuf et sur les places publiques, à peine du fouet. Par une autre, en date du 7 février 1652, les libraires, imprimeurs, relieurs et colporteurs étaient obligés de remettre au greffe de la prévôté tous les exemplaires des livres, libelles et pièces imprimés sans permission; sinon, il devait être procédé contre eux suivant la rigueur des lois.

On comprend que les ordonnances du prévôt n'ont pas dû avoir plus d'efficacité que les arrêts du Parlement. Elles prouvent seulement que la justice, désarmée par l'esprit général du temps, désarmée surtout par les mœurs, moins rudes que la loi, a été également impuissante dans toutes ses juridictions.

M. Leber a donc eu pleinement raison de dire que la loi était une chose, et l'état de la presse une autre chose. La loi avait été édictée dans un temps où des passions violentes servaient le plus grand intérêt des sociétés humaines; je veux dire l'intérêt religieux. Elle représentait une époque de mœurs farouches, de caractères ardents, aventureux, de luttes sanglantes et terribles. L'état de la presse, au contraire, s'était formé sous l'influence d'une civilisation plus douce, au milieu de circonstances moins difficiles et moins irritantes, dans des habitudes de modération qui tenaient et à une meilleure culture des esprits, et à une expérience mieux acquise des discordes civiles. La loi, qui n'avait jamais guère été de son temps, était bien moins encore de celui où on s'essayait à la faire revivre par des arrêts comminatoires. Il y avait, entre elle et l'état de la presse, toute la distance qui sépare le règne de Charles IX des premières années de Louis XIV.

Maintenant, qu'il me soit permis d'exposer brièvement le plan que j'ai suivi, et les raisons qui m'ont déterminé à le suivre.

J'ai adopté l'ordre alphabétique. Il était le plus facile, j'en conviens; mais s'il n'avait pas eu d'autre mérite, j'y aurais renoncé sans peine.

L'ordre chronologique ne m'offrait pas même l'avantage de présenter les Mazarinades réunies, pour ainsi dire, en groupes autour de chacun des événements qui les ont fait naître. On sait qu'il paraissait des pamphlets nouveaux tous les jours, souvent plusieurs dans le même jour, quand la chaleur d'un tumulte sur le Pont-Neuf, ou d'une discussion dans le Parlement enflammait la verve des écrivains. Cette activité de la presse ne suffisait cependant pas à la fécondité de la Fronde; et plus d'une fois, des pamphlétaires ont été en retard d'un événement. Dans les polémiques fréquentes qui s'engageaient entre les auteurs, il est arrivé qu'un intervalle d'une, de deux semaines même, a séparé la première pièce de la dernière; et combien d'écrits, étrangers au débat, sont venus se placer dans cet intervalle! On comprend qu'il m'aurait été impossible de classer exactement, dans l'ordre de leur publication, des pamphlets ainsi entassés; mais plus j'aurais approché de la perfection, et moins j'aurais atteint le but utile de cette méthode.

Il y a, d'ailleurs et en assez grand nombre, des Mazarinades qui n'ont pas de date, auxquelles il est à peu près impossible d'en assigner une ; d'autres, dont la date approximative ne peut pas être resserrée dans un espace de temps moindre de deux ou trois mois. De celles-ci que faire ? et quel rang donner à celles-là dans l'ordre chronologique ? Il aurait donc fallu les rejeter hors du catalogue général, et ouvrir pour elles une série particulière ? Je vois bien dans ce cas la nécessité d'une double classification ; je n'en vois pas l'avantage.

Le P. Lelong et ses savants continuateurs ont dû se conformer à l'ordre chronologique. Qu'on étudie leur liste ; et on y remarquera, sans qu'il soit besoin d'un examen trop attentif, des erreurs de classement, des doubles emplois, une confusion, en quelque façon, inévitable.

Fallait-il diviser les Mazarinades par époques ? Mais j'aurais dû suivre, pour chaque époque, ou l'ordre chronologique, ou l'ordre alphabétique. Si le premier, je serais fatalement tombé dans les inconvénients et les impossibilités que je signalais tout à l'heure. Si le second, je n'aurais fait que scinder en trois le travail que je présente dans son entier. Je ne me rends pas compte du bénéfice de cette opération.

Pour un choix de Mazarinades, la division par époques serait bonne sans aucun doute ; mais je n'ai pas fait de choix ; j'ai tout recueilli, tout étudié, tout classé. J'ai tâché d'être aussi complet que possible.

C'est un livre de travail que j'ai voulu faire. L'ordre alphabétique me convenait le mieux, parce qu'il se prête le plus facilement aux recherches ; pour y trouver une pièce, il suffit d'en avoir le titre. Il est le plus simple ; et par conséquent il offre le plus de garantie contre l'erreur ; les doubles emplois n'y existent pas. Il est le plus large ; toutes les pièces y entrent à leur rang ; il n'exige pas d'exceptions; il n'en admet pas même.

J'ai concilié, autant que je l'ai pu, l'ordre alphabétique avec l'ordre des matières, en prenant soin de rapprocher, dans mes notes, les écrits qui offrent entre eux quelque contraste ou quelque analogie. Par exemple, quand un pamphlet a donné lieu à une polémique, je rassemble, à son chapitre et selon l'ordre de leur apparition, les titres de tous ceux qui touchent à la question controversée.

En cela j'ai eu deux motifs : le premier, de faciliter les recherches des travailleurs ; le second, de faire connaître avec fidélité les opinions qui avaient cours dans la Fronde et hors de la Fronde.

Si je m'étais borné à écrire purement la bibliographie des Mazarinades, je ne pense pas que mon travail eût été fort utile. Tout au plus aurait-il profité à quelques curieux. J'ai voulu qu'il fût d'un emploi plus général, et qu'il pût suppléer, en quelque façon, à la lecture de cette multitude de pièces dont la masse seule effraye, et qu'on ne dépouille pas sans beaucoup de fatigue.

J'ai donc extrait, des meilleurs et des plus singuliers pamphlets, tous les passages qui m'ont paru de nature à éclairer le lecteur sur le caractère des principaux personnages de la Fronde, sur les opinions, les intérêts, les desseins des partis, sur les mouvements de l'esprit public. J'ai recueilli toutes les anecdotes que j'ai pu craindre de voir se perdre dans ce fatras de pièces, qui ne seront peut-être jamais lues, qui ne seront certainement jamais reproduites. Il y en a qui intéressent plus les mœurs que la politique ; mais je ne les crois pas, pour cela, les moins curieuses, les moins dignes de l'attention de l'historien.

Enfin j'ai donné des notes biographiques sur les auteurs; mais j'ai pris garde de n'y faire entrer rien de ce qui est, si je puis m'exprimer ainsi, de notoriété littéraire. On peut être assuré que je n'ai point abusé de l'occasion pour raconter la vie du cardinal de Retz ou de Scarron, de Patru ou de madame de Longueville. Pour les écrivains connus, je n'avais à parler que de la part qu'ils ont eue aux Mazarinades. Pour ceux qui le sont peu, ou qui ne le sont pas, qu'aurais-je pu dire autre chose?

Voilà mon plan. Je demande aux personnes qui ne l'approuveront pas en principe, de vouloir bien remarquer que la Fronde a duré seulement quatre années, et que mon livre n'est pas si gros qu'il ne puisse être feuilleté sans peine jusqu'à la fin.

Quelque sort qui lui soit réservé, cet ouvrage m'aura du moins valu de nombreux témoignages de bienveillance et, j'en ai la confiance, des amitiés véritables. Je n'aurais pas même pu l'entreprendre si l'accès des bibliothèques publiques ne m'avait pas été ouvert, de la meilleure grâce, par messieurs les conservateurs; mais c'est pour moi un devoir de dire publiquement que j'ai trouvé partout l'accueil le plus obligeant et le concours le plus empressé. Que MM. Casimir Bonjour et Ferdinand Denys, de la bibliothèque de Sainte-Geneviève, M. Vaissade, de la bibliothèque de l'arsenal, MM. Ravenel et Richard, de la bibliothèque nationale, reçoivent donc ici, d'une manière plus particulière, l'hommage de ma gratitude. Je dois surtout mes plus heureuses rencontres à M. Richard, dont la complaisance a toujours été aussi infatigable qu'ingénieuse.

C'est M. Paulin Paris qui m'a donné la première

idée de ce travail ; c'est lui qui m'a soutenu dans les ennuis de mes premières recherches ; c'est lui qui me fortifie, encore à cette heure, par les excellents conseils de sa science et de son goût. Je le dis parce que la justice veut que je ne lui dérobe point sa part légitime de l'œuvre qu'il a suivie avec sollicitude, du commencement à la fin ; mais je le tiens pour assuré depuis longtemps de mon amitié reconnaissante.

BIBLIOGRAPHIE

DES

MAZARINADES.

---

1. A la reine, par un ecclésiastique.
« Vade, quoniam vas electionis est mihi, ut portet no-
« men meum coram gentibus et regibus et filiis Is-
« raël. » ACT., IX, 15. *Paris,* 1652, 19 pages.

C'est une sorte de sermon sur l'éloignement de Mazarin, écrit pour le jour de sainte Catherine de Sienne.

2. A messieurs du parlement. (S. l. n. d.), [1650], 4 pages. *Rare.*

Pour la liberté des princes, après leur transfert au Havre.

3. A monseigneur Charles de Lorraine, duc d'Elbeuf, généralissime des armées du roi. (S. l. n. d.), 4 pages.

Cette pièce est signée DU Bos (Mathieu).

Puisque le duc d'Elbeuf était encore généralissime des armées du roi.... pour le parlement, le prince de Conti n'était pas entré dans Paris. On voit que le sieur Du Bos n'avait pas perdu de temps pour mettre sa plume au service de la Fronde.

J'ai rencontré de ce pamphlétaire sept pièces tant en prose qu'en vers, tant en français qu'en latin. La meilleure, sans contredit, est l'*Icon tyranni in invectiva contra Mazarinum expressa.* Elle est d'une bonne latinité et ne manque ni d'élégance ni de vigueur. Les autres vaudraient tout au plus la peine d'être indiquées par leur titre si l'une d'elles, le *Manifeste de M. le prince*, n'avait mis l'auteur dans la nécessité de se cacher, et si elle n'avait pas été reproduite en entier dans les *Mémoires de la minorité de Louis XIV*, page 385 de l'édition de 1690, et citée comme document officiel dans la seconde édition de l'*Histoire du prince de Condé* par Pierre Coste, page 258. Pour se défendre, Du Bos fit paraître le *Manifeste de l'auteur du* Manifeste de M. le prince, etc.

Les autres pièces de Du Bos sont les *Illustres présages des avantageux succès de nos troupes*, etc.; le *Procès-verbal de la canonisation du bienheureux Jules Mazarin*, et *Archipræsulis in Joanne-Francisco-Paulo Gondæo*, etc.

On lit dans les *Mémoires* du cardinal de Retz que le marquis de Vardes fit couper le nez à Dubosc Montandré pour un libelle dans lequel la maréchale de Guébriant, sa sœur, était déchirée. Il paraît que les paroles du cardinal doivent être prises dans leur sens le plus littéral. Du moins voici comment, de son côté, Loret raconte le fait :

« Témoin ce méchant *Manifeste*
Qui fut à son auteur funeste,
Où Vardes étant mal traité
En devint si fort irrité,
Que ses laquais, gascons ou basques,
Ayant pris l'auteur par les basques,
Coupèrent à coups de ciseau
Son très-infortuné naseau;
Ce qui fait qu'après cet outrage
On peut dire de son ouvrage :
« Ce sont des discours mal tournés
« D'un auteur qui n'a point de nez. »

C'est le même fait, comme on voit. Seulement le cardinal de Retz s'est trompé en deux points : l'auteur mutilé n'est point Dubosc Montandré, mais Du Bos; il n'avait point injurié la maréchale de Guébriant, mais le marquis de Vardes lui-même.

Il faut se rappeler que Loret écrivait toujours en présence des faits. Il recueillait jour par jour les nouvelles dont il devait chaque semaine composer une lettre pour mademoiselle de Longueville. Aussi la parfaite exactitude de sa *Muse historique* est-elle universellement reconnue. Or, la lettre dans laquelle il raconte l'action brutale et cruelle du marquis de Vardes, est datée du 27 juillet 1651. C'est la XXIXe du livre II. Il y est dit en termes exprès que le libelle était un *Manifeste* qu'on faisait courir sous le nom d'un prince, et que le marquis de Vardes y était maltraité.

Dubosc Montandré n'a publié tout au plus qu'un seul *Manifeste;* c'est celui du cardinal Mazarin ; mais Du Bos est, comme je viens de le dire, l'auteur du *Manifeste de M. le prince de Condé, contenant les véritables raisons de sa sortie de Paris le* 6 *juillet* 1651. Ce pamphlet a dû paraître vers le 15 juillet; et j'y lis le passage suivant : « Ce qui me fait croire sans aucun doute que mes ennemis et ceux du repos de la France destinent Brissac pour en faire le port où Mazarin conservera le débris de son naufrage, c'est que je vois qu'on en donne le gouvernement à Vardes, *insigne partisan de ce cardinal et lâche déserteur du service de Son Altesse Royale.* »

Évidemment voilà le libelle désigné par Loret. Entre le gazetier qui écrivait sur les lieux, en présence du fait qu'il avait pu vérifier, et le cardinal de Retz qui n'a rédigé ses *Mémoires* que plus de vingt ans après, il me semble qu'il n'est pas permis d'hésiter.

4. A monseigneur le Coadjuteur sur sa retraite du 5 avril 1651, Sonnet. (S. l. n. d.), 1 page. *Rare.*

Mauvais vers où l'on met le coadjuteur au-dessus de tous les hommes et sa retraite au-dessus de toutes les actions.

5. A monsieur de Broussel, conseiller du roi au parlement de Paris. *Paris,* François Noël, 1649, 4 pages.

6. A nos seigneurs du parlement. (S. l. n. d.), [1650], 7 pages.

Requête en addition pour la récusation du premier président par Beaufort, Gondy et Broussel.

7. A nos seigneurs du parlement. (S. l. n. d.), [1649], 2 pages.

C'est une requête d'opposition, faite par les propriétaires des maisons, aux arrêts des 10 et 14 avril 1649, qui déchargent les locataires du terme de Pâques.

J'y trouve une curieuse liste des métiers qui ont gagné au blocus de Paris : Clinquaillers (*sic*), fourbisseurs, chapeliers, merciers, malliers, fripiers, drapiers, armuriers, arquebusiers, serruriers, esperonniers, marchands de blé, boulangers, pâtissiers, bouchers, cabaretiers, grenetiers (*sic*), cordonniers, potiers d'étain, ceinturiers, chaircuttiers (*sic*), selliers, marchands de chevaux, chandeliers, appotiquaires (*sic*), chirurgiens, épiciers, orfèvres.

8. A qui aime la vérité. (S. l. n. d.), [1649], 4 pages.

Signé : *Le désintéressé à Paris*. C'est le second des deux billets que le chevalier de la Vallette sema par les rues de Paris dans la soirée du 11 février.

Il y en a une autre édition de Saint-Germain, également de 4 pages, mais sans la signature.

Le premier billet est intitulé : *Lis et fais*.

On a publié deux réponses aux billets : la *Lettre écrite au chevalier de La Valette sous le nom du peuple*, etc., et les *Motifs de l'union des bourgeois de Paris avec le parlement*, etc.

Baillet, cité par Prosper Marchand, attribue le second billet au chevalier de La Valette lui-même ; mais il est plus probable qu'il a été écrit par Cohon, évêque de Dol, comme le premier.

Il existe des deux billets des éditions sous le titre de *Copie*, etc.

9. A savoir (l') si nous aurons la paix et si notre guerre civile s'achèvera bientôt. *Paris*, 1652, 19 pages.

Il y a un mot de bon sens dans cette pièce qui d'ailleurs n'est pas commune. L'auteur dit de la Fronde que c'était « une affaire de rivalité de prétentions. » Aussi n'épargne-t-il personne, pas plus la reine que les princes, et le Mazarin que le parlement.

Après la députation du clergé.

10. A tous les évêques, prêtres et enfants de l'Église, Jean-François-Paul de Gondy, cardinal de Retz, archevêque de Paris. (S. l. n. d.), [1660], 47 pages.

La pièce porte la signature autographe du cardinal.

C'est le dernier retentissement de la Fronde. Écrite après la paix des Pyrénées, la lettre contient l'histoire entière de l'affaire du cardinal de Retz. Elle est remarquablement bien faite.

M. Champollion dit, dans le complément des *Mémoires* du cardinal (coll. Michaud), page 586, qu'elle fut imprimée en Hollande, c'est possible; sous la rubrique de Paris, non. Elle est sans nom de lieu. Il ajoute que le cardinal y joignit la lettre au roi, datée du 30 avril 1660, et celle de la même date, adressée, non à son chapitre, mais à ses grands vicaires, pour les envoyer en France. Un ami du cardinal, qui lui écrivait de la cour, dit, dans une lettre du 4 septembre, citée par M. Champollion: « Jeudi dernier, le lieutenant civil et les gens du roi furent mandés d'aller au Louvre pour faire brûler vos trois lettres. » Il ne paraît cependant pas que l'exécution ait eu lieu; et dans une autre du 9: « Votre lettre n'a pas produit tout l'effet qu'on pouvait attendre. » Il s'agit de celle-ci précisément.

11. A tous les habitants de la terre, l'heureux génie salut. Les advenues du bien souverain de l'homme, c'est à savoir le traité de la paix entre les hommes, de la guerre contre les vices, et de l'intelligence dans l'amour du ciel, vrai miroir de l'homme d'honneur, de l'homme sage et de l'homme heureux. (S. l.), 1652, 47 pages.

12. A très-haut prince, nostre très-cher et amé cousin, le seigneur Armand de Bourbon, prince de Conty, du sang royal. (S. l. n. d.), [1652], 3 pages.

Datée du 10 avril 1652 et signée CHRISTINE.

• La reine de Suède offre sa médiation pour la paix; mais pourquoi au prince de Conti?

13. A un ministre d'État sur les œufs. (S. l.), 1649, 7 pag.

Toutes les rimes sont en *eux*. Voilà l'explication du titre.

14. Abolition (l') de Mgr. le duc de Beaufort au parlement de Paris, avec les dernières nouvelles de l'armée de M. le prince, et l'ordre que M. le prince a donné pour ôter les vivres au maréchal de Turenne. *Paris*, L. Laureau, 1652, 8 pages.

L'abolition est du 22 septembre. Elle porte sur le duel du duc de Beaufort avec son beau-frère, le duc de Nemours.

15. Abrégé de l'Arsenal de la foi qui est contenu en cette copie de la conclusion d'une lettre d'un secré-

taire de Saint-Innocent, par lui écrite à sa sœur sur la détraction de la foi d'autrui, lequel n'ayant de quoi la faire imprimer tout entière, il a commencé par la fin à la mettre en lumière, étant en peine d'enfanter la vérité de Dieu en lui, comme une femme enceinte de mettre son enfant au monde. (S. l. n. d.), 4 pages.

Signée FRANÇOIS DOSCHE. Il y a du même auteur une autre pièce signée F. D. C. (capucin?) indigne.

16. Abrégé véritable de ce qui s'est fait pour le soulagement des pauvres des villages du diocèse de Paris; la nécessité de soutenir cette entreprise par des aumosnes extraordinaires, et pareillement de les employer à la continuation de l'assistance du grand nombre des malades des fauxbourgs. (S. l. n. d.), [1652], 4 pages.

Les religieux qui se sont le plus activement occupés de cette œuvre, sont les prêtres de la communauté de Saint-Nicolas du Chardonnet, les jésuites, les capucins, les pères de la Mission et les jacobins.

Voir le *Mandement* de l'archevêque de Paris pour le secours des pauvres.

17. Acclamations (les) de joie des bons Parisiens sur l'heureuse arrivée de la paix. *Paris*, Nicolas de La Vigne, 1649, 8 pages. Avec permission.

Cette pièce se termine par des vers médiocres sous le titre de : *Les Souhaits des bons villageois en faveur des bourgeois de Paris.*

18. Accord (l') passé entre les quatre empereurs de l'Orient et les empereurs, rois et princes de l'Occident, pour venger la mort du roi d'Angleterre à la sollicitation de la noblesse de France. *Paris,* Claude Morlot, 1649, 8 pages. *Curieux et rare.*

L'un des empereurs de l'Orient est le prêtre Jean, qui, dit l'auteur, se prétend de la race de David comme étant issu de la reine de Saba.

19. Accouchée (l') espagnole, avec le caquet des politiques, ou le frère et la suite du politique lutin sur les maladies de l'État, par le sieur de Sandricourt. *Paris*, 1652, 23 pages.

Sandricourt est un pseudonyme dont j'aurai tout à l'heure à rechercher le véritable nom. On le compte parmi les pamphlétaires les plus féconds de la Fronde; et je ne connais guère que Dubosc Montandré et Davenne qui aient écrit autant ou plus que lui.

Les pièces de Sandricourt composent un recueil en deux parties sous le titre général de : *Les Fictions politiques, ou Sérieux et agréables caprices du sieur* de Sandricourt *sur les désordres civils arrivés en France ès années* 1651 *et* 1652. *Rouen*, 1652, in-4°. Ce titre est suivi d'une épître dédicatoire générale *A ma princesse et incomparable amie madame* F. P. V. D. S. D. L. B., sous la date du 21 octobre 1652. La Princesse, c'est Paris affligée par *Eimarmène*, la Providence ou le Destin.

Vient ensuite un second titre ainsi conçu : *Recueil des pièces du sieur* de Sandricourt, *première partie, contenant ses fictions politiques*, savoir : le Politique lutin porteur des ordonnances, etc.; l'Accouchée espagnole; la Descente du politique lutin aux Limbes; les Préparatifs de la descente du cardinal Mazarin aux enfers; la France en travail sans pouvoir accoucher, etc.; le Censeur du temps et du monde, etc.; la seconde partie du Censeur, etc.; la Réponse de Sandricourt sur la thèse couchée en la seconde partie du Censeur touchant les régences; la Troisième partie du Censeur; la Quatrième et dernière partie du Censeur. (10 pièces.)

Ici se place le troisième titre : *Recueil des pièces du sieur* de Sandricourt, *seconde partie contenant ses pièces académiques*, savoir : le Procès du cardinal Mazarin, autrement le Complot burlesque; Réponse pour Son Altesse Royale à la lettre du cardinal Mazarin; Pasquin et Marforio sur les intrigues de l'état; Réponse pour messieurs les princes à l'*Esprit de paix;* les Sentiments de la France, etc.; l'Ombre de Mancini, etc.; les Songes et réponses d'Hydromanthe; les Cordeliers d'état, etc.; l'État présent de la fortune de tous les potentats, etc.; le Visage de la cour, etc.; le Maréchal des logis, etc.; les Très-humbles remontrances des trois états, etc. C'est l'adieu du sieur de Sandricourt. (12 pièces; en tout 22.)

Enfin le volume se complète par le : *Recueil des pièces refutées par le sieur* de Sandricourt, savoir : les Sentiments d'un fidèle sujet du roi sur l'arrêt du 20 décembre 1651 ; Lettre du cardinal Mazarin à Son Altesse Royale sur son retour en France du 5 janvier 1652 ; l'Esprit de paix ; le Censeur censuré. (4 pièces).

Il faut ajouter les *Maximes véritables* et la suite, que Sandricourt a oubliées ou négligées, je ne sais pourquoi ; de sorte que les trois recueils réunis doivent contenir 28 pièces.

Tous les titres que je viens de transcrire, ont été imprimés après l'entière publication des pièces, et quand on a voulu les réunir en corps de volume. Évidemment ce travail a été fait sous la direction de Sandricourt lui-même, puisque la collection s'est accrue de l'épitre dédicatoire, composée tout exprès. Les recueils cependant ne présentent pas les pièces dans l'ordre chronologique de la composition. Voici à cet égard quelques détails que je trouve dans un *Avis au lecteur*, imprimé à la suite de la quatrième partie du *Censeur du temps et du monde*. Je crois d'autant plus utile de les reproduire que l'*Avis* ne se rencontre pas dans tous les exemplaires : le *Politique lutin* a été publié quinze jours après la vérification *limitée* de la déclaration contre le prince de Condé ; le *Complot ou entretien burlesque*, aliàs le *Procès du cardinal Mazarin*, incontinent après l'arrêt du 20 décembre ; l'*Accouchée espagnole* après le passage de Mazarin avec son armée ; la *Descente aux Limbes* pendant le siége d'Angers ; les *Préparatifs* après que les *Maximes véritables* eurent paru ; la *France en travail* ensuite ; le *Pasquin* trois semaines devant le siége d'Étampes ; la première partie du *Censeur* peu de jours après la prise de Gravelines par les Espagnols ; la seconde lorsque le duc de Lorraine arriva à Paris ; « la troisième ni la *Réponse au Censeur censuré* n'ont que faire du temps ; » la quatrième six jours avant la retraite de Mazarin.

Après avoir donné une liste incomplète et inexacte des pamphlets de Sandricourt, Larroque ajoute : « J'ai omis à dessein le titre de quelques autres pièces si hardies que l'auteur n'osa pas les avouer, ni même y mettre son nom d'anagramme. » De ces pièces il en est deux que Sandricourt, bien loin de les avouer, a désavouées expressément au contraire dans les *Songes et réponses d'Hydromanthe*. « Voir, dit-il dans une note, voir le *Visage de la cour* et l'*État présent de la fortune des princes* que je n'avoue pas pour miennes. » Et il fait connaître la raison de ce désaveu ; c'est que

« le *Visage de la cour* se moque de *la braverie* (Châteauneuf) et du *Chien au grand collier* (Séguier), disant que *la Grand' barbe* (Molé) ne fait le philosophe ni l'homme d'état et que le vent lui souffle du derrière. » Nous avons vu cependant que Sandricourt a plus tard compris ces deux pamphlets dans les recueils de Rouen, 1652. D'ailleurs il avait déjà écrit sur le titre du *Maréchal des logis :* « Demandes au vendeur l'*État présent de la fortune des princes* et le *Visage de la cour,* et reçois ces trois pièces comme des divertissements de ma plume. »

Je ne serais pas éloigné de croire que Sandricourt est l'auteur du *Fourrier d'État*. Au moins lit-on dans le *Maréchal des logis*, qui est certainement postérieur : « Il est juste que nous la logions (la cour) un peu plus au large que par le passé. » Sandricourt se montre toujours très-favorable au duc d'Orléans. Il l'épargne seul dans le *Visage de la cour;* et il répond pour lui à la lettre du cardinal Mazarin. Or dans le *Fourrier d'État,* le roi est logé à Saint-Denis, le duc d'Orléans au Louvre et le duc de Valois à la place Dauphine.

Sandricourt avait promis plusieurs autres pièces qu'il ne paraît pas avoir données. Ainsi dans la seconde partie du *Censeur du temps et du monde* il annonce la *Signora Marforia*, le *Génie de la France sur la sellette*, le *Génie de la Suède attentif au bien de la France;* il revient sur la *Signora Marforia* dans *Pasquin ;* enfin dans les *Très-humbles Remontrances des trois états* il promet encore une fois la *Signora Marforia* et le *Génie de la France sur la sellette ;* « mais, dit-il, cela marchera d'un style particulier qui pourra être bien venu du magistrat, lequel se gardera de titrer ma plume de séditieuse; ou je lui ferai voir que je suis vif dans mes ressentiments. » Il ne paraît pas, malgré ces airs fanfarons, que Sandricourt ait donné suite à ses promesses. Je ne vois pas non plus qu'il ait publié la troisième partie et la clef de son *Hydromanthe*.

Le *Procès du cardinal Mazarin* a été réimprimé, avec une augmentation assez considérable, sous le titre de : *Le Complot et entretien burlesque sur l'arrêt du 29 décembre*, etc.

Il existe deux éditions du *Politique lutin*, toutes deux portant le même titre, toutes deux de 1652, toutes deux de 24 pages; mais celle où le titre n'est pas répété tout entier en tête du texte et où on lit seulement : *le Politique lutin porteur des ordonnances*, etc., est bien meilleure que l'autre.

L'opinion générale est que c'est Mézeray qui se cachait sous le pseudonyme de Sandricourt. Larroque, son historien, qui l'avait reçue probablement des contemporains, n'a pas hésité à la transmettre entière. Il a même cherché à la justifier en disant que *Sandricourt* est l'anagramme de *François Eudes*. Mézeray, ajoute-t-il, se souvenait d'avoir gagné à ce métier des sommes considérables sous le ministère du cardinal de Richelieu.

Cependant les savants continuateurs du père Lelong ont proposé une conjecture nouvelle. A leur avis, le pseudonyme a un autre style que Mézeray ; et sa vaste érudition ne paraît pas convenir à l'historien de la France. Il y a d'ailleurs trop de différence entre *François Eudes* et *Sandricourt*. « Si l'on veut s'en tenir, disent-ils, à la preuve de l'anagramme, on croira plutôt auteur de ces écrits un François Duret. »

On n'a pas tenu compte de leur conjecture; et on a eu tort. D'abord il est bien certain que *François Duret* se rapproche beaucoup plus de *Sandricourt* que *François Eudes*. Entre le premier nom et le second, il n'y a que deux lettres de différence; entre le second et le troisième, il y en a six. Puis le pseudonyme semble dire qu'il était médecin ; et l'*Accouchée espagnole*, les *Songes d'Hydromanthe*, par exemple, prouvent qu'il avait au moins fait des études médicales. Il avait certainement voyagé sur mer. Il avait vu Rome et l'Italie. L'*Ombre de Mancini* montre qu'il possédait les langues latine et grecque. On peut croire même qu'il avait quelque connaissance de l'italien et de l'espagnol. A tous ces traits, on ne saurait reconnaître Mézeray.

Si François Duret était fils de Jean Duret, premier médecin de Marie de Médicis, petit-fils de Louis Duret, médecin ordinaire de Charles IX et de Henri III, la conjecture des continuateurs du père Lelong serait amplement justifiée. Sa profession, son érudition, ses voyages, ses opinions même s'expliqueraient sans la moindre difficulté. Jean Duret, on le sait, fut en son temps un forcené ligueur; mais il ne paraît pas qu'il ait jamais appartenu à la faction espagnole. Nous verrons tout à l'heure que François Duret, frondeur ardent, ne voulut jamais avoir de connivence avec l'Espagne.

Une dernière observation : le pseudonyme dit, à la fin de la troisième partie de son *Censeur du monde et du temps*, qu'il avait cinquante-six ans quand ce pamphlet parut, c'est-à-dire en 1652.

Il était donc né en 1596 ou 1597. Or Jean Duret était, à cette date, âgé de trente-trois ans. Il est mort en 1629. François Duret venait au moins d'accomplir sa trente-deuxième année. On voit que la supputation des temps ne s'oppose point à la conjecture des continuateurs du père Lelong.

Mézeray, lui, est né en 1610; il avait donc, en 1652, quarante-deux ans et non cinquante-six. Comment s'est établie l'opinion qui lui attribue les *Fictions politiques* du sieur de Sandricourt? Je ne saurais le dire. Veut-on qu'il y ait eu quelque part? C'est possible; mais assurément il n'en est pas le seul, il n'en est pas même le principal auteur.

Larroque juge peut-être un peu sévèrement les pamphlets de Sandricourt quand il les condamne tous au même titre : « Ce que l'on peut dire de toutes ces pièces, en général, c'est qu'on y voit un composé bizarre d'enjouement, d'un burlesque bas et rampant, de quolibets, de proverbes des halles, souvent aussi de l'esprit, du savoir, mais tout cela mêlé de libertinage. » Il aurait pu ajouter qu'on trouve dans la *France en travail* les plus exécrables vers que la Fronde ait produits; ce qui n'empêche pas que quelques-unes de ces pièces ne se lisent encore avec beaucoup d'intérêt et un plaisir véritable, notamment l'*Accouchée espagnole* et les *Très-humbles remontrances des trois états*.

Il y a dans les pamphlets de Sandricourt de l'esprit de Rabelais et de l'esprit de Montaigne; mais beaucoup plus du premier que du second; encore n'est-ce pas du meilleur. Sandricourt est bizarre, fantasque, libertin, ordurier comme l'auteur de *Gargantua;* il a quelquefois la vigueur de style et la fermeté de jugement de l'auteur des *Essais*. Il est railleur et sceptique comme tous les deux. Il outrage la reine-mère avec un cynisme d'autant plus odieux qu'il met l'insulte dans la bouche du roi et du duc d'Anjou. Si on le lit avec attention, on remarque qu'il comprend parfois avec une merveilleuse intelligence le caractère des hommes et la portée des événements.

J'en veux citer deux exemples seulement. « L'autorité des rois n'étant pas bridée par les États ou par les Parlements, dit Sandricourt dans la troisième partie du *Censeur du temps et du monde*, dégénérera infailliblement en tyrannie, quand ils ne le voudraient pas, parce que le petit nombre des ministres avares et ambitieux desquels ils sont obligés de dépendre, les y portera insensiblement.

Les sujets tyranniquement traités par les ministres perdront le respect, l'obéissance et l'amour pour les rois. »

Et dans les *Très-humbles Remontrances des trois états :* « Il n'y a point de juge équitable qui ne prononce désormais que toutes nos lois anéanties vont se transformer en voix et simples bons plaisirs bien rudes à l'oreille et à la liberté, et que toute l'harmonie et correspondance de l'État entre le monarque et les sujets se va changer en tyrannie bien funeste aux sujets même, au prince même, aux usurpateurs même de son autorité. » La Fronde était vaincue. Le roi devait rentrer dans Paris le lundi qui a suivi la publication des *Très-humbles Remontrances*.

Les auteurs de la *Biographie universelle*, à l'article *Mézeray*, jugent d'après cette pièce que Sandricourt était « de ces esprits que les troubles avaient amenés à concevoir de grands changements dans la constitution de l'État. » Eh! mon Dieu, non : Mézeray voulait au contraire, avec les grands seigneurs et les gentilshommes de la Fronde, un retour complet aux anciens usages plutôt qu'à l'ancien droit de la monarchie. Il regrette l'aristocratie; et il demande les états généraux.

Dans les *Préparatifs de la descente du cardinal Mazarin aux enfers*, il définit l'aristocratie : « Le balancier de l'autorité royale qui règle les minutes et fait sonner l'horloge et entendre trois heures : *Rex habet superiorem Deum*, une, *legem etiam*, deux, *et curiam*, trois. » *Curiam*, ce n'est pas ici le parlement. Sandricourt s'en explique clairement en vingt endroits de ses pamphlets A son avis, le parlement ne continue pas les anciennes assemblées des Francs et ne saurait suppléer les états généraux. Il ajoute plus loin, dans la pièce que je viens de citer : « Sache que toutes les rages et les furies qui se préparent contre le Mazarin et ses créateurs, ne sont que pour venger l'anéantissement de l'aristocratie qui avait duré avant et depuis l'établissement de la monarchie. »

Ce n'était pas la Fronde qui avait des pensées d'innovation; c'était la cour.

« Veux-tu que je sois Mazarin fieffé comme le duc d'Elbeuf ou qu'on me déclare criminel comme les princes? » Cette phrase de la *Descente du politique lutin aux Limbes*, résume très-bien la politique active de Sandricourt. Parce qu'il ne veut être décidément, ni Mazarin, ni prince, comme on disait alors, Sandricourt a des paroles injurieuses pour tous, excepté pour le duc d'Orléans. Il se moque de tous les partis et de toutes les prétentions. Il répète souvent qu'il faut toujours être avec le roi, désirer l'union de la famille royale et se défier de l'Espagnol; mais en fait il ne prend pour lui-même que la dernière de ces trois recommandations. Il est fort peu avec le roi; s'il désire l'union de la famille royale, il n'y paraît guère; car dans le *Dialogue du roi et du duc d'Anjou avec la mamman*, qui suit le *Visage de la Cour*, il fait dire à la reine : « Voyez ce qu'on vous fait quand il (Mazarin) n'y est pas; » à quoi le roi répond : « Et je sais ce que vous faites, quand il y est. » Le seul sentiment que Sandricourt ne démente jamais, c'est sa haine de l'Espagnol. Il ne pardonne pas aux princes d'avoir fait alliance avec l'ennemi de l'État; et dans le *Politique lutin*, sorte de songe fantastique où l'auteur, changé en lutin, parcourt à peu près toute l'Europe et raconte beaucoup de folies, d'ordures et d'impiétés, Bayard et Duguesclin, qu'il a vus dans les Champs-Élysées en passant par la Thessalie, le chargent de prévenir le prince de Condé que Charles de Bourbon et tous ses adhérents sont damnés ; que si, dans quinze jours, il ne pense à sa conscience, l'arrêt du Parlement sera souscrit des connétables de Montmorency, ses ayeux, des maréchaux de Montluc, Cossé, Biron père et Boucicaut.

Mailly (*Esprit de la Fronde*) traite Sandricourt, sous le nom de Mézeray, avec une sévérité qui n'aurait rien perdu à être exprimée dans un langage moins violent.

Il est difficile de réunir toutes les pièces de Sandricourt. Il est plus difficile encore de trouver complet le recueil de Rouen.

20. Accueil (l') fait à Son Éminence par les Bordelois. (S. l.), [1650], 8 pages.

Ce sont les *Larmes Mazarines* accommodées, tant bien que mal, aux affaires de Bordeaux.

21. Achat (l') de Mazarin en vers burlesques. (S. l.), 1649, 11 pages.

Cette pièce a paru pendant le siége de Cambrai.

22. Acte de la révocation du vicariat général de M. Du Saussay, en l'archevêché de Paris. Placard in-folio, daté du 15 mai 1656. *Très-rare.*

23. Acte (l') d'opposition de M. le duc de Chaulnes, gouverneur et lieutenant général pour le roi du Haut et Bas (*sic*) Auvergne, à la proposition faite de donner à M. le duc de Bouillon en propriété lesdites provinces, pour partie du remplacement de Sédan. *Paris*, 1649, 7 pages. *Très-rare.*

Malheureusement sans date.

24. Acte portant la nomination faite par M. le cardinal de Retz, archevêque de Paris, d'un official et d'un vice-gérant en l'Officialité de Paris au lieu et place de M. André Du Saussay, évêque de Thoul. Placard in-folio, daté du 28 mai 1656.

Non moins *rare* que la pièce cotée 22 à laquelle il se rattache étroitement.

25. Action de grâce à nos seigneurs de parlement par les habitants de la ville et faubourgs de Paris, pour l'acquittement et la décharge des louages des maisons du quartier de Pâques dernier par un arrêt solennel. *Paris*, Claude Morlot, 1649, 7 pages.

L'arrêt est du 19 mai 1649.

26. Actions de grâces à Dieu pour la paix, par un prêtre bourdelois. (S. l. n. d.), [1650], 16 pages. *Très-rare.*

« Figurez-vous une ville, recommandable soit par la noblesse soit par l'antiquité, blocquée et assiégée par les bestes les plus monstrueuses et les plus farouches que jamais l'Afrique ait nourries; que ses environs soient remplis de lions rugissants ; que les tigres courent de maison en maison ; que l'air soit obscurci par la fumée des dragons ; que la terre soit couverte de serpents ; ce n'est pas encore assez pour représenter la fougue de cette passion infernale. La haine avoit enfin armé tous les éléments et tout ce qu'il y a de terrible dans le centre du monde pour renverser l'honneur et la liberté d'un peuple jaloux de sa gloire. C'en estoit fait, oh ! mon Dieu, si vostre bras tout puissant n'eût affermi nostre vertu chancelante. Nous vous rendons grâce ; car par une vertu admirable le feu du ciel a amorti les tisons d'enfer; et l'eau de vos grâces a estouffé le flambeau de la guerre. »

27. Actions de grâce de la France au prince de la paix, monseigneur le duc de Beaufort, par le sieur D. P. *Paris*, veuve A. Musnier, 1649, 8 pages.

Les initiales sont celles de du Pelletier, mauvais écrivain dont je n'ai pas rencontré moins de quatorze pièces, tant en vers qu'en prose.

Du Pelletier nous apprend dans quelques-uns de ses pamphlets, et notamment dans les *Avis politiques envoyés à un officier de la reine* et dans sa première *Lettre au duc de Beaufort*, qu'il était né à Paris, qu'il habitait au faubourg Saint-Germain une solitude où il vivait en anachorète, « sinon qu'il y faisoit des vers ou de la prose » pour les grands hommes du jour. Les *Vers présentés au duc de Beaufort* sont signés DU PELLETIER, parisien.

Guéret dit à Hydaspe, dans *la Carte de la cour*, p. 37 : « Il me semble que le solitaire Damon vous retient avec ses sonnets, que vous en admirez la pompe et l'économie, et que tous les illustres ensemble s'excitent à vous faire montre de leurs merveilles. » En marge il a écrit : *M. du Pelletier*. Hydaspe, conduit par Guéret, était arrivé dans la ville de *Petits vers*, province de *Gentillesses*.

« Le sieur du Pelletier, qui ne s'est point nommé dans tous ses écrits, dit à son tour l'abbé de Marolles, dans le dénombrement des auteurs qui lui ont fait présent de leurs ouvrages, page 332 du troisième volume de ses *Mémoires*, pour un très-grand nombre de sonnets qui sont tous très-obligeants et que feu M. le chancelier Séguier n'a pas jugés indignes de sa reconnaissance; comme aussi l'honnêteté qui les accompagne partout, ne s'y trouve-t-elle pas destituée d'esprit. Il a fait des lettres qu'il nomme *Nouvelles*. »

Un auteur qui a eu la singulière idée de mettre en prose (sous le titre de : *La pièce charmante du cabinet découverte*) la *Pièce du cabinet* de Carneau, cite du Pelletier parmi les poëtes célèbres de son temps.

Tallemant des Réaux nous a conservé une épigramme de Richelet contre l'abbé d'Aubignac et du Pelletier :

« Du critique Hédelin le savoir est extrême ;
C'est un rare génie, un merveilleux esprit.

Cent fois confidemment il me l'a dit lui-même;
Et le grand Pelletier l'a mille fois écrit. »

Il est parlé, dans le numéro 27 de la *Muse de la cour*, 8 septembre 1657, d'une nouvelle académie

Qui joint, par un heureux destin,
Notre Seine au Tibre latin,

et dont l'ambassadeur vénitien, Contarini,

.... Est le prince dignement. »
« Le généreux du Pelletier,
D'esprit et de corps tout entier,
Dedans ces illustres spectacles
Ne fait pas de petits miracles. »

Pierre du Pelletier avait de l'encens pour toutes les renommées. Il ne s'est peut-être pas publié de son temps un seul volume qu'il n'ait chargé de ses vers à la louange de l'auteur. Aussi l'appelait-on le *portier du Parnasse*. Son nom est un de ceux qu'on rencontre le plus souvent dans les satires de Boileau. On trouve dans la *Bibliographia gallicana universalis* du P. Louis Jacob, l'indication d'un petit livre in-12 mis en ordre et publié par du Pelletier chez la veuve de G. Loyson, sous le titre de : *Nouveau recueil des plus belles poésies* contenant le Triomphe d'Auguste, la Belle invincible, la Belle mendiante, l'Occasion perdue, le Temple de l'amour, le Temple de la débauche, le Banquet des poëtes, le Portrait de Voiture, etc., par MM. de Scudéry, Colletet, Tristan, de Lestoile, Maucroy, du Soucy (d'Assoucy), Morangle, Loret, Benserade, Sarrazin, Gomberville, Chapelain, des Yveteaux, du Pelletier, Théophile et d'autres. Ce livret est dédié à Colletet.

Il est assez remarquable que la *Biographie universelle* ait tout à fait passé cet écrivain sous silence. Richelet lui a consacré quelques lignes dans les *Vies* des meilleurs auteurs français qui précèdent *Les Plus belles lettres françaises sur toutes sortes de sujets*; mais, à en croire l'abbé d'Artigny, il se trompe quand il dit que du Pelletier est mort en 1660. C'est sept ou huit ans plus tard qu'il fallait dire. M. Berriat Saint-Prix, dans son édition des *OEuvres* de Boileau, fait mourir du Pelletier en 1680. Je ne sais pas où il a pris cette date.

J'ai vu et lu de cet écrivain treize pièces, non compris les *Actions de grâces*. Ce sont 1° les *Maximes royales présentées au roi*;

2° la *Paix en son trône;* 3° le *Couronnement de la paix;* 4° la *Lettre du sieur du Pelletier au duc de Beaufort;* 5° Les *Vers présentés au duc de Beaufort;* 6° l'*Hommage des muses françoises aux pieds du roi;* 7° *Avis politiques envoyés à un officier de la reine;* 8° le *Triomphe de Paris;* 9° le *Triomphe de la vérité;* 10° le *Portrait de M. de Broussel;* 11° *Lettre d'un prince anglois envoyée à la reine d'Angleterre;* 12° les *Vers présentés au roi à son entrée... en sa ville de Paris.*

28. Actions de grâces de toute la France à monseigneur le prince de Condé, touchant son consentement à la paix, fait par un Bourguignon. (S. l. n. d.), 8 pages.

Ce morceau d'assez mince éloquence a été écrit à l'occasion de la paix de Ruel; et par conséquent il est de mars 1649.

29. Actions (les) de grâces des bourgeois et habitants de la ville de Paris faictes au roy, à la reyne et aux princes après l'herex (*sic*) retour de Sa Majesté en sa bonne ville de Paris. *Paris,* Claude Boudeville, 1649, 8 pages.

30. Actions de grâces des pauvres paysans de l'élection de Paris pour le soulagement des tailles que la reine leur a promis par la déclaration de la paix. *Paris,* veuve Jean Rémy, 1649, 16 pages.

31. Ad Annam austriacam Ludovici XIV, Gallorum regis christianissimi, reginam matrem, de Julio Mazarino solemni senatûs consulto fugere jusso. (S. l. n. d.), 4 pages.

Bonne pièce de vers écrite à l'occasion de l'arrêt du 8 janvier 1649. Elle se termine par une épitaphe de Mazarin :

« Qui famosus aleator lusit Galliam et regem,
Ipsum Deum. »

32. Ad christianissimum Francorum et Navarræ regem Ludovicum XIV, a Deo datum, felicem, invictum, clementem, Parrhisios, post civicos tumultus, felici-

ter reversum, panegyricus gratulatorius, autore Stephano Bachot. *Parisiis*, 1652.

La *Biographie universelle* et la *Biographie médicale* en indiquent deux éditions, l'une in-folio, l'autre in-quarto; mais je n'en ai pas rencontré un seul exemplaire.

Je n'ai connu le texte de cette pièce que par la reproduction qui en a été faite dans un petit volume in-12, publié en 1686 chez Gabriel Martin, par Bachot lui-même, sous le titre de : *Parerga seu horæ subcessivæ Stephani Bachot, medici parisiensis et regii.* C'est au reste un morceau d'une très-mince valeur.

Voici pourtant deux courts passages qui méritent, à mon avis, d'être cités. Bachot s'adresse à la reine Anne d'Autriche : « Singu-« laris quippè tui ac frequentis ad D. Mariam cultûs ac pietatis « munus est rex noster quem sub medio fermè *Virginis* signo non « aliam ob causam natum esse suspicamur quàm quod matri tibi « sacer oriebatur. Acceptam quoque tuæ castitati referimus felici-« tatem nostram, cæterisque virtutibus quæ in Ludovici XIII con-« jugis, heu! quondàm tui, thalamos intulisti; ut planè nulla « heroïnarum, tum veterum cùm recentium, tecum vitæ candore « ac integritate certare ausit. »

Plus loin il dit à Louis XIV : « Aliud meminimus, etiam prius-« quàm nascerere, prædictum ab Astrologis (si qua modò huic « hominum generi fides) nimirùm fore te omnibus cùm corporis, « cùm animi dotibus ut cumulatissimum sic et maximè longævum. »

Étienne Bachot naquit dans le diocèse de Sens. Il fut docteur de la faculté de Reims, puis bachelier de la faculté de Paris en 1646, docteur le 15 septembre 1648, et mourut le 18 mai 1688 âgé de quatre-vingts ans. Il cultiva les lettres avec peu de succès. Ses plus illustres amis étaient Ménage, Gomberville, Benserade, Charpentier. Il avait dédié son *Panégyrique* à Louis XIV par une lettre qui se trouve aussi dans le *Parerga*.

33. Ad Deum prepotentem, optimum, maximum, filiumque ejus Jesum Christum, Dominum Nostrum, pro pace generali, deprecatio hebraicè, latinè et gallicè in die solemni sacro sancto Joannis evangelistæ martyri ad Portam Latinam pridiè nonas Maii, A. R. S. H. 1652.

Nomine omnium typographorum, per M. Joannem Banneret, doctorem Sorbonicum, linguæ sanctæ ac hebraicæ regium interpretem. *Parisiis*, ex typographia Francisci Le Cointe. (S. d.) *Très-rare.*

34. Ad regem Ludovicum XIV ut in urbem regni principem redire velit. Ode. *Parisiis*, Dyonisius Langlæus, 1649, 7 pages.

Cette pièce est signée de Madelenet.

Gabriel Madelenet était un des meilleurs poëtes latins du XVIIe siècle. Naudé, dans le *Mascurat*, l'appelle « le seul Horace de nostre temps. » L'éditeur du *Menagiana* dit, page 316 du 1er volume : « Le père Bourbon avait le sceptre poétique de son temps. De lui il a passé à Madelenet. Depuis Madelenet, M. du Perrier et M. de Santeuil se le disputent. »

Tous les biographes qui ont parlé de Madelenet, n'ont fait que traduire plus ou moins librement l'éloge écrit en latin par Pierre Petit, et qui a été imprimé en tête du volume de ses poésies. Je n'en excepte pas l'auteur de l'article de la *Biographie universelle*, qui recommande pourtant de ne lire ses devanciers qu'avec précaution. Dans la notice qui précède les *Mémoires* de Louis-Henri comte de Brienne, M. Barrière raconte que cet homme d'État honorait Madelenet d'une bienveillance toute particulière ; mais il n'ajoute pas que c'est lui qui a donné la première édition des vers dont le poëte l'avait constitué l'arbitre suprême par son testament.

Cette édition parut en 1662, un an après la mort de Madelenet, à Paris, chez Claude Cramoisy, avec ce titre : *Gabrielis Madeleneti Carminense libellum*, 1 vol. in-12. Une seconde édition a été publiée en 1725 à Paris, chez Barbou ; elle comprend en outre les poésies latines du père Sautel.

Les vers de Madelenet sont adressés au prince de Condé, aux cardinaux de Richelieu et de Mazarin, au chancelier Séguier, au maréchal de Gramont, à Bullion, à Bailleul, Colbert, Fouquet, etc., et appartiennent étroitement à l'histoire de Louis XIII et de Louis XIV.

35. Addition que les Conseillers secrétaires du roi font

aux remontrances et avis qu'ils ont ci-devant dressés pour ce qui regarde le payement de leurs gages et des autres assignés sur les gabelles de France. *Paris*, veuve Jean Rémy, 1649, 15 pages.

Il doit y avoir cinq pièces : 1° Remontrances et avis, etc. ; 2° Addition, etc. ; 3° un Acte d'opposition à l'adjudication des gabelles, 4° un second acte d'opposition ; 5° Nouvelles Remontrances, etc. Toutes ces pièces ont été publiées dans les mois de décembre 1649 et janvier 1650.

36. Adieu (l') burlesque de la France à la guerre. *Paris*, Pierre du Pont, 1649, 8 pages.

Plaisante description de l'armée royale.

37. Adieu (l') de Jules Mazarin à la France, à Paris et à messieurs du Parlement. *Paris*, Mathurin Henault, 1649, 6 pages.

Signé Francese Cornelio.

38. Adieu (l') de la France au cardinal Mazarin. *Paris*, 1652, 6 pages.

Pièce assez plaisante mais surtout *très-rare*.

39. Adieu (l') de Mazarin à monseigneur le Prince, avec la réponse qu'il lui a faite pour l'empêcher de partir. *Paris*, 1649, 4 pages.

40. Adieu (l') de Mazarin, burlesque. Sur l'imprimé à *Paris*, chez Claude Huot, 1649, 4 pages.

C'est une réimpression du commencement de la pièce intitulée : le *Passeport et l'Adieu de Mazarin*, etc.

41. Adieu (l') de monseigneur le duc de Beaufort fait aux bourgeois de Páris avant son départ pour le soulagement des peuples. *Paris*, Jacob Chevalier, 1652, 6 pages.

M. de Beaufort partait pour aller prendre le commandement des troupes du duc d'Orléans dans la Beauce.

Chevalier a eu soin de mettre à la fin de ce mince pamphlet : « Par commandement de monseigneur le duc d'Orléans. » Il me semble qu'en 1649 et même en 1652, quelques mois plus tôt, le duc d'Orléans n'avait pas besoin de donner de tels ordres, ou les imprimeurs de prendre de telles précautions.

42. Adieu (l') des écrivains, triolets. *Paris*, Denys Pelé, 1650, 7 pages.

> « Pour l'appétit d'un sol marqué
> Quoi vous voudriez vous faire pendre ! »

Les princes étaient à Vincennes. « On n'a rien fait qui vaille sur cette prison, écrit Guy Patin sous la date du 18 février 1650 ; et de peur qu'il ne se fît beaucoup de mauvais, un arrêt de la Cour est intervenu qui l'a défendu. »

43. Adieu (l') du sieur Catalan envoyé de Saint-Germain au sieur de La Raillère dans la Bastille. *Paris*, Claude Huot, 1649, 8 pages.

Il faut y joindre la *Réponse* de La Raillère.

44. Adieu (l') du sieur Scarron faict au roy sur son départ pour l'Amérique. *Paris*, Antoine Chrestien, 1652, 8 pages.

Il y a dans ce pamphlet trois stances assez bonnes que voici :

> « L'un est *Mazarin*, l'autre est *Prince*,
> Et l'autre est cardinal de Retz.
> Chacun selon ses intérêts
> Discute, imprime, excuse, pince,
> Tous parlent (*sic*) paix de. Au diable, pour l'avoir,
> Si pas un d'eux fait son devoir.
>
> Ce grand corps noir à tant de testes
> Qui ne sont pas de mesme poids,
> Le parlement qui, par ses voix,
> Esmeut et calme les tempestes,
> N'a pas à son devoir pleinement satisfait.
> Il en a trop et trop peu fait.

L'impertinente populace
Qui ne sçait point ce qu'elle veut,
Qui ne sçait point ce qu'elle peut,
Qui tout rejette et tout embrasse,
S'est laissé sottement, sans raison ni discours,
Mener par le nez comme un ours.

L'*Adieu* est-il bien de Scarron? c'est possible. Il y a pour cela assez de verve et d'esprit. Cependant il faut remarquer que ce pamphlet a été publié également et par Antoine Chrestien sous le titre de *Réflexions morales et politiques tant sur la France que sur l'Amérique par un pauvre diable.* Ne serait-il pas possible que l'*Adieu* fût une seconde édition sur le titre de laquelle le nom de Scarron aurait été mis pour allécher le public?

Voir les *Cent quatre vers*, etc.

45. Adieu (l') et le désespoir des autheurs (*sic*) et écrivains de libelles de la guerre civile, en vers burlesques. *Paris*, Claude Morlot, 1649, 8 pages.

Après la paix de Saint-Germain. Cette pièce contient de très-curieux détails sur les habitudes des pamphlétaires.

46. Admirable (l') harmonie des perfections, qualités et reproches de Mazarin. *Paris*, Claude Morlot, 1649, 7 pages.

47. Admirables (les) sentiments d'une fille villageoise envoyée à monsieur le prince de Condé touchant le parti qu'il doit prendre. *Paris*, Jean Hénault, 1648, 7 pages.

Cette pièce est signée des lettres Ch. H., initiales de Charlotte Hénault. La date de 1648 est assurément fausse puisqu'il y est parlé de la mort du duc de Châtillon.

Naudé, page 8 du *Mascurat*, dit que c'est la quatrième ou cinquième pièce qu'une simple servante de libraire a donnée après avoir bien escuré ses pots et lavé ses écuelles. Il se peut que Charlotte Hénaut ait été la servante de Jean; mais à coup sûr elle etait sa parente et peut-être sa sœur. Toujours est-il que j'ai compté d'elle six pièces détestables. Ce sont avec celle dont je viens de transcrire le titre, les *Palmes héroïques du duc de Beaufort*, en prose; les mêmes en vers; les *Généreux pressentiments d'une fille villageoise;* le *Bonheur de la France;* et une *Épître héroïque au roi sur sa première communion.*

48. Advertissement, etc. Voy. *Avertissement.*

49. Advis, etc. Voy. *Avis.*

On sait que ces deux mots se trouvent écrits de l'une et de l'autre façon. Il m'a semblé que pour la facilité des recherches il valait mieux les ramener à une orthographe uniforme; et j'ai préféré celle qui est le plus en usage aujourd'hui.

50. Affectionnés (les) souhaits du peuple de Paris pour la conservation et progrès de leurs majestés dans leurs voyages (*sic*) et leur marche en Bourgogne. (S. l.), 1650, 6 pages.

51. Affiche. (S. l.), 1649, une page.

C'est une réponse du prince de Conty et des autres généraux du parlement au pamphlet intitulé : *Demandes de nos généraux.*

52. Affiche : l'arbitre de la paix aux Parisiens. *Paris*, 1652, 8 pages.

C'est un de ces pamphlets qu'on mettait à la fois en placards et en cahiers pour les afficher et pour les vendre; mais l'affiche n'a guère commencé qu'au moment où la vente a menacé de finir.

Les six corps de métiers et les officiers de la garde bourgeoise avaient été reçus à Saint-Germain. La Fronde lance une dernière invective contre la Cour.

53. Agatonphile (l') de la France. *Paris*, 1649, 12 pages.

54. Agréable conférence de deux paysans de Saint-Ouen et de Montmorency sur les affaires du temps. *Paris*, 1649-51.

« Je donne lieu entre les bonnes pièces à la *Conférence des deux paysans*, dit Naudé, page 208 du *Mascurat*, parce qu'elle est composée avec adresse et que son raisonnement, quoique très-faux et très-calomnieux, est si ingénieusement déguisé et si proprement assaisonné qu'elle ne laisse pas de passer pour bonne ou, à mieux dire, pour bien faite. » Naudé y revient encore page 219 : « Entre les plus agréables et ingénieux livrets que l'on ait faits contre le cardinal, l'on peut mettre avec raison les *trois parties de la conférence entre deux paysans de Saint-Ouen et de Montmorency*, parce qu'elle est fort naïve en son patois et soutenue de pointes assez gaillardes et de conceptions plus pressantes que celles de beaucoup d'autres qui ne médisent pas de si bonne grâce quoiqu'avec plus de malice et à feu plus découvert. »

Cinq parties de la *Conférence* avaient paru quand le *Mascurat* a été publié. Cependant Naudé n'en loue ici que trois. C'est qu'en effet les deux autres sont beaucoup plus faibles; et elles ne justifieraient pas le témoignage bien mérité que l'apologiste du Mazarin rend ici des trois premières. Il paraît que tel était alors le sentiment du public même; car dès 1649 les trois premières parties de la *Conférence* furent réimprimées seules sous ce titre : *les trois agréables Conférences de deux paysans de Saint-Ouen et de Montmorency sur les affaires du temps*. Paris, 1649, 16 pages.

Pour que la collection soit bien complète, il faut huit pièces : cinq ont été écrites en 1649 (la dernière, qui porte pour titre *Cinquième partie et conclusion*, etc., après la paix de Ruel); la sixième en 1650 (elle est intitulée : *Nouvelle et suite de la cinquième partie de l'agréable Conférence de Piarot et de Janin, paysans de Saint-Ouen et de Montmorency, sur les affaires du temps, par le même auteur des précédentes parties*. Paris, 1651, 8 pages); la septième aussi en 1651 (elle a paru sous le titre de : *Nouvelle et suite de la sixième partie*... Paris, 1649, 7 pages : la date de 1649 est évidemment fausse, puisqu'il s'agit dans la pièce de l'arrivée des princes de Condé et de Conty, du duc de Longueville à Saint-Denys après leur prison et de leur rencontre avec le duc d'Orléans); enfin la huitième est de 1652 ; elle a pour titre : *Suite véritable des Conférences de Piairot* (sic) *de Saint-Ouen et Jannin de Montmorency*, 7 pages. Le sujet de la conférence est le retour du cardinal Mazarin.

Tel a été le succès de ce curieux pamphlet que près de cent ans après, en 1735, on le réimprimait à Troyes pour P. Garnier, avec approbation et privilége du roi. Il faut dire qu'il a été expurgé pour cette édition, quoiqu'on y ait laissé le triolet de la cinquième conférence sur les *Janins*. Voici le titre du recueil de Troyes : *Conférence agréable de deux paysans de Saint-Ouen et de Montmorency sur les affaires du temps, réduite en sept discours pour divertir les esprits mélancoliques*, in-8°.

La gravure s'est emparée de ce sujet si populaire. Il existe une caricature contemporaine du pamphlet qui représente Piarrot et Janin, le premier en paysan et le second en soldat. Elle porte pour titre : *Les deux paysans de Saint-Ouen et de Montmorency dans leur agréable Conférence touchant la guerre de Paris*. Au-dessous de Piarrot on lit ce quatrain :

> Député de saint Ouen en propre origina,
> J'on vu la cour du rouay et madame la reine;
> J'on vu tous les signeux; j'on vu le cardina;
> Et si le rouay me fezi dîner dans sa cuizaine.

De sa bouche sort une légende ainsi conçue : « Reguette : le rouay a craché sus mon chapiau. »

Janin a aussi son quatrain :

> Mouay, je vien de Pazy où parmi les bourgeas
> J'on mangé de la garre et du lard militaize;
> Mais not proculeux de la rue Quinquampouas
> Nous frotti pour avoir blâmé sa minagèze.

Dans le fond on voit les *députés allant à Saint-Germain* sur un âne; Guillot en avant, Piarrot au milieu et le *fieu* Jaquet en arrière; la procureuse; l'origine des cornes; Janin battu par le procureur; la grand'Margo à gauche et Robar à droite.

Cette caricature, petit in-folio, est de P. Bertrand.

Sur le titre de la sixième partie, dans l'exemplaire de la Bibliothèque nationale, un contemporain a écrit : *par le sieur Richer*.

55. Agréable et véritable récit de ce qui s'est passé devant et depuis l'enlèvement du roi hors de la ville de Paris par le conseil de Jules Mazarin, en vers burlesques. *Paris*, Jacques Guillery, 1649, 16 pages.

Cette pièce a paru après la prise de Charenton.

56. Agréable récit de ce qui s'est passé aux dernières

barricades de Paris, décrites en vers burlesques. *Paris*, Nicolas Bessin, 1649, 23 pages.

L'une des pièces les plus spirituelles et les plus amusantes de la Fronde et aussi l'une des moins rares. Naudé, page 217 du *Mascurat*, déclare que l'auteur a heureusement suivi et même surpassé le *petit Scarron*. « Pourquoi ne le dirais-je pas? ajoute-t-il, puisque chacun l'avoue et que l'on disait bien autrefois, en préférant Virgile à Homère : *Nescio quid majus nascitur Iliade*. »

Il existe bien des éditions de l'*Agréable récit des barricades*. La première est celle dont je viens de transcrire le titre. La seconde, qui contient 24 pages avec l'avis de l'imprimeur au lecteur, ajoute au titre : *Revue et corrigée en cette dernière édition*. La troisième porte, après ces mots : « dernières barricades de Paris, » *faites le 26 août 1648, décrites en vers burlesques, revues et augmentées dans cette troisième édition*. Elle est aussi de 24 pages. Toutes trois ont été publiées par Nicolas Bessin.

Dans l'*Avis au lecteur* de la seconde édition, Bessin se plaint de contrefaçons qui ont, dit-il, ajouté des fautes à celles qui existaient déjà. Je n'ai pas rencontré une seule de ces contrefaçons ; mais je comprends difficilement qu'elles puissent être plus incorrectes que les éditions légitimes. Des douze ou quinze exemplaires qui m'ont passé sous les yeux, il n'en est pas un qui ne soit plein de fautes grossières. Si la troisième édition est préférable aux deux premières, c'est qu'elle a été réellement augmentée de quarante vers environ sur la fuite de quelques membres du parlement à la barricade de la Croix du Tiroir. Encore conseillerais-je à un amateur de se procurer les trois éditions, afin de les corriger les unes par les autres.

J'ai vu sur le titre d'un exemplaire qui appartient à M. Paulin Paris, écrit à la main, d'une écriture du temps : « par M. de Verderonne. » J'accepterais volontiers cette indication. Le baron de Verderonne était un gentilhomme du duc d'Orléans. C'est lui qui fut envoyé vers l'archiduc Léopold, lorsqu'au mois de septembre 1650 ce prince fit au duc d'Orléans des propositions de paix auxquelles il n'entendait pas donner suite. A l'époque des barricades il ne pouvait pas être de la Fronde, puisque son maître tenait pour le parti de la reine et du Mazarin. L'auteur de l'*Agréable récit*, en effet, n'attaque pas la cour; il ne prononce pas une seule fois le nom du cardinal. Toutes ses railleries tombent sur les Frondeurs du parlement et de la bourgeoisie.

L'*Agréable récit des barricades* a été réimprimé à Rouen dans un recueil qui contient cinq pièces burlesques du même temps et dont le titre est : « *Les dernières barricades de Paris en vers burlesques avec autres vers envoyés à M. Scarron, par l'arrivée d'un convoi à Paris.*

57. Agréable (l') remercîment des enfants sans-souci aux donneurs d'avis. *Paris*, 1649, 7 pages.

C'est la réponse à la pièce intitulée : *le Donneur d'avis aux partisans*, etc.

58. Alcion (l') des tempêtes de l'État. *Paris*, 1652, 8 pages.

59. Allarmes (les) de la Fronde et l'insensibilité des Parisiens sur les approches du cardinal Mazarin, où les frondeurs et bons François pourront voir qu'ils ont plus sujet de craindre que si l'archiduc s'avançoit avec une armée de cinquante mille hommes, et que Paris ne sauroit le recevoir qu'avec autant de danger que d'ignominie après l'affront que ce ministre a reçu dans l'entreprise de Bordeaux, et le dessein qu'il a de se faire gouverneur de Provence. (S. l.), 1650, 24 pages.

Une des plus mauvaises pièces du pamphlétaire le plus fecond de la Fronde, Dubosc Montandré.

On raconte que Montandré reçut des coups de bâton ou, suivant l'expression du P. Lelong, eut le visage écharpé par l'ordre du prince de Condé qu'il avait odieusement déchiré dans un libelle. Il jura de se venger, protestant de ne se laisser arrêter par la crainte d'aucun châtiment. Le prince qui en fut averti, jugea à propos de l'adoucir par quelque prévenance; et, de ce moment, la plume vénale de Montandré lui fut acquise. Cette anecdote peut être vraie; mais ce qui est plus vrai, c'est que le libelle dont le prince aurait si fort ressenti l'injure, est demeuré parfaitement inconnu. On n'en sait pas même le titre.

Je crois plutôt que l'anecdote n'a pas d'autre fondement qu'un récit inexact du cardinal de Retz. (Voir *A Monseigneur Charles de Lorraine, duc d'Elbeuf,* etc.)

Les pièces nombreuses que Montandré a publiées dans le cours des années 1650, 1651 et 1652, sont toutes à la louange et pour la défense du prince de Condé. On n'en compte pas moins de cinquante-trois; mais il y a des erreurs évidentes. D'abord il faut retrancher de la liste le *Manifeste de l'auteur du manifeste de M. le prince*, qui est de Mathieu Du Bos. Les *Paradoxes d'État* ne sont autre chose que le *Tombeau du sens commun*, que personne n'attribue à Montandré et qui n'est pas de lui. La troisième partie de l'*Aveuglement de la France*, a été ajoutée par un anonyme que le succès des deux premières avait alléché. Il est fort douteux que Montandré soit l'auteur de l'*Apologie de Messieurs du parlement*, qui n'est ni de son style ni dans sa manière. Quand le *Manifeste du cardinal de Mazarin* a paru, la paix était faite sans doute entre le prince de Condé et les deux chefs de la vieille Fronde; mais malgré cela Montandré aurait-il bien écrit toutes ces flatteries qui s'adressent à l'orgueil du coadjuteur? Surtout aurait-il attendu de publier la *Suite du Manifeste* pour faire l'éloge du prince de Condé? Mazarin avait quitté la France; Condé commençait à laisser voir sa répugnance pour le mariage de son frère avec Mademoiselle de Chevreuse. On peut croire d'ailleurs que le *Manifeste* et sa *Suite* ne sont pas de la même main. Enfin le *Plaidoyer de la maison royale* est une réimpression, avec un titre nouveau, du *Rapporteur des procès d'État*.

Ce sont donc quatre pièces qu'il faut retrancher certainement, trois encore très-probablement. Il en restera quarante-cinq.

Montandré en avoue trente-quatre. Dans le *Courtisan désintéressé*, il dit qu'il a publié pour la liberté des princes « la *Satyre des satyres*, aussitôt leur arrestation; la *Résolution politique*, les *Aveuglements de la France* et le *Discours d'État*, après la bataille de Réthel; le *Caractère du tyran* (le Vrai caractère), les *Allarmes de la Fronde* au retour de Bordeaux; la *Pièce curieuse*, le *Conseiller d'État* (sans fourbe), pour le transfert au Havre; les *Convulsions de la monarchie* (les Dernières convulsions), le *Censeur monarchique* (les Décisions du) sur la requête de Madame la princesse; et le *Politique royal*. »

Les autres pièces que Montandré reconnaît pour lui appartenir, sont : 1° La *Franche Marguerite ;* 2° le *Point de l'ovale ;* 3° la *Décadence visible de la royauté ;* 4° le *Tu autem ;* 5° le *Coup de partie ;* 6° le *Contre-coup du Coup de partie ;* 7° l'*Exorciste de la reine ;* 8° le *Manuel politique ;* 9° l'*Excommunication politique ;* 10° le *Formulaire d'État ;* 11° le *Caducée d'État ;* 12° le *Coup d'État du parlement des Pairs ;* 13° le *Royal au Mazarin ;* 14° l'*Avocat général ;* 15° l'*Apocalypse de l'État ;* 16° le *Rapporteur des procès d'État ;* 17° l'*Anatomie de la politique du coadjuteur ;* 18° le *Dépositaire des secrets d'État ;* 19° l'*Écueil de la royauté ;* 20° et 21° la *Relation* et la *Seconde relation de ce qui s'est fait et passé au siége d'Angers*, etc. J'ai suivi l'ordre chronologique qui résulte des indications de Montandré lui-même, excepté pour les deux dernières pièces.

Voici comment. Il paraît que les pièces de Montandré avaient un très-grand succès ; au moins se plaint-il plusieurs fois avec colère de ce que l'on *usurpe la méthode de ses titres* pour tromper la curiosité du public. D'abord il se contente de renier les pièces qu'on lui attribue à tort, comme la *Discussion*, la *Cautèle* et le *Caton français*, dans le *Coup de partie*. Puis il indique les pamphlets qu'il a composés, par exemple, dans le *Formulaire d'État*. C'est ainsi que j'ai pu suivre la série de ses publications depuis la *Franche Marguerite* jusqu'à l'*Écueil de la royauté*. Cette dernière pièce et le *Dépositaire des secrets d'État* sont signées *D'Orandre*.

Restent douze pièces qui ne sont point avouées et sur lesquelles la controverse est encore ouverte. Ce sont : 1° le *Déréglement de l'État ;* 2° le *Nœud de l'affaire ;* 3° le *Philosophe d'État* qui a paru aussi sous le titre de l'*Homme d'État ;* 4° le *Discours de l'autorité que les oncles des rois de France*, etc. ; 5° le *Discours important sur l'autorité des ministres ;* 6° les *Pressantes conjurations d'un très-dévot exorciste français ;* 7° l'*Aveuglement des Parisiens ;* 8° la *Vérité prononçant ses oracles sans flatterie ;* 9° la *Vérité continuant de prononcer ses oracles ;* 10° l'*Esprit de vérité représentant nuement la puissance et l'autorité du roi ;* 11° le *Sceptre de France en quenouille ;* 12° l'*Esprit de guerre des Parisiens*, etc.

Montandré était le pamphlétaire à gages du prince de Condé. C'est lui qui soutint les plus grands efforts de la lutte contre le coadjuteur après la fameuse retraite de ce prélat en 1651. On sait que cette guerre de plume dura trois ou quatre mois avec beaucoup de chaleur. « Le pauvre Montandré s'était épuisé en injures, dit le cardinal de Retz dans ses *Mémoires;* et il est constant que la partie n'était pas égale pour l'écriture. » Assurément je ne veux comparer Montandré ni avec Gondy, ni avec Patru, ni même avec Joly ou Portail; mais il ne faut pas croire que le coadjuteur ait constamment eu les rieurs de son côté. Ce qu'il y a de plus vrai à dire sur cette polémique, c'est que les deux partis avaient presque toujours raison dans leurs attaques et presque toujours tort dans leurs défenses. Il est incontestable d'ailleurs que Montandré qui cite les pères de l'Église, les poëtes latins, les controversistes, les annalistes de France, est pourtant, suivant l'expression du cardinal de Retz, un méchant écrivain. Son plus grand mérite était d'écrire avec une abondance et une facilité déplorables. Le *Coup d'État du parlement des Pairs,* qui ne compte pas moins de trente-deux pages in-quarto, d'un caractère très-fin, a été composé en un jour.

Je suis fâché qu'on puisse établir avec quelque fondement une certaine solidarité entre le prince et le libelliste. L'*Apocalypse de l'État* n'est pas seulement un mauvais pamphlet, il est surtout une mauvaise action. Il ne convenait pas au prince de Condé qu'on écrivît en son nom les lignes qui suivent, contre la mère du roi : « N'accusons pas la reine; ses inclinations sont débauchées; ses sentiments sont violentés; son imagination est renversée; son esprit est troublé; son jugement est ébranlé; ses sens sont tous (*sic*) effarés; enfin elle est possédée par Mazarin, » (*l'Exorciste de la reine*).

Montandré termine la démonstration de chacun des quatre points de la *Franche Marguerite* par cet abominable refrain : « Vive Dieu! vive le roi! point de Mazarin! point de Mazarins! point de Mazarines! main basse sur cette maudite engeance! point de quartier! tue! tue! tue! » Et dans le *Point de l'ovale:* « Faisons carnage sans respecter ni les grands ni les petits, ni les jeunes ni les vieux, ni les mâles ni les femelles, afin que même il n'en reste pas un seul pour en conserver le nom. Allarmons tous les quartiers, tendons les chaînes, renouvelons les barricades, mettons l'épée au vent, tuons, saccageons, brisons, sacrifions à notre vengeance tout ce qui ne se croisera pas pour marquer le parti de la liberté. » Les bourgeois de Paris ont dû se rappeler ces paroles atroces le jour de l'incendie de l'hôtel de ville.

Le parlement s'émut à la publication de ces odieux libelles.

Le 27 mars 1652, la Grande chambre, la Tournelle et la chambre de l'édit réunies déclarèrent la *Franche Marguerite* et le *Point de l'ovale* méchants, séditieux, tendants à séditions, remplis de maximes et discours abominables; en conséquence elles ordonnèrent qu'ils seraient brûlés au pied du grand escalier du palais par l'exécuteur de la haute justice; ce qui fut exécuté le même jour. Elles firent défense à toutes personnes de les vendre, débiter ou publier à peine de la vie, même de les garder ou retenir sur telles peines qu'au cas appartiendrait

Cet arrêt rendit Montandré un peu plus sage. Je vois même dans le *Tu autem* quelques phrases qui sont apparemment des essais de justification; celle-ci, par exemple, qui n'est pas très-claire: « Les séditions n'ont jamais rien valu; mais les états se sont quelquefois bien trouvés de leurs soulèvements. » Et cette autre qui ne laisse pas que d'être ingénieuse: « Si je voulais exhorter le monde à un soulèvement, je n'y voudrais inviter que ceux qui le haïssent le plus, pour empêcher les extrémités auxquelles on se porte pour l'ordinaire lorsqu'on n'y voit que les coquins. »

Il est assez difficile de dire quelle était la politique de Montandré. Pamphlétaire aux gages du prince de Condé, il écrit dans le *Point de l'ovale*: « Voyons que les grands ne sont grands que parce que nous les portons sur nos épaules; nous n'avons qu'à les secouer pour en joncher la terre. » Dans le *Rapporteur des procès d'État* il prétend que les princes sont « les assesseurs essentiels de la royauté. » Au moins cela est dans son rôle.

Après avoir cité les exemples de Pépin et de Hugues Capet qu'il suppose appelés au trône par les États généraux, il ajoute: « Voilà le pouvoir des États, et le voilà au-dessus de celui des rois qui ne peuvent avoir que des soumissions et des respects pour les lois fondamentales, cependant que les États peuvent légitimement les enfreindre même par le seul motif de leur passion, puisque Hugues Capet ne fut placé sur le trône qu'ensuite de l'aversion que les François conçurent contre le légitime héritier de leur couronne... » (Le *Formulaire d'État*). C'est la souveraineté du peuple; mais attendez: « Comme la monarchie avoisine le plus la divinité, est-il dit dans la *Décadence visible de la royauté*, aussi faut-il que tout homme raisonnable la tienne pour la moins illégitime. Les républiques sont des imitations ou des expressions parfaites de la révolte des anges; et ceux qui les favorisent, symbolisent avec les premiers mutins. » Que faut-il pour aller de là à la monarchie absolue?

Mais un peu plus loin Montandré se ravise. « L'État françois, dit-il, ne condamne point l'aristocratique; mais il le soumet au monarchique. Si ce dernier voulait être indépendant jusqu'à ne vouloir déférer en rien à l'aristocratique, c'est-à-dire à la conduite des plus proches de la couronne ou des plus sages établis par leur participation, il serait despotique ou tyran; et, par conséquent, il faudrait s'en défaire. »

Si l'on tient à trouver l'unité dans ces théories discordantes de Montandré, on devra penser peut-être qu'il voulait que le peuple fût tout juste assez souverain pour pouvoir donner la couronne au prince de Condé. Dans ce cas il aurait singulièrement devancé son siècle, pour me servir d'une expression fort commune aujourd'hui; et nous devrions reconnaître qu'on n'a pas tout inventé de nos jours. Il resterait à savoir quelle part le prince de Condé avait aux pensées, aux espérances peut-être de Montandré.

Les pièces de cet écrivain seraient assez intéressantes à étudier de ce point de vue; mais il n'est pas toujours facile d'en avoir une collection bien complète.

Il paraît que Montandré crut devoir quitter la France avec le prince de Condé en 1652. On le voit en 1656 dédier à messieurs du chapitre de Liége la *Vie de Saint Lambert* qui ne parut cependant que l'année suivante. Sorti avec le prince, il ne rentra qu'avec lui après la paix des Pyrénées. Il s'occupa alors d'études sérieuses. Il publia successivement la *Suite des ducs de la Basse-Lorraine* et l'*Histoire et la politique de la maison d'Autriche*, ouvrages pour lesquels il avait obtenu un privilége le 30 janvier 1662. Le second est dédié par trois lettres différentes au roi, à la reine et à la reine-mère.

Ce retour à des habitudes plus calmes n'empêcha pas, que par précaution, il ne fût mis à la Bastille en 1667, à l'occasion de la guerre des Pays-Bas, et en 1672, après la déclaration contre la Hollande. On dit que sur la fin de sa vie il fut obligé de faire des sermons pour subsister. Ce travail ne lui fut pourtant pas très-profitable; car il est mort pauvre à quatre-vingts ans passés.

60. Alliance (l') des armes et des lettres de monseigneur

le Prince avec son panégyrique, présenté à son Altesse Royale. *Paris*, 1652, 79 pages.

Cette pièce offre ceci de singulier que l'éloge de Mazarin y est accolé à l'éloge du prince... en 1652!

61. Almanach de la cour pour l'an 1649, fait par M. François Le Vautier, grand spéculateur des choses présentes. *Paris*, 1649, 6 pages.

Mazarin représente janvier, Gaston février, Condé mars, Conti avril, Longueville mai, les princes Lorrains juin, Chavigny juillet, La Meilleraye août, Grammont septembre, Villeroy octobre, Le Tellier novembre et La Rivière décembre. Ces rapprochements de noms autorisent à croire que l'almanach a été publié avant le 6 janvier.

J'en connais deux autres éditions, l'une qui doit avoir été faite pendant le blocus; car on y lit au verso du titre un quatrain sur les traitants et partisans. Le Vautier y est appelé *Le Vérittier*; elle a paru sous la rubrique de *Tours*, 1649, 7 pages. L'autre qui est aussi de 1649, (s. l.), 8 pages, ajoute au titre, après le mot de *Cour*, ceux-ci *qui dit tout*. L'*Almanach* est suivi de : *le Tout en tout du temps*.

Ce Le Vautier devait être quelque astrologue à la façon de Mengau, à moins qu'un charitable confrère n'ait voulu tourner en ridicule François Vautier, médecin de Louis XIV.

62. Almanach politique marquant ce qu'on doit attendre de l'état présent des affaires du monde suivant la constellation de chaque royaume. (S. l. n. d.), 8 pages.

Après la querelle des tabourets.

63. Amazone (l') françoise au secours des Parisiens, ou l'Approche des troupes de madame la duchesse de Chevreuse. *Paris*, Jean Hénault, 1649, 7 pages.

Il y en a une contrefaçon intitulée : *L'Illustre conquérante*, etc.

64. Ambassade burlesque, etc. Voy. *Embassade*.

65. Ambassade burlesque des filles de joie au cardinal. *Paris*, 1649, 7 pages.

66. Ambassade burlesque envoyée à Mazarin de la part de Pluton, où se voit, par dialogue, comme l'Enfer lui reproche l'énormité de ses crimes. (S. l. n. d.), 12 pages.

Les personnages sont le Diablotin, Mazarin, Pluton, Proserpine et Caron :

« Quoi! un scélérat, un voleur,
Un méchant, un traître, un impie,
Un barbare, un monopoleur,
Un fomenteur de tyrannie,
Un second Néron, un (*sic*) vipère,
Un imposteur, un brelandier, etc. »

Il n'y a que cela de remarquable ; mais c'est quelque chose.

67. Ambassade de l'Ange gardien de la France au roi très-chrétien et de Dieudonné Louis XIV et à la reine régente, sa mère, pour le bien public et particulier de tous leurs États, par le sieur de B. L. C., gentilhomme à la suite de son Altesse royale. *Paris*, Rolin de La Haye, 1649, 12 pages.

Cette pièce a été écrite six semaines après le commencement du blocus de Paris. L'auteur somme la régente de retirer ses troupes sous peine de l'enfer !

Dans une postface qui occupe la 12e page, il dit qu'il avait servi dix ans. Il exprime son regret de n'avoir pu présenter lui-même son ouvrage à Leurs Majestés ; mais il espère qu'on le leur mettra sous les yeux. Il offre dans ce cas de faire connaître le moyen qu'il a de dégager le domaine royal et dont il parle dans le pamphlet.

Il promet plusieurs suites sur la dernière desquelles il mettra son nom tout au long ; et déjà il annonce : *la Harangue à l'une des plus pieuses et plus illustres dames de la terre ;* les *Réception, Réponse et Régal de Leurs Majestés à cet ange envoyé du ciel et à son respect au secrétaire de son altesse céleste*. Les a-t-il données?

68. Ambassade de la bonne paix générale, avec un com-

bat contre ceux qui publient un faux repos et par conséquent la méchante guerre. (S. l. n. d.), 16 pages.

Le *faux repos*, c'est la paix de Bordeaux. L'auteur engage une polémique très-vive contre « la pièce imprimée par Brunet » et les *Articles de la Paix de Bordeaux,* publiés chez Sassier. Il y a entre ces deux pamphlets une différence d'un jour sur l'entrée du roi dans la ville. « Je vous demande, courriers qui vous contrariez si fort en courant, qui peut vous envoyer de cent cinquante lieues pour nous dire que le roi est entré dans Bordeaux le dimanche 2 octobre suivant l'un, le lundi 3 suivant l'autre, pour le faire imprimer à Paris le mardi 4 et le distribuer le mercredi 5? La poste est-elle venue dans un jour? » Cette observation critique pourrait bien n'être pas très-exacte; car je vois dans la pièce qu'a publiée Sassier, que la nouvelle de la paix de Bordeaux a été portée au palais d'Orléans par le maréchal de L'Hopital, gouverneur de Paris, le mardi 4 octobre, jour apparemment où elle a été reçue; et d'après cette version officielle (Sassier était l'imprimeur privilégié du maréchal), l'entrée du roi avait eu lieu le dimanche. Mais ce que j'ai voulu constater par ma citation, c'est que l'*Ambassade de la bonne paix générale* est de la première huitaine d'octobre 1650.

Au reste je dois faire remarquer que les *Articles de la Paix de Bordeaux* ont été imprimés par Antoine Estienne. La pièce qui a paru chez Sassier, est intitulée : la *Paix véritable accordée par le roi à ses sujets de la ville de Bordeaux*, etc. Je trouve encore la *Paix accordée par le roi à ses sujets de la ville de Bordeaux,* chez Jacques Barlay; mais je ne vois rien qui soit sorti des presses de Brunet.

L'*Ambassade de la bonne paix générale* se termine par une *addition* sur la piété des soldats anglais qui devient pour l'auteur une occasion de parler des religions concubines, des religions reines, de la religion « qui est toute seule véritable épouse, » du jansénisme, du molinisme, etc.

C'est là que Davenne se révèle clairement. On y reconnaît son esprit ou plutôt sa folie et son style.

François Davenne naquit à Fleurance, petite ville du bas Armagnac, capitale du Comté de Gaure. On ne sait précisément ni la date de sa naissance ni celle de sa mort. Quelques auteurs qui ont remarqué qu'il ne figurait pas au procès de Simon Morin dont il avait été le disciple, en ont inféré qu'il avait dû cesser de vivre avant 1663. C'est, comme on le voit, une simple conjecture; et, j'ajouterai, une conjecture peu solide. Davenne avait, il est vrai, adopté d'abord les extravagances de Simon Morin; mais il paraît évidemment par ses pièces qu'à l'époque de la Fronde il s'était érigé à son tour en chef de secte, qu'il prêchait une nouvelle religion pour son propre compte et qu'il ne prétendait dans ses prédications à rien moins qu'à remplacer Louis XIV sur le trône de France. Il n'y avait donc pas de raison de le comprendre dans le procès de son ancien maître. J'ai d'ailleurs vu un livre, daté de 1674, sur le titre duquel un de ses possesseurs avait écrit : *par François Davenne, disciple du fameux Simon Morin.* Voici comment ce titre était conçu : *le Politique du temps avec des remarques nécessaires à sa parfaite intelligence et une dissertation historique et politique sur l'état présent de la chrétienté.* (*S. l.*), 1674, in-12. Dans le peu de temps que j'ai eu pour examiner ce volume, j'ai bien cru y reconnaître de grandes analogies avec les ouvrages avoués de François Davenne ; mais, après tout, je ne donne cette indication que pour ce qu'elle vaut [1].

Le premier qui ait signalé l'existence de François Davenne et qui ait pris la peine de recueillir les pièces de ce frondeur étrange, est Châtre de Cangé. Tous les biographes et bibliographes l'ont copié ensuite avec plus ou moins d'intelligence. Ainsi Châtre de Cangé croit que Simon Morin eut une grande part aux pamphlets de Davenne. Les auteurs de la *Biographie universelle* renversent la proposition et disent que Davenne a travaillé aux Pensées, Requête,

[1] Debure, le rédacteur du catalogue Mac Carthy, Barbier, M. Brunet attribuent à Davenne le *Politique du temps traitant de la puissance, autorité et du devoir des princes, des divers gouvernements, jusques où l'on doit supporter la tyrannie,* etc. Jouxte la copie imprimée à Paris, 1650, petit in-12. C'est une erreur évidente; et Nodier, qui a pourtant suivi l'opinion commune, fait remarquer avec raison qu'on ne retrouve pas la manière de Davenne dans cet opuscule; le style d'ailleurs n'est pas du XVIIe siècle. Le *Politique du temps* est un pamphlet protestant écrit contre la régence de Catherine de Médicis. Mais de l'erreur de tant de savants bibliographes je conclus deux choses : la première, que Davenne a aussi publié un *Politique du temps;* c'est apparemment celui dont je viens de parler ; la seconde, c'est que ce pamphlet est d'une excessive rareté puisqu'ils ne l'ont jamais vu.

Discours et Témoignage de Morin. Je ne vois pas de raison d'adopter l'une ou l'autre de ces opinions.

Châtre de Cangé a remarqué, dans le pamphlet de Davenne, intitulé : *Inventaire des pièces*, etc., deux blancs dont le second attend incontestablement le nom de Louis XIV. Conséquent avec lui-même, il remplit le premier du nom de Simon Morin; mais partout Davenne revendique le trône de France pour lui et non pour personne autre. C'est de lui et de lui seul qu'il parle, quand il s'écrie dans la *Hiérusalem céleste :* « Il est trouvé! il est trouvé! la France a un FRANÇOIS qui la convoite et lequel Dieu, de sa souveraine puissance et autorité royale, élit roi de ses provinces. » Ce mauvais jeu de mots sur son nom de François se retrouve encore à la page 31 de la même pièce où il fait dire à Nostradamus : « J'ai annoncé que le roi d'Angleterre aurait la tête tranchée; et j'ai prédit que ce FRANÇOIS devant Dieu élevé abaissera le roi en la place duquel le Verbe le substitue. » Et pour que le lecteur ne s'y trompe pas, le mot de *François* est marqué d'un astérique.

On sait très-peu de choses de la vie de François Davenne. Je lis dans le *Factum de la sapience éternelle* qu'il avait annoncé vers 1645 la fin ou le renouvellement du monde, suivant qu'il plairait à Dieu, dans un écrit qui paraît avoir été perdu. On peut croire qu'il a été supprimé. Davenne, en effet, fut mis en prison par l'autorité ecclésiastique et retenu par le procureur général au parlement. Puis l'officialité consentit à lui rendre la liberté sous caution; elle s'employa même pour faire lever l'écrou du procureur général. « Il me fut enjoint, dit Davenne, de garder le silence; ce que je fis. »

« Deux ans après, je fus derechef garrotté dans une prison pendant quatre mois, sans savoir pourquoi. » Cette fois ce fut la reine qui le fit sortir.

Et maintenant, s'écrie-t-il enfin dans la même pièce qui est évidemment de 1651, « je suis comme suspendu pour savoir si je préviendrai le Judas qui me trahit, en me rendant captif, ou si je le laisserai attenter sur ma liberté. »

Que fit-il? je l'ignore. Toujours est-il que les registres du parlement nous apprennent que le 17 mars 1651 il était prisonnier en la conciergerie du Palais. Il n'est pas probable qu'il se soit présenté volontairement devant la justice; car la première chose qu'il fit, ce fut de récuser le Châtelet et d'en appeler au parlement. Sa récusation se fondait précisément sur les motifs invoqués par le *Factum :*

« Sur ce enquis, porte l'arrêt du 17 mars, a dit qu'il ne peut être jugé par le lieutenant civil parce que Dieu a dicté à lui répondant quelque acte intitulé : *Conclusions*[1], qu'il a fait imprimer contre ledit lieutenant civil. » Et dans le *Factum :* « Après mes divers mouvements, je conclus à ce qu'il plaise à la cour, attendu que les principaux du Châtelet sont mes juges et parties à cause que je les ai particulièrement tancés, de leur interdire la connaissance de ma cause et d'ordonner que je serai transféré à la conciergerie du Palais si, à tout hasard, je suis enfermé dans leurs prisons. »

Il résulte de ces faits et aussi du contenu même du *Factum* que cette pièce a été composée pendant que Davenne, poursuivi par le procureur général, se cachait chez ses amis ou errait parmi les rues, *tout absorbé dans l'impulsion divine*, et, comme il le dit lui-même, sans savoir où il allait. Il en résulte également qu'il était accusé d'avoir publié la *Sapience du ciel* et non le pamphlet *De la Puissance qu'ont les rois sur les peuples et du Pouvoir des peuples sur les rois*, comme l'a cru Châtre de Cangé.

Malgré la récusation de Davenne, le parlement ordonna que l'affaire serait jugée par le lieutenant civil; mais il semble qu'elle en soit bientôt restée là. Au moins est-il certain que, peu après, Davenne publia la *Réflexion morale sur la Sapience* par laquelle il s'efforce de faire considérer ses pamphlets comme une sorte d'avertissements prophétiques et comme des témoignages d'une sollicitude particulière de Dieu pour le roi et pour la reine régente. Il avait donc encore une fois recouvré sa liberté. Il en profita pour publier la *Hiérusalem céleste* avant la fin de 1651 et l'*Inventaire* au commencement de 1652.

L'auteur de la *Pierre de touche aux Mazarins* explique de la manière suivante la mise en liberté de Davenne : « Ceux qui veillent à la découverte de quelque pièce contre ce pernicieux ministre, sont bien récompensés, dit-il page 12, témoin le surnommé *Pacifique* qui est dans la conciergerie et qui a passé par ses mains sans nul hasard après avoir fait la *Puissance des rois et le Pouvoir des sujets sur les*

[1] *Conclusions proposées par la reine régente*, etc. « Le lieutenant en cela incivil, Tardieu, juge plus que criminel, et quelques autres, nourris de chair et de sang et par conséquent adonnés au carnage, font les bons valets pour assouvir ta bonté; mais ils feraient mieux de se préparer à recevoir le coup que l'on ordonne à leur malice. » Page 13.

souverains, l'*Harmonie de la cour* (de l'amour, etc.) et plusieurs autres pièces horribles et détestables, dont le lieutenant civil a connaissance, contre la personne du roi et de Son Altesse Royale. Le garçon de son imprimeur est mort en prison, imaginez-vous comment, dans deux jours, afin qu'il n'achevât pas de découvrir les pernicieux ouvrages de cet infâme auteur. Cependant le sieur *Pacifique* ne reçoit point de châtiment parce que le lieutenant civil prétend qu'il a mérité son pardon en écrivant contre M. le prince. »

Ce pamphlet est daté de 1652. Faut-il conclure du passage que je viens de citer que Davenne était encore en prison à cette époque? Mais alors on devrait admettre qu'il a écrit la *Hiérusalem céleste* sous les verroux; car il y apostrophe le roi en ces termes : « Roi mineur, voici le roi majeur qui vient te supplanter, » et la majorité du roi a été déclarée le 7 septembre 1651.

Je crois que l'auteur de la *Pierre de touche* n'a pas connu la date précise de la mise en liberté de Davenne, comme il s'est trompé sur les motifs de l'indulgence dont le lieutenant civil paraît avoir usé envers son prisonnier. Davenne attaque, il est vrai, le prince de Condé avec beaucoup de violence; mais pas plus que le parlement, le duc d'Orléans et la régente elle-même. S'il dit du prince « qu'il est sorti d'un père qui est resté treize mois dans le ventre de sa mère, » il dit de la reine « qu'elle a la douceur du tigre et la débonnaireté de la vipère. » Il a pu écrire avec quelque fondement dans la *Lettre d'un particulier sur la sortie de messieurs les princes* : « Quoique les pièces que j'ai faites à votre justification ne vous flattent point, vos adversaires en ont été choqués plus qu'en nulles autres. »

Nous avons vu que Davenne a été emprisonné trois fois. Quatre de ses pièces ont été saisies et probablement supprimées par arrêt : les *Soupirs françois contre la paix italienne*, le *Véritable ami du public*, l'*Harmonie de l'amour et de la justice de Dieu*, la *Sapience du ciel*. La troisième est précisément une de celles que dénonce l'auteur de la *Pierre de touche*. Si Davenne ne fut pas poursuivi personnellement à cette occasion, c'est qu'on ne savait pas qu'il l'eût composée. « On avait ici, dit Guy Patin dans une lettre datée du 16 septembre 1650, page 343 du 1er vol. des lettres à Spon, on avait mis sous la presse un petit livre in-douze intitulé : l'*Harmonie*, etc. Il était contre le Mazarin, sa vie, sa fortune et son ministère. Il allait même contre l'honneur de la reine; le lieutenant civil l'a découvert, l'a supprimé, et en a fait emprisonner les imprimeurs; duquel néanmoins il n'a jusqu'à présent pu découvrir ni apprendre qui en était l'auteur. L'on m'a dit que l'on en soupçonnait un jésuite qui était fort passionné pour le parti de M. le prince. » Voilà, je pense, le lieutenant civil bien justifié sur ce point.

Il est vrai pourtant : la justice a été indulgente pour Davenne; elle avait même renoncé à saisir la *Hiérusalem céleste* qui doit être, à meilleur droit que l'*Inventaire*, considérée comme le comble des extravagances de l'auteur. C'est là en effet que Davenne dit de lui : « Parce qu'il s'est bien abaissé, Dieu l'exalte. Il sera conducteur des peuples d'autant qu'il est parfait comme son père. » Et ailleurs, pour prouver sa mission : « Appelez le cardinal, la régente, le duc d'Orléans, les princes, Beaufort, le coadjuteur, les partisans et ceux qu'on estime les plus saints dans le monde... Faites allumer une fournaise; qu'on nous y jette dedans; et celui qui sortira sans lésion de la flamme, comme un phénix renouvelé, celui-là soit estimé le protégé de Dieu et qu'il soit ordonné prince des peuples. »

Puis, comme il craint que cette épreuve ne soit pas acceptée, il en propose une autre : « Que le parlement me juge à la mort pour avoir osé dire la vérité aux princes. Qu'on m'exécute; et si Dieu ne me garantit de leurs mains d'une manière surnaturelle, je veux que ma mémoire soit éteinte, et s'il le fait, qu'on abolisse celle de mes adversaires... Si Dieu ne me préserve des mains des bourreaux, rien ne leur sera fait; mais si le bras surnaturel m'arrache de leurs griffes, qu'ils soient sacrifiés à ma place. » Maintenant on sait pourquoi la justice a été indulgente; c'est que Davenne était fou.

Davenne avait pris le surnom de *Pacifique* parce qu'il avait été élu de Dieu, disait-il, pour donner la paix aux peuples; et d'abord il devait supplanter Louis XIV, c'est son expression, sur le trône de France. Ses pamphlets ont presque tous pour but de revendiquer la royauté que Dieu lui a attribuée « de sa souveraine puissance et autorité royale. » Il en a donné lui-même dans la *Hiérusalem céleste* et dans l'*Inventaire* une double liste qu'il faudra compléter, sans doute, mais qu'il est utile de connaître telle qu'il l'a dressée, pour apprécier le caractère de sa polémique. Je prends le texte de la *Hiérusalem céleste* parce qu'il est le moins long et aussi parce que la publication de chaque pièce y est plus nettement motivée.

« J'ai, il y a six ans, averti les États du renouveau avec une voix aussi douce que terrible; et je vous en fais ressouvenir, ces années, de la même sorte. Pour cela j'ai fait l'*Harmonie de l'amour et de la justice de Dieu*, aussi ordonnée en ses osts qu'une armée rangée en bataille; ensuite j'ai bâti la *Puissance des peuples sur les rois et des rois sur les peuples*, laquelle semble un escadron de cavalerie; après j'ai formé les *Conclusions proposées au sénat par la Vérité, reine régente du ciel et de la terre*, pour servir d'un camp volant afin d'attaquer et surprendre ses adversaires; je composai une *Lettre de cachet* ensuite pour les détruire de pied ferme; j'ai fait l'*Avis à la reine d'Angleterre* afin de faire trembler les méchants monarques par l'exemple de ceux qui les ressemblent; après j'adressai l'*Ambassade de la bonne paix* à toutes les nations de la terre et particulièrement à cette nouvelle république (l'Angleterre) que Dieu incorporera bientôt dans mon nouveau empire; conséquemment je fabriquai la *Balance fixe de la véritable fronde* tant pour peser les actions, les œuvres et les paroles que la justice même de ceux qui frondent; parce qu'un hypocrite, apparemment désintéressé, m'attaqua en vers, je me suis défendu par une réponse en prose (*Réponse au frondeur désintéressé*); ensuite de cela, pour poursuivre les lâches intéressés frondeurs jusqu'au bout de la terre, j'ai fait voiler la vérité vivante de l'ombre d'une princesse décédée (l'*Ombre de madame la princesse*, etc.); après j'ai produit les antéchrists contraires à son verbe et à son évangile (*le Jugement et les huit béatitudes de deux cardinaux*, etc.); et d'autant que Beaufort a fait transformer d'invisibles malices pour se faire appuyer par ceux qui ont contrefait mon langage, lesquels me prenaient déjà pour un fourbe de cour et par conséquent pour une âme flatteuse, j'ai fait une satyre (*Satyre ou Feu à l'épreuve de l'eau*, etc.), pour faire humilier les uns, lesquels m'ont témérairement jugé, et foudroyer les autres qui en sont la cause; ensuite j'ai tracé un plan de la *Sapience céleste estimée folie des sages du monde*, dans lequel ouvertement Dieu me manifeste; mon *Factum* lui succède, dans lequel je requiers justice autant que la faiblesse de ma partie inférieure et la force de la supérieure me le peuvent permettre; et pour conclure et arborer tout ce que dessus, je présente cette *Hiérusalem céleste* de laquelle les anges disent :

« Qui est cette belle qui vient du désert comme une verge de fumée, faite de myrrhe, d'aromates et d'autres parfums aromatiques ? »

Il faut ajouter, sur les indications de Davenne, la *Tragédie sainte* qui est citée dans l'*Inventaire*, et l'*Inventaire* même; en tout seize pièces.

Châtre de Cangé a composé un recueil qui en contient vingt-trois; mais en existe-t-il vraiment une qui ait paru sous le titre d'*Épître écrite à Henri III en lui adressant ses Centuries?* personne ne l'a vue, que je sache. Châtre de Cangé a recueilli cette indication à la page 31 de la *Hiérusalem céleste*. A-t-il bien pris garde que c'est Nostradamus qui parle et qui dit : « Lisez mon épître écrite à Henri troisième en lui adressant mes Centuries; et vous verrez que j'ai prophétisé la rénovation, etc. ? » Sans doute Nostradamus n'a pas pu écrire à Henri III puisqu'il était mort plus de dix ans avant l'avénement de ce prince au trône de France ; mais ne peut-on pas supposer une erreur de Davenne ? Et dans tous les cas y a-t-il bien dans la phrase que j'ai citée, une raison suffisante d'affirmer l'existence de l'épître ?

Les autres pièces signalées par Châtre de Cangé, sont : 1° Le *Véritable Ami du Public ;* 2° les *Soupirs françois sur la Paix Italienne* que l'on attribue quelquefois, mais inexactement, à Jean Duval. Davenne dit, en effet, dans la *Lettre particulière de Cachet :* « Lisez à présent les *Soupirs françois;* et vous verrez un prophète qui a prédit les malheurs de ce temps. » Et dans la *Sapience du ciel,* répondant à un frondeur *désintéressé :* « Caquetez contre nous ; vous serez aussi croyable que celui qui fit la réfutation aux *Soupirs françois sur la Paix Italienne;* » 3° le *Journal des délibérations tenues en parlement, toutes les Chambres assemblées à l'Hôtel d'Orléans,* etc. ; 4° l'*Avis d'un religieux contre les faiseurs de libelles diffamatoires;* 5° la *Lettre d'un particulier sur la Sortie de messieurs les princes ;* 6° la *Réflexion morale sur la Sapience estimée folie des sages du monde.*

Voici une vingt-quatrième pièce qui a échappé à Châtre de Cangé ; c'est la *Lettre d'un religieux de Compiègne*, etc. Comme l'*Avis d'un religieux*, elle est signée F. D. F. (François Davenne de Fleurance). Ce sont, avec la *Tragédie sainte,* les seules sur lesquelles Davenne ait apposé ses initiales. Le titre de cette dernière pièce porte : par F. D. P. (François Davenne pacifique et non poëte, comme le dit Châtre de Cangé). Le catalogue Mac Carthy en indique une vingt-cinquième que je n'ai pas rencontrée encore : c'est l'*Inventaire sommaire d'aucuns passages de l'Écriture sainte qui font voir que le monde finira en* 1656. Enfin si le *Politique du temps* dont j'ai parlé plus haut, est vraiment de Davenne, il faudra dorénavant compter vingt-six pièces.

Les pamphlets de Davenne sont presque tous rarissimes, même ceux qui ont été imprimés in-4° dans le format ordinaire des Mazarinades. Il n'en existe peut-être pas une seule collection complète.

69. Ambassade (l') des Parisiens envoyés à l'éminence Mazarine pour son retour dans la ville de Paris et rendre compte du mal qu'il a fait. *Paris*, Nicolas de La Vigne, 1649, 8 pages.

70. Ambassadeur (l') de Savoie envoyé du mandement de son Altesse, par le sénat de Chambéry, à la reine régente, mère du roi. *Paris*, Claude Morlot, 1649, 8 pages.

71. Ambassadeur (l') des États de Catalogne envoyé par don Joseph de Marguerite à la reine régente, mère du roi, touchant les affaires de cette province et la paix particulière et générale. *Paris*, Claude Morlot, 1649, 8 pages.

Il paraîtrait que les Espagnols auraient voulu profiter des troubles de Paris en jetant des promesses d'amnistie parmi les populations de la Catalogne. Tel est du moins le prétexte de la lettre.

72. Ambassadeur extraordinaire apportant à la reine des nouvelles certaines de son royaume et de ce qui s'y passe. *Paris*, N. Charles, 1649, 7 pages.

73. Ambitieux (l'), ou le Portrait d'OElius Séjanus en la personne du cardinal Mazarin. *Paris*, Pierre du Pont, 1649, 7 pages.

Ce pamphlet a été écrit peu de jours après ce que les frondeurs appelaient l'enlèvement du roi. Cet événement est en effet le dernier terme de la comparaison.

Il y a ici un souvenir des pamphlets contre le maréchal d'Ancre, souvenir que nous trouverons plus complet dans la pièce intitulée : le *Sesanus romain*.

74. Ambrion (l') de Mazarin sur sa naissance. *Paris*, 1651, 8 pages.

Cela est original et rare ; mais quel sens! et quel esprit!

75. Ame (l') pécheresse dans la solitude. *Paris*, Denys Pelé, 1650, 8 pages.

Cet opuscule n'a rien de politique; mais quand, dans les intervalles de paix, les pamphlets ne se vendaient plus, les libraires faisaient colporter de petits livrets de piété ou de poésie. C'est ainsi que l'*Ame pécheresse* se rattache à la Fronde.

76. Amende honorable (l') de Jules Mazarin des crimes qu'il a commis contre Dieu, contre le roi et contre lui-même. *Paris*, 1649, 8 pages.

Peu de jours après l'arrêt du 8 janvier.

C'est, je crois, le premier pamphlet où il est parlé de vingt-cinq mille personnes qui auraient été jetées en prison pour n'avoir pas payé la taille, et dont six mille seraient mortes de faim.

77*. Amnistie accordée au parlement de Bordeaux, et propositions du duc d'Orléans. 1650.

Bib. hist. 23183.

Extrait de la *Gazette*.

78. Amuse badaud (l') Mazarin, ou l'Intrigue des créatures du Mazarin qui sont dans Paris, pratiquée jeudi dernier pour empêcher l'effet de l'assemblée du parlement qui se devait faire ce jour-là. (S. l. n. d.), 8 pag.

L'Amuse badaud, c'est la nouvelle de la levée du siége de Miradoux que les Mazarins avaient fabriquée, dit l'auteur, chez M. de S. (Senneterre), rue Saint-André-des-Arts.

79. Anagramma acrostychæum in Julium Mazarinum. *Paris*, 1649, 7 pages.

Signé A. D. B.

80. Anagrammes sur l'auguste nom de sa majesté très-chrétienne Louis quatorzième du nom, roi de France et de Navarre, dédiées à la reine par le sieur Douet, écuyer, sieur de Rom Croissant. *Paris*, François Noël, 1649, 8 pages non chiffrées.

Ce Douet était maître d'hôtel de Paul Yvon, sieur de La Leu, oncle de Tallemant des Réaux. « Il a un peu voyagé à Maroc et au Levant, cela n'a servi qu'à lui brouiller la cervelle ; car, à cause de ses voyages, il s'est pris pour un habile homme, et s'est mis à faire des livres..... Depuis la mort de son maître, qui lui a laissé une petite pension, il fait tous les ans une quantité d'anagrammes, imprimées sur le nom du roi, et met tout de suite *Louis quatorzième du nom roi de France et de Navarre.* Voyez si ce n'est pas une merveille de trouver quelque chose sur un si petit nom! Je les garde; et c'est un bon meuble pour la bibliothèque ridicule. » *Historiette de La Leu*, p. 49 du 5e volume.

C'est peut-être beaucoup que de dire que Douet faisait tous les ans une quantité d'anagrammes; mais il est vrai qu'en 1647 il avait publié *Une centurie d'anagrammes sentencieuses sur l'auguste nom de Sa Majesté Très-chrétienne Louis XIV du nom roi de France et de Navarre, qui pourra servir d'argument à la neuvième et dixième partie de la France guerrière*, Paris, Mathurin Hénault, et qu'il a publié, en 1649, une seconde édition des *Anagrammes* sous le titre de *Trente-cinq anagrammes*, etc. Dans la première édition, il n'y en a que quinze.

Je me garderai bien d'ailleurs de contredire le jugement de Tallemant des Réaux. Pourtant je dois ajouter, sur la foi de Douet lui-même, que le maréchal de Villeroy ayant lu *hautement* les anagrammes dans le palais Cardinal, « en présence des sieurs de Sourdis, de Rhodez, Vautier et l'auteur, » il dit : « Ces anagrammes sont belles. Dieu veuille qu'elles soient véritables! »

L'abbé de Marolles a compris le sieur de Rom Croissant dans le dénombrement des écrivains qui lui avaient donné leurs livres. Il en avait reçu les *Anagrammes au roi.* Je lui sais gré de n'avoir loué ni l'ouvrage ni l'auteur.

Pourtant Naudé paraît avoir fait quelque cas de Douet, sinon de ses anagrammes. Voici en effet ce qu'on lit dans le *Mascurat*, p. 212 de la première édition : « Si le sieur Douet vouloit croire ses amis, il occuperoit son esprit, qui est très-bon, à des matières plus considérables. Jamais homme n'observa mieux que lui beaucoup de petites choses qui causeroient néanmoins de grands biens à ceux qui voudroient les mettre en exécution ; mais je ne sais par quelle vérue il a depuis peu quitté la France guerrière pour ne plus s'amuser qu'à des anagrammes. »

Les éditeurs de Tallemant des Réaux n'ont pas reconnu le maître d'hôtel de La Leu dans le Douet de l'abbé de Marolles et de Naudé.

Douet a publié encore, 1° la *Consolation des bons, et la défense de leurs écrits sincères contre les calomniateurs;* 2° la *Harangue faite au roi par le recteur de l'Université de Paris*, etc., qui se ressent du souvenir de ses voyages. Il avait promis l'*Art de faire des anagrammes*, qu'il espérait dédier au roi; mais je ne saurais dire s'il l'a donné.

81. Anathème (l') et l'excommunication d'un ministre d'État étranger, tiré de l'Écriture sainte. *Paris*, Mathieu Colombel, 1649, 12 pages.

Naudé, p. 208 du *Mascurat*, range cette pièce entre les bonnes, c'est-à-dire entre celles qui sont composées avec adresse, et dont le raisonnement est ingénieusement aiguisé et proprement assaisonné. Il y a 2 tirages différents par la mise en page

82. Anathème (l'), ou Détestation du tabac. Ode. *Paris*, Claude Boudeville, 1648, 4 pages.

Assez mauvais pour n'être plus commun.

83. Anatomie (l') de la politique du coadjuteur faite par le vraisemblable sur la conduite du cardinal de Retz, où l'auteur donne à connaître : 1° que le cardinal n'est innocent que parce qu'il soutient que ses crimes sont plus cachés que ceux des autres; 2° que ce prélat n'est

religieux que parce qu'il a l'adresse de se déguiser sous le voile de l'hypocrisie; 3° que sa conduite est pharisienne, c'est-à-dire apparemment innocente, en effet coupable. Les vraisemblances du vraisemblable sont ensuite combattues l'une après l'autre par des évidences que justifient tous les bruits qui ont couru contre le cardinal de Retz. (S. l. n. d.), 32 pages.

Bonne réponse au *Vraisemblable sur la conduite de monseigneur le cardinal de Retz*. Cette pièce est de Dubosc Montandré. Elle appartient à la polémique engagée entre le prince de Condé et le coadjuteur pendant la retraite à laquelle celui-ci crut devoir se condamner après sa promotion au cardinalat.

En voici un passage très-curieux : « Faut-il connaître tous les déguisements que ce cardinal a pris pour se rendre méconnaissable lorsqu'il intriguait avec ceux de sa faction, tantôt avec de grandes moustaches noires à l'espagnole, appliquées adroitement sur ses joues, avec des manteaux d'écarlate et des grègues rouges de même couleur; tantôt à la cavalière avec de grands buffles, avec des caudebecs furieusement retroussés à la mauvaise, et de petites brettes traînantes, soutenues de ces beaux baudriers de quinze ou vingt pistoles qui lui couvraient presque tout le corps ?.... Faut-il qu'on ait tenu compte de toutes les maisons bourgeoises que le cardinal de Retz a honorées de ses visites pour haranguer les pères de famille et les engager au parti qu'il brassait au préjudice de notre repos ? Faut-il qu'on n'ait pas ignoré un seul festin de tous ceux qu'il a fait faire pour y traiter, de sa part, les bons bourgeois qu'il voulait gagner? »

84. Ane (l') du procureur ressuscité, en vers burlesques. *Paris*, 1649, 11 pages.

Mauvaise pièce qu'il faut joindre à l'*Onophage*, si on veut tout avoir.

85. Ane (l') rouge dépeint avec tous ses défauts en la personne du cardinal Mazarin : 1° sur son incapacité et (*sic*) maniement des affaires; 2° sur son ignorance

et ambition démesurée; 3° sur ses actions et entreprises qui font connaître ses trahisons et perfidies contre l'État. *Paris*, Louis Hardouin, 1652.

Deux parties de 20 et 24 pages.
Qui s'attendrait à trouver dans ce sot pamphlet deux passages de Philippe de Commines sur le droit des États de voter l'impôt?

86. Ange (l') tutélaire de la France aux François amis de la paix. *Paris*, 1649, 24 pages.

Contrefaçon de la pièce intitulée : *Remontrance au peuple*, par L. S. D. N. D. S. C. E. T.

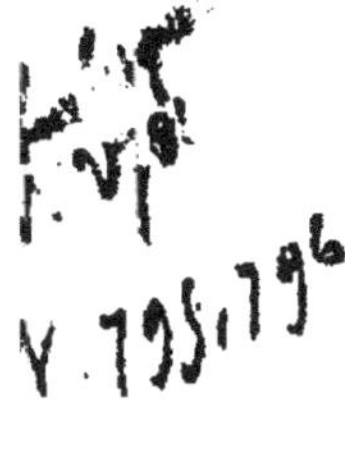

87. Antidésintéressé (l'), ou l'Équitable censeur des libelles semés dans Paris sous le nom du *Désintéressé*, commençant par ces mots : « Pauvre peuple abusé, dessille tes yeux, » et tendant à désunir les habitants de cette ville d'avec les princes et le parlement. *Paris*, Cardin-Besogne, 1649, 8 pages.

Ce pamphlet répond à l'un des deux billets jetés dans Paris par le chevalier de La Vallette. Le parlement en avait autorisé l'impression sous la date du 5 mars.

A 10 88. Antidote (l') au venin des libelles du *royaliste à Agathon* et de la *vérité nue*. *Paris*, 1652, 32 pages.

Il faut lire au titre : la *Vérité toute nue*.
Les deux pièces auxquelles répond l'*Antidote*, sont Mazarinistes; et elles ont été réfutées par la *Réponse au séditieux écrit intitulé :* le Caractère du royaliste à Agathon, et par l'*Avocat général* de Dubosc Montandré.

89. Antidote (l') pour guérir la France. (S. l.), 1649, 12 pages.

Les pamphlets de cette espèce sont fort rares. L'auteur voudrait bien que Mazarin fût éloigné ; mais il veut surtout qu'on s'en rapporte au roi « qui saura ce qu'il doit faire sans qu'on ait besoin de l'avertir. »

90. Antigazette (l') de Flandre contre ceux qui blâment la garde qui se fait à Paris. *Paris*, Louis Sévestre, 1651, 8 pages.

L'auteur avait, pour devise, ces mots : *Cœur affranchi*. Il nous apprend, dans un huitain assez ridicule, que c'était son nom tourné, moins un *e* et un *s*,

« Ne voulant, en ce lieu,
Retenir l'e s qui n'appartient qu'à Dieu.
Ainsi le nom défaut, je le confesse. »[1]

J'ai, de ce plat écrivain, une autre pièce intitulée : *Discours adressé aux soldats françois*, etc.

91. Antilibelle (l'), en vers burlesques. *Paris*, Pierre du Pont, 1649, 12 pages.

Après la paix de Saint-Germain.

92*. Antimoine (l') provençal.

MAILLY, *Esprit de la Fronde*, t. 3, p. 24.

93. Antinopcier (l'), ou le Blâme des noces de monsieur le duc de Mercœur avec la nièce de Mazarin. *Amiens* (*Paris*), (1649), 12 pages.

Le nom d'Amiens seul est une date; c'est celle du voyage de la cour en Picardie après la paix de Saint-Germain.

Il faut joindre à cette pièce le *Poulet*, la *Sauce du poulet*, la *Salade*, etc., l'*Outrecuidance* (sic) *présomption du cardinal Mazarin dans le mariage de sa nièce*, *Réponse à l'outrecuidante présomption*, etc.

94. Antiréfutation (l') de la *Réponse au bandeau de Thémis*, avec jugement. (S. l.), 1649, 15 pages.

Cette pièce est la quatrième d'une polémique très-vive qui s'était engagée pour et contre le parlement, un peu avant la paix de Ruel. Les autres sont, dans l'ordre chronologique : le *Véritable bandeau de Thémis*, etc., la *Réponse au bandeau de Thémis*, la *Réfutation de la réponse*, etc., *Philothémis ou Contrebandeau du parlement*.

[1] Ce nom pourrait être *François Fauchère*; mais qu'est-ce que François Fauchère ?

95. Antirequête (l') civile. (S. l.), 1649, 8 pages.

Pauvre réponse à la *Requête civile contre la conclusion de la paix.*

96. Antisatyre (l'), ou la Justification des auteurs. *Paris,* 1649, 7 pages.

Singulière justification! on va en juger : « Ils (les auteurs) font des pièces de mauvais goût et de mauvaise foi parce qu'on n'en veut pas d'autres et qu'il faut vivre... Ils ne sont en cela aucunement coupables. Il leur est indifférent de louer ou de blâmer, de noircir ou de blanchir la vie d'un homme, de justifier ou de condamner ses actions, de faire son satirique (*sic*) ou son apologie, de le mettre au rang des saints ou des démons... De croire que les auteurs, au moins pour la plupart, épousent quelque partie et n'écrivent qu'avec dessein, c'est une tromperie manifeste. »

C'est à peu près ainsi qu'on parle des journalistes aujourd'hui. Était-ce plus vrai alors? Peut-être. Je le croirais volontiers pour ma part; mais je ne dirai pas pourquoi. Je suis journaliste. On me permettra pourtant de faire remarquer cette différence, que ceux qui nous jugent de la sorte n'entendent pas nous justifier.

Voir la *Chasse aux Satyres.*

97. Antithèze du bon et du mauvais ministre d'État. *Paris,* veuve Théodore Pépingué et Est. Maucroy, 1649, 8 pages.

Le bon ministre, c'est Joseph; le mauvais, Mazarin.

Peu de jours après l'arrêt du 8 janvier.

98. Apocalypse (l') de l'État faisant voir le parallèle, 1° de l'attachement que la reine a pour le Mazarin, avec l'attachement que Brunehaut avait pour Proclaïde, et Catherine de Médicis pour un certain Gondy; 2° que l'attachement de la reine pour le Mazarin est criminel d'État; 3° que ce même attachement donne fondement à toute sorte de soupçons; 4° que par cet attachement la reine fait voir qu'elle aime Mazarin plus que son fils; 5° que par cet attachement la reine dispose toutes

choses à un changement d'état ou à l'établissement d'une tyrannie qui sera sans exemple. (S. l. n. d.), 40 pages.

C'est une des pièces de Dubosc Montandré. Elle a été composée pendant la retraite de Gondy, après sa promotion au cardinalat (1651).

Le pamphlet tient autant et plus que ne promet le titre : « Je lui proteste (à la reine) que, quand bien notre mauvais destin lui feroit trouver une porte pour entrer dans Paris, il est encore trois cents braves qui s'en iroient le lui poignarder entre ses bras pour le sacrifier dans le plus fort de ses feux à la vengeance publique. » Ce n'est plus du soupçon !

Il est douloureux de penser que Dubosc Montandré était le pamphlétaire à gages du prince de Condé !

Mailly qui cite ce pamphlet, dans la note de la page 60 de son 5e volume, s'en tient à quelques parties du titre qui, dit-il, donnent une idée assez étendue de tout le reste. Il a raison.

99. Apologie curieuse pour les justes procédures du parlement de Paris jusques au jour de la conférence (*de Ruel*), et pour servir de supplément aux *Motifs véritables de la défense du parlement*, etc. *Paris*, Cardin Besogne, 1649, 22 pages.

Il faut lire : les *Raisons ou Motifs véritables*, etc.

100. Apologie de l'Autruche, en vers burlesques. (S. l.), 1650, 8 pages.

L'autruche, c'est ici le prince de Conti ! et ce titre insolent n'est pas ce qu'il y a de plus insolent dans la pièce. Inutile de dire que les princes étaient en prison.

101. Apologie de la vertu contre l'imposture de l'envie en faveur de monsieur le Garde des sceaux. *Paris*, Jacob Chevalier, 1652, 12 pages. *Rare*.

102. Apologie de M. D. P. D. B. (S. l.), 1650, 11 pages.

Ces initiales, qu'on serait tenté de traduire par *messieurs du par-*

lement de Bordeaux, sont en réalité celles de *monsieur d'Épernon prince de Buch*. Bonne et plaisante pièce.

103. Apologie de messieurs du parlement. *Paris*, 1650, 12 pages.

On peut joindre ce pamphlet aux pièces de la polémique provoquée par le *Véritable bandeau de Thémis*.

L'auteur est une femme qui signe dame de Monterbault Boviv (*Bouju?*), que Tallemant des Réaux appelle la Montarbault et l'abbé Arnauld Montarbant. J'ai rencontré, d'elle, un autre pamphlet, intitulé : *Harangue faite à monsieur le premier président sur son nom historique*, etc.

A l'époque où elle écrivait ainsi pour la Fronde ou plutôt pour le parlement, elle ne devait plus être jeune ; car elle avait épousé Monterbault avant le siége de Corbie ; et c'était son second mariage. Elle était restée peu de temps, il est vrai, avec son premier mari ; mais, dans l'intervalle, elle avait été entretenue par Delorme, le médecin.

La dame de Monterbault avait été un peu de tous les métiers. Elle avait prétendu même faire de l'or ; et elle y avait attrapé le duc de Lorraine ; mais il paraît que ce qu'elle faisait, c'était de la fausse monnaie. Au moins Tallemant des Réaux raconte qu'ayant eu la maladresse d'accuser un nommé Morel, elle fut accusée à son tour, et « qu'elle eut bien de la peine à se débarrasser. » On peut croire que c'est dans cette circonstance qu'elle eut l'idée d'adresser une *Apologie* au parlement et une *Harangue* au premier président. C'était une opinion assez généralement reçue que les frondeurs ne perdaient point de procès.

Tallemant des Réaux qui a bien connu la dame de Monterbault, ne paraît pas avoir su qu'elle écrivait en prose et en vers. Mais je trouve dans les *Mémoires* de l'abbé Arnauld (page 489, 2e col., coll. Michaud) une anecdote qui prouve qu'elle faisait volontiers courir sa plume sur le papier. C'était pendant le siége de Corbie. Arnauld, général des carabins, l'abbé Arnauld et un de ses oncles allaient de Feuquières à Rambouillet. Ils étaient accompagnés de Monterbault, capitaine dans les carabins, qui avait désiré revoir sa maison dans la vallée de Montfort « par une impatience de mari et peut-être d'un mari un peu jaloux. » « Cet homme, dit l'abbé

Arnauld, nous divertit beaucoup pendant le voyage par les contes qu'il nous faisait de sa femme. C'étoit, à l'entendre parler, une merveille accomplie qui ne lui demandoit, quand il étoit obligé de la quitter, que du papier et de l'encre pour lui écrire en prose et en vers. »

Monterbault était fort amoureux, si nous en croyons Tallemant; mais il se lassa bientôt de sa femme; « car quoiqu'elle fût belle, elle avoit l'esprit si turbulent, si enragé qu'on ne pouvoit vivre avec elle. »

Les pièces de la dame de Monterbault sont mauvaises; mais elles sont rares. L'étrange renom de la dame peut d'ailleurs leur donner un attrait de plus pour les amateurs.

104. Apologie de messieurs du parlement de Pontoise. *Paris*, 1652, 8 pages.

Après l'arrêt de ce parlement contre Mazarin, 14 août 1652. Il ne faut cependant pas se fier au titre.

105. Apologie de messieurs du parlement, répondant, de point en point, au libelle intitulé : Les *Sentiments d'un fidèle sujet du roi sur l'arrêt du parlement, du* 29 *décembre* 1651. *Paris*, 1652, 40 pages.

L'arrêt du 29 décembre mettait à prix la tête du cardinal Mazarin. Il fut cassé par un arrêt du conseil, rendu à Poitiers le 12 janvier 1652. Cette lutte judiciaire devint aussitôt à Paris l'objet d'une polémique très-passionnée. On publia d'abord les *Véritables maximes du gouvernement de la France* contre l'arrêt du conseil. Presqu'en même temps parurent les *Sentiments d'un fidèle sujet du roi*, qui s'attaquaient à l'arrêt du parlement, et auxquels il fut répondu par l'*Apologie*, par les *Observations véritables et désintéressées*, enfin par le *Complot et entretien burlesque sur l'arrêt du 29 décembre*, l'une des pièces de Sandricourt.

Ces trois derniers pamphlets s'appuient, pour la partie doctrinale, sur les *Véritables maximes*, qui eurent alors un grand retentissement. L'opinion du parti des princes pour qui ils furent écrits, était que la monarchie devait être tempérée d'aristocratie, c'est-à-dire que les princes et le parlement devaient avoir au gouvernement des affaires une part à peu près égale à celle du roi

Au contraire, l'auteur des *Sentiments d'un fidèle sujet* voulait que la royauté fût absolue.

Je ne parle pas du libelle intitulé : *De la nature et qualité du parlement de Paris*, qui n'est guère qu'un plagiat.

106. Apologie de messieurs les députés du parlement de Bordeaux sur les affaires de ce temps. (S. l.), 1650, 8 pages.

Il s'agit de la première guerre qui fut terminée par une déclaration du roi, du 29 décembre 1649, enregistrée à Bordeaux le 7 janvier 1650. On reprochait aux députés du parlement d'avoir consenti à la paix sans le changement du duc d'Épernon. C'est ici la réponse de la députation dont l'auteur est Constans, jurat de Bordeaux et l'un des députés.

On trouvera plus loin une *harangue* de Constans au roi et à la reine pour les remercier de la paix.

107. Apologie de monseigneur l'éminentissime cardinal Mazarin. *Paris*, 1649, 11 pages.

C'est ici une apologie véritable. La pièce est assez mauvaise pour être devenue quelque peu rare.

108. Apologie de M. le baron de Montenay, conseiller du roi au parlement de Normandie, contre les calomnies de ses ennemis, publiées tant à Rouen qu'à Paris. (S. l. n. d.), 9 pages.

Il paraît que M. de Montenay avait aussi publié son apologie, tant à Paris qu'à Rouen; car je lis sur la 9e page : « Jouxte la copie imprimée à Rouen. » Destitué de ses fonctions de premier capitaine de Rouen, à l'occasion de la prison des princes, il proteste de sa fidélité au service du roi. C'est donc de 1650.

109. Apologie de monsieur le Prince pour servir de réponse aux calomnies de deux libelles diffamatoires, c'est-à-dire du *Discours libre et véritable sur la con-*

duite de monsieur le prince et de monsieur le coadjuteur, et de la *Remontrance de la province de Guyenne*. (S. l. n. d.), 36 pages.

Après la majorité du roi (1651). L'auteur a publié quelques jours plus tard (octobre 1651) la *Déclaration pour monseigneur le prince de Conty*, etc., qui a paru également sous le titre de *Apologie particulière de monseigneur le prince de Conty*.

110 Apologie des bons François contre les Mazarins, ou Réponse au libelle intitulé : *Avertissement salutaire donné aux bourgeois de Paris*. (S. l.), 1650, 12 pages.

Les Mazarins sont ici les frondeurs, et notamment le duc de Beaufort, que l'auteur accuse d'être pensionnaire du cardinal. Le duc d'Orléans avait fait ses propositions pour la paix de Bordeaux, 6 août 1650.

111. Apologie des Écossois, et les véritables raisons pour lesquelles ils ont élu Charles second contre l'injuste procédé des Anglais. *Paris*, Antoine Quenet, 1649, 8 pages.

112. Apologie des Frondeurs. (S. l.), 1650, 11 pages.

C'est ici un des pamphlets du coadjuteur. Il y a assez de talent et d'hypocrisie pour qu'il soit impossible de s'y tromper.

L'*Avis important et nécessaire à M. le duc de Beaufort et M. le coadjuteur* parut en même temps (avril), mais manuscrit. « M. le coadjuteur les faisoit voir à ses amis, dit Omer Talon, page 384 de ses *Mémoires*, éd. Michaud; il me les apporta et dit qu'ils étoient faits contre son parti. » C'était une hypocrisie de plus.

Saumur et Bellegarde s'étaient rendus. Les frondeurs, inquiets des succès de Mazarin, songèrent à lui susciter des obstacles. Ils essayèrent de se rapprocher, par ces pamphlets, des partisans du prince de Condé. « Leur dessein avoit été, dit encore Omer Talon, que, toutes choses étant émues dans le royaume et vraisemblablement devant mal réussir dans cette campagne, lorsqu'il y auroit occasion d'appréhender le succès des affaires, à cause des mouvements du dedans et de la guerre du dehors et à cause de la nécessité des peuples misérables dans les provinces, ils se serviroient du malheur des affaires publiques pour décrier le cardinal Mazarin et lui faire courir sus. »

Mailly n'hésite pas à attribuer à Gondy l'*Apologie des frondeurs*, dont il cite un passage page 443 de son 3ᵉ volume.

Le cardinal de Retz, dans ses *Mémoires*, avoue sept pamphlets, qui sont : 1° les *Contretemps du sieur de Chavigny*; 2° la *Défense de l'ancienne et légitime fronde*; 3° les *Intérêts du temps*; 4° le *Manifeste de M. de Beaufort en son jargon*; 5° le *Solitaire aux deux désintéressés*; 6° le *Vrai et le faux de Monseigneur le prince de Condé et du cardinal de Retz*; 7° le *Vraisemblable sur la conduite du coadjuteur*.

Est-ce là tout ce que le cardinal a fait ? non, sans doute; et d'abord nous avons de lui deux discours, prononcés, l'un au parlement, *Avis de monseigneur le coadjuteur*, etc., l'autre devant le roi, la *Véritable harangue faite au roi par le cardinal de Retz*, etc.

Le cardinal a eu une part considérable au *Discours libre et véritable sur la conduite de M. le prince*, etc., par Caumartin; et le cardinal Mazarin lui en attribue une non moins grande au *Contrat de mariage du parlement et de la ville de Paris* (Lettre de Bruhl, 10 avril 1651. *Lettres du cardinal Mazarin à la Reine*, etc., publiées par M. Ravenel).

Il serait l'auteur de l'*Avis aux malheureux*, si j'en croyais la *Réponse d'un malheureux*, et de l'*Avis désintéressé sur la conduite du coadjuteur* (Lettre d'un Bordelois).

Quelques pamphlétaires lui ont prêté l'*Esprit de paix*, qui, à mon avis, serait plutôt du père Faure.

On s'accorde généralement à reconnaître sa manière dans l'*Apologie des frondeurs* et dans l'*Avis important et nécessaire à M. de Beaufort*, etc. Mailly veut qu'il ait été au moins l'instigateur des *Maximes morales et chrétiennes*, etc.; et Châtre de Cangé a compris, avec moins de fondement, selon moi, dans la collection des pièces du cardinal, la *Lettre du bourgeois désintéressé*.

Je ne serais pas éloigné de croire que le cardinal de Retz a été pour beaucoup dans l'*Avis important et désintéressé sur l'affaire du cardinal de Retz* et dans la *Déroute des cabalistes*.

Enfin ceux qui ne voudront rien négliger, recueilleront la *Remontrance au parlement par le cardinal de Retz*, et la *Lettre du*

C. D. Retz envoyée au cardinal Mazarin sur le sujet de son éloignement, qui ne sont pourtant pas de lui.

Quoique j'aie rencontré bien souvent le *Sermon pour la fête de saint Louis* parmi les Mazarinades, je ne puis pas en vérité me décider à lui donner place dans cette liste de pamphlets.

Je n'ai pas dû comprendre dans cette énumération les vingt et quelques *Lettres* écrites par le cardinal au roi, au pape, aux archevêques et évêques, au clergé, depuis son évasion du château de Nantes, non plus que la pièce intitulée : *A tous les évêques, prêtres et enfants de l'Église*, etc., qui est la dernière de cette longue lutte du prélat contre le gouvernement du roi.

113. Apologie des Normands au roi pour la justification de leurs armes. *Paris*, Cardin Besongne, 1649, 12 p.

Datée de Caen, le 23 février 1649. Détails fort curieux de la misère normande.

Voir la *Pièce d'État ou Sentiments des sages*.

114. Apologie du cardinal, burlesque. *Paris*, 1649, 8 pages.

Tout ce qu'il y a à en dire, c'est que, malgré le burlesque, c'est une apologie véritable. Voici pourtant un passage qu'il ne faut pas laisser perdre :

> « Je trouve qu'il faisoit mieux (le père de Mazarin)
> Que nos obereaux (*sic*) glorieux,
> Nourris dans la fainéantise,
> Qui ne trafiquent qu'en sottise,
> Et qui mourroient plutôt de faim
> Que de gagner ainsi leur pain. »

115. Apologie du révérend père Chartreux contre le père Faure sur la réponse à la harangue faite à la reine. *Paris*, 1652, 24 pages.

Je n'ai point vu la *Harangue ;* mais l'*Apologie* est incontestablement d'un homme de talent. Voici qui fera juger de la doctrine du père Chartreux : « Un roi est établi pour conserver et défendre ses sujets, et non pour les oppresser ni molester. Il est roi et père ; et partant, ce lui seroit une inhumanité de par trop châtier ses enfants. Il est dit que le roi prendra vos fils et vos filles, mais seulement pour s'en servir avec honneur et lui subvenir en cas de besoin : comme si le roi étoit attaqué de ses ennemis, son peuple le doit assister et ne le laisser jamais sans défense; mais si le roi veut, par un mauvais conseil, détruire le peuple que Dieu lui a mis entre ses mains, il n'est plus roi, mais tyran. »

Voici le titre exact de la pièce que l'*Apologie* réfute : *La Réponse du père Faure prédicateur et confesseur de la reine*. Je ne crois pas que jamais le père Faure ait dit que « le roi peut mettre un frein à la bouche de son peuple et le mener à courbet (*sic*). » Aussi n'est-ce pas dans la *Réponse* qui, elle-même, n'est pas fort authentique.

Nous retrouverons cette double thèse, traitée des deux côtés, avec plus de développements et d'une manière dogmatique, à propos de la *Lettre d'avis à Messieurs du parlement de Paris écrite par un provincial*.

116. Apologie du théâtre du monde renversé, ou les Comédies abattues du temps présent, par J. C. D. L. (de Lorme). *Paris*, Rolin de la Haye, 1649, 8 pages.

117. Apologie, ou Défense du cardinal Mazarin, traduite ou imitée de l'italien de L. *Paris*, 1649, 8 pages.

La Fronde était en verve d'ironie.

118. Apologie particulière de monseigneur le prince de Conty, pour la justification entière de sa conduite, présentée à messieurs du parlement. (S. l. n. d.), 20 pages.

C'est une réponse à la *Lettre du prince de Conti écrite au roi sur son voyage de Berry*. L'auteur suppose que cette lettre est de la même main que le *Discours libre et véritable sur la conduite de M. le prince*, etc.; et il dit qu'il avait, lui-même, écrit l'*Apologie de M. le prince*, etc.

Mailly cite l'*Apologie particulière* dans les additions et corrections, page 817, de son 5e volume.

119. Apologie particulière pour monsieur le duc de Longueville, où il est traité des services que sa maison et

sa personne ont rendus à l'État, tant pour la guerre que pour la paix, avec la réponse aux imputations calomnieuses de ses ennemis, par un gentilhomme breton. *Amsterdam* (*Paris*), 1650, 116 pages.

Cette pièce est assez curieuse, surtout dans les détails qu'elle contient sur les négociations de Munster.

Dès que le duc de Longueville fut arrêté, l'avocat Baudry reçut l'ordre de cesser ses fonctions de syndic des États de Normandie. « On lui a donné, dit l'auteur, un successeur qui sait fort bien faire des vers, mais qu'on dit assez malhabile pour manier de grandes affaires. Bref, il faut qu'il soit ennemi du peuple puisqu'il est pensionnaire du Mazarin. » Cet ennemi du peuple était le grand Corneille!

L'auteur nous apprend dans un avertissement qui est au verso du titre, qu'il préparait une histoire générale de la maison de Longueville et qu'il se proposait de faire quelques ouvrages satiriques sur des grands. Il s'est, en effet, essayé à la satire dans l'*Apologie* même; et c'est une des raisons qui firent publier contre lui le *Désaveu*, etc.

On peut croire que cet auteur était Lescornai dont Guy Patin a dit, dans une lettre du 21 octobre 1653 à M. C. S. (Charles Spon), page 211 du 1er vol. : « Il y a ici un avocat nommé M. Lescornai, homme d'étude et de travail, qui a fait une histoire entière de la maison de Longueville, depuis Jean, comte de Dunois, bâtard du duc d'Orléans, tué à Paris, rue Barbette, en 1407, et qui a été le premier chef et le fondateur de cette maison. Il l'a présentée, manuscrite, à M. de Longueville qui l'a trouvée si belle qu'il est résolu de la faire imprimer à ses dépens et d'y ajouter tous les portraits de ses ancêtres que l'on fait graver exprès[1]... »

Il ne paraît pourtant pas que cette histoire ait été publiée; au moins est-elle portée, comme manuscrite, dans la *Bibliothèque* du père Lelong et encore sur les indications de Guy Patin.

[1] Le père Louis Jacob annonce, dans sa *Bibliographia parisina*, sous la date de 1650, une *Apologie pour l'honoraire ou Reconnaissance due aux avocats à cause de leur travail*, par M. Jacques *de* Lescornay, avocat en parlement. C'est assurément le Lescornay de Guy Patin. Il était donc gentilhomme? il a donc pu signer l'*Apologie* comme au titre : *Par un gentilhomme Breton*.

A l'*Apologie* et au *Désaveu*, il faut joindre la *Réponse à une lettre écrite de Rouen*, etc.

120. Apologie pour la défense des bourgeois de Paris, sur la dernière déclaration du roi, portant amnistie, donnée à Mantes. (S. l.), 1652, 15 pages.

121. Apologie pour la défense du cardinal Mazarin. « Aliud in ore promptum, aliud in pectore reconditum. » (S. l.), 1649, 10 pages.

L'auteur dit que Mazarin est le bras droit du roi et que celui qui le forcerait à quitter la France, offenserait plus le roi que s'il lui crachait au visage.

« La couronne
Qui n'a point d'autre éclat que ce qu'il lui en donne. »

Faites attention à l'épigraphe. C'est encore de l'ironie ; mais ici elle est dans la pièce comme dans le titre.

122. Apologie pour la France, sur sa préséance contre l'Espagne en cour de Rome. *Paris*, François Noël, 1651, 31 pages.

Pièce curieuse et peu commune.

123. Apologie pour le parlement de Bordeaux et pour le père Bonnet contre le *Curé bordelois*, à messeigneurs du parlement. (S. l.), 1651, 16 pages.

Le père Louis Bonnet, oratorien, était curé de Sainte-Eulalie de Bordeaux. Fils d'un secrétaire de Henry, prince de Condé, il avait embrassé la cause de la fronde avec une sorte de fureur. Ce fut lui qui, au début de la première guerre de Bordeaux, prononça le sermon pour l'union du parlement et de la ville, quand la population fut appelée à prêter serment dans les églises. Il devait faire l'éloge funèbre du marquis de Chambaret, premier général des Bordelais, dans la cérémonie des obsèques qui eut lieu après la seconde guerre; mais « l'archevêque lui ferma la bouche par des considérations d'État, » dit Fonteneil, *Histoire des mouvements de Bordeaux*. Il mourut en 1650 [1]. Si j'en crois le *Jugement du*

[1] Lenet lui attribue une relation de la prise de l'île de Saint-Georges, page 304 de ses *Mémoires*, Coll. Michaud.

curé bordelois, Dussaut, avocat général, fit imprimer un panégyrique du bon père [1]. Un bordelais royaliste publia à son tour le *Curé bordelois, grand défenseur de la cause de messieurs de Bordeaux*.

C'est alors que parut l'*Apologie* qui n'était rien autre chose qu'une dénonciation du *Curé*. Ce cri de la fronde fut entendu. Par arrêt du 10 mars 1651, le parlement condamna le *Curé bordelois* a être brûlé par la main du bourreau; mais ce jugement ne satisfit pas tous les frondeurs; et dans une pièce intitulée : *Arrêt de la cour de parlement de Bordeaux*, etc., on reprocha au parlement de n'avoir songé à venger que sa propre querelle.

Enfin vint le *Jugement du curé Bordelois* qui est une satire très-spirituelle et très-piquante des juges de la Grande chambre et de la Tournelle de Bordeaux.

Dans cette polémique vive et curieuse, tout l'avantage est resté incontestablement aux pamphlétaires royalistes, qui se sont montrés pleins de verve, de gaieté et d'esprit.

Toutes ces pièces sont peu communes.

124. Apologie pour Malefas. (S. l. n. d.), 11 pages.

Ce pamphlet est de Paul Hay, marquis du Châtelet, l'auteur de la *Politique de la France*. C'est une satire très-violente contre Isaac de Laffemas, maître des requêtes et poëte mazariniste.

Laffemas avait publié le *Frondeur désintéressé*, quelques jours après que le roi fut revenu de Bordeaux, en 1650. Davenne, à qui j'emprunte quelques-uns de ces détails (la *Sapience du ciel*, etc.), fit aussitôt la *Réponse* (en prose) *au frondeur désintéressé par un frondeur désintéressé*; puis parut le *Faux frondeur converti et démasqué*, auquel Laffemas répliqua par la *Seconde partie du frondeur désintéressé*.

C'est ici, je crois, que se place l'*Apologie pour Malefas*. Au moins est-il certain qu'elle fut imprimée avant la *Réponse des vrais frondeurs* qui nomme du Châtelet dans ces vers adressés à Laffemas :

> « Votre personne si bien peinte
> Autrefois par Duchâtelet. »

Enfin, Davenne composa la *Satyre ou Feu à l'épreuve de l'eau*, etc., contre la *Réponse des vrais frondeurs*.

[1] C'est l'*Éloge funèbre du P. Louis Bonnet*, etc.

Aucune de ces pièces n'est bien rare ; mais elles ne laissent pas que d'être curieuses, surtout l'*Apologie*.

125. Apologie pour messieurs du parlement contre quelques libelles faits à Saint-Germain-en-Laye. *Paris*, Nicolas De la Vigne, 1649, 12 pages.

Après l'arrêt de jonction, rendu sur la demande du parlement de Rouen, 5 février 1649.

126. Apologie pour messieurs les princes, envoyée par madame de Longueville à messieurs du parlement de Paris. (S. l., 1650), 37 pages.

Le plus curieux et peut-être le plus habile *factum* qui ait été fait sur la prison des princes. On y trouve beaucoup de choses qu'on chercherait inutilement ailleurs et qui semblent accuser la coopération directe de madame de Longueville. Je dois dire pourtant que les faits, relatifs aux négociations de Munster, sont perfidement tronqués ; mais encore pour les dénaturer ainsi, il fallait avoir été très-avant dans les secrets de l'ambassade.

Voici un trait de mœurs fort bon à recueillir : presque toutes les villes de la Champagne et de la Brie étaient protégées par des princes, des cardinaux, des ducs, des maréchaux qui s'offensaient quand on y mettait des garnisons.

L'*Apologie* a été réimprimée, en 1650, petit in-12, à la sphère en caractères elzéviriens. C'est un honneur qui n'a été fait qu'à un très-petit nombre de mazarinades.

127. Apologie pour monseigneur le cardinal Mazarin, tirée d'une conférence entre son éminence et monsieur ***, homme de probité et excellent casuiste, tenue à Saint-Germain, deux jours consécutifs. Première journée. *Paris*, François Preuveray, 1649, 39 pages.

La seconde journée commence à la page 21.

C'est une apologie telle que la fronde l'a pu et dû faire. La pièce est d'ailleurs fort spirituelle et embrasse la vie presque entière du cardinal; elle a paru après la comédie de l'ambassade espagnole au parlement.

128. Apologie pour monsieur de Broussel, conseiller du roi en son parlement, sous-doyen de la Grand'chambre et prévôt des marchands de Paris, contre les imposteurs qui le qualifient du nom de factieux dans les édits, déclarations et arrêts du conseil. *Paris*, Jacob Chevalier, 1652, 8 pages.

129. Apologie pour monsieur le président Perrault. *Paris*, Guillaume Sassier, 1651 (*ad calcem*), 8 pages. *Rare*.

130. Apologie royale, ou la Réponse au *Manifeste de monsieur le prince*. (S. l., 1651), 4 pages.

Il faut se rappeler que le *Manifeste de monsieur le prince* est de Mathieu du Bos.

131. Apologie sur la puissante union des princes, du parlement, de la ville et des peuples pour bannir le tyran de l'État, et pour redonner la paix générale à toute l'Europe. (S. l.), 1652, 20 pages.

Pendant le siége d'Étampes.

132. Apophtegmes de l'esprit de vérité contre les ecclésiastiques qui abandonnent le gouvernement politique des affaires de Dieu pour (sous le masque d'une piété simulée) usurper avec plus de facilité le gouvernement public des affaires d'État. (S. l. n. d.), 22 pages.

L'auteur a composé en outre le *Fléau de l'esprit de Dieu*, etc., et le *Politique universel*, etc.

133. Aposthume (l') de toute la cour mazarinistes (*sic*) crévé contre les Parisiens, avec la réponse des frondeurs aux mazarinistes. Ne dis mot, paix! paix! *Paris*, 1652, 15 pages.

Cette sotte et ridicule pièce se termine par un dialogue entre

Mazarin et *sa bonne amie* Cerbère! elle a d'ailleurs les deux conditions principales des pamphlets les plus recherchés : elle est pleine d'ordures, et elle est rare.

134. Apothéose (l') de la paille, prise par les dieux et les déesses en faveur de messieurs les princes, et l'abjection du papier, pris par Priape, les Sylvains, Faunes et Satyres. Galanterie ou caprice. *Paris,* Jean Brunet, 1652, 8 pages.

135. Apothéose de madame la duchesse de Longueville, princesse du sang. (S. l.), 1651, 15 pages.

Pièce des plus curieuses par son extravagance, et aussi des plus rares.

L'auteur compare l'entreprise de la délivrance des princes à l'expédition des Argonautes. Madame de Longueville est Médée; Turenne Jason, Bouteville Thésée, Duras Pollux, et le Canon est le roi Amicque. Le Havre s'appelle l'île de Lymicaritos. Le bois du vaisseau Argo avait été coupé dans la forêt d'Argonne, parce que M. le prince était seigneur de Clermont en Argonne, et que madame de Longueville s'était retirée à Stenay, aussi en Argonne. Jason fit flotter les chênes à bois perdu, par des torrents, dans la Meuse, de la Meuse dans l'Océan, et de l'Océan par les Colonnes d'Hercule qui est le détroit Gaditan, maintenant dit Gibraltar, pour aller de là en Thessalie, où se devait faire son embarquement.

Je vois encore, parmi les compagnons de madame de Longueville, Gourville qui ne parle pas de cette expédition dans ses *Mémoires*, et Sarrazin que l'auteur engage à chanter les exploits de la princesse.

Il faut joindre à l'*Apothéose*, le *Temple de la déesse Bourbonie* qui est apparemment du même écrivain et qui n'est ni moins extravagant ni moins rare.

136. Apothéose (l'), ou le Mémorial de la vie partout célèbre-miraculeuse (*sic*) du bienheureux maître Jean-Clément, le coustelier, très-illustre méthodiste aux controverses, exterminateur des hérétiques, donnant la fuite à tous leurs ministres par toutes les provinces

du royaume de France, et très-merveilleux victorieux triomphateur en conférant, et les convertissant en très-grandes-quantités à la sainte foi catholique, apostolique et romaine, s'étant reposé en Dieu notre Seigneur Jésus-Christ, le 8 février 1650, âgé de quarante-neuf ans. (S. l. n. d.), 3 pages. *Très-rare.*

Mauvais vers signés par J. Mittanour, « phytologue de Son Altesse Royale et astronome de Son Altesse de Conty. »

A côté des vers français, sont des vers latins, semés de mots hébreux et de termes de cabale.

Voir, sur maître Clément, la *Harangue prononcée aux pieds du roi et de la reine*, etc.

Mittanour a encore publié la *France congratulante à Venise*, etc.

137. Apparition au cardinal Mazarin, dans Bouillon, de l'ombre de son neveu Manchiny (*sic*), retourné des enfers pour l'exhorter à bien faire, et sa rencontre avec saint Mégrin en l'autre monde. (S. l., 1652), 40 pages.

Manchiny décrit à son oncle les supplices des rois et de leurs ministres dans les enfers, pour le décider à se retirer à Venise et à renoncer au gouvernement de la France. C'est une bonne pièce. Sa date est dans son titre.

138. Apparition (l') d'un fantôme à Saint-Germain-en-Laye, et les discours qu'il tint. *Paris*, veuve Jean Remy, 1649, 8 pages.

Cette pièce a paru après la *Seconde partie du Courrier polonois*, qui en a sans doute inspiré l'idée et dont elle peut être considérée comme une sorte de complément. Le fantôme est en effet celui d'un soldat polonais, tué au combat de Brie-Comte-Robert (février 1649).

139. Apparition (l') de la guerre et de la paix à l'hermite du mont Valérien, et le dialogue de ce religieux avec un gentilhomme, sur les desseins pernicieux du cardinal

Mazarin, sur le mérite du sacerdoce et la gloire du parlement. *Paris,* François Noël, 1649, 16 pages.

140. Apparition de la Vierge à la reine régente, mère du roi, dans sa chapelle de Saint-Germain-en-Laye. *Paris,* Claude Morlot, 1649, 8 pages.

Pendant la conférence de Ruel.

141. Apparition du cardinal de Sainte-Cécile à Jules Mazarin, son frère. *Paris*, veuve Théodore Pépingué et Estienne Maucroy, 1649, 8 pages.

142. Apparition merveilleuse de l'Ange gardien à la reine régente. *Paris,* Robert Sara, 1649, 8 pages.

L'Ange parle à la reine; et il lui parle en prose. Le récit de l'apparition est en vers.

143. Apparition merveilleuse de trois phantosmes (*sic*) dans la forêt de Montargis à un bourgeois de la même ville. *Paris,* 1649, 11 pages.

Les trois fantômes étaient la guerre, la peste et la famine. Ils apparurent au bourgeois, le jeudi de l'octave du Saint-Sacrement (juin). Je ne crois pas que cette pièce soit commune.

144. Apparitions (les) épouvantable (*sic*) de l'esprit du marquis d'Ancre, venu par ambassade à Jules Mazarin. Le marquis d'Ancre en reproches avec Mazarin. (S. l.), 1649, 8 pages.

Signée N. R. Drazor, Champenois. C'est l'anagramme de Rozard. J'ai vu de cet écrivain, un des plus mauvais de la Fronde, onze autres pièces qui portent tantôt Rozard, tantôt Drazor, et quelquefois N. R. Champenois.

Ce sont : 1° Le *Triomphe royal et la Réjouissance des bons François,* etc.; 2° *Harangue à Messieurs les échevins et bourgeois de Paris,* etc.; 3° l'*Italie vengée de son tyran,* etc.; 4° *Histoire tragique de trois magiciens,* etc.; 5° *Récit de ce qui s'est passé à l'emprisonnement du père de Jules Mazarin;* 6° *Relation véritable de ce qui s'est fait et passé devant Saint-Denys*, etc.; 7° les *Éloges et louanges du peuple, adressés à l'archevêque de Corinthe*, etc.; 8° *Panégyrique royal ou Triomphe de la paix*, etc.; 9° *Première partie des Vérités françoises*, etc.; 10° *Relation curieuse de la pompe du jour de la Saint-Louis*, etc.; 11° l'*Arrivée du Courrier extraordinaire des François*.

145*. Archi-mazarinade (l').

Jugement du curé bordelois, etc.

146. Archipræsulis, in Joanne, Francisco, Paulo Gondœo, propter impugnatum Mazarinum, germanus character. Oratio panegyrica. *Parisiis*, Mathurinus Henault, 1649, 32 pages.

L'épître dédicatoire est signée Mathæus du Bos. Voir *A monseigneur Charles de Lorraine, duc d'Elbeuf*, etc.

Dans le latin de Mathieu du Bos, Gondy est tour à tour un Cicéron, un Démosthènes, un Ambroise, un Bernard, un Martin, un Moïse, un Samuel et même un Alexandre! Il est un héros de piété, de modestie et de chasteté! Il faut connaître Mathieu du Bos pour ne pas croire à une ironie.

Après la paix de Ruel.

147. Ariadne (l') mystérieuse et mystique de madame la princesse. (S. l.), 1651, 16 pages.

« Voici un second Orphée qui..., par la douce et charmante harmonie de son âme, aussi bien *viole* en effet, qu'il a le nom de *Viole* (le président), qui *viole* nos sens et ravit nos esprits, les remplissant de suavité plus grande que les sirops et fleurs de *viole;* il attire au son harmonieux de sa magnifique *viole* toutes les voix de ce temple....; il guérit les princes de la tarentèle. » La pièce est assez rare pour qu'on me pardonne cette citation.

Nemours, *n'aime ours!* princesse palatine, non *pas latine!*

Les princes étaient sortis de prison.

148. Armandus armans. *Parisiis*, Joannes Henault, 1649, 7 pages.

Cette pièce est suivie d'une autre, qui a pour titre : *Regalia sine rege*. Toutes deux sont signées Mérigot.

Armandus, c'est le prince de Conty.

149[1]. Arrêt de la chambre des comptes, prtant suppresosion de l'office quatriennal de l'argenterie de la maison du roi, en conséquence de la déclaration de Sa Majesté, du mois d'octobre 1648, servant d'exemple pour les autres offices quatriennaux et restans (*sic*) à pourvoir depuis ladite déclaration. Du quatorzième jour de février 1650. *Paris,* Denys de Cay, 1650, 8 pages.

150. Arrêt de la cour des Aydes, sur la requête du procureur général du roi, portant qu'il sera informé des abus commis au fait et exécution des contraintes solidaires des tailles et taxes des huissiers et sergents, employés au recouvrement d'icelles, avec réglement, sur ce sujet, au soulagement des sujets du roi. *Paris,* Pierre Rocollet, 1648, 8 pages.

Du 15 décembre 1648.

151. Arrêt de la cour des Aydes, portant vérification de la déclaration de Sa Majesté, donné pour faire cesser les mouvements et pour rétablir le repos et la tranquillité en son royaume. Du 3 avril 1649. *Paris,* par les imprimeurs et libraires ordinaires de Sa Majesté, 1649, 4 pag.

152. Arrêt de la cour des Aydes, obtenu par monsieur le

[1] Il a paru plus convenable de suivre, pour le classement des pièces officielles, l'ordre chronologique qui est toujours possible et facile. C'est ce que j'ai fait ici. Seulement, comme il s'agit d'arrêts rendus par divers parlements, j'ai combiné l'ordre alphabétique des noms des parlements avec l'ordre chronologique des arrêts. Ainsi on trouvera, après les arrêts de la cour des Aydes, ceux du parlement de Bordeaux; puis ceux du parlement de Bretagne, etc.

Les pièces du temps portent, au titre, tantôt *arrest* avec un *s* et tantôt *arrêt* sans *s* et avec un accent circonflexe. Les deux orthographes étant ainsi autorisées, j'ai cru devoir, pour plus de simplicité et de régularité, m'en tenir à la dernière qui a prévalu définitivement. C'est par la même raison que j'ai, au commencement des titres, toujours écrit *Bordeaux* et jamais *Bourdeaux, Toulouze* et non *Tholoze* ni *Toloze*.

procureur général du roi, portant injonction, aux officiers des élections, de vérifier incessamment les rôles des tailles, qui leur seront présentés par les collecteurs, taxer d'office les puissants des paroisses, et informer des abus et malversations, commis au fait des tailles. Du premier décembre 1649. *Paris*, P. Rocollet, 1649, 8 p.

Cet arrêt n'a pas un rapport direct avec la Fronde; mais il peut servir à faire connaître les abus, qui se commettaient dans la répartition des tailles.

153. Arrêt de la cour des Aydes, obtenu par monsieur le procureur général, par lequel défenses sont faites d'exécuter des prétendus mandements, donnés à Stenay au préjudice des commissions des tailles et ordres du roi. (S. l.), par les imprimeurs et libraires ordinaires du roi, (s. d.), 4 pages.

Du 5 février 1650.

154. Arrêt de la cour des Aydes, donné sur la requête de monsieur le procureur général du roi, portant défenses, aux receveurs des tailles des élections, de décerner des contraintes de solidité contre les habitants des paroisses, sinon ès cas de l'ordonnance. *Paris,* Pierre Rocollet, 1650, 4 pages.

Daté du 27 octobre 1650. Les cas de l'ordonnance sont rébellion des habitants, défaut d'assiette des tailles, insolvabilité des collecteurs, icelle préalablement jugée.

155. Arrêt notable de la cour des Aydes, rendu à l'audience, le 11 janvier 1651, contre Me Jacques Amaury et André Daverdoin, commis à la recette des tailles de l'élection de Paris, portant cassation de la sentence de solidité rendue par les élus de Paris, le 4 octobre dernier; élargissement des particuliers emprisonnés en vertu d'icelle; à ce faire, les geôliers contraints par corps; défense à tous receveurs et huis-

siers de mettre à exécution de pareilles contraintes solidaires; ledit Amaury condamné aux dépens, dommages-intérêts desdits particuliers; permis à monsieur le procureur général de faire informer des concussions faites par lesdits huissiers; et défenses auxdits élus de décerner telles contraintes solidaires, sinon aux cas de l'ordonnance, à peine de nullité et de tous dépens, dommages-intérêts en leurs propres et privés noms et d'interdiction. *Paris*, Claude Marette, 1651, 7 pages.

156. Arrêt de la cour des Aydes, donné en faveur des officiers des gabelles de France, portant défenses, à tous maires, échevins, syndics et consuls, de les comprendre aux logements des gens de guerre en quelque sorte et manière que ce soit. Du 23 janvier 1651. *Paris*, Mathieu Colombel, 1651, 4 pages.

157. Arrêts de la cour de parlement de Bordeaux, portant défenses, aux gens de guerre, d'approcher de la ville; enjoint aux consuls et communautés de les faire vider dans vingt-quatre heures; permis de leur courre sus et s'assembler au son du tocsin; défenses, à tous officiers de ladite cour et autres officiers du roi, juges, consuls et principaux habitants, de sortir de ladite ville sans congé et sans permission expresse; enjoint, à tous seigneurs et gentilshommes de la sénéchaussée de Guyenne, de se rendre au plus tôt dans ladite ville pour le service du roi; et défense de continuer la construction de la citadelle de Libourne; donnés, les chambres assemblées, deux du 30 mars, et un [du 3] avril 1649. *Paris*, veuve Musnier, 1649, 8 pages.

158. Arrêt de la cour de parlement de Bordeaux, prononcé les chambres assemblées, par lequel il est fait défenses, à monsieur d'Épernon, de faire fabriquer

monnaie avec son nom et effigie, et de prendre les qualités de très-haut et très-puissant prince et d'altesse qu'il s'attribue, avec cassation de ses ordonnances. *Paris*, Claude Morlot, *jouxte la copie imprimée à Bordeaux chez Millanges,* 1649, 11 pages.

Daté du 21 mai 1649 (voir ci-après n° 178). Voici la description de la monnaie de M. d'Épernon. Elle était frappée « sous le coing de son effigie d'un côté et de ses armes de l'autre côté, avec les lettres de son nom et de ses qualités et de celle de prince de Buch dans le cordon de ladite monnaie, faite au moulinet... de l'alloy des quarts de louis d'argent. » On sait que le duc d'Épernon répondait que cette monnaie prétendue était simplement un jeton, qui avait été frappé à son insu et qu'il avait reçu du parlement lui-même.

L'arrêt est rapporté dans l'*Histoire des mouvements de Bordeaux*.

159. Arrêt de la cour de parlement de Bordeaux, du seizième jour du mois de juillet 1649, contre certains personnages mal affectionnés à la tranquillité publique, qui parsèment des discours dans la ville au sujet du voyage du sieur Ardant, jurat. *Bourdeaux*, J. Mongiron Millanges, 1649, 4 pages.

160. Arrêt de la cour de parlement de Bordeaux, portant que les officiers de ladite cour et chambre de l'édict continueront l'exercice de leurs charges. *Bourdeaux*, J. Mongiron Millanges, 1649, 12 pages.

On en a fait, à Paris, une édition dont le titre suit :

161. Arrêt de la cour de parlement de Bordeaux, portant que les officiers de ladite cour et chambre de l'édit continueront l'exercice de leurs charges, pour le bien du service du roi et la conservation de la tranquillité publique. *Paris, jouxte la copie imprimée à Bordeaux*, 1649, 8 pages.

Daté du 24 juillet 1649. Il est dans l'*Histoire des mouvements de Bordeaux*.

162. Arrêt de la cour de parlement de Bordeaux, portant que le roy sera informé des troubles excités de nouveau dans la ville de Bourdeaux et province de Guyenne par la continuation des actes d'hostilité. *Bourdeaux,* J. Mongiron Millanges, 1649, 7 pages.

Dans l'édition de Paris, on a ajouté au titre, après les mots : *de parlement de Bordeaux*, la date *du quatorzième août* 1649.

163. Arrêt de la cour de parlement de Bordeaux, portant inhibitions et défenses, à tous les gentilshommes de ce ressort, de porter les armes à la suite du sieur duc d'Épernon, à peine de privation de noblesse et autres plus grandes peines, portées par ledit arrêt. (S. l.), *jouxte la copie imprimée à Bordeaux*, 1649, 6 pages.

Daté du 16 août 1649 et publié le 19.

164. Arrêt de la cour de parlement de Bordeaux, portant que le roi sera très-humblement supplié de donner un autre gouverneur à sa province de Guyenne. (S. l.), *jouxte la copie imprimée à Bordeaux*, 1649, 6 pages.

Daté du 9 septembre 1649.

165. Arrêt de la cour de parlement de Bordeaux, portant rabais de la moitié des tailles dans toute l'estendue du ressort du parlement de Bourdeaux. *Bourdeaux*, Mongiron Millanges, 1649, 12 pages.

Daté du 28 septembre 1649. Le parlement mettait une condition à ce rabais de la moitié des tailles ; c'était qu'on lui payerait l'autre moitié.

On en a donné, la même année, à Paris, une édition de 8 pages, dont le titre est ainsi conçu :

166. Arrêt de la cour de parlement de Bordeaux, por-

tant rabais de la moitié des tailles, et aussi contenant une fidèle relation des ruines et désordres faits dans ladite ville.

Il est rapporté, avec la date du 28 août, dans l'*Histoire des mouvements de Bordeaux*.

167. Arrêt de la cour de parlement de Bordeaux pour la traite et conduite des blés dans la ville de Paris, suivant la permission et approbation de Sa Majesté, qu'en ont un nommé le Bailly et autres marchands de ladite ville de Paris d'y en amener; et défenses sont faites, sur peine de la vie, d'y mettre empêchement. *Paris*, Alexandre Lesselin, *jouxte la copie imprimée à Bordeaux*, 1649, 6 pages.

Daté du 11 octobre 1649.

168. Arrêt de la cour de parlement de Bordeaux, portant injonction à tous les marchands du haut pays de faire descendre, par la Garonne, des bleds sur le port et havre de la présente ville, pour subvenir à la nécessité de Paris. *Paris*, Guill. Sassier, *jouxte la copie imprimée à Bordeaux*, 1649, 6 pages.

Daté du 15 octobre 1649.

169. Arrêt de la cour de parlement de Bordeaux, portant que les forteresses, construites par le duc d'Épernon sur les rivières de Garonne et de Dordogne, seront rasées, comme faites contre le service du roi et à la ruine du commerce. *Paris, jouxte la copie imprimée à Bordeaux*, 1649, 7 pages.

Daté du 5 novembre 1649. Les forteresses étaient Libourne sur la Dordogne, et sur la Garonne Rieux, Cadillac et Pondensac.

L'arrêt est reproduit dans l'*Histoire des mouvements de Bordeaux*.

170. Arrêt de la cour de parlement de Bordeaux, por-

tant inhibitions et défenses, à toutes personnes, de quelque qualité et condition qu'elles soient, d'empescher la publication de la déclaration du roy dans tout le ressort du parlement de Bourdeaux; ensemble enjoint, à tous marchands et autres personnes, d'apporter des blés, farines et autres vivres en la présente ville. *Bourdeaux*, J. Mongiron Millanges, 1650, 4 pages.

Du 14 janvier 1650.

171. Arrêt de la cour de parlement de Bordeaux pour la paix générale de la province, avec ordre de chanter le *Te Deum* par toute ladite province. *Paris*, Guill. Sassier, 1650, 8 pages.

Il y a deux arrêts; l'un pour le *Te Deum*, l'autre pour la vérification de la déclaration du roi; celui-ci du 7 janvier 1650. Ils sont dans la *Lettre et déclaration du roi*, etc.

172. Arrêt de la cour de parlement de Bordeaux, portant que tous ceux qui se sont absentés de cette ville, payeront, chacun, la somme de mil (*sic*) livres, pour être employées pour la nécessité urgente de la ville. *Bordeaux*, J. Mongiron Millanges, 1650, 4 pages.

Du 4 février 1650.

173. Arrêt de la cour de parlement de Bordeaux, portant injonction, à tous collecteurs, cotisateurs et receveurs des levées extraordinaires de la dernière année, faites sous prétexte de subsistance des gens de guerre, construction et entretien de la citadelle de Libourne, d'apporter leurs roolles et estats au greffe de la cour. Du 18 février 1650. *Bourdeaux*, J. Mongiron Millanges, (s. d.), 8 pages.

174. Arrêt de la cour de parlement de Bordeaux, portant cassation de l'ordonnance du sieur duc d'Éper-

non. Du septième mars 1650. *Bourdeaux*, J. Mongiron Millanges, 1650, 4 pages.

175. Arrêt de la cour de parlement de Bordeaux, portant inhibitions et deffenses, à toutes personnes, de quelque qualité et condition qu'elles soient, et mesmes aux officiers du roy de ce ressort, de faire aucunes levées de deniers, pour la subsistance des gens de guerre, sur les habitants du ressort de la cour de parlement, sans permission du roy, enregistrée audit parlement. *Bourdeaux*, J. Mongiron Millanges, 1650, 4 pages.

Du 14 mars 1650.

176. Arrêt de la cour de parlement de Bordeaux, portant qu'il sera informé contre ceux qui ont voulu ravir et oster par force au portier les clefs de la porte des Salinières, la nuict précédente. Du 14 mars 1650. (S. l. n. d.), 4 pages.

177. Arrêt de la cour de parlement de Bordeaux, portant cassation des jugements, condamnations et ordonnances du sieur Foulé; ensemble inhibition et défenses, aux gens de guerre, de s'employer pour la levée des tailles. *Paris*, Thomas Lozet, 1650, 8 pages.

Daté du 18 mars 1650.

Voici, d'après l'arrêt, comment Foulé s'y prenait pour lever les tailles : « Par ordonnance du 22 février, il avoit donné, aux gens de guerre, la licence de raser, démolir et brûler tout ce qu'ils prétendoient s'opposer à leurs desseins, sans pouvoir être recherchés. Il condamnoit, sans pourvoi, ceux qu'il supposoit coupables de rébellion envers les gens de guerre. Il prononçoit la contrainte solidaire pour les tailles; établissoit, par défaut, des peines de mort contre dix des principaux habitants de chaque paroisse, sans les nommer dans l'instance ni dans la dispositive. La descente des cloches, le bannissement des curés et autres ecclésiastiques, la proscription des officiers, la confiscation des biens, la vacance ordonnée des offices et bénéfices, les dommages-intérêts, les rasements des maisons et bâtiments des paroisses entières étoient les plus communes prononciations. Il ordonnoit que des paroisses demeureroient sans culture ; condamnoit tous les habitants des paroisses, audessus de l'âge de seize ans et audessous de soixante, à servir par force le roi, le reste de leurs jours, dans les galères et bannissoit le reste hors du royaume. » Tout cela, porte naïvement l'arrêt, est contraire aux ordonnances royaux ; mais il est impossible qu'il n'y ait pas beaucoup d'exagération.

L'affaire fut portée devant le parlement de Paris. Un sieur Chambrette, fils, de Bordeaux, se constitua partie civile, prétendant que Foulé lui avait fait brûler une maison de vingt mille écus ; mais il ne paraît pas qu'aucun jugement ait été rendu.

Il y a, de l'arrêt du 18 mars, une autre édition de 8 pages, de Paris également, mais sans nom d'imprimeur.

178. Arrêt de la cour de parlement de Bordeaux, portant inhibitions et deffenses, au sieur duc d'Épernon, de prendre et usurper, à l'advenir, les qualités de très-haut et très-puissant prince et d'altesse, et à toutes personnes de les lui bailler. *Bourdeaux*, J. Mongiron Millanges, 1650, 4 pages.

Du 8 avril 1650 (voir ci-dessus n° 158).

Guillaume Sassier en a donné, à Paris, une autre édition sous le même titre et de la même date.

179. Arrêt du parlement de Bordeaux, du 6 mai 1650, contre le sieur Foulé en faveur des trésoriers de France, de Limoges. *Paris*, Thomas Lozet, (s. d.), 6 pages.

180. Arrêt de la cour de parlement de Bordeaux, portant que le roi sera très-humblement supplié d'agréer que madame la princesse de Condé et monsieur le duc d'Anguien (*sic*), son fils, demeureront en la présente ville, sous sa sauvegarde et de sa justice, avec le registre y mentionné. *Bordeaux*, J. Mongiron Millanges, 1650, 8 pages.

Du 1er juin 1650.

181. Arrêt de la cour de parlement de Bordeaux, portant que le sieur duc d'Épernon, le chevalier de La Valette, son frère, et leurs adhérans (*sic*) sont déclarés infracteurs de la paix, perturbateurs du repos public, ennemis du roi et de son État. *Bordeaux*, J. Mongiron Millanges, 1650, 8 pages.

Du 25 juin 1650.

182. Arrêt de la cour de parlement de Bordeaux, portant que les maîtres boulangers de la présente ville achèteront des blés, pour faire magasin et les convertir en farines, pour les nécessités du public. *Bordeaux*, J. Mongiron Millanges, 1650, 4 pages.

Du 27 juin 1650.

183. Arrêt de la cour de parlement de Bordeaux, portant que toutes les personnes suspectes et mal intentionnées se retireront en tel lieu qu'il sera jugé à propos. *Bordeaux*, J. Mongiron Millanges, 1650, 4 pages.

Du 21 juillet 1650.

184. Arrêts de la cour de parlement de Bordeaux sur le refus de l'entrée des gens de guerre et du cardinal Mazarin dans la ville de Bordeaux, et sur le sujet de la députation vers le roi, garde et sûreté de ladite ville. *Paris*, veuve J. Guillemot, *jouxte la copie imprimée à Bordeaux*, 1650, 6 pages.

Deux arrêts du 28 juillet 1650.

185. Arrêt de la cour de parlement de Bordeaux, portant inhibitions et défenses, à tous les maîtres des chays de farines, de délivrer ni envoyer des blés et métures aux moulins de la Jalle et autres, sur les peines portées par ledit arrêt. *Bordeaux*, J. Mongiron Millanges, 1650, 4 pages.

Du 1er août 1650.

186. Arrêt de la cour de parlement de Bordeaux, portant inhibitions et défenses, à toutes personnes, de quelque qualité et condition qu'elles soient, de reconnoître le sieur duc d'Épernon pour gouverneur de la province, suivant la dernière déclaration du roi, ensemble, à ses gardes, de porter la livrée. *Paris, jouxte la copie imprimée à Bordeaux par J. M. Millanges*, 1651, 6 pages.

Daté du 20 décembre 1650.

187. Arrêt de la cour de parlement de Bordeaux pour la liberté de messieurs les princes. *Paris, jouxte la copie imprimée à Bordeaux*, 1651, 4 pages non chiffrées.

Daté du 13 février 1651.

188. Arrêt de la cour de parlement de Bordeaux contre le cardinal Mazarin, portant qu'il videra le royaume dans huitaine. *Paris*, Guill. Sassier, (s. d.), 3 pages.

Daté du 15 février 1651. Il y en a une autre édition de 4 pages, *Paris*, jouxte la copie imprimée à Bordeaux.

189. Arrêt de la cour de parlement de Bordeaux, portant que le libelle diffamatoire, intitulé : *le Curé bordelois*, sera brûlé par la main du bourreau, avec un avertissement au lecteur. *Paris, jouxte la copie imprimée à Bordeaux par J. M. Millanges*, 7 pages.

Daté du 10 mars 1651.

190. Arrêt de la cour de parlement de Bordeaux, portant qu'il sera informé contre ceux qui font des brigues, pratiques et menées, pour le rétablissement du duc d'Épernon dans le gouvernement de Guyenne. Du 10 avril 1651. *Bordeaux*, J. M. Millanges, 1651, 8 pages.

191. Arrêt de la cour de parlement de Bordeaux, donné sur la publication des provisions de monseigneur le prince, contenant le dire et réquisitoire de monsieur Dufault (*sic*), avocat général du roi audit parlement, sur la publication desdites provisions accordées par Sa Majesté, et expédiées au nom de mondit seigneur le prince, pour le gouvernement de Guyenne et de Bordeaux. *Bordeaux*, J. M. Millanges, 1651, 31 pages.

Daté du 12 juin 1651. « Fonteneil présente les lettres, dit dom Devienne, page 437 ; et l'avocat général Dussault prononce un discours excessivement long. » On pourra voir que la *Harangue, faite au parlement de Bordeaux... par M. Jacques Fonteneil,* n'est guère moins longue.

192. Arrêt de la cour de parlement de Bordeaux, portant la justification de monsieur le prince sur le sujet des calomnies, inventées contre son altesse par les factionnaires du cardinal Mazarin, pour le faire sortir de Paris et faciliter le retour de leur maître ; ensemble les remontrances du même parlement, faites au roi sur ce sujet, et les lettres écrites à la reine régente, à monsieur le duc d'Orléans et à monsieur le prince. *Paris*, 1651, 12 pages.

Toutes ces pièces sont du 30 août 1651.
Il y en a une autre édition : *Sur l'imprimé à Paris*, 8 pages.

193. Arrêt de la cour de parlement de Bordeaux, portant que les intérêts de monseigneur le prince demeureront unis à ceux de ladite cour, pour le service du roi, la conservation de l'État et le repos de cette province. *Bordeaux*, J. M. Millanges, 1651, 8 pages.

Daté du 23 septembre 1651. On lit à la suite les remontrances, qui ont été ordonnées par cet arrêt, sous la date du même jour.

194. Arrêt de la cour de parlement de Bordeaux, por-

tant que très-humbles et itératives remontrances seront faites au roi sur le sujet de la retraite de monsieur le prince et des affaires présentes, avec les remontrances faites en conséquence dudit arrêt. *Bordeaux,* Mongiron Millanges, 1651, 30 pages.

Daté du 27 octobre.

195. Arrêt d'union du parlement de Bordeaux, portant ratification du serment, fait en faveur de monseigneur le prince de Condé, gouverneur, pour le roi, dans ladite province, et résolution des quatre autres chefs, contenus dans ledit arrêt; ensemble l'ordonnance de monseigneur le prince de Conty pour faire cesser tout ce qui nuit à l'autorité publique, rendus le 15 juin 1652. *Paris,* Nicolas Vivenay, (s. d.) 7 pages.

196. Arrêt de la cour de parlement de Bretagne, donné les semestres assemblés, touchant la convocation des états généraux du royaume et particuliers de la province. *Paris*, par les imprimeurs et libraires ordinaires du roi, 1649, 4 pages.

Daté du 11 mars 1649. Il y en a une édition de Rennes, François Haran, imprimeur du roi; édition originale, qui est très-rare.

197. Arrêt de la cour de parlement de Bretagne contre le cardinal Mazarin et ses adhérents. Du 22 mars 1651. *Paris*, François Preuveray, 1651, 7 pages.

198. Arrêt du parlement de Bretagne, portant défenses, à monsieur de Vendôme et à tous autres, de troubler monsieur le duc de Rohan en la présidence des états de ladite province. *Paris,* Pierre Le Petit, 1651, 4 pages.

Daté du 30 septembre 1651.

199. Arrêt de la cour de parlement de Dauphiné sur l'exécution des déclarations de Sa Majesté, concernant le paiement des tailles, nonobstant l'ordonnance faite par le sieur Le Tillier, conseiller du roi en ses conseils et intendant des finances de France. (S. l. n. d.), 4 pages.

Daté du 5 mars 1650.

200. Arrêt de la cour de parlement de Dijon, donné, les chambres assemblées, contre le cardinal Mazarin; ensemble deux lettres dudit parlement, écrites, l'une à monsieur le prince, et l'autre à messieurs du parlement de Paris. *Paris*, veuve J. Guillemot, 1651, 8 pages.

L'arrêt et les lettres sont du 8 mars 1651.

201. Arrêt de la cour de parlement de Metz, contre le cardinal Mazarin. Du 20 mars 1651. *Toul*, S. Belgrand et J. Laurent, imprimeurs du roi, 1651, 8 pages.

C'est littéralement la reproduction de l'arrêt du parlement de Paris, en date du 11 mars. Faux. (*Journal du Parlement*.)

202*. Arrêt burlesque, qui défend aux généraux de sortir de Paris.

NAUDÉ, *Mascurat*, p. 206.

203. Arrêt de la cour de parlement, du 8 janvier 1592, pour la diminution des baux et loyers des maisons en la ville et faubourgs de Paris. *Paris*, par les imprimeurs et libraires ordinaires du roi, 1649, 4 pages.

204. Arrêt de la cour de parlement, du 8 juillet 1617, donné contre le défunt marquis d'Ancre et sa femme. *Paris*, veuve J. Guillemot, 1649, 4 pages.

205. Arrêt de la cour de parlement de Paris contre les intendants de la justice, police et finances dans les pro-

vinces de ce royaume du ressort de ladite cour. *Paris*, 1651, 8 pages.

L'arrêt est du 4 juillet 1648.

L'*Imprimeur* en raconte, *au lecteur*, l'histoire en 4 pages, avec de grandes louanges pour le bonhomme Broussel.

206. Arrêts de la cour de parlement, portants (*sic*) règlement général pour le paiement des rentes constituées sur la ville. Des premier et quatrième septembre 1648. *Paris*, par les imprimeurs et libraires ordinaires du roi, 1648, 10 pages.

207. Arrêt de la cour de parlement, les chambres assemblées, le 27 septembre 1648. *Paris*, par les imprimeurs et libraires ordinaires du roi, 1648, 4 pages.

Pour la police de la ville et le passage des vivres.

Il y en a une édition, chez Michel Mettayer, 4 pages.

208. Arrêt de la cour de parlement, portant défenses, aux fermiers des aides, leurs commis et autres, de lever à l'avenir, sur le bétail à pied fourché, autres impositions que l'ancien droit, à peine de concussion. Du deuxième jour d'octobre 1648. *Paris*, J. Guillemot, 1648, 4 pages.

Cet arrêt a été publié, en même temps, sous le titre, qui suit :

209. Arrêt de la cour de parlement pour le rabais du pied fourché, avec défense, aux fermiers et leurs commis, de lever ledit droit. *Paris*, Michel Mettayer, 1648, 4 pages.

210. Arrêt de la cour de parlement, les chambres assemblées, contre les jurés vendeurs de vins de cette ville de Paris. *Paris*, par les imprimeurs et libraires ordinaires du roi, 1648, 4 pages.

14 octobre 1648.

Il y en a une édition de Jérémie Bouillerot sous le même titre.

211. Arrêt de la cour de parlement, portant défenses, aux vendeurs contrôleurs de vins, de recevoir et prendre plus grands droits que les deux tiers de ce dont ils jouissent à présent. (S. l.), veuve J. Guillemot, 1648, 4 pages.

14 octobre 1648. L'arrêt est suivi de l'acte de signification aux communautés des vendeurs contrôleurs, des courtiers et des jaugeurs.

C'est encore une autre édition de la pièce qui précède.

212. Arrêt de la cour de parlement, portant décharge de 58 sols 6 deniers sur chacun muid de vin et autres breuvages à l'équipolent, entrans dans la ville et faubourgs de Paris, lu et publié le 15 octobre 1648. *Paris*, par les imprimeurs et libraires ordinaires du roi, 1648, 4 pages.

Suivi de la mention de publication par Jean Jossier, juré crieur ordinaire.

Il y a, de cet arrêt, une autre édition, ainsi intitulée :

213. Arrêt du parlement, donné toutes les chambres assemblées, pour le rabais des entrées de vin. *Paris*, Alex. Lesselin, 1648, 4 pages.

214. Arrêt de la cour de parlement, du 17 décembre 1648, portant défenses, sur peine de la vie, à tous gens de guerre, capitaines, soldats et autres, de commettre aucunes exactions et violences à l'endroit des sujets de Sa Majesté, et à eux enjoint de vivre et se contenir suivant les ordonnances. *Paris*, 1648, 4 pages.

215. Arrêt de la cour de parlement, concernant le nettoyement des boues de la ville et fauxbourgs de Paris, avec injonctions, aux entrepreneurs et receveurs, de continuer l'exercice de leurs charges. Du 2 janvier 1649.

Paris, par les imprimeurs et libraires ordinaires du roi, 1649, 4 pages.

Suivi de la mention de publication.

216. Arrêt de la cour de parlement, donné, toutes les chambres assemblées, le sixième jour de janvier 1649, pour la sûreté et police de la ville de Paris. *Paris*, par les imprimeurs et libraires ordinaires du roi, 1649, 4 pages.

Suivi de la mention de publication.

217. Arrêt de la cour de parlement, donné, toutes les chambres assemblées, le huitième jour de janvier 1649, par lequel il est ordonné, que le cardinal Mazarin videra le royaume, et qu'il sera fait levée de gens de guerre, pour la sûreté de la ville et pour faire amener et apporter sûrement et librement les vivres à Paris. *Paris*, par les imprimeurs et libraires ordinaires du roi, 1649, 4 pages.

C'est l'édition officielle; l'arrêt est daté à la fin et porte la signature autographe de Du Tillet.

218. Arrêt de la cour de parlement, toutes les chambres assemblées. Du huitième janvier 1649. *Paris*, Michel Mettayer, 1649, 4 pages.

Ici l'arrêt n'est pas daté; et il est signé Guyet.

Madame de Motteville a reproduit ce texte avec la signature, dans ses *Mémoires*, page 224, coll. Michaud.

219. Arrêt de la cour de parlement, concernant la levée des deniers pour le payement des gens de guerre, du 9 janvier 1649. *Paris*, par les imprimeurs et libraires ordinaires du roi, 1649, 4 pages.

220. Arrêt de la cour de parlement, toutes les chambres

assemblées, le dixième jour de janvier 1649. *Paris*, par les imprimeurs et libraires ordinaires du roi, 1649, 4 pages.

Sur ce qu'on avait dit qu'il y avait division entre le parlement et le corps de ville, le parlement ordonna, que les prévôts des marchands et échevins continueraient leurs fonctions dont il se déclara satisfait, et mit leurs personnes, biens et familles sous la protection de la cour.

221. Arrêt de la cour de parlement, donné, toutes les chambres assemblées, le 10 janvier 1649, par lequel il est défendu, à tous gouverneurs des villes frontières ou autres places, de laisser sortir aucuns canons, armes et munitions de guerre de leurs dites places, et enjoint, à tous capitaines, soldats et gens de guerre, qui sont proches de Paris, de s'en éloigner de vingt lieues; à faute de ce, permis aux habitants des villes, bourgs et villages, de s'armer et leur courir sus. *Paris*, par les imprimeurs et libraires ordinaires du roi, 1649, 4 pages.

Suivi de la mention de publication.

222. Arrêt de la cour de parlement, contre les gens de guerre, qui ont quitté les frontières pour empêcher les vivres en cette ville, avec injonction aux communes de courre sus, publié l'onzième jour de janvier 1649. *Paris*, par les imprimeurs et libraires ordinaires du roi, 1649, 4 pages.

Il y en a une autre édition, qui diffère de celle-ci seulement en ce qu'au lieu de *publié le* 11, etc., on lit sur le titre : *Du dixième janvier seize cent-quarante-neuf*.

223. Arrêt de la cour de parlement, concernant les retranchements pour la sûreté de la ville et faubourgs

de Paris. Du 12 janvier 1649. *Paris*, par les imprimeurs et libraires ordinaires du roi, 1649, 4 pages.

Ordonne de prendre les héritages, mais à charge d'indemnité. C'est un arrêt réglementaire d'expropriation pour cause d'utilité publique.

224. Arrêt de la cour de parlement, portant que tous les biens meubles ou immeubles et revenus des bénéfices du cardinal Mazarin seront saisis, et commissaires, séquestres et gardiens commis à iceux. Du 13 janvier 1649. *Paris*, par les imprimeurs et libraires ordinaires du roi, 1649, 4 pages.

225. Arrêt de la cour de parlement, portant injonction, à tous marchands et artisans de cette ville et faubourgs de Paris, de tenir leurs boutiques ouvertes et continuer leurs trafics, ainsi qu'il est accoutumé. Du 14 janvier 1649. *Paris*, par les imprimeurs et libraires ordinaires du roi, 1649, 4 pages.

Suivi de la mention de publication.

226. Arrêt de la cour de parlement, portant absolution de la calomnieuse accusation intentée contre monseigneur le duc de Beaufort par le cardinal Mazarin. *Paris*, veuve Théodore Pépingué et Est. Maucroy, 1649, 7 pages.

Du 15 janvier 1649.

227. Arrêt de la cour de parlement, portant que tous les deniers publics, qui seront dus par les comptables et fermiers, tant de cette ville de Paris qu'autres de ce ressort, seront saisis et mis ès coffres de l'Hôtel de Ville. Du 19 janvier 1649. *Paris*, par les imprimeurs et libraires ordinaires du roi, 1649, 4 pages.

228. Arrêt de la cour de parlement, portant défenses, à toutes personnes en cette ville et faubourgs de Paris, de changer leurs noms et de se travestir et déguiser pour sortir de ladite ville, sur peine de la vie. Du 20 janvier 1649. *Paris*, par les imprimeurs et libraires ordinaires du roi, 1649, 4 pages.

Suivi de la mention de publication.

229. Arrêt de la cour de parlement, portant défenses, aux gens de guerre, de commettre aucunes violences, voleries, pillages, incendies et autres actes d'hostilité sur les sujets du roi et habitants des villes, bourgs, bourgades et villages ès environs de Paris et ailleurs, à peine de la vie. Du 20 janvier 1649. *Paris*, par les imprimeurs et libraires ordinaires du roi, 1649, 4 pages.

Suivi de la mention de publication.

230. Arrêt de la cour de parlement, du 25 janvier 1649, par lequel il est ordonné, aux payeurs des rentes, de payer les arrérages dus et échus aux rentiers, qui sont présents en cette ville. *Paris*, par les imprimeurs et libraires ordinaires du roi, 1649, 4 pages.

231. Arrêt de la cour de parlement pour le payement des rentes de l'Hôtel de Ville de Paris. *Paris*, Gervais Alliot, 1649, 4 pages.

Autre édition de l'arrêt qui précède.

232. Arrêt de la cour de Parlement, portant défenses, à tous imprimeurs et colporteurs, d'imprimer et exposer en vente aucuns ouvrages et autres écrits concernant les affaires publiques, sans permission registrée au greffe de ladite cour, sur peines y contenues. Du 25 janvier 1649. *Paris*, par les imprimeurs et libraires ordinaires du roi, 1649, 4 pages.

233. Arrêt de la cour de parlement, portant qu'ouverture sera faite de toutes les chambres de la maison du cardinal Mazarin, et description sommaire de tout ce qui se trouvera dans ladite maison. Du 25 janvier 1649. *Paris*, par les imprimeurs et libraires ordinaires du roi, 1649, 4 pages.

234. Arrêt de la cour de parlement, par lequel il est ordonné que les villes de Meaux, Lagny et autres, voisines du ressort de ladite cour, continueront d'apporter des blés et autres vivres en la ville de Paris, ainsi qu'il est accoutumé. Du 26 janvier 1649. *Paris*, par les imprimeurs et libraires ordinaires du roi, 1649, 4 pages.

Suivi de la mention de publication.

235. Arrêt de la cour de parlement, portant défenses, à tous colonels, capitaines, lieutenants, officiers et gardes des portes de cette ville de Paris, de laisser passer aucunes personnes, de quelque qualité et condition qu'elles soient, avec passeport, que par les portes Saint-Jacques et Saint-Denys. Du 29 janvier 1649. *Paris*, par les imprimeurs et libraires ordinaires du roi, 1649, 4 pages.

Il y est fait mention d'un arrêt du 22 que je n'ai pas vu, mais qui, d'après le *Journal du Parlement*, n'aurait été qu'une sorte de duplicata de l'arrêt du 20, portant défense de se déguiser et travestir pour sortir de la ville. Peut-être, à cause de cela, n'a-t-il pas été publié.

236. Arrêt de la cour de parlement, du 30 janvier 1649, portant règlement pour le prix des mousquets avec bandoulières, picques (*sic*), paire d'armes avec le pot, pistolets avec les foureaux, poudre, plomb et

mesche (*sic*). *Paris*, par les imprimeurs et libraires ordinaires du roi, 1649, 4 pages.

Mousquets de Charleville, Mézières et Liége.		8 liv.
— Hollande et Sédan..........		10
Piques de frêne........................	24 sols	
Paire d'armes fortes....................		12
— faibles...................		10
Pistolets à fusil......................		18
— à rouet......................		16
Poudre à mousquet....................	20	
— fine........................	24	
Plomb..............................	4	
Mèche..............................	4	

237. Arrêt de la cour de parlement, portant qu'il sera délivré passeports aux courriers tant ordinaires qu'extraordinaires, sous la signature de deux de messieurs de la cour, commis pour l'ordre des postes, ou de l'un en l'absence de l'autre, et du greffier. Du 30 janvier 1649. *Paris*, par les imprimeurs et libraires ordinaires du roi, 1649, 4 pages.

Les conseillers commis étaient Viole et Le Doulx.

238. Arrêt de la cour de parlement, portant que les quarante-six mille livres, provenant de la recette générale de l'Auvergne, seront apportées dans cette ville, et mis ès coffres de l'hôtel d'icelle. Du 30 janvier 1649. *Paris*, par les imprimeurs et libraires ordinaires du roi, 1649, 4 pages.

239. Arrêt de la cour de parlement, portant que les deniers de la recette générale de Reims seront apportés en cette ville et mis ès coffres de l'hôtel d'icelle. Du 30 janvier 1649. *Paris*, par les imprimeurs et libraires ordinaires du roi, 1649, 4 pages.

240. Arrêt de la cour de parlement, portant défenses, à tous quinqualiers (*sic*), armuriers et autres marchands de cette ville et faubourgs de Paris, de cacher, recéler ou détourner les armes qu'ils ont en leur possession, avec injonction de faire leur déclaration, au greffe de ladite cour, de la quantité qu'ils en ont. 4 février 1649. *Paris*, par les imprimeurs et libraires ordinaires du roi, 1649, 4 pages.

Suivi de la mention de publication.

Cet arrêt prouve que les marchands se prétendaient lésés par le tarif du 30 janvier.

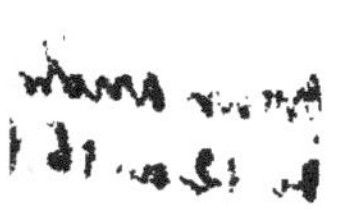

241. Arrêt de la cour de parlement, pour la validité de tous contrats, obligations et autres actes, faits et passés en cette ville de Paris entre tous particuliers et communautés. Du 4 février 1649. *Paris*, par les imprimeurs et libraires ordinaires du roi, 1649, 4 pages.

C'est une riposte à un arrêt du conseil, qui déclarait nul tous les actes passés à Paris depuis le 5 janvier. Je n'ai pas trouvé cet arrêt, qui n'est pas même indiqué dans le *Journal du Parlement*.

242. Arrêt de la cour de parlement, pour empêcher le divertissement des deniers des tailles, subsistances, fermes, aides, gabelles et autres deniers de Sa Majesté, ordonnés, par précédents arrêts de ladite cour, être portés en l'Hôtel de Ville de Paris. 8 février 1649. *Paris*, par les imprimeurs et libraires ordinaires du roi, 1649, 4 pages.

Les précédents arrêts sont des 19 et 30 janvier (voir ci-dessus, n°s 227, 238 et 239).

243. Arrêt de la cour de parlement, portant défenses, aux officiers du présidial, prévôté, maire et échevins d'Orléans, de connaître et juger d'autres matières que de celles à eux attribuées par les édits du roi, vérifiés

en ladite cour. Du 8 février 1649. *Paris*, par les imprimeurs et libraires ordinaires du roi, 1649, 4 pages.

Le présidial avait enregistré, est-il dit dans l'arrêt du parlement, un arrêt du conseil qui donnait, aux présidiaux, pouvoir de juger souverainement toutes les affaires de leur ressort. Je ne sais si cet arrêt a été imprimé. Je ne l'ai pas vu, et le *Journal du Parlement* n'en donne pas la date; mais il y a une *Déclaration du roi* en date du 22 janvier. Le parlement n'avait-il rendu son arrêt que sur la rumeur publique?

244. Arrêt de la cour de parlement, portant qu'aucunes personnes ne pourront sortir de cette ville en vertu de passe-ports, après huitaine du jour et de la date d'iceux. Du 11 février 1649. *Paris*, par les imprimeurs et libraires ordinaires du roi, 1649, 4 pages.

245. Arrêt de la cour de parlement, portant que les arrêts de ladite cour et ordonnances des commissaires, commis pour les taxes, seront exécutés, et les gens d'affaires et traitants contraints au payement desdites taxes par emprisonnement. 13 février 1649. *Paris*, par les imprimeurs et libraires ordinaires du roi, 1649, 4 pages.

246. Arrêt de la cour de parlement, portant que les meubles, étans (*sic*) en la maison du cardinal Mazarin, seront vendus. Du seizième février 1649. *Paris*, par les imprimeurs et libraires ordinaires du roi, 1649, 4 pages.

Gabriel Naudé est commis à la garde de la bibliothèque « à ce qu'elle soit conservée en son entier. »

247. Arrêt de la cour de parlement, portant que taxes seront faites sur tous les secrétaires, avocats, procureurs et autres particuliers, habitants de cette ville et fauxbourgs de Paris, comme bourgeois, pour la subsistance des gens de guerre. 16 février 1649. *Paris*,

par les imprimeurs et libraires ordinaires du roi, 1649, 4 pages.

248. Arrêt de la cour de parlement, par lequel il est enjoint, à tous les quartiniers de la ville de Paris, de porter ou envoyer ès mains de Sébastien Cramoisy et Jean-Baptiste Forne, toutes les taxes, par eux reçues, et celles qu'ils recevront ci-après des particuliers, habitants de ladite ville. Du 18 février 1649. *Paris*, par les imprimeurs et libraires ordinaires du roi, 1649, 4 pages.

249. Arrêt de la cour de parlement, portant défenses, à tous soldats et autres personnes, de quelque qualité qu'elles soient, d'aller, ès maisons des particuliers, habitants de cette ville et fauxbourgs, demander aucuns deniers, si ce n'est en la présence de deux conseillers de ladite cour. Du 22 février 1649. *Paris*, par les imprimeurs et libraires ordinaires du roi, 1649, 4 pages.

250. Arrêt de la cour de parlement, portant qu'il sera fait recherche des moyens d'avoir argent, pour l'armement et subsistance des gens de guerre, avec défense, aux habitants, de payer aucunes tailles ni autres taxes; et en cas de contravention, qu'il sera procédé par voie de représailles. Du 22 février 1649. *Paris*, par les imprimeurs et libraires ordinaires du roi, 1649, 4 pages.

Il y avait un arrêt du conseil, qui taxait les maisons de campagne des conseillers et officiers du parlement. L'arrêt du 22 était donc déjà un acte de représailles.

Voir les *Taxes faites ès maisons sises aux environs de Paris*, etc.

251. Arrêts de la cour de parlement, pour l'ouverture de la conférence et passage des vivres et autres choses nécessaires en cette ville de Paris, avec députation d'aucuns présidents en ladite cour et autres y dénom-

més, pour traiter et résoudre de tout ce qui sera utile et nécessaire à cet effet en ladite conférence, pour la paix générale et soulagement des peuples. Du dernier février et premier mars 1649. *Paris*, par les imprimeurs et libraires ordinaires du roi, 1649, 4 pages.

Aubery (*Histoire du cardinal Mazarin*, tome III, page 69) dit que l'arrêt du 27 février a été falsifié par les frondeurs. Il n'y a point eu d'arrêt le 27; c'est apparemment du 28 qu'il a voulu dire. Je n'ai pas rencontré le faux arrêt.

252. Arrêt de la cour de parlement, par lequel il est enjoint, à tous comptables, fermiers, traitants et autres particuliers, d'aller au greffe de ladite cour faire déclaration des deniers par eux dus, recélés ou retenus, dans trois jours, à peine de confiscation de corps et de biens. Du 2 mars 1649. *Paris*, par les imprimeurs et libraires ordinaires du roi, 1649, 4 pages.

253. Arrêt de la cour de parlement, donné, toutes les chambres assemblées, le 8 mars 1649, en faveur du maréchal de Turenne, et pour autoriser l'entrée de son armée en France. *Paris*, Gervais Alliot et Jacques Langlois, 1649, 4 pages.

L'édition de cet arrêt, que les imprimeurs du roi ont donnée sous le titre de : *Véritable arrêt de la cour de parlement en faveur de M. le maréchal de Turenne*, diffère, en beaucoup de points, du texte publié par Gervais Alliot et Jacques Langlois. Ainsi il n'y est pas question d'arrêt du conseil ou de déclaration, rendus contre Turenne et annulés par le parlement. On n'y voit pas non plus que Turenne ait adressé de requête pour se mettre en la protection de la cour.

Le cardinal de Retz dit, en effet, que l'arrêt fut rendu sur sa proposition : « J'ajoutai que, comme je venois d'être averti que l'on avoit dressé, la veille, une déclaration à Saint-Germain, par laquelle M. de Turenne étoit déclaré criminel de lèse-majesté, je croyois qu'il étoit nécessaire de casser cette déclaration... Cette proposition passa tout d'une voix. » (Page 133, coll. Michaud.)

Il résulterait de cette version que les deux éditions de l'arrêt seraient inexactes; mais on peut croire que le cardinal a été mal servi par ses souvenirs et que le parlement qui aurait, sans difficulté, cassé un arrêt du conseil, n'a pas osé aller jusqu'à casser une déclaration du roi. L'arrêt des imprimeurs du roi est donc en effet le véritable.

Gervais Alliot et Jacques Langlois n'en ont pas moins reproduit, en substance, dans le *Journal du parlement,* l'arrêt qu'ils avaient imprimé.

254. Arrêt de la cour de parlement, portant défenses, à tous gentilshommes et autres, de faire aucunes levées de gens de guerre dans les provinces, qu'en vertu de commissions du roi et attaches de ladite cour sur icelles, à peine de la vie et d'être dégradés de noblesse, et, à tous receveurs et comptables, de délivrer aucuns deniers ni s'en dessaisir, que par ordre de ladite cour, à peine du quadruple, et en cas de contravention, enjoint, aux communes, de s'assembler à son du tocsin et de leur courir sus. Du 9 mars 1649. *Paris,* par les imprimeurs et libraires ordinaires du roi, 1649, 4 pages.

255. Arrêt de la cour de parlement, portant que tous ceux qui sont compris ès rôles de modérations pour l'armement et subsistance des gens de guerre, demeureront déchus desdites modérations, et seront contraints de payer leurs taxes par emprisonnement de leurs personnes, et les autres particuliers, y dénommés, contraints par la vente de leurs biens. Du 10 mars 1649. *Paris,* par les imprimeurs et libraires ordinaires du roi, 1649, 4 pages.

256. Arrêt de la cour de parlement, donné en faveur des habitants de la ville de Rheims contre le cardinal Maza-

rin, le marquis de la Vieuville et leurs adhérents. *Paris*, Jean Guignard, 1649, 6 pages.

Daté du 11 mars 1649.

257. Arrêt de la cour de parlement, sur l'avis que monseigneur le prince de Conty a donné, de l'entrée de l'archiduc Léopold en France. Du 22 mars 1649. *Paris*, par les imprimeurs et libraires ordinaires du roi, 1649, 4 pages.

Il y en a une autre édition, chez Guill. Sassier. Le titre commence ainsi : *Arrêt de la cour de parlement du* 22 *mars*, etc. C'est toute la différence.

258. Arrêt de la cour de parlement, sur la proposition, faite par monseigneur le prince de Conty, pour l'éloignement du cardinal Mazarin. Du 27 mars 1649. *Paris*, par les imprimeurs et libraires ordinaires du roi, 1649, 4 pages.

259. Arrêt de confirmation de la cour de parlement, du 8 janvier 1649, donné contre le cardinal Mazarin. *Paris*, Jérémie Bouillerot, 1649, 4 pages.

Faux arrêt sous la date du 27 mars. Le procureur général demanda et obtint, dans l'audience du 29, l'autorisation de faire des informations; mais je ne vois pas qu'il ait été donné de suite à ces premières mesures. Apparemment la paix, qui fut conclue le 1er avril, couvrit tous les délits, commis pendant la guerre.

La veuve François Targa avait en même temps publié le même arrêt sous le titre qui suit :

260. Arrêt de la cour de parlement, portant confirmation de l'arrêt du 8 janvier dernier à l'encontre du cardinal Mazarin. Du 27 mars 1649. *Paris*, veuve Fr. Targa, 1649, 4 pages.

261. Arrêt de la cour de parlement pour la diminution des loyers des maisons dans la ville et fauxbourgs de

Paris. Du 6 avril 1649. *Paris,* par les imprimeurs et libraires ordinaires du roi, 1649, 5 pages.

262. Arrêt de la cour de parlement, pour la diminution des loyers des maisons dans la ville et fauxbourgs de Paris. Du 10 avril 1649. *Paris,* par les imprimeurs et libraires ordinaires du roi, 1649, 7 pages.

263. Arrêt de la cour de parlement, portant injonction, à tous les sujets du roi, d'obéir à la déclaration du mois de mars dernier, et aux troupes, étant dans l'Anjou et autres lieux, de poser les armes, avec défense de commettre aucuns actes d'hostilité, sous peine d'être déclarés perturbateurs du repos public. Du 12 avril 1649. *Paris,* par les imprimeurs et libraires ordinaires du roi, 1649, 4 pages.

264. Arrêt de la cour de parlement, pour la décharge entière des loyers des maisons du quartier de Pâques en la ville et fauxbourgs de Paris, rendu en interprétation de celui du 10 avril dernier, avec règlement pour les baux. Du 14 avril 1649. *Paris,* par les imprimeurs et libraires ordinaires du roi, 1649, 8 pages.

Il y a des détails curieux sur les quartiers de Paris. La Villeneuve-sur-Gravois paraît avoir été du côté du petit Carreau et de Montorgueil; de là encore le nom de la rue Bourbon-Villeneuve. La Nouvelle-France était entre la porte Montmartre et la porte Richelieu.

Les chambrelans étaient ceux qui ne louaient que des chambres.

265. Arrêt de la cour de parlement, en faveur des locataires et sous-locataires des maisons de la ville et fauxbourgs de Paris, pour leur décharge du loyer de Pâques dernier, avec règlement pour les baux, rentes foncières et autres, constituées pour la construction des bâtiments, donné sur les requêtes des propriétaires

desdites maisons, et pour l'exécution des arrêts précédents des 10 et 14 présents mois et an. Du 27 avril 1649. *Paris*, par les imprimeurs et libraires ordinaires du roi, 1649, 4 pages.

266. Arrêt de la cour de parlement, portant confirmation des arrêts des dix et quatorzième (*sic*) de ce mois, pour la décharge du terme de Pâques, avec défenses, aux propriétaires, de présenter aucune requête. *Paris*, Michel Mettayer, 1649, 6 pages.

Daté du 27 avril 1649. Autre édition de l'arrêt qui précède.

267. Arrêt de la cour de parlement, contre les désordres que commettent les gens de guerre. Du onzième mai 1649. *Paris*, par les imprimeurs et libraires ordinaires du roi, 1649, 4 pages.

268. Arrêt de la cour de parlement, du 19 mai 1649, par lequel défenses sont faites d'exécuter la sentence du lieutenant civil, qui porte condamnation de payer le terme de Pâques. *Paris*, Edme Pépingué, 1649, 8 pages.

La pièce contient la sentence du lieutenant, la requête du condamné et l'arrêt de la cour.

269. Arrêt de la cour de parlement, contre quelques particuliers, ennemis du repos public, contrevenants aux précédents arrêts de ladite cour, et au préjudice, et depuis la déclaration du roi du mois de mars dernier, publiée tant pour faire cesser les mouvements que pour le rétablissement du repos et de la tranquillité dans son royaume, donné, les prévôt des marchands et échevins ouïs, le 28e jour de mai 1649.

Paris, par les imprimeurs et libraires ordinaires du roi, 1649, 4 pages.

« Fait défense, à tous sujets du roi, de quelque qualité qu'ils soient, de composer, semer et publier aucuns libelles diffamatoires, à peine de la vie. »

270. Arrêt notable de la cour de parlement contre plusieurs partisans. (S. l. n. d.), 8 pages.

Daté du 26 août 1649. C'est un arrêt interlocutoire rendu sur le *Factum notable pour Thomas Carrel*, etc.

271. Arrêt de la cour de parlement, du quatrième septembre 1649, portant que le commerce des blés sera libre à un chacun, pour en amener en cette ville tant par eau que par terre, comme aussi qu'il sera informé des violences qui se commettent aux passages des rivières et autres lieux, des empêchements qui se font journellement en l'enlèvement des blés pour la provision de ladite ville. *Paris*, Pierre Rocollet, (s. d.) 4 pages.

272. Arrêts de la cour de parlement contre le libelle intitulé : *Très-humbles remontrances du parlement de Normandie, au semestre de septembre, au roi et à la reine*, imprimé et publié au préjudice du traité de paix, avec la lettre du parlement de Normandie, sur ce sujet, au parlement de Paris. *Paris*, Claude Hulpeau, 1649, 7 pages.

Il y a deux arrêts, l'un du 24 septembre, qui ordonne qu'Antoine Estienne, imprimeur des *Remontrances*, sera tenu de comparaître pour être interrogé sur la *permission*; l'autre du 27, par lequel le libelle est supprimé et Estienne admonesté. L'arrêt interdit, à tous imprimeurs, d'imprimer aucun livre sans une permission *par écrit*; d'où on peut conclure qu'Estienne avait excipé d'une permission *verbale*.

La lettre du parlement de Normandie est du 25 septembre.

Ce n'est pas, à ce qu'il paraît, le seul grief personnel qu'Antoine Estienne ait eu contre la Fronde; car il dit lui-même, page 1611 de l'édition in-folio, qu'il a donnée, en 1661, du *Nouveau théâtre du monde*, de Davity (supplément) « qu'aux troubles de 1652, il a hazardé sa vie et celle de sa famille pour l'exécution des ordres du roi. » On peut croire qu'un de ses actes les plus hardis fut d'imprimer l'édit d'amnistie, pour lequel il avait reçu une commission spéciale.

273. Arrêt de la cour de parlement pour le paiement des rentes, tant sur la maison de ville que sur le sel. *Paris*, Nicolas Vivenay, 1649, 8 pages.

Daté du 1er octobre 1649. Il y en a une autre édition, en tout semblable à celle-ci, si ce n'est qu'elle ne porte pas le nom de l'imprimeur, et une autre encore, chez Nicolas Bessin, *jouxte la copie imprimée à Paris*.

274. Arrêt de la cour de parlement, en vacations, donné pour le maintien de l'autorité de la justice, contre les personnes qui empêchent l'exécution des arrêts de ladite cour par force et voie de fait; avec injonction, aux prévôts et officiers de justice, d'emprisonner tous blasphémateurs du nom de Dieu, joueurs de cartes et dez, fainéants et gens sans aveu. *Paris*, Nicolas Bessin, 1649, 6 pages.

Du 1er octobre 1649.

Il n'est pas question des blasphémateurs dans l'arrêt.

275. Arrêt de la cour de parlement, du 29 décembre 1649, portant réglement pour le paiement des rentes, constituées tant sur les gabelles, clergé, aydes, recettes générales, tailles anciennes, entrées et cinq grosses fermes. *Paris*, Pierre Rocollet, 1650, 6 pages.

Arrêt de règlement pour la nomination des syndics des rentiers.

276. Arrêts de la cour de parlement, des 29 décembre 1649 et 9 février 1650, portant réglement pour le paiement des rentes, constituées tant sur les gabelles, clergé, aydes, recettes générales, tailles anciennes et nouvelles, entrées et cinq grosses fermes. *Paris*, Pierre Rocollet, 1650, 8 pages.

277. Arrêt de la cour de parlement, toutes les chambres assemblées, portant renvoi et décharge de l'accusation contre Messieurs de Vendôme, duc de Beaufort, Gondy, coadjuteur, Broussel et Chareton (*sic*). Du 22 janvier 1650. *Paris*, par les imprimeurs et libraires ordinaires du roi, 1650, 4 pages.

Il y en a une autre édition chez la veuve J. Guillemot. Elle est intitulée :

278. Arrêt de la cour de parlement sur l'accusation portée contre M. le duc de Beaufort, M. le coadjuteur en l'archevêché de Paris, M. de Broussel, conseiller en ladite cour, et M. Charton, aussi conseiller, président aux requêtes du palais. 7 pages.

279. Arrêt de la cour de parlement donné en faveur de Monsieur Joly. *Paris*, Jean Brunet, 1650, 4 pages.

Daté du 1er février 1650.

280. Arrêt de la cour de parlement, portant défenses, à monsieur l'archevêque de Sens, de convoquer aucune assemblée du clergé à Paris ni ailleurs, dans la province dudit Paris. *Paris*, Pierre Targa, (s. d.), 4 pages.

Daté du 14 mai 1650.

281. Arrêt de la cour de parlement, portant défenses, à toutes personnes, de s'assembler en troupes en la salle du palais et avenues de ladite cour. *Paris*, par

les imprimeurs et libraires ordinaires du roi, 1650, 4 pages.

Daté du 9 août 1650.

282. Arrêt de la cour de parlement, toutes les chambres assemblées, sur les propositions faites par monseigneur le duc d'Orléans pour la pacification des troubles de la ville de Bordeaux et province de Guyenne, avec la nouvelle députation, vers le roi et la reine régente, faite par ledit parlement pour cet effet. Du 5 septembre 1650. *Paris*, Antoine Estienne, 1650, 6 pages.

C'est par erreur qu'il est daté du 15 septembre dans la *Bibliothèque* du P. Lelong.

283. Arrêt notable de la cour de parlement, contre les traitants et partisans, en exécution de la déclaration du mois d'octobre 1648, portant défenses de lever ni exiger aucuns droits sur les vins et marchandises, baissant de la rivière de Loire et fleuves y descendants, sinon en vertu d'édits bien et dûment vérifiés en ladite cour, et ce, nonobstant divers arrêts du conseil et la déclaration que lesdits traitants ont fait vérifier à la cour des aydes. *Paris*, Étienne Pépingué, 1650, 4 pages.

Daté du 27 octobre 1650.

284. Arrêt de nosseigneurs de la cour de parlement, toutes les chambres assemblées, portant remontrance être faite au roi et à la reine sur l'emprisonnement et liberté de messieurs les princes de Condé, de Conty et duc de Longueville. Du vendredi trantième (*sic*) décembre 1650. *Paris*, Jacob Chevalier, 1651, 4 pages.

Simon Lefèvre a donné du même arrêt une édition intitulée :

285. Arrêt de la cour de parlement, du vendredi tren-

tième décembre mil six cent cinquante, toutes les chambres assemblées, portant que très-humbles remontrances seroient faites au roi et à la reine régente pour la liberté de messieurs les princes. 1651, 7 pages.

L'édition de Chevalier donne, à la fin de l'arrêt, la date du 30 décembre et la signature de Guyet; l'édition de Lefèvre, non.

286. Arrêt de la cour de parlement, faisant deffenses, à tous soldats du régiment des gardes et autres, de s'attrouper, porter armes deffendues, tenir les advenues de cette ville, exiger de ceux qui y viennent et qui en sortent, à peine de la vie. Du douziesme janvier 1651. *Paris*, par les imprimeurs et libraires ordinaires du roi, (1651), 6 pages.

287. Arrêt de la cour de parlement, toutes les chambres assemblées, portant que le roi et la reine régente seront très-humblement suppliés, de la part de ladite cour, d'envoyer, au plutôt, lettre de cachet pour mettre en liberté messieurs les princes et duc de Longueville, et éloigner de la personne de Sa Majesté le cardinal Mazarin. Du 4 février 1651. *Paris*, Jacob Chevalier, 1651, 4 pages.

Il y en a une édition de Rouen, chez Étienne Vereul, jouxte la copie imprimée, etc., 4 pages. Elle contient également l'arrêt du 7 février qui suit.

288. Arrêt de nos seigneurs du parlement, portant l'éloignement du cardinal Mazarin et sortie hors du royaume, et Leurs Majestés très-humblement suppliées de mettre en liberté messieurs les princes et duc de Longueville, et d'envoyer une déclaration, pour exclure d'entrer ès conseils du roi tous étrangers, même les naturalisés, et qui auront serment à un autre prince

que le roi. Du 7 février 1651. *Paris*, Jacob Chevalier, 1651, 4 pages.

Ce n'est là qu'une contrefaçon. Voici l'édition officielle :

289. Arrêt de la cour de parlement, pour la liberté de messieurs les princes et l'éloignement du cardinal Mazarin hors du royaume de France. Du 7 février 1651. *Paris*, par les imprimeurs et libraires ordinaires du roi, (s. d.), 6 pages.

290. Arrêt de la cour de parlement, toutes les chambres assemblées, portant que le cardinal Mazarin, ses parents et domestiques étrangers vuideront le royaume de France; autrement permis, aux communes et autres, de courir sus, avec autres ordres pour cet effet. Du jeudi 9 février 1651. *Paris*, par les imprimeurs et libraires ordinaires du roi, 1651, 4 pages.

291. Arrêt de la cour de parlement, donné contre le cardinal Mazarin, ses parents et domestiques, à ce qu'ils aient à vuider le royaume de France, terres et places de l'obéissance du roi. Du 9 février 1651. *Paris*, Toussaint Quinet, 1651, 4 pages.

Autre édition de la pièce qui précède. Il y en a encore une, de Rouen apparemment, *sur l'imprimé à Paris*.

292. Arrêt de la cour de parlement, portant qu'aucuns cardinaux étrangers, naturalisés, même françois, ne seront reçus dans les conseils d'État du roi, et que les qualités de Notre cher et bien amé, attribuées au cardinal Mazarin, seront retranchées de la déclaration de Sa Majesté. Du lundi 20 février 1651. *Paris*, Jean Guignard, 1651, 4 pages.

Il y en a une édition de Rouen, chez Étienne Vereul, *jouxte la copie imprimée*, etc.

293. Arrêt de la cour de parlement, toutes les chambres assemblées, contre le cardinal Mazarin. Du samedi 11 mars 1651. *Paris*, par les imprimeurs et libraires ordinaires du roi, (s. d.), 6 pages. •

Confirmation des arrêts des 7, 9, 20 février et 2 mars.

Il est rapporté dans les *Mémoires* de madame de Motteville, page 384, coll. Michaud.

294. Arrêt de la cour de parlement, portant évocation, en icelle, de tous les procès et différends, pendants en toutes jurisdictions, touchant les saisies faites sur les revenus et biens du cardinal Mazarin, confections de baux et autres choses généralement quelconques, avec défense de procéder ailleurs qu'en la cour et pardevant messieurs Broussel et Le Meusnier, conseillers en ladite cour, à ce commis et députés par icelle. Du 24 avril 1651. *Paris*, veuve Guillemot, 1651, 6 pages.

Il y en a une édition, par les imprimeurs et libraires ordinaires du roi, dont le titre commence ainsi : *Dernier arrêt de la Cour de parlement contre le cardinal Mazarin*, etc.

295. Arrêt de la cour de parlement, toutes les chambres assemblées, monsieur le duc d'Orléans présent, sur l'extrémité des désordres arrivés en ce royaume par les armées et troupes de gens de guerre, avec commission et règlement pour cet effet. Du 25 mai 1651. *Paris*, par les imprimeurs et libraires ordinaires du roi, 1651, 6 pages.

296. Arrêt de nosseigneurs de la cour de parlement, donné en faveur des marchands de vin et bourgeois de Paris, portant défense, aux jurés vendeurs de vin, de faire aucune contrainte ni poursuivre lesdits marchands de vin ailleurs qu'en ladite cour, à peine de mille livres d'amende et de tous dépens, dommages et intérêts. Du

2 juin 1651. *Paris*, Thomas Lacarrière, (s. d.), 7 pages.

297. Arrêt de la cour de parlement donné, en faveur de monseigneur le prince, contre le cardinal Mazarin et ses adhérents. *Paris*, Nicolas Vivenay, 1651, 7 pages.

Cet arrêt n'est pas daté ; mais c'est celui qui mande à comparaître, devant la Cour, le duc de Mercœur, à raison de son mariage ; et par conséquent il est du 2 août 1651.

298. Arrêt de la cour de parlement, sur les désordres, meurtres et pillage d'une maison, arrivés à Paris en la rue Saint-Denys, le jeudi 10 du présent mois d'août 1651, avec injonction, aux officiers, habitants et bourgeois, d'empêcher les assemblées. Du 11 août 1651. *Paris*, par les imprimeurs et libraires ordinaires du roi, 1651, 6 pages.

299. Arrêt de la cour de parlement, toutes les chambres assemblées, du lundi 21 août 1651, sur ce qui s'est passé, ledit jour, au palais. *Paris*, par les imprimeurs et libraires ordinaires du roi, 1651, 4 pages.

300. Arrêt de la cour de parlement donné en faveur des créanciers du cardinal Mazarin, portant la vente de ses meubles, et que les deniers en provenant, ensemble ceux des revenus de ses bénéfices, seront mis ès mains de Me Claude Martinet, payeur des gages de nosdits seigneurs du parlement, pour être distribués entre lesdits créanciers, ainsi qu'il sera par ladite cour ordonné. *Paris*, veuve J. Guillemot, 1651, 22 pages.

Daté du 7 septembre 1651. Arrêt d'homologation d'un contrat passé, le 19 juin, entre les créanciers du cardinal Mazarin.

Je vois, parmi les créanciers, François Bordoni, sculpteur du roi, demeurant à Paris, au palais des Tuileries, qui réclame

12,900 livres tournois, pour ouvrages faits en l'hôtel dudit sieur cardinal.

Le président Tubeuf reçoit 600,000 livres pour ses maisons des rues des Petits-Champs, Richelieu et Vivien (*sic*), vendues à Mazarin.

301. Arrêt de la cour de parlement, du 7 septembre 1651, donné en faveur des trésoriers de France, de Picardie, portant défenses, à toutes personnes, de prendre qualité d'intendants de finances, sans avoir fait vérifier leur commission en ladite cour, ni, à aucun officier, d'accepter aucune commission sans la délibération du bureau. *Paris*, veuve Lozet, 1651, 8 pages.

302. Arrêt de la cour de parlement, toutes les chambres assemblées, portant défenses, à toutes personnes, de quelque état et condition qu'elles soient, de faire aucunes levées de gens de guerre qu'en vertu de lettres patentes, scellées du grand sceau, à peine d'être déclarées criminels (*sic*) de lèze Majesté. Du 7 octobre 1651. *Paris*, par les imprimeurs et libraires ordinaires du roi, 1651, 4 pages.

303. Arrêt de la cour de parlement, toutes les chambres assemblées, contre le cardinal Mazarin. Du 13 décembre 1651. *Paris*, par les imprimeurs et libraires ordinaires du roi, 1651, 8 pages.

Suivi de la mention de publication par Canto, juré crieur ordinaire.

Il y en a une autre édition de 6 pages, et sur laquelle a été publiée celle de Rouen, David du Petitval et Jean Viret, imprimeurs ordinaires du roi. Au titre, elle ajoute : *et de ses adhérents, en présence de Son Altesse Royale*.

304. Arrêt de la cour de parlement, toutes les chambres assemblées, contre le cardinal Mazarin et ses adhérents. Du vingtième jour de décembre 1651. *Paris*,

par les imprimeurs et libraires ordinaires du roi, 1651, 7 pages.

305. Arrêt de la cour de parlement donné contre le cardinal Mazarin, publié le 30 décembre 1651. *Paris*, par les imprimeurs et libraires ordinaires du roi, 1651, 7 pages.

Daté du 29. Il y a une édition d'Orléans, chez Gilles Hotot, imprimeur du roi, 1651, 8 pages.

306. Arrêt de la cour de parlement, portant cassation de la déclaration, donnée contre monseigneur le prince de Condé. *Paris*, Nicolas Vivenay, 1652, 4 pages.

Daté du 12 janvier 1652. Le titre n'est pas parfaitement exact, car la déclaration ne fut pas cassée; seulement il fut sursis à l'enregistrement.

Nicolas Vivenay a imprimé tout ce qu'on lui a présenté pour le prince de Condé, sans choix, sans examen. Aussi les pièces qui sont sorties de ses presses, sont-elles fort suspectes; mais il gagna, à ce métier, de devenir l'imprimeur du prince qui lui donna un atelier dans son hôtel.

307. Arrêt de la cour de parlement, donné au profit de monsieur le prince de Condé, contre la déclaration du sixième septembre dernier, avec l'envoi du trompette de Son Altesse Royale, faisant commandement, au sieur d'Hocquincourt, de rendre monsieur Bitaut, conseiller, ensemble la permission donnée pour empêcher le cardinal Mazarin et ses adhérents d'entrer dans le royaume, et permis, aux communes, de courir sus. *Paris, jouxte la copie imprimée par Nicolas Vivenay*, 1652, 4 pages.

Daté du 12 janvier 1652. C'est l'arrêt qui précède.

L'imprimeur a commis, dans le titre, une singulière bévue; il a confondu la déclaration du 6 septembre, qui avait été donnée contre le cardinal Mazarin, avec celle du 5 décembre contre le prince de Condé.

308. Arrêt de la cour de parlement, donné, toutes les chambres assemblées, contre le cardinal Mazarin. Du 25 janvier 1652. *Paris*, par les imprimeurs et libraires ordinaires du roi, 1652, 6 pages.

309. Arrêt de la cour de parlement, toutes les chambres assemblées, du 8 février 1652, portant que les prévôt des marchands et échevins continueront leurs poursuites, et feront toutes diligences nécessaires pour le payement des rentes, conformément à la déclaration et arrêts intervenus en conséquence d'icelle. *Paris*, par les imprimeurs et libraires ordinaires du roi, (s. d.), 7 pages.

La déclaration est, ici, celle du 22 octobre 1648.

Avant cet arrêt, il y avait eu un arrêt du conseil d'État, en date du 8 janvier, qui ordonnait la suspension des paiements assignés sur les tailles, les aydes, gabelles, etc.; puis, par des lettres du 16 février, il fut déclaré que les rentes de l'Hôtel de Ville seraient payées sans surséance ni divertissement. On voit, par cet exemple, combien la cour ménageait les bourgeois de Paris malgré la guerre. Le parlement n'aurait peut-être pas obtenu, seul, cette concession; mais l'initiative avait été prise par le prévôt des marchands.

310. Arrêt de la cour de parlement, toutes les chambres assemblées, du 17 février 1652, portant que l'arrêt des rentes, du 8 de ce mois, sera exécuté; a cassé l'ordonnance des trésoriers de France à Lyon; que celui qui a présidé viendra rendre raison à la cour, et qu'assemblée sera faite en la salle de Saint-Louis pour aviser ce qui est à faire pour le payement des gages des officiers et desdites rentes sur la ville. *Paris*, par les imprimeurs et libraires ordinaires du roi, 1652, 7 pages.

- 14 Mars 1652
A 23

311. Arrêt de la cour de parlement, toutes les chambres

assemblées, portant que, sans s'arrêter à l'arrêt du grand conseil du 28 février dernier, les arrêts de la cour de parlement, donnés contre le cardinal Mazarin, seront exécutés. Du 21 mars 1652. *Paris*, par les imprimeurs et libraires ordinaires du roi, 1652, 4 pages.

312. Arrêt de la cour de parlement, du 9 avril 1652, portant la décharge entière du terme de Pâques, tant en la ville qu'aux fauxbourgs, ensemble la sentence de monsieur le lieutenant civil rendue sur icelui, le 12 dudit mois. *Paris*, Henry Ruffin, 1652, 5 pages.

313. Arrêt de la cour de parlement et lettres patentes du roi pour la vente et distribution du pain à la livre dans Paris, à un prix réglé et certain en faveur des pauvres. *Paris*, François Noël, 1652, 16 pages. *Très-rare.*

Voir le *Franc bourgeois de Paris*, etc.

Les lettres patentes sont du 23 août 1651 et l'arrêt du 10 mai 1652. On lit à la suite un *Avis important aux bourgeois de Paris*, etc.

314. Arrêt de la cour de parlement, pour la descente de la châsse de sainte Geneviève. Du 29 mai 1652. *Paris*, par les imprimeurs et libraires ordinaires du roi, (s. d.), 5 pages.

315. Arrêt du parlement de Paris, du 21 juin 1652, toutes les chambres assemblées, contre les évêques absents et suivant le Mazarin, pour les faire résider dans leurs diocèses, comme ils y sont obligés, de droit divin, par les conciles et les ordonnances. *Paris*, L. Chevalier, 1652, 8 pages.

L'arrêt se lit en tête de la pièce; puis viennent les *Motifs considérables*, etc., tirés des saintes Écritures.

316. Arrêt de la cour de parlement portant règlement pour la police du pain. *Paris*, veuve J. Guillemot, 1652, 4 pages.

Daté du 4 juillet.

317. Arrêt de la cour de parlement donné à la requête de monsieur le procureur général du roi, demandeur et complaignant, contre Jean Michel et Claude Guelphe, atteints et convaincus de la sédition arrivée en l'Hôtel de Ville, le 4 du présent mois de juillet, par l'ordre et à la suscitation du cardinal Mazarin. *Paris*, veuve J. Guillemot, 1652, 4 pages.

C'est assurément la veuve Guillemot qui a ajouté les derniers mots du titre; et il faut se rappeler qu'elle était *imprimeuse* du duc d'Orléans, par lettres du prince, en date du 2 décembre 1651.

318. Arrêt de la cour de parlement, portant permission de déménager sans payer les termes de Pâques et de Saint-Jean, et défenses, à tous huissiers, sergents et autres, de l'empêcher, à peine de mille livres d'amende. *Paris*, J. Brunet, 1652, 7 pages.

Rendu le 12 juillet, sur la requête personnelle de Dugravey, avocat au parlement, âge de soixante-dix ans.

Les termes du titre parurent, au parlement, dangereux dans leur généralité. Aussi les exemplaires furent saisis et Brunet décrété d'ajournement par arrêt du 30 juillet.

319. Arrêt de la cour de parlement, touchant la réponse du roi faite à messieurs les députés de ladite cour, du samedi treize juillet 1652, ensemble la lettre, écrite par Son Altesse Royale à monsieur le président de Nesmond en conséquence dudit arrêt, et sur la réponse de Sa Majesté auxdits députés, touchant l'éloignement du cardinal Mazarin. *Paris*, veuve J. Guillemot, 1652, 8 pages.

La lettre est de la même date que l'arrêt.

320. Arrêt notable du parlement de Paris donné, toutes les chambres assemblées, en présence de Son Altesse Royale, des princes du sang et des officiers de la couronne, le samedi 20 juillet 1652, par lequel le roi est déclaré prisonnier entre les mains des ennemis de l'État, et monseigneur le duc d'Orléans, oncle unique de Sa Majesté, lieutenant général et souverain du royaume pendant la captivité du roi, avec les motifs de cet arrêt solennel. *Paris*, J. Chevalier, 1652, 8 pages.

Le libraire Lesselin a publié la même pièce, dans le même temps, mais sous un titre beaucoup plus développé :

321. Arrêt de la cour de parlement de Paris donné, toutes les chambres assemblées, en présence de Son Altesse Royale, des princes du sang et des officiers de la couronne, le samedi 20 juillet 1652, par lequel le roi est déclaré prisonnier entre les mains des ennemis de l'État, enjoint, au capitaine des gardes et autres officiers proche de sa personne, de le ramener incessamment et sans délai dedans sa bonne ville de Paris, à peine d'être déclarés criminels de lèze majesté, et, pendant la captivité dudit seigneur roi, monseigneur le duc d'Orléans, oncle unique de Sa Majesté, établi lieutenant général du royaume, avec les raisons et motifs de cet arrêt solennel. *Paris*, 1652, 8 pages.

Il n'y a point de différence entre ces deux pièces, sinon que dans la première, les *Motifs* sont au commencement et dans la seconde, à la fin.

L'arrêt est faux dans toutes les deux. Aussi le parlement, qui n'avait plus la force de punir, se décida-t-il à faire publier, par les imprimeurs du roi, le *Véritable arrêt... donné, toutes les chambres assemblées, les vendredi et samedi* 19 *et* 20 *juillet* 1652.

322. Arrêt de la cour de parlement, portant qu'il sera

fait fonds de cent cinquante mille livres pour exécuter l'arrêt du mois de décembre contre le cardinal Mazarin. Du mercredi 24 juillet 1652. *Paris*, veuve J. Guillemot, 1652, 4 pages.

323. Arrêt de la cour de parlement, portant qu'il sera fait assemblée, en l'hôtel de cette ville, pour aviser les (*sic*) moyens d'entretenir et augmenter les troupes levées contre le cardinal Mazarin, liberté du commerce et des passages, et pour le payement des rentes, dues par Sa Majesté. Du mercredi 24 juillet 1652. *Paris*, veuve J. Guillemot, 1652, 4 pages.

324. Arrêt de la cour de parlement, portant cassation de l'assemblée de Pontoise. Du vendredi 9 août 1652. *Paris*, par les imprimeurs et libraires ordinaires du roi, 1652, 4 pages.

325. Arrêt de nos seigneurs du parlement, toutes les chambres assemblées, portant cassation de la prétendue translation dudit parlement, à Pontoise, par treize ou quatorze présidents et conseillers de ladite cour. Du 9 août 1652. *Paris*, J. Chevalier, 1652, 6 pages.

Autre édition de l'arrêt qui précède.

326. Arrêt de la cour de parlement, donné contre le cardinal de Retz, en présence de Son Altesse Royale et de messieurs les princes. Du 12 août 1652. *Paris*, J. Poirier, 1652, 4 pages.

Arrêt facétieux, rendu contre le cardinal, au profit de sa crosse et de sa mitre, « qu'il ne pourra plus forcer de porter le deuil (de madame de Rhodes). »

Je crois que, pour être complète, la pièce doit contenir la requête de la crosse et de la mitre. Dans ce cas, elle serait de 8 pages. Elle se trouve d'ailleurs, requête et arrêt, dans le pamphlet intitulé : les *Justes plaintes de la crosse et de la mitre du coadjuteur de Paris*, etc.

327. Arrêt de la cour de parlement de Pontoise, donné contre le cardinal Mazarin, sur le sujet de son éloignement. Du 14 août 1652. *Pontoise*, Julien Courant, 1652, 8 pages.

Malgré la gravité du titre, cette pièce n'est pas autre chose que la *Relation des plaisantes singeries du prétendu parlement de Pontoise*, etc. Les seules différences sont qu'ici l'arrêt se trouve au commencement et que, dans la *Relation*, il est daté du 8 août. Assurément cela n'a pas été imprimé à Pontoise, et encore moins chez Julien Courant, qui était l'imprimeur du roi.

328. Arrêt de la cour de parlement donné en exécution de la déclaration du roi, du dernier juillet, et injonction, à tous les officiers demeurés à Paris, de se rendre à Pontoise. *Rouen*, veuve Courant, *jouxte la copie imprimée à Pontoise*, 1652, 4 pages.

Daté du 14 août 1652.

329. Arrêt de la cour de parlement, les princes et toutes les chambres assemblés, le 22 août 1652, pour remercier le roi de l'éloignement du cardinal Mazarin, et supplier Sa Majesté de retourner dans sa bonne ville de Paris, et de rendre le calme à son État, avec la déclaration de messieurs les princes. *Paris*, J. Chevalier, 1652, 7 pages.

330. Arrêt de la cour de parlement, portant injonction, à tous les sujets du roi, de courir sus et tailler en pièces les troupes, qui sont ès environs de Poris (*sic*) et ailleurs sans les ordres du roi et contre son service. *Rouen*, chez la veuve Courant, *jouxte la copie imprimée à Pontoise*, 1652, 4 pages.

Daté du 2 septembre 1652.

331. Arrêt de nos seigneurs du parlement sur les décla-

rations de monseigneur le duc d'Orléans et de monsieur le Prince, et supplication faite au roi de vouloir donner la paix dans son royaume et de revenir en sa bonne ville de Paris. *Paris*, J. Chevalier, 1652, 6 pages.

Daté du 3 septembre 1652.

332. Arrêt de la cour de parlement, portant décharge des loyers des maisons, chambres et boutiques, tant pour les principaux locataires que sous-locataires, obtenu à la requête des marchands, artisans et bourgeois de Paris, avec la sentence de M. le lieutenant particulier, donnée en faveur des conditions ci-dessus dénommées, faisant diminution des termes de Pâques, de Saint-Jean et de Saint-Rèmy. *Paris*, A. Lesselin, 1652, 8 pages.

Daté du 6 septembre 1652.

333. Arrêt de la cour de parlement, portant décharge entière du loyer du terme de Pâques dernier; et, pour faire droit sur la remise de celui de la Saint-Jean ensuivant, a renvoyé les parties à la barre de ladite cour, pour contester par instances séparées. *Paris*, Alexandre Lesselin, 1652, 6 pages.

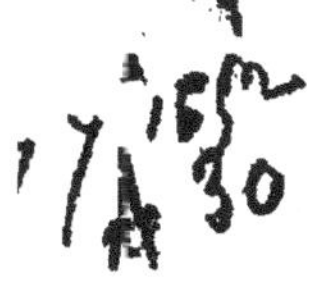

Daté du 6 septembre.

334. Arrêt du parlement de Pontoise donné le 25ᵉ jour de septembre 1652. *Pontoise*, Julien Courant, 1652, 7 pages.

Arrêt qui met Mᵉ Charles Prévost et les bourgeois de l'assemblée du Palais-Royal sous la protection et sauvegarde du roi.

335. Arrêt de la cour de parlement, portant défenses de s'attrouper, faire assemblée et afficher aucuns placards

et billets tendant à sédition. Du jeudi 26 septembre 1652. *Paris*, par les imprimeurs et libraires ordinaires du roi, 1652, 4 pages.

336. Arrêt de la cour de parlement, portant que députation sera faite vers Sa Majesté, pour la supplier de donner une amnistie dans les termes ordinaires, vérifiée en sa cour de parlement de Paris. Du 3 octobre 1652. *Paris*, par les imprimeurs et libraires ordinaires du roi, 1652, 7 pages.

337. Arrêt de nos seigneurs du parlement, toutes les chambres assemblées, M. le duc d'Orléans y étant, pour obtenir du roi la paix et l'amnistie générale. Du 3e jour d'octobre 1652. *Paris*, J. Chevalier, 1652, 6 pages.

Autre édition de l'arrêt qui précède.

338. Arrêt du parlement de Pontoise, du 5 octobre 1652, rendu sur les plaintes, faites, en icelui, par les principaux de la cour contre trois sortes de créatures. *jouxte la copie imprimée à Pontoise par les imprimeurs ordinaires de la cour*, 1652, 8 pages.

Les trois sortes de créatures sont les poux, les puces et les punaises. Cette pièce est assez plaisamment libellée pour qu'on ne la néglige pas quand on la trouve.

339. Arrêt de la cour de parlement rendu, toutes les chambres assemblées, le roi séant et président (*sic*) en icelle, suffisamment garnie de pairs, contre messire Louis de Bourbon, prince de Condé, ses adhérans (*sic*) et complices, le lundi 19 janvier 1654. *Paris*, par les imprimeurs et libraires ordinaires du roi, (s. d.), 7 pages. *Très-rare*.

340. Arrêt de la cour de parlement, toutes les chambres

assemblées, garnie de pairs, le roi séant et présidant en icelle, et publié en parlement, le roi tenant son lit de justice, contre messire Louis de Bourbon, prince de Condé. *Paris,* par les imprimeurs ordinaires du roi, 1654, 7 pages.

Daté du 27 mars 1654.

341. Arrêt de la cour de parlement rendu, toutes les chambres assemblées, le roi séant et président (*sic*) en icelle, contre les sieurs Viole, Le Net (Lenet), le marquis de Persan, Marchim (*sic*) et autres adhérents du prince de Condé. *Paris,* par les imprimeurs et libraires ordinaires du roi, 1654, 7 pages. *Très-rare.*

342. Arrêt de la cour de parlement de Provence contre les perturbateurs du repos et tranquillité publique. *Aix*, 1649, 8 pages.

Daté du 23 juin 1649. C'est une réplique à l'*Ordonnance de Mgr. Louis de Valois, comte d'Alais*, etc.

Il y en a une autre édition de Paris, Guillaume Sassier, 1649.

343. Arrêt du parlement de Provence sur les nouveaux troubles arrivés dans la ville de Marseille. (S. l. n. d.), 3 pages.

Daté du 21 mars 1650.

344. Arrêt du parlement de Provence contre le cardinal Mazarin. *Paris*, Pierre Du Pont, 1651, 2 pages.

Daté du 23 février 1651. Je vois dans le *Journal du Parlement* que cet arrêt est faux.

345. Arrêt de la cour de parlement de Rennes en Bretagne contre le nommé Jules Mazarin et ses fauteurs et adhérents, par lequel ils sont tous déclarés criminels de lèse majesté, tous leurs biens acquis et confisqués.

Paris, veuve Théod. Pépingué et Est. Maucroy, 1649, 4 pages.

Daté du 18 janvier 1649. Naudé, page 16 du *Mascurat*, dit que cet arrêt est faux; et son opinion est confirmée par ce passage du *Journal du Parlement*, 7 février 1649: « Ce jour, les colporteurs ayant vendu, par Paris, un arrêt du parlement de Bretagne contre le cardinal Mazarin, et ledit arrêt s'étant trouvé faux, les exemplaires en furent saisis et déchirés, avec défense de les plus exposer. »

346. Arrêt de la cour de parlement de Rouen, portant que le cardinal Mazarin, qui séjourne dans les places de ladite province, lève les garnisons et les change, ait à s'en retirer promptement, ses parents et domestiques étrangers, autrement permis, aux communes et autres, de courir sus. Du 15 février 1651. *Paris*, Alexandre Lesselin, 1651, 4 pages.

347. Arrêts notables du parlement de Toulouse, des 30 avril et 5 mai 1650, donnés contre le sieur Moran, maître des requêtes, et autres soi prétendants intendants de justice. *Paris*, Thomas Lozet, (s. d.), 7 pages.

Il n'y a que le second arrêt qui ait été donné contre Moran. Le premier est un arrêt de règlement en exécution de la déclaration de 1648.

348. Arrêt de la cour de parlement de Toulouse donné, les chambres assemblées, contre les intendants. *Paris*, N. Bessin, 1650, 7 pages.

Daté du 25 juin 1650.

349. Arrêt de la cour de parlement de Toulouse donné, les chambres assemblées, le 1er jour d'août 1650, sur les désordres de la province de Guyenne, causés par le duc d'Épernon, portant que le roi sera très-humblement supplié de donner la paix à la ville de Bordeaux

et un autre gouverneur à ladite province. *Jouxte la copie imprimée à Toloze*, 1650, 4 pages.

350. Arrêt de la cour de parlement de Toulouse donné contre ceux qui arment pour M. le duc de Bouillon. *Paris*, Guill. Sassier, 1650, 4 pages.

Daté du 11 août 1650.

351. Arrêt de la cour de parlement de Toulouse donné, les chambres assemblées, contre les commissions extraordinaires et les intendants de justice dans les provinces du ressort de ladite cour. *Jouxte la copie imprimée à Toloze*, 1651, 8 pages.

Il est daté du 23 décembre 1650.

352. Arrêt de la cour de parlement de Toulouse, donné contre le duc d'Épernon et ses adhérents. Du 1er février 1651. *Paris, jouxte la copie imprimée à Toulouse*, 1651, 6 pages.

353. Arrêt de la cour de parlement de Toulouse donné aux chambres assemblées le 15 février 1651, portant cassation des délibérations des États de la province de Languedoc des 15 novembre, 5 et 9 janvier derniers. *Paris*, Louis Sévestre, *jouxte la copie imprimée à Toulouse*, 1651, 8 pages.

Il s'agit d'une querelle particulière entre les États et le parlement, querelle sur laquelle on peut consulter la *Délibération des trois États du Languedoc*, la *Remontrance au roi pour le parlement de Toulouse* et la *Remontrance du clergé de France... par Godeau*, etc. Le *Manifeste du sieur de Carlincas* a aussi trait à cette affaire, qui fut arrangée par des commissaires royaux.

354. Arrêt du parlement de Toulouse, donné contre le cardinal Mazarin, ses parents et domestiques étrangers, avec la lettre dudit parlement, envoyée à messieurs du

parlement de Paris. Du 20 février 1651. *Paris*, Jacob Chevalier, 1651, 7 pages.

Il y en a une édition, sans la lettre, sous ce titre :

355. Arrêt de la cour de parlement de Toulouse donné contre le cardinal Mazarin. *Paris, jouxte la copie imprimée à Tholose*, 1651, 4 pages.

356. Arrêt de la cour de parlement de Toulouse donné contre Le Tellier, Servient (*sic*), Lyonne et autres pensionnaires du cardinal Mazarin, sur la lettre de monseigneur le Prince. *Paris*, Nic. Vivenay, 1651, 6 pages.

La lettre est du 8 juillet 1651 et l'arrêt du 15.

357. Arrêt de la cour de parlement de Toulouse donné, les chambres assemblées, le 5 octobre 1651, contre la défection de Marsin et ses troupes, faisant défense de briguer ni monopoler les sujets du roi, et à tous gouverneurs, officiers et consuls, de prendre garde à la sûreté des villes. *Paris*, 1651, 6 pages.

358. Arrêt de la cour de parlement de Toulouse donné, toutes les chambres assemblées, le 25 novembre 1651, déclarant le sieur Guyonnet, conseiller au parlement de Bordeaux, criminel de lèse majesté; défense, à tous sujets, de le reconnaître ni payer les tailles ni arrérages en conséquence de ses ordonnances, et que le présent arrêt sera remis ès-mains de M. de Saint-Luc, lieutenant du roi en la province de Guyenne, pour exécuter tant le présent arrêt que celui du 23 octobre dernier. *Tolose*, par les imprimeurs et libraires ordinaires du roi, (s. d.), 4 pages.

359. Arrêt de la cour de parlement de Toulouse donné,

les chambres assemblées, contre le retour du cardinal Mazarin. Du 29 décembre 1651. *Paris*, veuve J. Guillemot, 1652, 7 pages.

360. Arrêts du conseil d'État du roi portant réglement général pour le paiement des rentes constituées sur l'hôtel de ville de Paris, registrés, en parlement, le vingt-sixième juillet mil six cens (*sic*) quarante-neuf. *Paris*, Pierre Rocollet, 1649, 22 pages.

Six arrêts des 10, 15 et 24 juillet.

361. Arrêt du conseil d'État du roi portant réglement entre les trésoriers de France et les élus et officiers des élections, touchant l'imposition et levée des deniers des tailles, pour le soulagement des collecteurs et habitants des paroisses, contribuables auxdites tailles. *Paris*, Nicolas Bessin, 1649, 8 pages.

Daté du 4 septembre 1649.

362. Arrêt du conseil d'État du roi pour faciliter l'enlèvement et transport des blés des villes de ce royaume en celle de Paris. *Paris*, Pierre Rocollet, 1649, 4 pages.

Du 9 septembre 1649.

363. Arrêt du conseil d'État du roi portant que par les commissaires, députés par Sa Majesté, il sera procédé au bail de la ferme générale des gabelles de France, au château du Louvre; ensemble l'ordonnance desdits sieurs commissaires portant que ledit bail sera publié ès prônes des églises parrochiales (*sic*) et affiché ès lieux publics et endroits accoutumés. *Paris*, Pierre Rocollet, 1649, 8 pages.

L'arrêt est du 27 octobre et l'ordonnance du 4 novembre 1649.

364. Arrêt du conseil d'État du roi, pour la liquidation des prêts et avances faites (*sic*) à Sa Majesté par plusieurs de ses sujets, et pour leur remboursement après lesdites liquidations. Du 13 novembre 1649. *Paris*, Pierre Rocollet, 1649, 4 pages.

365. Arrêt du conseil d'État du roi, portant réglement du paiement des rentes, assignées sur les gabelles, qui seront payées en l'hôtel de cette ville de Paris. Du 13 novembre 1649. *Paris*, Pierre Rocollet, 1649, 4 pages.

366. Arrêt du conseil d'État du roi, contre les menées et pratiques secrètes, fomentées par quelques particuliers dans la ville de Limoges au préjudice du service de Sa Majesté, avec translation et établissement, dans la ville de Saint-Léonard, des bureaux des trésoriers de France et recettes générales et particulières des tailles et taillons, ci-devant établis en ladite ville de Limoges. Du [3 du] mois de juin 1650. *Paris*, Antoine Estienne, 1650, 7 pages.

367. Arrêt du conseil d'État qui déclare criminels de lèze majesté tous ceux qui sont dans la rébellion de Bordeaux, si, dans trois jours, ils n'ont recours à Sa Majesté. *Bourg*, A. Dalvy, 1650, 15 pages.

Daté du 30 août 1650.

368. Arrêt du conseil d'État du roi, Sa Majesté y séant, portant défenses, aux receveurs généraux et particuliers des généralités de Bordeaux et Montauban, de faire aucun paiement par les ordres de M. le prince de Condé et de ses adhérents, à peine de la vie et de la confiscation de leurs biens. *Paris*, Antoine Estienne, 1651, 4 pages.

Daté, de Fontainebleau, le 2 octobre 1651.

369. Arrêt du conseil d'État du roi, en faveur de tous les officiers de ce royaume, dépendants de ses parties casuelles, pour être reçus, sans aucun prêt ni avances, à payer le droit annuel de l'année 1652 pour la conservation de leurs offices, avec décharge des années précédentes, en payant seulement l'annuel de celle de 1651. Du 18 novembre 1651. *Paris,* Ant. Estienne, 1651, 4 pages.

370. Arrêt du conseil d'État du roi, Sa Majesté y étant, avec commission pour surséance des paiements, assignés par les trésoriers de l'Épargne, sur les deniers provenant des tailles, aydes, gabelles et autres fermes et droits, du 8 janvier 1652; en interprétation du susdit arrêt, le roi, par lettres et arrêts du 16 février audit an, a déclaré entendre n'y comprendre les rentes de l'hôtel de ville de Paris, et les gages des officiers que Sadite Majesté veut être payés sans aucune surséance ni divertissement de fonds. *Paris*, par les imprimeurs et libraires ordinaires du roi, 1652, 8 pages.

La commission est de Poitiers, le même jour 8 janvier. Il y a, dans cette affaire, un arrêt du parlement de Paris en date du 8 février 1652. *Voir* ci-dessus, n° 309.

371. Arrêt du conseil d'État du roi donné en faveur du cardinal Mazarin. *Jouxte la copie imprimée à Poitiers par Julien Thoreau*, 1652, 4 pages.

Daté du 18 janvier 1652.

372. Arrêt du conseil du roi, tenu à Pontoise le dix-huitième jour de juillet 1652, portant cassation de l'arrêt de la cour de parlement de Paris, du 1er juillet 1652, et autres procédures. (S. l. n. d.), 8 pages.

373. Arrêt du conseil d'État du roi donné contre les au-

teurs des troubles présents et des assemblées, résolutions et délibérations faites et à faire tant en la cour de parlement que dans l'hôtel de ville, contre le service de Sa Majesté et tranquillité de son royaume. (S. l. n. d.), 8 pages.

Daté du 18 juillet 1652, à Pontoise.

Il est textuellement dans les *Mémoires* du cardinal de Retz, note de la page 372, coll. Michaud.

374. Arrêt du conseil d'État du roi, portant nouveau règlement sur toutes les marchandises et denrées qui entreront dans la ville de Paris, tant par eau que par terre; avec le tarif de ce que chaque marchandises et denrées (*sic*) doivent payer. (S. l. n. d.), *jouxte la copie imprimée à Pontoise,* 7 pages.

Daté de Pontoise, le 31 juillet 1652. C'est une copie collationnée, par un notaire au Châtelet de Melun non soussigné, le 14 août.

375. Arrêt du conseil d'État, portant défense de lever droits d'entrée en la ville de Paris, du quatorzième jour d'août 1652. Autre, portant le payement des rentes de l'hôtel de ville (à Pontoise et dans les provinces fidèles), du 17 dudit août. Et autre, portant cassation de la prétendue élection faite du sieur Broussel à la charge de prévôt des marchands de la ville de Paris, et des nommés Gervais et Holry à celle d'échevins, du 19 du même mois ci-dessus. *Pontoise*, Julien Courant, 1652, 8 pages.

376. Arrêt du conseil d'État du roi, du 29 août 1652, portant injonction, à messieurs de la cour des aydes de Paris, de se rendre, dans trois jours, dans la ville de Pontoise; à faute de ce, déclarés criminels d'État, désobéissants et rebelles à Sa Majesté. *Pontoise*, Julien Courant, 1652, 6 pages.

377. Arrêt du conseil d'État du roi, portant cassation de tout ce qui a été et pourrait être fait contre les particuliers qui se sont assemblés au Palais royal et autres lieux pour le service du roi. Du 5 octobre 1652. *Pontoise*, Julien Courant, 1652, 7 pages.

Il est dans les *Mémoires* du cardinal de Retz, note de la page 297, coll. Michaud.

378. Arrêt du conseil d'État, portant commandement, au parlement de Paris et de Pontoise, de se rendre au château du Louvre, le mardi, 7 heures du matin, donné, à Saint-Germain-en-Laye, le 18 octobre 1652. *Paris*, par les imprimeurs et libraires ordinaires du roi, 1652, 7 pages.

379. Arrêt du conseil d'État du roi, portant cassation des arrêts du parlement de Paris, des 18 août, 1er et 4 septembre derniers, donnés par attentat contre l'autorité royale, avec défenses, audit parlement, de plus s'assembler sur les matières y contenues. Du dix-neuvième jour d'octobre 1652. *Paris*, par les imprimeurs ordinaires du roi, 1652, 8 pages.

380. Arrêt du conseil d'État du roi, portant révocation des droits imposés sur toutes les marchandises, destinées pour la provision de la ville de Paris, avec défenses, à toutes personnes, d'en recevoir aucuns, à peine de la vie, sur les blés, vins et autres marchandises venant en ladite ville, et pour rétablir la liberté du commerce. *Paris*, Pierre Rocollet, 1652, 7 pages.

Daté du 29 octobre 1652.

381. Arrêt du conseil d'État, du 27 mars 1654, contre aucuns soidisants grands vicaires du cardinal de Retz.

Paris, par les imprimeurs et libraires ordinaires du roi, 1654, 6 pages.

382. Arrêt (l') du conseil d'en haut, prononcé par le prophète royal David, contre Mazarin et les partisans, par F. M. S. D. R. *Paris*, (s. d.), 8 pages.

Quatre pièces : 1° le *Dixit insipiens de la France* au duc de Beaufort ; 2° six vers ridicules ; 3° sonnet aux partisans sur l'emprisonnement de La Raillère et Launay Gravé ; 4° rondeau à l'antique sur le même sujet. Ni bon ni rare.

383. Arrêté de messeigneurs de l'assemblée générale du clergé de France touchant les affaires de monseigneur le cardinal de Retz. *Paris*, 1657, 15 pages.

384. Arrhes de la paix universelle sur les cérémonies et allégresses, faites à Rome pour le roi très-chrétien Louis XIV, dit Dieudonné, présentés à la reine régente à Saint-Germain-en-Laye. *Paris*, J. Pétrinal et Nic. Jacquard, 1649, 16 pages.

La permission d'imprimer avait été donnée, à la date du 17 avril 1649, par le lieutenant civil d'Aubray.

On lit, à la fin de la pièce, trois quatrains fort ridicules sur la paix générale, à la reine, au chancelier et à Mademoiselle.

L'auteur est un certain Jacques Labbé dont il existe une pièce antérieure, intitulée : *Le fidèle domestique à Mgr le duc d'Orléans*, etc.

385. Arrivée (l') de l'armée de l'archiduc Léopold à La Ferté-Milon, et la honteuse fuite du maréchal de Turenne ; ensemble les particularités de ce qui s'est passé au combat de messieurs les ducs de Beaufort et de Nemours. *Paris*, Louis Legaillard, 1652, 8 pages.

Le duel n'est ici qu'une rencontre.

386.* Arrivée (l') de Leurs Majestés à Poitiers, et ce qui s'est passé dans leur séjour. *Paris*, 1650.

Bib. hist., 23150.
Extrait de la *Gazette*.

387. Arrivée de monseigneur le Prince à la ville d'Orléans, avec le sujet de son arrivée, et les généreuses résolutions des bourgeois de la ville de Paris. *Paris*, Jacob Chevalier, 1652, 7 pages.

Il n'y aurait rien à dire si le prince était en effet entré dans Orléans.

388. Arrivée (l') de monsieur le duc de Beaufort dans la ville d'Orléans, et la sortie du marquis de Sourdis hors ladite ville. *Paris*, Antoine Matias, 1652, 7 pag.

Le duc de Beaufort était reparti d'Orléans « samedi 23 mars 1652. »

389. Arrivée de M. le duc de Nemours à Bruxelles, pour prendre le commandement de l'armée de M. le prince de Condé, levée contre le cardinal Mazarin; avec la déroute d'un régiment allemand de douze cents hommes dudit Mazarin. *Paris*, 1652, 8 pages. *Rare*.

390. Arrivée (l') des ambassadeurs du royaume de Patagoce et de la Nouvelle-France; ensemble ce qui s'est passé à leur voyage, avec des remarques curieuses, traduit par le sieur J. R. *Paris*, veuve Jean Remy, 1649, 8 pages.

Facétie sans esprit et sans style. Il existe du même auteur une autre pièce non moins mauvaise et intitulée *Les Justes soupirs et pitoyables regrets des bons Anglois*, etc.

391. Arrivée (l') des troupes de l'archiduc Léopold à Nanteuil, Haudoin et Dammartin; ensemble le nom de leurs régiments, tant cavalerie qu'infanterie, con-

duite (*sic*) par le duc de Witemberg (*sic*); avec la liste de leurs marches, depuis leur départ jusqu'à ce jourd'huy; ensuite la prise des mulets du maréchal de Turenne; plus la lettre de Mademoiselle à l'archiduc et la réponse qu'il lui a faite. *Paris*, Claude Le Roy, 1652, 8 pages.

Les prétendues lettres sont datées des 2 et 4 juin.

392. Arrivée (l') du courrier extraordinaire des François, qui apporte bonnes nouvelles (*sic*), et une harangue par écrit, faite par un grand seigneur à MM. les prévôt, échevins et bourgeois de Paris; ensemble ce qui c'est (*sic*) passé à Paris dans ce grand convoi, par le sieur Rozard. *Paris*, veuve Jean Remy, 1649, 8 pages.

Le convoi du 25 février. L'auteur voulait sans doute élever une concurrence au *Courrier françois*; car il promettait une suite.

393. Arrivée (l') du courrier Mazarin, rapportant le sujet de sa sortie hors de France, aux Mazarinistes. (S. l.), 1651, 8 pages.

Réimpression d'une pièce de 1649 intitulée : *Lettre du cardinal Mazarin aux pères Théatins*, etc.

394. Arrivée (l') du duc de Guise en la ville de Bourg, à cinq lieues de Bordeaux, avec deux mille Espagnols; ensemble l'ordre du roi d'Espagne, envoyé à l'archiduc Léopold, de lever toutes les garnisons de France, pour assister MM. les princes. *Paris*, André Chouqueux, 1652, 7 pages.

L'éditeur avait une permission expresse du duc d'Orléans. C'est que l'incendie de l'hôtel de ville avait eu lieu, que les bourgeois de Paris s'éloignaient, tous les jours davantage, du parti des princes et qu'il fallait faire croire qu'on pouvait compter sur les Espagnols.

395. Arrivée (l') du duc de Lorraine dans cette ville,

avec la réception de Son Altesse Royale et de messieurs les princes. *Paris*, François Pousset, 1652, 7 pages.

396. Arrivée du nonce françois pour la majorité du roi, le 7 septembre 1651. *Rouen, jouxte la copie imprimée à Paris par Sébastien Martin*, 1651, 7 pages.

« Il y a treize ans quatre mois révolus, que sous un autre nom que celui que je prends aujourd'hui..., je mis au jour un petit traité allégorique sur ces paroles : « La droite du Seigneur a fait vertu ; la droite du Seigneur m'a exalté ; je ne mourrai pas ; mais je vivrai. » L'auteur annonçait la naissance d'un prince.

« Qui doutera que le roi étant né le jour d'un dimanche, attribué au soleil, entre l'onze et douzième heures du matin, quand ce roi des planètes et ce grand astre benin et gracieux étoit venu presqu'en son apogée, le 5 septembre 1638, jour mystique et nombre plein de félicité et de bonheur, et sous le signe de la balance qui présente (*sic*) la justice, dis-je encore une fois, qui doutera que ce grand prince ne fasse choses grandes durant son règne. »

Assez rare pour être curieux. Les astrologues se sont largement donné carrière pendant la Fronde. On en verra d'autres et plus singuliers exemples.

397. Arrivée (l') du septième courrier Bourdelois, apportant le journal du siége de Bordeaux depuis son commencement jusqu'à la trève. (S. l.), 1650, 16 pages.

C'est la neuvième course de l'*Histoire de ce qui s'est passé en Guyenne*, etc.

398. Arrivée (l') du sixième courrier Bordelois, apportant toutes sortes de nouvelles. (S. l.), 1650, 8 pages.

399. Arrivée extraordinaire du courrier françois, apportant les nouvelles du royaume de France et ce qui s'est passé à Paris, depuis le 1er mars jusqu'au 8 dudit mois. *Paris*, Jean Musnier, 1649, 8 pages.

Cette pièce porte le numéro 1. L'auteur, en effet, promet une seconde partie que je n'ai pas rencontrée. C'était encore une concurrence au *Courrier françois*.

400. Article principal du traité, que madame de Longueville et monsieur de Turenne ont fait avec Sa Majesté catholique. (S. l., 1650), 4 pages.

401. Articles accordés à Ruel pour la paix. (S. l.), 1649, 7 pages.

402. Articles accordés entre messieurs le cardinal Mazarin, le garde des sceaux Châteauneuf, le coadjuteur de Paris et madame la duchesse de Chevreuse, lesdits articles trouvés sur le chemin de Cologne dans un paquet, porté par un courrier, appartenant au marquis de Noirmoutier, gouverneur de Charleville. *Paris*, 1652, 8 pages.

Madame de Motteville, qui a publié cette pièce en entier dans ses *Mémoires*, page 416, coll. Michaud, la regardait comme très-authentique.

Les *Articles* ont paru également sous le titre de : *Les Secrètes intelligences de la cour avec le coadjuteur,* etc.

Si j'en crois une note manuscrite, et apparemment contemporaine, de l'exemplaire de la bibliothèque de l'Arsenal, ils étaient attibués au président de Longueil et au comte de Maure.

403. Articles accordés entre monsieur le comte de Palluau, maistre (*sic*) de camp de la cavalerie légère de France, commandant, pour le service du roi, en sa province du Berry, lieutenant général ès armées de Sa Majesté, et monsieur le marquis de Persan, commandant dans le château de Mouron, appartenant à monsieur le prince, situé dans la rivière de Cher entre le Bourbonnais et le Berry, assiégé, il y a un an, par ledit sieur de Palluau. *Paris*, Nicolas Vaillant, 1652, 8 pages.

Datés du camp devant Mouron, le 22 août 1652, et signés de

Palluau et de Persan. L'armée du roi y est appelée, deux fois, l'armée de Mazarin! Cependant ils paraissent authentiques.

Voir la *Réduction du château et forteresse de Mouron*, etc.

404. Articles accordés par le roy et la reyne régente, sa mère, sur les présents mouvements de la ville de Bourdeaux. (S. l., 1649), 4 pages.

Ils sont datés du 26 décembre 1649. La note, qui se trouve à la fin de la *Lettre du roy* (du 25 décembre), permet de croire qu'ils ont été imprimés par Guill. Sassier.

405*. Articles accordés par M. le duc de Mercœur à la ville de Toulon, du 13 septembre 1652. *Aix*, 1652.

Bib. hist. 23682.

406. Articles (les) accordés par Sa Majesté, dans la ville de Pontoise, le 10 août 1652, pour la retraite du cardinal Mazarin dans la ville de Metz. *Paris*, jouxte la copie imprimée à Pontoise chez Laurent Courant, 1652, 7 pages.

La mention d'une copie, imprimée chez Courant, n'a été imaginée que pour faire croire à l'authenticité des articles.

407. Articles (les), apportés par l'ambassadeur du roi d'Espagne à Leurs Majestés, pour la paix générale. *Paris*, Hubert Hablon, 1651, 8 pages.

C'est, au contraire, la proposition de trêve et surséance, faite à Stenay par Fouquet de Croissy, après la délivrance des princes, et à laquelle Friquet répondit, aussi à Stenay, le 2 avril 1651, par un refus embarrassé.

408. Articles de l'union de l'Ormée et de la ville de Bordeaux. *Paris*, sur un autre imprimé à Bordeaux, (1652), 4 pages.

Tout au plus seraient-ce les statuts de l'Ormée. Il n'y a aucune stipulation ni de la ville ni pour la ville.

409. Articles (les) de l'union des princes, du parlement

et de la maison de ville de Paris, faits et arrêtés dans leurs assemblées, le 25 juin 1652, avec les articles de ladite union, pour agir conjointement à l'exécution des arrêts donnés contre le cardinal Mazarin. *Paris*, François Le Porteur, 1652, 8 pages.

Ce n'est qu'un projet, en douze articles, qui ne touche d'ailleurs à aucune question d'autorité ou de liberté.

410. Articles (les) de la composition que Mazarin offre aux assemblées du clergé et de la noblesse, avant que d'entreprendre rien contre le repos de l'État. (S. l.), 1651, 19 pages.

Contrefaçon de la pièce intitulée : *Les Propositions que le cardinal Mazarin fait à la France*, etc.

411. Articles (les) de la dernière délibération de messieurs les princes avec les bourgeois de la ville de Paris, faite en parlement et en la maison de ville, les 6 et 8 juin 1652. *Paris*, François Chaumusy, 1652, 8 pages.

Il y a quatorze articles. Le plus digne d'attention, aujourd'hui, est le quatrième : « Pour remettre l'État en sa première forme, rétablir, sous l'autorité souveraine du roi, le conseil légitime des princes du sang, des autres princes et officiers de la couronne et des anciens conseillers d'État, qui ont passé par les grandes charges, et ceux qui sont extraits de grandes maisons et de familles anciennes, qui, par affection naturelle et par intérêt particulier, sont portés à la conservation de l'État, à qui, de droit, durant le bas âge de nos rois et pour leur indisposition, l'administration, gouvernement et direction des affaires publiques est déféré par les lois anciennes et fondamentales du royaume, qui exclusent (*sic*) les femmes et les étrangers. » C'est le gouvernement aristocratique que défendaient Sandricourt et Dubosc Montandré.

Si ces articles n'ont pas été délibérés en parlement, ils ont été imprimés en vertu d'une permission du duc d'Orléans; ce qui n'est pas sans quelque importance.

Au reste, la pièce n'est qu'une réimpression de l'*Union ou Association des princes sur l'injuste détention des princes de Condé*, etc. (1650.)

412. Articles de la paix, accordés entre messieurs du parlement de Bordeaux et monsieur d'Argençon (*sic*). *Paris,* veuve Musnier, 1649, 6 pages.

Le traité est du 1er mai 1649.

413. Articles (les) de la paix conclue et arrêtée à Ruel, le mercredi 11e mars 1649. *Saint-Germain-en-Laye,* 1649, 8 pages.

C'est le texte officiel. Il y en a une autre édition, également de Saint-Germain, également de huit pages, mais qui se distingue de celle-ci en ce qu'on a omis, entre la signature de Louis de Bourbon et celle de Molé, ces mots : *pour le parlement.*

Les articles sont dans les *Mémoires* de madame de Motteville, page 263, coll. Michaud.

414. Articles de la paix conclue et arrêtée à Ruel, le 11e mars 1649, (S. l. n. d.), 7 pages.

Texte avec les signatures.

415. Articles (les) de la paix de Bordeaux, apportés à Paris par un courrier extraordinaire, le mercredi 5 octobre 1650, avec les précédents, rendus à Son Altesse Royale par M. le comte de L'Hospital, du 4 dudit mois; ensemble d'autres particularités, avec l'entière défaite de deux régiments espagnols en la province de Champagne, et de cent cinquante prisonniers par M. de Villequier, l'un des généraux de l'armée du roi; extraits d'une lettre, écrite de Donchery, le 2 de ce mois d'octobre, à M. le Marquis de Coeuvres, à Laon. *Paris,* Anthoine Estienne, 1650, 8 pages.

416. Articles (les) de la paix, proposée à la cour par MM. les princes. *Paris*, Jean Loisel, 1652, 8 pages.

Mazarin éloigné! un conseil de douze personnes établi auprès du roi! le duc d'Orléans lieutenant général du royaume! le prince de Condé lieutenant général des armées! les sceaux rendus au chancelier ! Châteauneuf et Chavigny dans le conseil! quatre maréchaux de France désignés par les princes! le roi marié à Mademoiselle! Cela n'a pas été proposé.

L'article 18 a été vivement attaqué dans le libelle intitulé : *Les Intérêts des peuples représentés à Son Altesse Royale*, etc.

417. Articles (les) de la paix, proposés à Saint-Germain-en-Laye et envoyés à Son Altesse Royale par M. le duc de Rohan, le comte de Chavigny et Goulas, députés vers Sa Majesté, le 27. *Paris*, J. Le Gentil, 1652, 8 pages.

Il ne sont pas plus sérieux que les précédents.

418. Articles (les) des crimes capitaux, dont est accusé le cardinal Mazarin et desquels il se doit justifier. *Paris*, S. Le Porteur, 1652, 8 pages.

Pamphlet du très-petit nombre de ceux dont le titre est orné d'une sphère.

419*. Articles donnés par le comte d'Alais à MM. les députés des États de Languedoc, et la réponse d'iceux par l'Assemblée des cours souveraines et autres corps de la ville d'Aix. En juin 1649.

Bib. hist. 23005.
Extrait de la *Gazette*.

420*. Articles donnés (sur la fin de juillet) par le comte d'Alais au sieur d'Étampes, conseiller d'État, envoyé par Sa Majesté.

Bib. hist. 23124.
Extrait de la *Gazette*.

421. Articles (les) donnés par Son Altesse Royale à M. le prince, sur son départ de la ville de Paris, avec les

ordres qu'il lui a baillés pour le sujet de la paix. *Paris*, Laurent Toussaint, 1652, 7 pages. *Rare.*

Il s'agissait surtout de l'éloignement des troupes; mais je ne crois ni aux ordres ni aux articles.

422. Articles (les) du dernier traité fait entre nos seigneurs les princes de Condé, de Conty, les ducs de Nemours, de Richelieu, de la Trémouille, du Daugnon, et plusieurs autres seigneurs et officiers de la couronne, avec les très-illustres seigneurs le parlement et les jurats de la ville de Bordeaux, le 4e janvier 1652, contre les ennemis de l'Estat. (S. l.), jouxte la copie imprimée à *Bordeaux* par Guillaume La Court, 1652, 15 pages.

C'est une invention de quelque pamphlétaire ou de quelque imprimeur; et je serais très-disposé à croire qu'il n'y a pas même d'édition de Bordeaux. La plupart des articles existent dans toutes les publications du même genre.

423. Articles du traité accordées (*sic*) entre le duc de Lorraine et le cardinal Mazarin, pour retirer son armée d'avec celle de Son Altesse Royale. *Paris*, Jean Brunet, 1652, 8 pages.

C'est un des mille mensonges de la Fronde.

424. Articles et conditions dont Son Altesse Royale et monsieur le prince sont convenus, pour l'expulsion du cardinal Mazarin hors du royaume, en conséquence des déclarations du roi et des arrêts des parlements de France, intervenus sur icelles. *Paris*, 1652, 8 pages.

Datés du 24 janvier 1652 et signés Gaston, Charles Léon de Fiesque et Joseph de Gaucourt.

Ils ont été réimprimés à la suite des *Mémoires* de La Rochefoucauld, éd. de 1662 et autres.

425. Articles (les) et particularités du nouveau traité fait

et arrêté dans une maison, au delà du pont de Charenton, entre M. le prince de Condé et le duc de Lorraine, en présence de Son Altesse Royale, le 12 septembre 1652. *Paris*, Simon le Porteur, 1652, 8 pages.

Aussi peu vrais que les précédents.

426. Assemblée (l') de messieurs les princes, sur le sujet de la rupture du second traité de paix, conclu à Saint-Denys en France, le vingt-neuvième jour de juin, ensemble l'union formée et jurée entre eux, le premier jour de juillet 1652. *Paris*, Jean Brunet, 1652, 7 p.

Mensonge de la Fronde, qui prouve qu'il n'y avait de populaire alors que la paix. *Très-rare*.

427. Assemblée (l') des fripiers en la maison d'un officier de leur compagnie, pour adviser aux moyens de remédier à la cruauté de leur grand crime, suivant le *Monitoire*, qui se publie contr'eux par les paroisses de Paris, où, ne trouvant point de remèdes asseurés, un d'entr'eux, nommé Jean Laloué, s'est jetté dans un puits par désespoir; et aussi avec le refus de la somme d'argent, qu'ils ont offerte à Son Altesse Royale pour tascher d'estouffer cette action barbare. *Paris*, 1652, 7 pages.

Le titre en dit plus que la pièce; mais la pièce est très-rare. Voir le *Récit naïf et véritable*, etc.

428. Assurances (les) données par le roi pour la paix, sur la harangue, faite à Leurs Majestés par monseigneur le cardinal de Retz, servant d'apologie contre la médisance. *Paris*, Philippe Lambert, 1652, 7 pages.

429. Astrologue (l') burlesque. (S. l.), 1649, 11 pages.

Pamphlet mazariniste, qui avait pour but d'expliquer le voyage de Compiègne, après la paix de Saint-Germain.

430. Astrologue (l') françois, prédisant les événements singulier (*sic*) et universels des États et empires du monde, selon le changement des globes célestes dans la présente année astronomique. *Paris*, Claude Morlot, 1649, 8 pages.

431. Attaques (les) et prise de Charenton, la mort de M. de Clanleu, la blessure mortelle de M. de Châtillon, les plaintes et regrets qu'en fait M. le prince, et la réponse généreuse de M. de Châtillon à M. le prince avant mourir (*sic*). *Paris*, Robert Feugé, 1649, 8 pag.

432. Au prince du sang, surnommé la Cuirasse. (S. l. n. d.), 7 pages.

La *Cuirasse*, c'est le prince de Condé.

« Fais connoître à tous les François,
En les ôtant de tyrannie,
Que les princes, quoi qu'on en die,
Peuvent bien naître à treize mois. »

Insulte grossière, dont il y a d'autres exemples et qui ne pouvait tout au plus s'adresser qu'au père du prince.

La *Censure générale de tous les libelles diffamatoires* nous apprend que ce pamphlet a été publié en 1649, après la conclusion de la paix. Il a été réimprimé, en 1650, avec une addition et sous le titre de *Prédiction de l'année* 1649, etc.

433. Augure (l') favorable à la bonne ville de Paris, sur les affaires présentes, exprimé dans une ode latine et françoise, par J. L. M. M. *Paris*, Sébastien Martin, 1649, 7 pages.

Cet augure favorable, c'est l'inondation du mois de janvier, qui

« Marque la pénitence et l'orage appaisé. »

L'ode est suivie d'un sonnet, intitulé : *Prédiction du retour du roi.*

434. Autorité (l') des rois, des princes, des républiques

et des parlements, présenté au roi, dans la ville de de Pontoise, par un grand prélat. *Paris,* 1652, 31 pag.

Il n'est question ni de rois, ni de princes, ni de républiques; mais de Louis XIV tout seul, à qui l'auteur donne de bons conseils, exprimés en style un peu vulgaire. La pièce n'en est pas moins intéressante.

435. Aux fidèles du diocèse de Paris. (S. l., 1654), 3 pages in-folio.

Pour le cardinal de Retz, qui venait de recevoir le *pallium* des mains du pape.

436. Aux François fratricides, par un ecclésiastique: *Videte, ne ab invicem consumamini*. Galat., 5, 15. *Paris*, 1652, 15 pages.

437. Avant coureur (l') de la paix, par le retour du roy dans Paris. *Paris*, Antoine Chrestien, 1652, 8 pages.

438. Avant coureur (l') pour la délivrance de messieurs les princes de Condé, de Conty et duc de Longueville. (S. l.), 1651, 6 pages.

Deux parties, également insignifiantes (la *Seconde partie de l'Avant coureur,* etc.), publiées, toutes deux, à l'occasion des remontrances du parlement.

439. Avant courrier (l'). Je suis avant courrier, député de la Divinité, pour publier dans le ciel, témoigner à la mer et justifier à la terre les énormités que la mer et le ciel produisent. *Paris*, Nicolas de La Vigne, 1649, 8 pages.

Mélange affreux de prose et de vers.

Cela a pourtant été réimprimé, moins les vers, en 1652, sous le titre qui suit :

440. Avant courrier (l') de la cour, ou le Guidon françois, disant les vérités. *Paris,* 1652, 7 pages.

441. Avant courrier (l') infaillible de la paix. *Paris*, Mathieu Colombet, 1649, 8 pages.

442. Avantages (les) de la paix et de l'union de la ville de Paris, par le sieur B. *Paris*, Nicolas Pillon, 1649, 8 pages.

Il y a, de cet écrivain, deux autres pièces, publiées, l'une avant la paix et intitulée : *Les Sentiments du vrai citoyen*, etc., l'autre après la paix, sous le titre de *Les Délices de la paix*, etc. La première n'est signée que de l'initiale B.; la seconde l'est du nom de *Bertaut*. On en comprend aisément la raison : Bertaut n'était pas frondeur. Il défendait, il exaltait le premier président Molé et la paix. Tant que la Fronde fut maîtresse de Paris, il n'eut garde de lui livrer son nom. Après la paix, il n'avait plus rien à craindre.

443. Aventures d'un valet de chambre, envoyé par son maître faire compliment à une dame de Saint-Germain. *Paris*, Claude Morlot, 1649, 6 pages.

444. Avertissement[1] à Cohon, évêque de Dol et de Fraude, par les cuistres de l'Université de Paris. (S. l.), jouxte la copiè imprimée à *Douai*, 1649, 8 pages.

Écrit à propos de la *Lettre interceptée du sieur Cohon*, etc. (16 février 1649).

445. Avertissement à messieurs les notables bourgeois de Paris, contenant l'explication des prodiges, qui doivent arriver en France, l'année prochaine 1653, douzième partie. *Paris*, Jacques Papillion, et chez l'auteur, 1652, 16 pages.

Le dernier *Avertissement* de J. Mengau (Voy. l'article qui suit). Il annonce, pour 1653, débordements de rivières, grêle, tremblements de terre, guerre, peste, famine, etc.

Il y a eu, en 1652, trois éclipses : la première de lune, le 24 mars; la seconde de soleil, le 7 avril; la troisième de lune, le 17 sep-

[1] On trouve, dans les titres des pamphlets qui vont suivre, tantôt *Advertissement* et tantôt *Avertissement*. J'ai pensé que, pour la commodité des recherches, il fallait choisir entre ces deux orthographes ; et j'ai préféré la dernière, parce qu'elle est seule en usage aujourd'hui.

J'en ai fait autant et par la même raison pour le mot *Avis*.

tembre. C'était signe de mortalité. Aussi Mengau affirme que, de Pâques au mois d'août, il est mort, dans les hôpitaux de Paris, quatre-vingt-dix mille personnes, sans compter celles qui sont mortes chez elles.

C'est beaucoup, sans doute. Voici pourtant ce qu'on lit dans la trente-cinquième lettre du livre IIIe de la *Muse historique*, 1er septembre 1652 :

> « Le nombre est fort grand des malades ;
> Et l'on ne voit à tous moments
> Que quantité d'enterrements
> De gens morts de la fièvre chaude...
> De plus ces maux originels,
> Hérités des flancs maternels,
> Savoir la petite vérole
> Et pareillement la rougeole,
> S'épandent dans tous les quartiers. »

446. Avertissement, à messieurs les prévost des marchands et eschevins de la ville de Paris, sur la fuite et le retour funeste du cardinal Mazarin, prédit par Michel Nostradamus. *Paris*, J. Boucher, 1651, 20 pages, avec un portrait de Nostradamus, gravé en bois sur le titre.

La pièce est précédée d'une *Lettre d'avertissement et de présentation*, signée J. M. (Jacques Mengau).

Ce Mengau était professeur ès mathématiques [1]. Il avait obtenu, le 10 mai 1649, un privilége général pour toutes ses œuvres, spécial pour le « Dictionnaire, servant à l'explication des mots les plus difficiles, desquels les anciens cosmographes, géographes et astronomes ont parlé fort obscurément, soit par énigmes, paraboles, emblêmes que par figures. » Il en profita, en 1651 et en 1652, pour publier douze pièces de rêveries astrologiques, qui ne laissèrent pourtant pas que de faire assez de bruit.

[1] Est-ce de lui qu'il est parlé dans ces vers de la *Rimaille sur les plus célèbres bibliotières de Paris* (1649) :

> « Mangot..... Gonin
> Fournissent le Zoar Rabbin. »

On verra plus loin que l'auteur du *Stratagème* écrit *Mangot* au lieu de Mengau.

Mancini dit à son oncle, dans l'*Apparition, au cardinal Mazarin dans Bouillon, de l'ombre de son neveu, Manchini :*

« Tu peux, toi mesme, estre un jour pape.
Et Mengau l'a-t-il pas prédit?
Mais ses prédictions vaines
Semblent estre fort incertaines.
On ne les croit pas volontiers. »

L'auteur du *Stratagesme* est blessé des grandeurs promises à Mazarin :

« .... Fera mentir ce magot
Qui, portant le nom de Mangot,
Tient vostre grande destinée
Au seul Mazarin enchaisnée.
Sire, c'est ce fameux devin,
Qui, glosant sur vostre destin,
Jure qu'avez une horoscope
La plus heureuse de l'Europe.
Il dit que serez empereur....
Mais que Mazarin, estant pape,
En nous bravant, rira sous cape. »

Dans le *Paquet de Mazarin*, il est dit que le roi consentit au départ du cardinal, après les remontrances du parlement de Pontoise, parce qu'il avait lu dans Nostradamus que, devenu pape, il le couronnerait empereur. Mazarin emportait dans son paquet la prophétie de Mengau.

Sandricourt parle trois fois de Mengau, dans *la Descente du politique lutin aux enfers*, dans la *Quatrième et dernière partie du Censeur du temps* et dans *Pasquin et Marforio*. Il ne s'était pas contenté de le lire; il avait voulu le voir et l'entendre. Il l'avait donc visité rue de l'Arbre-Sec, chez M. Bastié, orfévre; mais il ne raconte rien de leur entrevue. Seulement il accuse Mengau d'être intéressé, c'est-à-dire de recevoir de l'argent, apparemment du cardinal Mazarin.

Les douze pamphlets de Mengau sont : L'*Avertissement.... sur la fuite et le retour funeste du cardinal Mazarin*, etc., qui est le premier; le *Second*, le *Troisième*, le *Sixième* avertissements; l'*Avertissement contenant l'explication de l'éclipse*, qui est le cinquième; l'*Avertissement à nos seigneurs les protecteurs de la cause juste*, etc., le septième; l'*Avertissement aux bons François sur ce qui doit arriver devant la ville d'Étampes*, etc., le huitième; l'*Avertissement sur la sanglante bataille*, etc., le neuvième; l'*Avertissement à messieurs les notables bourgeois de Paris*, etc., le douzième et dernier; le *Cistéme général ou Révolution du monde*, etc., qui a paru le quatrième; l'*Horoscope impérial* et la *Révolution impériale de Louis XIV*, qui sont les dixième et onzième.

Tous les pamphlets de Mengau sont rares. Je ne crois pas qu'il en existe, nulle part, une collection complète. Ils sont d'ailleurs curieux. On va voir comment :

Dans son premier avertissement, qui est du mois d'avril 1651, Mengau prédit le retour du cardinal Mazarin, à la tête d'une armée, avec le titre de général, que lui donnent en effet tous les pamphlétaires.

Dans le second, il prédit la guerre de Guyenne.... Mais causée par une descente des Anglais ! Il entre, à ce sujet, dans les détails les plus minutieux. Par exemple, il raconte que les Anglais, vainqueurs d'abord, appelleront la Guyenne *Anglequitaine;* mais les Français lui donneront, à leur tour, le nom de Barbaxitane. Voici pourquoi : « D'autant que le général anglois aura une grande barbe, lequel, perdant la bataille, s'enfuira dans une caverne, où l'on renferme les chèvres; si bien qu'on le fera prisonnier; et on l'attachera par la barbe, comme un bouc par les cornes. Pour lors on dira : *Barbaxitane*, je tiens l'Anglois par la barbe, prenant la partie pour le tout. »

« Par le loup, il entend parler des Anglais ou de l'Angleterre, d'autant qu'en Angleterre, il n'y a pas de loup. » Je ne m'étonne plus que Mengau ait vu tant de choses dans Nostradamus.

Il y a vu... « un serpenteau qui fut trouvé dans la chambre de la reine, le jour de la naissance de Louis XIV. On l'avait apporté dans un fagot qu'on mit dans le feu pour chauffer les langes du nouveau-né. » *Troisième avertissement*.

Mengau raconte, dans le *Sixième avertissement*, qu'il présenta le second au duc d'Orléans, qui lui répondit, sur la guerre de Guyenne : « Je ne le crois pas. » Cela se comprend.

Cependant il lui est arrivé de faire de bien remarquables rencontres. Ainsi, dans l'*Horoscope impérial*, il annonce que Louis XIV « a été donné pour renouveler la France de nouvelles constitutions, corriger les abus qui s'y commettent, et pour extirper les hérésies. » Qui empêche de voir là les ordonnances civile et criminelle et la révocation de l'édit de Nantes?

Un peu plus loin, Mengau trouve, dans le 49e sixain de la 11e centurie, le mariage du roi avec Marie-Thérèse d'Autriche. « Nous inférons de là, dit-il, comme Sa Majesté sera mariée avec la fille d'Espagne par l'entremise d'un ami. Quand je dirois que ce sera par l'entremise de M. le cardinal, je ne me tromperois point. On a beau dire : « le cardinal s'en va. » Il est vrai, il s'en va. Ce n'est pas à dire qu'il ne gouverne toujours et tout ainsi qu'il faisoit autrefois. Son génie estant auprès du roi, je vous laisse à penser qu'est-ce qu'il ne fera pas à son aveu. » Voilà certes qui est net et précis. Malheureusement Mengau avait, dans son *troisième avertissement*, promis la paix générale pour 1656 ou 1657 au plus tard.

J'ai vu, dans la collection de M. Paulin Paris, un exemplaire du second avertissement *jouxte la copie imprimée chez Jean Boucher*. Le portrait de Nostradamus, sur le titre, est plus petit et d'une apparence plus jeune.

Boucher n'a imprimé que les deux premiers avertissements, Mengau ne lui ayant pas pardonné d'avoir écrit qu'il était substitué au privilége de l'auteur pour dix ans. Les autres sont sortis des presses de Brunet, de François Huart, de Papillon et de Pétrinal.

Les neuf premiers avertissements ont été réunis en un volume in-8°, sous le titre de : *Les Vraies centuries de Me Michel Nostradamus*, etc.; et, dans cette forme encore, ils sont rares.

447. Avertissement à messieurs les prévost des marchands et eschevins de la ville de Paris, contenant l'explication de l'éclipse qui se doit faire le huitiesme jour d'avril de la présente année, et autres choses qui doivent arriver à la poursuite du cardinal Mazarin, avec le dénombrement des villes qui seront investies ou vexés (*sic*) par les gens de guerre, prédit par Michel Nostradamus. *Paris*, Jean Pétrinal, 1652, 15 pages.

C'est le cinquième *Avertissement* de Jacques Mengau.

L'éclipse présageait « la guerre, la famine et la rénovation des lois en France. »

Entre les *autres choses qui devaient arriver à la poursuite du cardinal Mazarin*, il faut remarquer celles-ci : Le cardinal sortirait de France, serait élu pape et couronnerait Louis XIV, comme empereur, à Savone ! Mengau était si sûr de ce dernier événement qu'il n'hésita pas à le prédire encore une fois, quelques semaines plus tard, dans le *Cistéme général ou révolution du monde*, etc.

Tours, Orléans, Blois, Angers, Rennes et Nantes étaient les villes menacées par l'éclipse.

448. Avertissement à nos seigneurs les protecteurs de la cause juste, le parlement de Paris, contenant le changement et rénovation de paix, prédit par Michel Nostradamus, septième partie. *Paris*, François Huart, et chez l'auteur, 1652, 19 pages.

J. Mengau.

« Depuis qu'il n'y a plus de croix sur les monnoies, les démons entrent plus aisément dans le palais des rois. »

449. Avertissement aux bons bourgeois, sur le sujet de la conférence pour la conclusion de la paix générale et particulière, avec l'exil perpétuel du cardinal Mazarin. Jouxte le placard affiché le mai 1652. *Paris*, Nicolas Vivenay, 1652, 8 pages.

Explications sur la députation de Chavigny et de Goulas à Saint-Germain. Vivenay était l'imprimeur ordinaire du prince de Condé. Ces explications sont donc officielles ; mais elles n'en sont pas plus véridiques.

Il y a une *Réponse* des bourgeois.

Le père Lelong dit : aux bons *François*, au lieu de : aux bons *bourgeois ;* mais c'est une erreur.

450. Avertissement aux bons François, sur ce qui doit arriver devant la ville d'Estempes (*sic*), prédit par Mi-

chel Nostradamus, huictiesme partie. *Paris,* François Huart et chez l'auteur, 1652, 7 pages.

Jacques Mengau.

L'armée du roi devait être battue dans la forêt de Tourfou. Le commentateur de Nostradamus n'avait pas voulu le dire trop tôt, de peur de nuire au stratagème, imaginé par le duc de Beaufort, pour amener la bataille et déterminer la victoire.

451. Avertissement aux bourgeois de Paris, pour les obliger à retirer le roi des mains du cardinal Mazarin, comme étant le plus insigne magicien qui ait paru en France. *Paris*, 1652, 6 pages.

452. Avertissement aux maires, échevins, capitouls, jurats, consuls et magistrats populaires des villes du royaume par les bourgeois et habitants de la ville de Paris, servant d'éclaircissement à la lettre circulaire à eux envoyée par le prévôt des marchands et échevins. *Paris,* veuve J. Guillemot, 1652, 8 pages.

Daté du 8 août 1652. Une des pièces importantes qui ont été publiées alors pour la cause des princes.

453. Avertissements aux rois et aux princes, pour le traité de la paix et le sujet de la mort du roi de la Grande-Bretagne. *Paris,* veuve André Musnier, 1649, 8 pages. *Rare.*

L'auteur a dédié son pamphlet au duc de Beaufort, à qui il devait, dit-il, la liberté de sa personne. « O roi, je vous parle par écrit, après avoir eu l'honneur de vous parler, autrefois, de bouche. »

Est-il vrai que, pendant la prison du duc de Beaufort, le roi Charles Ier ait demandé ce prince, pour lui donner le commandement de son armée ?

454. Avertissement charitable à M. Cohon, évêque de

Dol en Bretagne et de Fraude en Guyenne. S. l. n. d., 4 pages.

Sonnet daté de Saint-André de Bordeaux, le 9 octobre 1650. Il est suivi d'un quatrain et de deux distiques latins contre Cohon.

455. Avertissement désintéressé d'un François à sa patrie. (S. l. n. d.), 13 pages.

Bonne et rare. L'auteur soutient que les sujets ne peuvent jamais s'armer contre le prince.

456. Avertissement, envoyé aux provinces pour le grand soulagement du peuple, sur la déclaration de monseigneur le duc d'Orléans, lieutenant-général du roi par toute la France, pays, terres et seigneuries de son obéissance. *Paris*, Samuel de Larru, 1652, 23 pages.

Ce pamphlet, qui a été publié en vertu d'une permission spéciale, contient le programme des plus larges réformes : réduction des tailles à neuf millions, dispense pour les campagnes pendant trois ans, rappel des intendants de justice, convocation des États généraux à Paris, cahiers reçus pour lois, organisation d'une milice avec des officiers élus, etc. Que ne promettait-on pas au peuple ?

Il est à remarquer, cependant, qu'on ne touchait aux priviléges d'aucune classe, d'aucune corporation. C'était l'autorité royale qui faisait les frais de la guerre.

L'*Avertissement* est une sorte de charte, où tout est réglé, même le prix du sel et du charbon.

Ajoutons que les exemplaires n'en sont pas communs ; et nous aurons donné toutes les raisons, qui doivent le faire rechercher.

457. Avertissement fait par M. de Châtillon, revenu des Champs-Elysées, à M. le prince de Condé, à Saint-Germain-en-Laye. *Paris*, Claude Morlot, 1649, 8 pages.

Il n'y a pas d'événement de la Fronde qui soit devenu le texte d'autant de pamphlets que la mort du duc de Châtillon L'*Avertissement* a été réimprimé, à Rouen, par Robert Daré, à la suite des *Avis héroïques et importants*, etc., 1649. (5 14)

458. Avertissement politique au roi. *Paris*, 1649, 8 pages.

Après la paix.

459. Avertissement, pour Mademoiselle, à l'archiduc Léopold, touchant le parti qu'il doit prendre. *Paris*, 1649, 7 pages.

Lettre supposée de Mademoiselle à l'archiduc.

460. Avertissement salutaire, donné aux bourgeois de Paris, contre les fourbes secrètes des ennemis de leur repos et de leurs familles. (S. l.), 1650, 6 pages.

Le duc d'Orléans avait fait, dans le parlement, ses propositions pour la paix de Bordeaux. L'auteur attaque vigoureusement les partisans des princes, qui sont défendus avec bien plus d'habileté dans l'*Apologie des bons François*, etc.

461. Avertissement sur la sanglante bataille, qui se doit faire, dans peu de temps d'ici, entre l'armée mazarine et celle de nos seigneurs les princes, prédit par Michel Nostradamus, neuvième prédiction. *Paris*, Claude Le Roy, et chez l'auteur, 1652, 8 pages.

Encore de J. Mengau. L'auteur donne cet *Avertissement*, comme son adieu; cependant il en publiera encore trois.

462. Avertissement très-important et très-utile au public, touchant le retour du sieur d'Émery, avec l'arrêt de la cour contre Jean Particelly, banqueroutier et faussaire, et autres complices, du 9 avril 1620. (S. l.), 1649, 23 pages.

Conrart nous apprend, page 609 de ses *Mémoires*, coll. Michaud, que le président de Maisons et le marquis de La Vieuville étaient accusés d'avoir fait faire ce pamphlet, dans lequel d'Émery est traité comme il pouvait l'être par des envieux de sa fortune.

Peut-être est-ce pour l'*Avertissement* que Vivenay a été mis en prison et condamné à cinq ans de galères, au commencement de novembre 1649. Au moins, Guy Patin dit qu'il distribuait quelques papiers diffamatoires contre d'Émery, quand il fut surpris et arrêté par les agents du lieutenant civil (*Lettres à Spon*, 1er vol., p. 250). La sentence de condamnation avait été portée par le Châtelet, sauf appel; et je ne vois pas qu'il ait été statué par le parlement.

463. Avertissements charitables faits à Mazarin par son bon ange, par N. S. B. D. C. Beausseron. *Paris*, veuve Théod. Pépingué et Est. Maucroix, 1649, 8 pages.

Cette détestable pièce se termine par sept vers plus détestables encore.

464. Aveuglement (l') de la France découvert par un désintéressé, J. E. D. Ch. *Paris*, Louis et François Pousset, 1652, 8 pages.

465. Aveuglement de la France depuis la minorité. (S. l. n. d.), 31 pages.

Trois parties, qui se divisent : la première en 15 chapitres, la seconde en 10, la troisième en 15. Les deux premières ont 31 pages chacune; la troisième en a 32. La seconde est datée de 1650; la troisième de 1651. Les deux premières ont été écrites pendant la prison des princes ; la troisième, après leur mise en liberté. Enfin, les deux premières sont de Dubosc Montandré ; la troisième, d'un anonyme « qui n'a pris la plume que parce que l'auteur des deux premières parties n'avoit pas poursuivi sa pointe. »

Il y a une réponse intitulée : *Avis à la reine d'Angleterre et à la France*, etc.

466. Aveuglement des esprits de ce temps : discours qui sert de réponse à toutes les pièces qui choquent l'État et qui peuvent retarder le retour du roi à Paris. *Paris*, Nicolas Jacquard, 1649, 14 pages.

Les libelles que l'auteur combat avec plus de zèle que de talent, sont : « les *Soupirs françois sur la paix italienne ;* la *Requête civile contre la conclusion de la paix;* l'*Avis au parlement;* le libelle contre la députation du parlement au prince de Condé (*Discours sur la députation*, etc.); la *Vérité cachée*; les *Entretiens secrets* (du roi, de la reine et du duc d'Anjou); la *Barbe du premier président*. »

467. Aveuglement (l') des Parisiens, faisant voir qu'ils sont bien aveugles de ne pas voir : 1° que la cour ne veut pas la paix, quelque montre qu'elle fasse du contraire; 2° qu'ils ne peuvent point espérer cette paix, si la cour a le dessus; 3° qu'ils peuvent terminer les troubles, s'ils s'entendent avec les princes; et qu'ils prolongent ces mêmes troubles, s'ils s'entendent avec la cour; 4° qu'ils sont plus obligés aux princes qu'à la reine, ou qu'ils ne peuvent se passer des princes et qu'ils peuvent se passer de la reine; 5° que la reine en veut à Paris, et que, pour faire triompher cette haine, elle veut premièrement se défaire des princes; 6° que la reine fait reconnoître cette haine par le peu de cas qu'elle fait de nos conquêtes de Catalogne, de Flandre et d'Italie; 7° que la reine dispose tout à une désolation générale par la mauvaise éducation et par les mauvais principes qu'elle inspire au roi son fils. (S. l. n. d.), 71 pages.

Publié le 18 septembre 1652. C'est un des pamphlets de Dubosc Montandré; et ce n'est pas le plus mauvais.

468. Aveuglement (l') du conseil d'État du roi, avec les raisons pourquoi on doit refuser leur loi d'amnistie. (S. l. n. d.), 24 pages.

Cette loi d'amnistie est celle dont parle le père Berthod, p. 592 de ses *Mémoires*, coll. Michaud, et qui fut remise à M. de Beauvais par le sieur de Poix. « M. de Beauvais fit imprimer l'amnistie, sans en parler à personne, et en donna quantité de copies à un homme, pour les afficher dans les carrefours; mais cet homme fut pris par un conseiller, que M. le prince avoit mis au guet, et mené prisonnier dans la Conciergerie avec tous ces imprimés. » Cela se passait le 27 septembre 1652.

« Ne savez-vous pas bien, dit l'auteur de l'*Aveuglement du con-*

seil d'État, que le roi ne peut équitablement contracter avec son peuple que par le ministère de son parlement. » Voilà pour les opinions.

Voici pour le style : « Si les Parisiens abandonnoient les princes et le parlement, ils ne seroient plus que des Samsons, privés de toute espèce de chevelure. »

469. Aveuglement (l') du conseil de Sa Majesté, dans les fausses prétentions qu'il a de pouvoir justifier le rétablissement de Mazarin, sur le prétexte de rétablir, par le même moyen, l'autorité souveraine. (S. l. n. d.), 14 pages.

Le titre indique assez que ce pauvre libelle est de 1652.

470. Aveuglement (l') et mélancolie de Mazarin, présenté à monseigneur de La Mothe Houdancourt, avec un éloge sur ses triomphes et conquêtes, par le sieur N. R. Bossancourois. *Paris*, veuve J. Remy, 1649, 7 pages.

471. Avis à la reine d'Angleterre et à la France, pour servir de réponse à l'auteur qui en a représenté l'aveuglement. (S. l.), 1650, 7 pages.

C'est ici le pamphlet le plus audacieux de la Fronde. L'auteur a des idées très-*avancées* sur le régicide. Il pense que les Anglais pourraient aider les Français à chasser leurs tyrans. On ne trouverait pas, deux fois, l'expression d'une opinion pareille.

472. Avis à la reine, sur la conférence de Ruel. *Paris*, Robert Sara, 1649, 4 pages.

Signé E. B.

Ce n'est pas sans raison que Naudé, p. 11 du *Mascurat*, le met au nombre des pièces « soutenues et raisonnées. » Il n'y a peut-être rien de cette force, surtout de cette hardiesse, au temps de la conférence.

« Le sujet, armé contre son souverain, devient son égal. »

« Jusqu'ici le roi règne paisiblement ; Votre Majesté est régente ; et Paris en état et en volonté et même en impatience de revoir l'un et l'autre. Il ne faut qu'un moment et une résolution mal prise pour renverser toutes ces choses. »

Naudé attribue cette pièce à l'abbé de Chambon, frère de Du Châtelet.

473. Avis à messieurs du parlement, sur la continuation de la trève et suspension d'armes. *Paris*, Michel Métayer, 1649, 6 pages.

« Depuis le commencement de la trève, 1,500 hommes des troupes parlementaires ont pris parti dans l'armée du roi. »

474. Avis à messieurs les notables, convoqués à présent en assemblée de l'Hôtel-de-Ville de Paris, pour l'expulsion du cardinal Mazarin. (S. l.), 1652, 16 pages.

Pièce curieuse et rare, dans laquelle l'auteur établit que la guerre doit coûter aux Parisiens un million cinq cent soixante livres par mois.

475. Avis à M. le cardinal Mazarin, sur le sujet de sa sortie hors le royaume de France. *Paris*, Gervais Alliot et Jacques Langlois, 1649, 8 pages.

476. Avis à nos seigneurs du parlement, sur la vente de la bibliothèque de monsieur le cardinal Mazarin. (S. l. n. d.), 4 pages.

Signé G. N. P. (Gabriel Naudé, Parisien.) La date doit être de 1652.

M. le comte Léon de Laborde l'a publiée dans les notes (p. 251) de son excellent ouvrage sur le palais Mazarin.

477. Avis à tous les peuples de France, sur le manifeste publié sous le nom de monsieur le Prince. (S. l. n. d.), 8 pages.

On sait que le *Manifeste de M. le Prince* est de Mathieu du Bos.

478. Avis au maréchal de Turenne, sur son traité avec

les ennemis de l'État. *Paris*, Pierre Variquet, 1650, 24 pages.

C'est peut-être ici qu'on a imprimé, pour la première fois ce, mot du cardinal Mazarin sur Turenne : « Il faut les efforts de plus d'un siècle pour produire un pareil homme. » L'auteur ajoute qu'à cause de cela on appelait Turenne la maîtresse de Mazarin.

L'*Avis* n'est pas d'un frondeur.

479. Avis au peuple, sur les calomnies contre M. le Prince. *Paris*, Nicolas Vivenay, 1651, 8 pages.

Il y en eut bientôt un second, intitulé : *Second avis sur les calomnies contre M. le Prince,* également chez Vivenay.

Ce sont des explications que le prince de Condé faisait donner sur sa rencontre avec le carrosse du roi, dans le Cours de la Reine, sur sa visite à Mademoiselle, sur une augmentation de la garnison espagnole de Stenay, sur son refus de joindre son armée à celle du roi. Le peuple pensait, comme le premier président, que le prince de Condé semblait vouloir élever autel contre autel ; et il en murmurait.

480. Avis aux bons et fidèles serviteurs du roi, les bourgeois de Paris, de demander et qu'il plaise

Au parlement et à l'échevinage, supplier le roi

D'ordonner, aux bourgeois, de prendre les armes pour son entrée dans Paris ;

De faire sa demeure au Louvre ;

D'employer les revenus des biens et bénéfices de Mazarin à payer les ouvriers, qui achèveront ledit Louvre ;

D'agréer le duc d'Elbeuf pour gouverneur de Paris, etc.

C'est la copie d'un placard (S. l. n. d.), 3 pages.

L'auteur suppose que Mazarin se retirera, en exécution du dernier arrêt du parlement ; ce qui donne la date de janvier 1649.

481. Avis aux bons François. (S. l., 1649), 8 pages.

Contre les libelles et les libellistes. Ce pamphlet n'est pas mauvais; et il est rare.

482. Avis aux bourgeois de Paris, pour la conservation de leurs personnes et de leurs familles. *Paris*, Claude Morlot, 1649, 7 pages.

Ce sont des conseils pour se garantir ou se guérir de la peste. Est-ce qu'on la craignait?

483. Avis aux bourgeois de Paris, sur une levée de gens de guerre, ou raisons pour lesquelles il est plus expédient de faire présentement des recrues, tant cavalerie qu'infanterie, des troupes de l'armée de monseigneur le duc d'Orléans et de M. le Prince que de nouvelles troupes, avec la réponse aux objections contraires. *Paris*, André Chouqueux, 1652, 4 pages.

484. Avis aux cours souveraines. (S. l., 1651), 8 pag. *Très-rare*.

Bonne critique de la situation financière, dirigée en partie contre le marquis de La Vieuville.

L'auteur voudrait que les financiers, en entrant en charge, remissent au roi un inventaire de leur bien, signé et certifié.

485. Avis aux Flamens (*sic*), sur le traité que les Espagnols ont fait avec la duchesse de Longueville et le maréchal de Turenne. (S. l.), 1650, 12 pages.

Cette pièce est de Silhon, qui l'a fait réimprimer à la suite de ses *Éclaircissements de quelques difficultés touchant l'administration du cardinal Mazarin*.

Davenne y a répondu dans la *Lettre particulière de cachet, envoyée par la reine régente à Messieurs du parlement*, etc.

J'en ai vu une édition en plus gros caractères et de 16 pages, qui ne porte au titre que ces mots : *Avis aux Flamens*.

486. Avis aux gens de bien. (S. l., 1651), 6 pages.

Sur la retraite du prince de Condé à Saint-Maur.

Cette pièce a été suivie du *Second avertissement aux Parisiens*, de la *Troisième affiche, apposée à Paris,* dont il y a deux éditions, et enfin de *Le prince de Condé aux bons bourgeois de Paris,* qui n'est que la reproduction de la seconde moitié de la *Troisième affiche*. Ce ne sont ici que les copies des placards.

487. Avis aux grands de la terre, sur le peu d'assurance qu'ils doivent avoir en leurs grandeurs, dédié aux conservateurs de leur vie. *Paris*, veuve d'Anthoine Coulon, 1649, 11 pages.

Naudé, p. 195 du *Mascurat,* le cite parmi les pièces qui *partent d'une plume violente*. Il l'attribue à un curé, qui serait auteur du *Théologien politique*, du *Courtisan qui déclare ce qui est de l'autorité royale*, de la *France languissante*, etc. Quand j'ajouterais que ce curé était ami de Mathurin Questier, on n'en tirerait pas de grandes lumières; mais il ne sera peut-être pas inutile de rappeler que M. Brousse, curé de Saint-Roch, était un des partisans les plus dévoués du coadjuteur. L'archevêque de Paris se crut obligé de lui interdire la chaire dans le carême de 1650. Voir la *Lettre de M. Brousse, docteur en théologie,* etc.

Ce qui pourra donner quelque autorité à nos conjectures, c'est que Naudé attribue au même curé *quatre ou cinq lettres*. Or, j'ai trouvé, sur le titre de la *Lettre d'un religieux envoyée à M. le prince de Condé, à Saint-Germain-en-Laye,* etc. (VIIe vol., 2e coll. de la Bibliothèque Sainte-Geneviève), cette mention, d'une écriture du temps : « L'auteur est M. Brousse, curé de Saint-Roch, rue Saint-Honoré. »

Je montrerai, à l'article du *Théologien politique*, quelles étaient les doctrines de cet écrivain.

488. Avis aux malheureux. (S. l. n. d.), 7 pages.

De 1652, après le combat de la porte Saint-Antoine.

La *Réponse d'un malheureux au cardinal de Retz,* etc., attribue cette pièce au coadjuteur; et ce n'est peut-être pas sans raison. Au moins, l'*Avis* est-il écrit avec une grande habileté et une grande vigueur.

On y a répondu, sous le nom de Scarron, par *le Cœur des princes entre les mains de Dieu*, etc.

489. Avis aux Parisiens.

Il y a, sous ce titre, trois pièces. La première est un placard in-4°, affiché le 4 novembre 1650 et dans lequel Mazarin est accusé d'avoir empoisonné le duc de Beaufort; la seconde, un placard in-folio, relatif à une prétendue conspiration des habitants de Libourne contre le prince de Condé. L'auteur propose, par occasion, de raser les maisons de D'Elbeuf, d'Hocquincourt, de La Ferté Senneterre, d'Aumont, Le Tellier, Servient, de Lyonne, de Chevreuse, d'Harcourt, de La Vieuville, d'Ampus, de la princesse Palatine, de Manican, de Guénégaud, de Grandpré, etc.

La troisième, enfin, est une copie du placard par lequel est annoncée l'arrivée de M. le Prince à Paris, après le combat de Bleneau. Elle porte au titre : Paris, jouxte la copie imprimée, 1652, 7 pages. Il en existe une autre édition, où Parisiens est écrit *Parissiens*, et qui n'a que 6 pages. Le placard avait été affiché, le mardi de Pâques. Voir l'*Avis important et nécessaire donné aux Parisiens par le duc de Beaufort.*

490. Avis aux Parisiens, pour la conservation de M. le duc de Beaufort. (S. l.), 1650, 8 pages.

Cette pièce est relative à l'affaire du jardin de Renard.

491. Avis aux Parisiens, servant de réponse aux impostures du cardinal Mazarin. (S. l.), 1650. 31 pages.

C'est une réponse à la *Lettre du roi sur la détention des princes*. Elle n'est certes pas sans mérite. Guy Patin la cite sous le titre d'*Avis au peuple*, dans sa lettre du 24 mai 1650, à Charles Spon.

492. Avis aux Parisiens, sur la descente de la châsse de sainte Geneviève et la procession qui se doit faire, pour demander la paix, par un curé de la ville de Paris. *Paris*, 1652, 22 pages. *Très-rare.*

L'auteur est Antoine Godeau, évêque de Grasse et de Vence,

qui a composé également l'*Hymne de sainte Geneviève* et dont on avait publié, en 1651, une *Remontrance du clergé de France*, etc. L'*Avis* a été reproduit dans le tome II de ses œuvres en prose.

493. Avis aux partisans, maltôtiers, monopoleurs et fermiers de ce royaume, trouvé dans le cabinet du sieur d'Émery, après sa mort. *Paris*, 1650, 24 pages.

C'est une seconde édition, revue et abrégée, de la *Description des vies, mœurs et façons de faire des péagers*, etc. n° 1059

494. Avis burlesque du cheval de Mazarin à son maître. *Paris*, veuve Musnier, 1649, 8 pages.

Il y a assez d'esprit et de libertinage pour en faire une des pièces les plus curieuses de la Fronde.

495. Avis charitables et burlesques aux religieuses réfugiés (*sic*) dans Paris, sur leurs occupations ordinaires. *Paris*, 1652, 12 pages. *Rare*.

Il ne faut pas juger trop sévèrement cette pièce sur le titre.

496. Avis chrétien et politique à Charles II, roi de la Grande-Bretagne. *Paris*, veuve J. Remy, 1649, 20 p.

497. Avis d'Angleterre, envoyé en France par les communes de Londres, au cardinal Mazarin, lui représentant l'histoire de Gaverston, favori d'un de leurs rois, et les malheurs qui lui sont arrivés, sur le même sujet d'une guerre qu'il exerce aujourd'hui. *Paris*, 1652, 14 pages.

Cette histoire de Gaverston est empruntée à un pamphlet de 1588, intitulé : « *Histoire tragique et mémorable de Gaverston, jadis le mignon d'Édouard II, dédiée au duc d'Épernon*. Elle avait déjà été mise en vers burlesques, sous le titre de *Portrait des favoris*, 1649.

Il y a une réponse qui s'intitule : *Pièce justificative du cardinal Mazarin*, etc.

498. Avis d'État à la reine, sur le gouvernement de sa régence. (S. l.), 1649, 30 pages.

Il est rangé par Naudé, p. 11 du *Mascurat*, parmi les pièces « soutenues et raisonnées. »

499. Avis d'État à monsieur le Prince, pour la sûreté de sa personne et de sa vie, et pour l'augmentation de sa gloire. *Paris*, 1649, 15 pages.

Après la paix.

500. Avis d'importance, envoyé au cardinal Mazarin, portant conseil de se déguiser avant que de venir à Paris. *Paris*, 1652, 7 pages.

Daté du bureau de la Fronde. Plus de libertinage encore que d'esprit.

501. Avis d'un bon père hermite, donné à un autre sur les malheurs du temps. *Paris*, Claude Huot, 1649, 8 pages.

502. Avis d'un bourgeois véritablement désintéressé à ses confrères, sur les affaires présentes. *Paris*, 1652, 7 pages. *Rare*.

503. Avis d'un hermite solitaire à Mazarin, sur les conspirations qu'il a faites contre nos seigneurs de Beaufort et de Vendôme. *Paris*, François Musnier, 1649, 7 pages.

504. Avis d'un religieux contre les faiseurs de libelles diffamatoires, touchant l'emprisonnement des princes et affaires du temps. *Paris*, Guill. Sassier, 1650, 8 p.

Signé F. D. F. (François Davenne de Fleurance.)

505. Avis de l'âme du maréchal d'Ancre à l'esprit du cardinal Mazarin, touchant la résolution qu'il doit

prendre sur les troubles, qu'il a nouvellement suscités en France.

« Les véritables morts en la grâce conseilloient Saül pour le perdre, vu qu'il avoit mis toute sa confiance en des hommes vaillants et aguerris, et qu'il ne consultoit que des démons et des sorciers. » I SAM., 13, 2, 28, 7 et 8. *Paris*, Pierre Variquet, 1649, 8 pag.

506. Avis de monseigneur le coadjuteur, prononcé au parlement, pour l'éloignement des créatures du cardinal Mazarin, le 12 juillet 1651. *Paris*, veuve J. Guillemot, 1651, 8 pages.

Il est reproduit en entier dans le *Journal du parlement*, et dans les *Mémoires* du cardinal de Retz, p. 283, coll. Michaud.

Le cardinal dit, p. 284, que c'est lui-même qui l'a fait publier, après s'en être concerté avec la reine.

507. Avis de M. le maréchal de Turenne et de M. de Villeroy, présenté à Son Altesse Royale et à M. le Prince, sur les affaires présentes. *Paris*, Jean Guérard, 1652, 7 pages.

Il n'y a pas un mot de Villeroy ni de Turenne.

508. Avis de monsieur le Prince à messieurs du parlement, contenant les particularités de la bataille qu'il a gagnée, et le sujet de sa venue en leur assemblée. *Paris*, Jacob Chevalier, 1652, 7 pages.

Il s'agit du combat de Bleneau, dont l'auteur ne raconte pas la moindre particularité.

509. Avis des bourgeois de Paris, donné à messieurs les princes au sortir de la maison de ville, pour chasser tous les Mazarins hors de la ville. *Paris*, Gilles de Fresne, 1652, 7 pages.

510. Avis désintéressé sur la conduite de monseigneur le coadjuteur. *Paris*, 1651, 16 pages.

Cette pièce appartient à la polémique qui s'engagea entre M. le Prince et le coadjuteur, à l'occasion des secrétaires d'État. Il y eut, tout de suite, une réponse intitulée : *Réponse d'un véritable désintéressé à l'avis du faux désintéressé*, etc. Le cardinal de Retz répliqua par *Le Solitaire aux deux désintéressés*. Puis les partisans du prince firent paraître, successivement, la *Lettre d'un Bordelois à un bourgeois de Paris*, le *Bon frondeur qui fronde les mauvais frondeurs*, etc., et le *Frondeur bien intentionné aux faux frondeurs*.

L'*Avis* n'est pas dans la liste que le coadjuteur donne de ses pièces, p. 258 de ses *Mémoires*, coll. Michaud ; malgré cela, il n'est pas douteux, à mon sens, qu'il ne soit entièrement de lui. L'auteur de la *Lettre d'un Bordelois* paraît en avoir la certitude. D'ailleurs le cardinal de Retz se reconnaît, pour ainsi dire, à toutes les lignes. C'est bien lui qui se plaint de ce qu'on veut « empêcher les *patriotes* de prendre en main le gouvernement des affaires. » C'est bien lui, encore, qui a écrit : « Il n'y a rien de plus constant dans la politique que le crédit est toujours plus dangereux dans la personne des princes qu'en celle des particuliers... : leur naissance les élève assez, sans les élever davantage. » Les partisans du prince de Condé ne s'y sont pas trompés. Il n'est peut-être pas un de leurs pamphlets, où ils ne reprochent ces phrases au coadjuteur.

A ce moment, Gondy se regardait presque comme en possession du ministériat, ainsi qu'on disait alors. Il ne doutait pas qu'il ne fût prochainement appelé à remplacer le cardinal Mazarin ; et il prenait déjà, vis-à-vis du prince de Condé, le langage d'un maître. L'*Avis* est, de toutes les pièces du coadjuteur, celle qui accuse le plus franchement ses espérances. Il dément les protestations tardives des *Mémoires*. Est-ce pour cela que Gondy ne l'avoue pas?

511. Avis donné aux Parisiens avant leur entière désolation. Jouxte l'affiche du 5 juin 1652. *Paris*, (s. d.), 7 pages.

Violente sortie contre le coadjuteur et la duchesse de Chevreuse, dont l'auteur demande l'expulsion ou la mort.

511 *bis*. Avis donnés au roi, etc.

Voir plus loin, à la page 171, le n° 554.

512. Avis du mauvais riche à Mazarin. *Paris*, veuve Musnier, 1649, 8 pages.

513*. Avis du riche inconnu de la Parabole, envoyé à Mazarin.

Même pièce apparemment. Je n'ai vu le second titre que dans le P. Lelong, art 22,509.

513 *bis*. Avis et moyens justes, etc.

Voir plus loin, à la page 170, le n° 553.

514. Avis (les) héroïques et importants, donnés à M. le prince de Condé par monsieur de Châtillon, revenu de l'autre monde, par l'auteur même des *Triolets*. *Paris*, Denys Langlois, 1649, 12 pages.

On lit, au bas de la 12e page, un *Avis particulier de l'auteur à M. le Prince*.

Je ne veux pas manquer l'occasion, qui m'est donnée ici, de noter que, dans un très-grand nombre de pièces, on engage le roi, les princes ou le parlement à venger la mort du roi d'Angleterre.

Il existe une édition de Rouen, chez Robert Daré, *sur l'imprimé à Paris*, 1649, 16 pages. Elle contient aussi l'*Avertissement fait par M. de Châtillon, revenu des Champs-Élysées, à M. le prince de Condé, à Saint-Germain-en-Laye*.

Les *Triolets*, dont il est parlé dans ce titre, sont les *Triolets du prince de Condé;* mais l'auteur n'en reste pas moins inconnu.

Les *Avis héroïques* ont été réimprimés sous le titre de l'*Ombre de M. de Châtillon*, etc. C'est apparemment le même pamphlet que les *Avertissements héroïques de M. de Châtillon à M. le prince de Condé*, qui sont cités par Naudé, p. 285 du *Mascurat*.

515. Avis horrible et épouvantable pour détruire le cardinal Mazarin, avec les puissants moyens de le faire haïr au roi et à ceux qui le tiennent près de sa personne. *Paris*, J. du Crocq, 1652, 4 pages.

516. Avis important d'un abbé au cardinal Mazarin, sur le sujet de sa sortie hors du royaume de France. *Paris,* François Preuveray, 1652, 19 pages.

Signé N., et daté de la plus désolée ville, jour du malheur public et veille des plus grands maux.

« Vous n'avez point manqué à la France; c'est le bonheur qui vous a manqué. » Voilà l'esprit de cette pièce, qui n'est pas sans mérite.

517. Avis important de M. de Châteauneuf, donné avant le départ de Sa Majesté de Fontainebleau, touchant la résolution, qu'on doit prendre sur le mécontentement de M. le Prince. (S. l.), 1651, 16 pages.

Il y a un *Second avis*, donné à Poitiers et une *Lettre écrite de Poitiers, portant la réponse aux avis,* etc.

L'auteur permet de croire, dans la *Justification de monseigneur le Prince,* que l'*Avis* a été condamné par le parlement.

518. Avis important de M. le maréchal de Villeroy, donné à Sa Majesté par ses ordres, dans Saumur, le 12 du courant, sur la nécessité pressante de réunir au plutôt les divisions de l'État. *Paris*, jouxte la copie imprimée à Saumur, chez François Laynié, (s. d.), 16 pages.

Je ne crois pas à cette impression de Saumur, parce que je ne crois pas à l'authenticité de l'*Avis*. La pièce est bien faite pourtant; et si bien dans le caractère de Villeroy, qu'elle a pu tromper beaucoup de lecteurs. Elle s'annonçait d'ailleurs avec une permission du duc d'Orléans, à laquelle je ne me fierais pas.

12 février 1652.

519. Avis important donné à monseigneur le Prince, sur l'état des affaires présentes, par un des notables bourgeois de Paris, le 20 de juin 1652. *Paris,* (s. d.), 19 p.

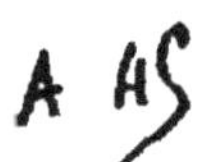

520. Avis important et désintéressé sur l'affaire de M. le cardinal de Retz. (S. l. n. d.), 8 pages.

Écrit en 1656, deux ans après la fuite du cardinal. L'*Avis* est assez habile pour être de lui.

521. Avis important et nécessaire à monsieur de Beaufort et à monsieur le coadjuteur. (S. l.), 1650, 20 p.

Un des pamphlets du cardinal de Retz. Il parut d'abord manuscrit. Il ne se vendait pas alors. Il se donnait, ou se prêtait. Ce fut le coadjuteur lui-même qui le porta chez Omer Talon.

Cependant, il paraît qu'il ne tarda pas à être imprimé ; car Guy Patin en annonce la vente, dans sa lettre, du 24 mai 1650, à Charles Spon ; et il a dû être composé vers la fin d'avril.

Il en existe une édition, petit in-12 (s. l.), 1650, à la sphère, qui porte pour titre : *le Véritable avis donné à M. de Beaufort et à M. le coadjuteur.* On le réunit ordinairement, dans un même volume, avec l'*Apologie pour messieurs les princes.*

Omer Talon parle de l'*Avis* dans ses *Mémoires*, p. 384, coll. Michaud. Mailly le cite p. 442 du IIIe vol. de l'*Esprit de la Fronde.*

522. Avis important et nécessaire, aux corps de ville, bourgeois et citoyens de la ville de Paris, sur la prochaine élection d'un prévôt des marchands, par lequel, par de grandes et importantes raisons, il leur est montré que, pour le bien et salut de la ville, il est nécessaire de procéder à l'élection d'un prévôt des marchands suivant les anciens droits et usages, et comme il a été pratiqué en l'élection de M. de Broussel, conseiller au parlement, et sans plus recevoir ordre ni lettre de cachet de la cour ni autre puissance, comme contraire aux ordonnances; avec la réponse aux objections contraires, et les moyens de se rétablir en cet ancien droit d'élection. *Paris*, André Chouqueux, 1652, 24 pages.

Pièce intéressante et qui n'est pas commune.

523. Avis important et nécessaire, donné aux Parisiens par M. le duc de Beaufort. *Paris*, 1652, 15 pages.

Signé François de Vandôme (*sic*), duc de Beaufort.

L'*Avis aux Parisiens*, affiché le mardi de Pâques, attira une grande foule de peuple au-devant du prince de Condé qui venait à

Paris après le combat de Bleneau. Il y eut émeute. On injuria et vola madame d'Ornano, la duchesse de Châtillon, Fontrailles, le comte de Brancas, le marquis de Mouy, le commandeur de Saint-Simon, le prince de Tarente et son frère, le commandeur de Mercé et madame de Bonel (*sic*) « qui envoya cent fois faire f... le Mazarin. » L'auteur accuse à la fois Mazarin et le coadjuteur.

Est-il possible que le duc de Beaufort ait signé une pareille pièce?

524. Avis important et nécessaire, donné par un politique désintéressé, à messieurs du parlement, sur le sujet de leur dernier arrêt contre le cardinal Mazarin. (S. l.), 1652, 12 pages.

« Vous vous perdrez tout seul; et vous ne vous sauverez qu'avec lui (M. le prince). » Cela peut être politique; mais désintéressé, non.

525. Avis important et nécessaire sur l'état et le bien des affaires présentes, donné par un notable bourgeois en l'assemblée de l'hôtel de ville. *Paris*, 1652, 16 p.

Le duc d'Orléans avait pris le titre et les fonctions de lieutenant général du royaume. L'auteur a un système d'impôt fort plaisant, qui repose sur cette extravagance : que Paris compte six millions d'habitants. Il ne faut pas, après cela, s'étonner qu'Isaac Loppin suppose soixante millions d'âmes dans toute la France.

Voir ci-après l'*Avis très-juste et légitime au roi très-chrétien*, etc.

526. Avis nécessaire, donné aux Parisiens, sur le sujet de la bataille, qui doit être donnée, devant Chartres, entre l'armée de messieurs les ducs de Beaufort et de Nemours et celle du cardinal Mazarin. (S. l.), 1652, 8 pages.

527. Avis politique au roi, pendant l'année de sa majorité. *Paris*, 1651, 8 pages.

528. Avis politique et nécessaire sur les urgentes affaires du présent. *Paris*, veuve J. Guillemot, 1652, 12 pag.

Manifeste de la Fronde, qui gourmande l'indifférence des Parisiens et voudrait leur faire comprendre qu'il y a nécessité de lui donner de l'argent. L'auteur excuse le duc d'Orléans de n'avoir pas arrêté le Mazarin, dans sa marche à travers la France, sur ce que les peuples ne se sont pas émus sur son passage.

529 Avis politiques, envoyés à un officier de la reine, touchant l'état des affaires présentes. *Paris*, Nicolas de La Vigne, 1649, 7 pages.

Cette pièce n'est pas signée ; mais Du Pelletier s'y désigne assez clairement.

530. Avis présenté au roi et à nos seigneurs du parlement sur le règlement des monnoies. *Paris*, 1651, 15 pages.

531. Avis pressant et nécessaire, donné aux Parisiens, sur la demande que la cour fait de l'Arsenal et de la Bastille. *Paris*, Pierre Heulin, 1652, 15 pages.

532. Avis prompt et salutaire, donné par les bons bourgeois de Paris à messieurs les princes, pour se rendre maîtres des passages et villes des environs de Paris, où il y a garnison mazarine, pour la conservation de M. le duc de Beaufort dans le gouvernement de la ville, pour la continuation de M. de Broussel en la charge de prévôt des marchands, dont l'élection doit appartenir cy-après aux bourgeois, pour l'éloignement du coadjuteur hors de Paris, et pour la perfection des cinquante mille écus promis, par arrêt de la cour, à celui qui présentera le cardinal Mazarin vif ou mort. *Paris*, 1652, 19 pages.

533. Avis, remontrance et requête, par huit paysans de huit provinces, députés pour les autres du royaume, sur les misères et affaires du temps présent, 1649, au parlement de Paris, et de ceux (*sic*) députés et as-

semblés à Ruel pour la conférence. *Paris*, composé par Misère et imprimé en Calamité, 1649, 72 pages.

Les huit paysans sont le Bourguignon, le Picard, le Champenois et Briois, le Poitevin, le Breton, le Tourangeau, le Normand et le Manceau.

Ils ont formulé leurs griefs et remontrances en articles dont voici les plus importants : Art. 1. Assemblée des États ; 6. La noblesse sera remise en sa première splendeur ; néanmoins la porte sera toujours ouverte à la vertu pour les charges, de quelque condition qu'on soit ; 10. Tous les juifs seront bannis du royaume ; ou on ne chantera plus messe ; 12. Plus d'étrangers pour faire la guerre ; un Suisse dépense plus que six François. Honte et dommage pour la France, qui a tant d'hommes et ne sauroit se passer de ses voisins ; 19. Les financiers, gens d'église et de chicane contribueront pour achever le Louvre ; 20. Les princes et seigneurs n'auront plus de pensions ; 21. Aucun valet ne pourra quitter son maître sans billet, sous peine des galères ; 22. Les charges de gouverneur de province, de ville, etc., ne seront plus héréditaires ; 22. Les jésuites ne hanteront plus la cour et n'iront plus en carrosse ; 30. Il n'y aura plus d'ambassadeurs ordinaires vers les étrangers, ni d'eux à nous ; 31. Le premier président demeurera en sa charge tant qu'il lui plaira ; et le feu saint Antoine échauffe quiconque voudra lui faire quitter ; 36. Nul ne pourra être chancelier, s'il n'est gentilhomme portant épée.

Toutes ces propositions sont remarquables à divers titres.

Voilà certes un vigoureux pamphlet. Les huit paysans demandent aux députés du parlement de faire la paix. Ils ont des maximes d'État souvent pleines de raison et des railleries toujours pleines d'esprit. Ils voient fort bien qu'on n'a soin de l'intérêt public dans aucun parti. Ils se plaignent de l'inobservation des lois et déclarent qu'il y a, dans les établissements de la monarchie, remède à tous les maux.

« Si les lois ne sont pas observées, c'est la faute du roi, disent-ils hardiment ; et pendant sa minorité, la faute de son conseil. »

« C'est une honte que le roi soit obligé de payer la fidélité de ses sujets. »

Au mérite de la pensée et du style, l'*Avis* en joint un autre, qui n'est pas moins apprécié des amateurs, celui de la rareté.

534. Avis salutaire à ceux qui baillent leurs bleds à boulanger et qui sont soigneux du profict et de la santé de leurs familles, contenant les qualités des deux seules sortes de pain que l'on fait à présent dans le magasin du grand pain bourgeois, marqué cy-dessous pour remédier à toutes les inégalités et défauts qu'on y peut avoir rencontré jusques icy, et la quantité qu'on prend pour chaque stier (*sic*) de bled, encore plus grande que par le passé, sans pourtant prendre plus grands droits, pour les frais du moulin et de la cuisson, que trois deniers pour livre dudit pain; ensemble les advantages tous évidents et les seurtés (*sic*) toutes entières qu'y trouvent ceux qui se servent de cette commodité; avec les instructions nécessaires sur ce sujet, très-utiles à toute sorte de personnes. (S. l. n. d.), 4 pages.

Voir le *Franc bourgeois de Paris,* etc.

535. Avis salutaire aux bourgeois de Paris. (S. l. n. d.), 4 pages.

Entre les conférences de Ruel et de Saint-Germain. La date est donc de 1649. L'esprit de la pièce indique qu'elle a dû être imprimée à Saint-Germain. Les pamphlets de cette espèce sont presque toujours rares.

536. Avis salutaire, donné à Mazarin pour sagement vivre à l'avenir. *Paris*, Arnould Cottinet, 1648, 7 pag.

Imitation d'une pièce de 1614, intitulée : *Avis salutaire, donné au cardinal de Sourdis pour sagement vivre à l'avenir.*

537. Avis salutaire, envoyé par les boulangers, cabaretiers, bouchers, gazetiers et arquebusiers à Jules Mazarin à Saint-Germain-en-Laye. *Paris*, veuve Musnier, 1649, 11 pages.

Signé Philogène. Cette pièce, assez originale, a été publiée pendant le carême de 1649.

538. Avis salutaire pour le temps présent, sur le sujet du mot de Mazariniste. *Paris*, veuve Théodore Pépingué et Est. Maucroy, 1649, 8 pages.

C'est un pauvre diable, qui se plaint d'avoir été appelé *Mazariniste*, frappé et poursuivi à coups de pierres, parce qu'il avait soutenu l'opinion du *Théologien politique*, qui, dit-il très-judicieusement, avait été imprimé avec permission.

Les troupes du roi jetaient les prisonniers de Charenton dans la Seine, en leur disant : « Vous irez voir le parlement. »

539. Avis salutaires aux citoyens et peuple de la ville de Paris sur l'état présent des affaires. (S. l.), 1649, 8 pages.

Pour le duc d'Elbeuf contre le prince de Conti. C'est par conséquent un des premiers pamphlets.

540. Avis salutaires, donnés à messieurs de Bordeaux par un citoyen de la ville. (S. l.), 1650, 27 pages.

Détails très-curieux sur les institutions municipales de Bordeaux.

L'auteur défend, en passant, le sieur de La Chabanne, son ami, qui a publié une réponse à la *Lettre de M. le duc d'Epernon à un de messieurs du parlement de Paris*, et auquel il a été repliqué par la *Lettre du sieur de Giac, domestique de monseigneur le duc d'Epernon*, etc.

541. Avis salutaires et généreux à tous les bons François et aux véritables bourgeois de Paris. (S. l.), 1649, 7 pages.

Pendant la conférence de Saint-Germain.

On y a fait une réponse, sous le titre de : *Vrai amateur de la paix*, etc.

542. Avis, signé Beaudouyn, daté du 19 février 1649, et donné, au nom de l'archevêque de Paris, à tous les curés et aux supérieurs des monastères, de déclarer à leurs prédicateurs « qu'ils n'aient à traiter, dans leurs

prédications, de matières contentieuses ni des affaires publiques, sous peine d'interdiction et autres plus grandes, s'il y échet. »

Demi-page d'impression, sans nom de lieu ni d'imprimeur.

543. Avis sincère aux bourgeois de Paris, sur ce qui s'est passé en leur ville depuis l'an 1648. (S. l.), 1652, 46 pages.

Histoire un peu vulgaire de la Fronde, jusqu'au voyage du clergé de Paris à Compiègne. On y trouve, cependant, quelques bonnes observations, principalement sur les mesures financières.

La reine ayant remis une partie des tailles, elle fut obligée de manquer à ceux qui lui avaient fait des prêts et avances sur ses revenus. Les particuliers retirèrent leur argent des mains des financiers ; de là des faillites à Paris et dans toutes les villes de commerce.

« Il n'y a coin de rue où l'on ne voie son portrait (de Broussel). »

« Par un contrat solennel, passé devant notaire, le cardinal Mazarin avoit rendu sa bibliothèque publique et l'avoit dotée d'un revenu suffisant pour l'entretien des bibliothécaires, l'ayant même mise sous la protection du parlement, » quand le parlement jugea à propos de la vendre. Je dois pourtant dire que, dans l'*Avis au parlement sur la vente de la Bibliothèque du cardinal Mazarin*, Naudé ne parle point de ce contrat; mais il affirme, lui aussi, que les premiers présidents des trois cours souveraines et le procureur général devaient être appelés à veiller sur la bibliothèque.

On comprend assez que ce pamphlet est royaliste.

Il y en a une autre édition, qui porte pour titre :

544. Avis sincère aux bourgeois de Paris, par le récit véritable de ce qui s'est passé en leur ville depuis l'an 1648. (S. l.), 1652, 50 pages.

545. Avis sincère du maréchal de Lhopital, donné à Sa Majesté dans Saint-Denys, avec les raisons pour les-

quelles on l'a fait arrêter en cour. *Paris,* Guill. Hardy, 1652, 16 pages.

Il en a été publié une contrefaçon, sous le titre de *Harangue de M. le Chancelier, faite à Sa Majesté,* etc.

On peut y joindre la *Relation véritable, contenant tout ce qui s'est passé au conseil du roi sur les remontrances de messieurs le maréchal de L'Hôpital,* etc.

546. Avis sincère d'un évêque pieux et désintéressé, envoyé au cardinal de Retz, sur une lettre publiée dans Paris sous le nom de ce cardinal. (S. l.), 1655, 126 pages in-folio. *Rare.*

Savante discussion du droit des évêques ; critique sévère de la conduite du cardinal de Retz.

Depuis l'amnistie « on vous a vu continuer la trame de vos mêmes intelligences et de vos mêmes intrigues dans Paris et dans tout le royaume ; ou en jettant des semences de murmures dans le peuple ; ou en préparant sous main les créanciers de l'Hôtel de Ville à de nouveaux dégoûts et de nouvelles clameurs ; ou en ménageant dans les provinces, par vos émissaires, des assemblées de gentilshommes, pour demander celle des états généraux, où votre ambition, à ce qu'on dit, eût rencontré pleinement de quoi se satisfaire et une occasion très-ample de se déployer en toute liberté ; ou en offrant à monseigneur le duc d'Orléans, par une bravade que vous savez bien être au-dessus de votre crédit et de vos forces, de le rassurer contre la cour par le tumulte de nouvelles barricades, pour le détourner d'abandonner Paris à l'abord du roi, en même temps que la bonté de ce prince le convioit à se retirer et lui avoit inspiré la résolution de rendre respect à Sa Majesté. »

Avant son arrestation, le cardinal de Retz avait reçu Saint-Mars, envoyé du prince de Condé, qui était venu des Pays-Bas en France par l'Angleterre. Plus tard le maréchal de Grammont avait arrêté, près de Bayonne, un certain Beaulieu, chargé de commissions et de dépêches pour le cardinal, alors en Espagne.

« Le cardinal de Retz me paroît assez bien disposé pour le présent ; mais je ne voudrois pas répondre que l'air de la Loire ne le changeât, » disait le premier président de Bellièvre, au moment de la translation du cardinal au château de Nantes.

J'ai cru devoir recueillir tous ces faits, parce qu'évidemment les *Avis* ont été composés sur des communications ministérielles, et qu'ils ont été imprimés à l'imprimerie royale.

547. Avis sur l'État, touchant les affaires présentes et le gouvernement étranger. *Paris*, (1649), 8 pag.

Contrefaçon des *Raisons d'État contre le ministre étranger.*

On en a fait une édition, in-12, *Cologne* (1648-1649), 16 pages, et dont le titre est ainsi réduit :

548. Avis sur l'État.

Cette édition est très-rare.

549. Avis sur le temps qui court. *Paris*, Guillaume Véron, 1652, 16 pages. *Rare.*

550. Avis très-important de don Gabriel de Tolède, apporté à messieurs les princes, de la part du roi d'Espagne, pour faire avancer l'armée du duc de Lorraine en France. *Paris*, Louis Hardouin, 1652, 7 pages.

551. Avis très-important sur les affaires présentes. (S. l.), 1651, 14 pages.

Les affaires présentes sont les affaires du carnaval.

552. Avis très-juste et légitime au roi très-chrétien, pour le repos et soulagement des trois ordres de son État, et le moyen de dresser une milice de cinquante mille hommes, pour la décharge de toutes tailles, taillons, aydes, gabelles, et généralement tous subsides et impôts, tant anciens que nouveaux, par Isaac Loppin, secrétaire ordinaire de la chambre du roi. *Paris*, 1648, 8 pages, et (S. l.), 1649, 12 pages.

L'*Avis* de Me Loppin est trop curieux pour que je n'en dise pas un mot. L'auteur calcule qu'il y a en France 15 archevêchés, 95 évêchés et 120 000 cures ou paroisses; d'où il conclut que le roi commande à 60 millions de sujets! que 6 millions payent un petit tribut de 12 deniers ou un sou par jour; cela fait 109 millions

120 mille livres par an. D'autres pourront payer deux, trois, etc. deniers, suivant leur position.

Si maintenant on érige en titre d'office des charges de receveurs dudit tribut, sinon en chacune paroisse, au moins en chacune élection, prévôté, châtellenie, et de receveurs généraux en chacune province, la finance de ces offices monterà à pareille somme que le tribut.

Comme les sujets du roi seront francs de tout impôt autre que celui-là, les peuples voisins voudront vivre sous sa domination; et, en deux ou trois ans, le tribut sera doublé.... et le royaume aussi.

On voit que Me Loppin avait trouvé là un grand secret.

Il faut croire, cependant, que sa découverte ne fit pas d'abord beaucoup de bruit; car, peu de temps après, il se vit obligé de donner une nouvelle édition de son opuscule, avec un titre qui frappât davantage l'attention publique, distraite par les événements de la Fronde.

Voici cette seconde édition :

553. Avis et moyens justes, légitimes et de très-facile exécution, par lesquels, sans foule ni oppression d'aucun des sujets du roi (mais au très-grand repos et soulagement des trois ordres de son État), et sans toucher à son domaine ni à plusieurs anciens droits de sa couronne, Sa Majesté peut avoir les avantages et les utilités suivantes : 1° un revenu annuel et perpétuel de plus de six vingts millions de livres; 2° une finance d'offices très-utiles et nécessaires, montant à pareille somme ; revenant, les deux ensemble, à deux cent quarante millions de livres, ou davantage, qui pourront entrer ès coffres de Sadite Majesté dans la première année de l'exécution desdits moyens; 3° augmenter le susdit revenu annuel, voire le doubler en moins de trois années suivantes; 4° dresser promptement et entretenir à peu de frais une milice de cinquante mille hommes, bien exercés et disciplinés, et toujours apparcillés au service du roi et au grand bien et prospérité de son État et empire; 5° et établir une police très-digne de

Sa Majesté très-chrétienne, et exemplaire à tous les États, empires et républiques de l'univers; et le tout avec telle facilité qu'en moins de six semaines, il se pourra mettre en bon train et très-heureux acheminement. (S. l., 1649), 4 pages.

Signé Isaac Loppin, secrétaire ordinaire de la chambre du roi.

En même temps que Loppin allongeait son titre, il raccourcissait son texte; l'opuscule n'a plus ici que 4 pages. Le succès fut complet cette fois, il faut le croire; car il parut, presqu'en même temps, une contrefaçon chez Mathurin Hénault, sous le titre de l'*Heureuse rencontre d'une mine d'or*, etc. Ce qui, pour le dire en passant, prouve que le libraire entendait, bien mieux que le secrétaire, le charlatanisme de la publicité.

Deux ans plus tard, Me Loppin donna une troisième édition de son *Avis* :

554. Avis donnés au roi, pour l'accroissement et prospérité de son État et empire et pour la félicité incomparable de tous les peuples et sujets de Sa Majesté. (S. l.), 1651, 8 pages.

Cette édition est aussi signée Isaac Loppin, etc. Nous avons vu qu'il y en avait une dernière de 1652 : *Avis important et nécessaire sur l'état et le bien des affaires présentes*, etc.

Les biographes ont négligé de parler de Me Loppin. Je ne puis donc rien ajouter à ces détails, si ce n'est qu'il n'a été tenu aucun compte de son *Avis*.

555. Avocat général (l'), soutenant la cause de tous les grands de l'État, outrageusement offensés dans le libelle intitulé : *La Vérité toute nue*, dans laquelle l'auteur insolent choque : 1° l'honneur de la reine; 2° la réputation de Son Altesse Royale; 3° la gloire de monseigneur le Prince, de M. de Nemours, de M. de Larochefoucault; 4° la justice et l'intégrité du parlement; 5° la générosité et la naisssance de M. de Beau-

fort; 6° et la vie irréprochable de M. de Broussel. (S. l., 1652), 32 pages.

Une des pièces et des plus mauvaises pièces de Dubosc Montandré.

556. Babillard (le) du temps, en vers burlesques. *Paris*, Nicolas de La Vigne, 1649.

Six pièces, chacune de 8 pages. C'est à tort que M. Leber n'en annonce que cinq dans son *Catalogue*.

Naudé, page 194 du *Mascurat*, range l'auteur parmi ceux qui « s'obligeoient à faire rouler la presse moyennant une pistole par semaine. » Cela ne valait pas davantage.

Il a paru une autre édition du premier numéro, sous ce titre : *Le Premier babillard du temps, en vers burlesques;* et une du second, ainsi intitulée : *Le Second babillard du temps*, etc., *avec les triolets de la ville de Miradoux, rendue à l'obéissance de M. le prince de Condé.* Paris, Marignon Jacquet, 1652, 8 pages.

557. Bail, fait par le roi à Me Adrien Montagne, bourgeois de Paris, de la ferme générale des aydes de France, pour six années, commençant au 1er janvier 1648; ensemble les déclarations du roi, règlements et arrêts donnés en conséquence desdits droits, le tout vérifié, en la cour des Aydes, les 14 décembre 1647, 28 avril 1648, 21 mai et 5 juin 1649. *Paris*, Pierre Rocollet, 1649, 76 pages.

558. Baillon (le) de la sédition, faisant voir, par un examen désintéressé, que les moyens, qui sont proposés dans la *Franche Marguerite*, le *Point de l'ovale* et la *Décadence de la royauté*, sont contraires à la fin du parti de messieurs les Princes. *Paris*, 1652, 14 pages.

L'auteur ne réfute ici que les deux premiers pamphlets désignés dans le titre; mais il a écrit, plus tard, la *Chute de la tyrannie*, etc., qui est la réponse au troisième.

559. Balance (la) d'État, tragi-comédie. (S. l. n. d.), 102 pages, non compris les deux pages de la clef.

Contrefaçon de l'*Intrigue de l'emprisonnement et de l'élargissement de Messieurs les princes*, etc.

Ici la signature est A. M. D. G.

560. Balance (la) stable de la véritable Fronde. (S. l.), 1650, 7 pages.

561. Ballade. (S. l.), 1649, 4 pages.

« Le faquin s'en ira, comme il étoit venu. »

C'est la ballade de Marigny que le cardinal de Retz appelle la ballade en *na, ne, ni, no, nu*, page 169 de ses *Mémoires*, coll. Michaud. Marigny la présenta au prince de Condé, sur les degrés du palais de l'archevêque, le lendemain du jour où ce prince, mécontent de Mazarin pour l'affaire de Pont de l'Arche, lui dit en le quittant, au souper de la reine : Adieu Mars !

Mailly qui n'a pas manqué d'emprunter cette anecdote au cardinal de Retz, ajoute ingénument : « et le prince la reçut, comme il n'aurait peut être pas reçu un chef-d'œuvre de Corneille ou de Racine. » Sans contredit.

On sait que Marigny est aussi l'auteur du *Tarif du prix dont on est convenu, dans une assemblée de notables..... pour récompenser ceux qui délivreront la France du Mazarin*, etc. J'ai trouvé encore de lui, la *Relation véritable de ce qui se passa, le 2 de juillet, au faubourg Saint-Antoine*, etc., les *Ballades, servant à l'histoire, revues et augmentées*, et quelques triolets, compris dans les pièces intitulées : *Triolets de Saint-Germain* et les *Triolets du temps, selon la vision d'un petit-fils du grand Nostradamus*.

562. Ballade. (S. l.), 1649, 4 pages.

C'est la seconde des *Ballades.... revues et augmentées*. Le sujet est l'entreprise de Cambrai par le cardinal de Mazarin.

Il y en a une autre édition, où la ballade est suivie de la *Centurie 777 de Nostradamus*, et d'un triolet intitulé : *Adieu Mars*. S. l., 1649, 6 pages.

563. Ballade à Jules Mazarin sur son jeu de hoc. *Paris*, 1649, 4 pages.

Cette ballade a été aussi imprimée sous les titres de : *Satyre de*

Mazarin envoyée à M. le duc de Beaufort, de *Ballade du Mazarin, grand joueur de hoc*, et de *Ballades servant à l'histoire*.

Les rimes sont en *ac, ec, ic, oc, uc ;* et le refrain est :

Il ne peut éviter le mat en cet échec.

564. Ballade burlesque des partisans. (S. l. n. d.), 4 p.

« Jule déloge ; adieu donc la boutique. »

565. Ballade des maltôtiers. (S. l.), 1649, 4 pages.

« A Montfaucon, l'on vous dresse un bureau. »

566. Ballade du Mazarin, grand joueur de hoc. (S. l.), 1649, 4 pages.

C'est une autre édition de la *Ballade à Jules Mazarin sur son jeu de hoc*.

Au premier vers de la première strophe, il faut lire : le *fouet fait clac*, au lieu de : le *forfait clac*.

Le sixième vers de la même strophe a été omis :

« Toutes ses actions s'observent ric à ric. »

567. Ballade sur le cardinal. (S. l., 1649), 3 pages.

« Trousse bagage et quitte la partie. »

Elle a été publiée dans le recueil de Sautereau de Marsy et Noël, intitulé : *Le nouveau siècle de Louis XIV ou Poésies anecdotes du règne et de la cour de ce prince*, p. 217 du Ier volume.

568. Ballades servant à l'histoire. (S. l.), 1651, 2 pages.

Il n'y en a qu'une, celle qui est ailleurs intitulée : *Ballade à Jules Mazarin, sur son jeu de hoc*.

569. Ballades servant à l'histoire des troubles advenus en Berry. *Paris*, 1652, 8 pages. *Rare*.

Trois ballades : 1° Sur l'arrivée de M. le prince à Bourges, en septembre 1651 ; 2° Sur la démolition de la grosse tour ; 3° Sur la capitulation de Montrond (*sic*), le 1er septembre 1652.

570. Ballades (les) servant à l'histoire, revues et augmentées. *Paris*, Nicolas Vivenay, 1652, 12 pages.

Cinq ballades : 1° Sur la naissance de la Fronde ; 2° Sur l'entreprise de Cambray par Mazarin; 3° Sur la déclaration que M. le prince fit contre ce vilain en 49; 4° Sur la fuite nocturne du compagnon; 5° Sur le retour du drôle.

Les couplets sont tous de dix vers. La première rime et la quatrième contiennent un *a;* la deuxième et la troisième un *e;* la cinquième et la sixième un *i;* la septième et la neuvième un *o;* la huitième et la dixième un *u.* Ainsi elles font entendre le son de toutes les voyelles.

Marigny dit, dans une lettre adressée à Lenet, le 25 juillet 1652 : « Je vous envoie mes cinq ballades, que Son Altesse a voulu faire imprimer. » (*Manuscrits de la Bibliothèque nationale.*) Ce sont assurément les *Ballades servant à l'histoire.* Nicolas Vivenay était l'imprimeur en titre du prince de Condé.

On a vu, plus haut, que la seconde, celle qui a été faite sur l'entreprise de Cambray, avait déjà eu deux éditions en 1649, peut-être sans le consentement de l'auteur.

571. Ballet dansé devant le roi et la reine régente, sa mère, par le trio mazarinique, pour dire adieu à la France, en vers burlesques.

Première entrée : Mazarin, vendeur de baume.

Seconde entrée : Ses deux nièces, deux danseuses de corde.

Troisième entrée : Les partisans, arracheurs de dents.

Quatrième entrée : Mazarin, vendeur d'oublies.

Cinquième entrée : Sa grande nièce, maquerelle; sa cadette, garce.

Sixième entrée : Les partisans, leveurs de manteaux. Grand ballet : Le trio mazarinique représentant les figures des sept planètes. *Paris*, Claude Morlot, 1649, 8 pages.

572. Ballet ridicule des nièces de Mazarin, ou leur théâtre renversé en France, par P. D. P., sieur de Carigny. *Paris,* Fr. Musnier, 1649, 11 pages.

Le sieur de Carigny est encore auteur de l'*Idole renversée ou le*

Ministre d'État puni, la *Véritable apparition d'Hortensia Buffalini à Jules Mazarin*, et la *Lettre d'un gentilhomme italien à un François son ami*, etc..

Il nous apprend, dans l'*Idole renversée*, qu'il avait brûlé son encens sur l'autel de Mazarin; mais il se dédit de ses panégyriques parce qu'il n'est pas de savants qui puissent se vanter des libéralités du ministre; ce qui signifie que le sieur de Carigny s'est lassé de brûler un encens qu'on ne lui payait pas.

573. Bandeau (le) de l'honneur, en vers burlesques. *Paris*, 1649, 11 pages.

Il y a une *Réponse*, également en vers burlesques.

574. Bandeau (le) levé de dessus les yeux des Parisiens pour bien juger des mouvements présents et de la partie qu'eux et tous les bons François y doivent tenir. (Saint-Germain, s. d.), 12 pages.

« Achevé d'imprimer le 27 février 1649. »

Les pamphlets de cette espèce ne sont pas communs. Celui-ci est une rude attaque contre le parlement.

« Ils devoient commencer par eux-mêmes, ôtant ou du moins diminuant leurs épices et autres droits, puisqu'ils sont obligés de rendre la justice gratuitement, abolissant les chicaneries, abrégeant la longueur des procès et jugeant sommairement ceux que l'on peut vuider sur-le-champ, au lieu de les appointer, comme ils font contre l'ordonnance, et les rendre immortels. »

« Se montrant grands zélateurs du bien public, lorsqu'ils ne trouvent point d'autre remède pour se garantir des taxes, qu'on leur demande pour jouir de la Paulette; ce qui fait appeler, par quelques-uns, nos désordres la *Guerre du droit annuel*. »

« Ils se plaignent des grandes charges du peuple; et ils ont plus dépensé en deux mois que le roi ne faisoit en six pour une armée de cent mille hommes. »

« Ils ont voulu qu'un prisonnier d'État ne pût être détenu plus de vingt-quatre heures, sans être interrogé; et ils ont rempli la Bastille de plus d'accusés qu'il n'y en a eu durant les six années de la régence.

« Ils ont blâmé les partisans d'avoir ruiné les affaires du roi; et ils ont fait raffle sur toutes les tailles et tous les deniers publics, vendant le sel des greniers de Sa Majesté à moitié prix, sans oublier l'argent des particuliers sur lequel ils ont pu mettre la main.»

« Ils se sont plaints qu'on leur ôtoit leur liberté ; et ils ont tenu jusqu'aux ambassadeurs et aux évêques prisonniers dans leur ville. »

J'ai rencontré de ce pamphlet une autre édition, également de Saint-Germain, également de 12 pages, mais beaucoup moins nette. Le mot de *Présents* est écrit dans le titre avec un *a;* celui de *Bandeau* est imprimé en majuscules plus petites ; il n'occupe pas, seul, toute la première ligne ; et quelques différences encore.

575. Bannissement (le) de Mazarin. *Paris*, 1651, 8 p.

Épigrammes, rondeaux, sonnets, tous fort médiocres.

576. Bannissement (le) du mauvais riche, rempli de choses curieuses. *Paris*, (s. d.), 7 pages.

Cinq épigrammes contre Mazarin ; une sur la mort de Charles Ier; un madrigal au prince de Conti ; un sonnet au duc d'Elbeuf ; le tout de peu de valeur. La date doit être de février 1649.

577. Bataille (la) de Lens. (S. l. n. d.), 31 pages.

Cette excellente relation est d'Isaac de Lapeyrère, l'auteur des *Préadamites*.

578. Bataille (la) générale, avec les particularités de la grande défaite des troupes du cardinal Mazarin, commandées par les maréchaux d'Oquincourt (*sic*) et de Thurenne (*sic*), par l'armée de Son Altesse Royale, commandée par monsieur le Prince et messieurs les ducs de Beaufort et de Nemours en la plaine de Galle, entre Chastillon-sur-Loin et Briare, le huitième avril 1652. *Paris*, Jean Brunet, 1652, 7 pages. *Rare*.

C'est le combat de Bleneau dont il y a dix relations, tout aussi véridiques que celle-ci. Je vois ici pourtant que le duc d'Orléans défendit les feux de joie, disant que les vaincus étaient français aussi bien que les frondeurs.

579. Belle gueuse (la). *Paris*, François Noël, (S. l. n. d.), 12 pages.

Le pamphlet se termine par la *Belle aveugle*. François Noël a également publié une *suite*, la *Muette ingrate;* puis une *suite et troisième partie*, la *Belle voilée*. Ces deux pièces sont de 1650. La première a 7 pages; la seconde 14.

Tallemant des Réaux nous apprend qu'on appelait la *Belle gueuse* mademoiselle de Chemerault, fille d'honneur de la reine Anne d'Autriche, qui épousa ensuite le trésorier de l'épargne, de la Bazinière, et dont le nom appartient assez étroitement à l'histoire du cardinal de Richelieu. Est-ce d'elle qu'il s'agit ici?

580. Bernarde (la), comédie. (5 a. v.). *Dijon*, J. Thibault, 1651.

« Copie d'une mazarinade rarissime, qui n'est citée ni par Beauchamp ni par La Vallière, etc., et que nous ne voyons mentionnée nulle part. C'est une satire posthume contre Bernard, duc d'Epernon, gouverneur de Guyenne, quoiqu'elle roule sur les barricades de Paris en 1648. Il est question des troubles qui furent réprimés avec tant de rigueur par le cardinal Mazarin. On remarque une telle animosité dans ce drame historique, qu'il faut supposer que l'auteur avait été tourmenté et mis en prison après la sédition de Bordeaux. On voit d'ailleurs à son style et à son orthographe qu'il était *bourdelois*. Chaque acte est terminé par des stances gasconnes, qui ne manquent ni d'esprit ni de verve. Voici les noms des personnages : « Le duc d'Orléans, le duc de Beaufort, un conseiller du parlement de Paris, un conseiller du parlement de Bordeaux, le Mazarin, défunt ministre d'État, le duc d'Épernon, défunt gouverneur de la Guyenne et amant de Nanon, la nièce de Mazarin, Nanon, Marion, sœur de Nanon et maîtresse de Saint-Quentin, Saint-Quentin, écuyer du duc d'Épernon et amant de Marion, Parisiens, soldats, etc. »

Extrait du *Catalogue* de Soleinne, art. 3745. La copie de cette mazarinade était manuscrite dans la bibliothèque de M. de Soleinne. La note assez singulière de M. Paul Lacroix n'en fait pas connaître l'origine.

581. Berne (la) mazarine, suite de la Mazarinade. *Sur la copie imprimée à Bruxelles*, 1651, 8 pages.

Il est assez remarquable que personne ne s'est avisé d'attribuer à Scarron la *Berne mazarine*.

On sait que les pamphlets *sur copie imprimée à Bruxelles, à Anvers,* sortaient des presses de Paris. C'est au commencement de la conférence de Ruel, en 1649, qu'on s'avisa de cette ruse pour échapper aux poursuites de la justice. Voici ce qu'en dit l'auteur de la *Nocturne chasse du lieutenant civil :*

« Lieutenant civil et commissaires...
Pour empêcher de barbouiller,
Chez les imprimeurs vont fouiller
De nuit, par cruauté extrême,
Jusques dans la cave même. »

C'est alors que sortirent

« Sans nom, ni marque
De la presse de Variquet,
De Prévetay, Sara et Cotinet
Qui ne se vend et ne s'achète
Qu'entre chien et loup, en cachette,
Des satyriques ouvrages en vers
Jouxte sur exemplaires d'Anvers. »

La *Berne mazarine* se trouve dans le *Nouveau siècle de Louis XIV,* vol. 1er, p. 313.

582. Bibliotheca venalis, seu Mazarinus proscriptus. (S. l. n. d.), 4 pages.

Par Gabriel Naudé.

583. Bienvenue (la) présentée à monseigneur le Prince, après son arrivée dans Paris. *Paris*, Guillaume Sassier, 1651, 8 pages.

Signé T. B. L. L'auteur dit, dans l'épître dédicatoire, qu'il avait déjà présenté au prince une anagramme au sujet de la prise de Dunkerque.

584. Bon (le) bourgeois de la paroisse des Saints Inno-

cents à messieurs de *et cætera*. (S. l.), 1649, 11 pag.

Après la paix. « Ce considéré, grand roi, et vous, ma bonne princesse, faites ce que bon vous semblera. Dites seulement : « Qui « nous aimera, nous suive ; qui ne voudra venir avec nous, se « tienne chez soi. » Vous avez des princes, des grands et quantité de noblesse, qui ne vous abandonneront non plus que j'ai envie de perdre de vue les cloches de Paris. »

L'auteur est royaliste, comme on voit ; et s'il n'est pas hostile à Mazarin, il n'est pas non plus mazariniste.

Il y a des exemplaires qui portent simplement : *Le bourgeois de la paroisse*, etc.

585. Bon (le) citoyen faisant voir : 1° l'anatomie des maximes d'Etat et de la religion chrétienne touchant la guerre ; 2° que, puisqu'il y va de l'honneur des princes et du salut des peuples de laisser le roi prisonnier entre les mains du cardinal Mazarin, les Parisiens le doivent aller querir où il est ; 3° que, laissant perdre l'occasion qui se présente, la ruine de Paris est infaillible. *Paris*, 1652, 23 pages.

Le duc d'Orléans avait pris la lieutenance générale du royaume.

586. Bon (le) et le mauvais François en contraste sur le sujet de la guerre passée et sur celui de la paix présente. Dialogue. *Paris*, 1649, 14 pages.

L'auteur est royaliste. Il dit que si, au lieu de revenir à Paris, le roi est allé à Compiègne, c'est pour s'opposer aux progrès de l'archiduc Léopold.

« Pendant le blocus, les échevins avoient ordonné aux habitants d'abattre les *hauts-vants* de leurs maisons, de boucher les soupiraux de leurs caves et de tenir à leurs portes des muids remplis d'eau, parcequ'ils craignoient les mauvaises dispositions de la populace. »

Il y a, vers le milieu, un très-long passage, emprunté aux *Pressantes sollicitations de l'Europe*, etc., que l'auteur a tout simplement coupé en dialogue.

587. Bon (le) François à monsieur le Prince. *Paris*, Gilles de Halline, 1652, 16 pages.

C'est une pièce de 1614, écrite en réponse au libelle intitulé : *Le Vieux gaulois à Messieurs les princes.* L'imprimeur ne s'est même pas donné la peine de l'arranger pour la circonstance. Il faut croire que la permission du duc d'Orléans a été donnée sur l'étiquette.

588. Bon (le) François au véritable Mazarin, déguisé sous le nom du *Franc bourgeois de Paris*. *Paris*, Nicolas Vivenay, 1651, 19 pages.

« L'usage des placards est un abus que M. le prince n'a pas inventé. Sa prison a été le produit des affiches sanglantes que l'on a publiées pour décrier sa conduite dans le public. »

Il faut y joindre la *Réponse au libelle intitulé :* Le Franc bourgeois.

589. Bon (le) frondeur qui fronde les mauvais frondeurs, et qui ne flatte point la fronde mazarine de ceux qui ne sont plus bons frondeurs. *Paris*, 1651, 20 pages.

Attaque très-violente contre le coadjuteur ; détails biographiques sur son grand-père, banqueroutier, son père, muletier, sa mère, p..... et maquerelle. Pour le faire consentir à la prison des princes, Mazarin lui avait promis l'abbaye de Corbie ; et parce qu'il ne la lui donna pas, Gondy se retourna contre lui.

« Quand M. le coadjuteur agira sincèrement, il ne se fera pas jetter un manteau sur la tête à la sortie des assemblées, ni enlever par des affidés.... Pourquoi envoie-t-il Matarel solliciter de sa part les libraires qui étoient sur le Pont-Neuf, pour les faire venir au palais avec des armes à feu et des bayonnettes, leur promettant leur rétablissement sur ledit Pont, de la part de la reine ? »

Le caractère général de ce pamphlet ne permet guère d'admettre qu'il soit l'un des deux *papiers* dont il est parlé dans les *Carnets* du cardinal Mazarin (*Man. de la Bibliothèque nationale*), sous la date de juillet 1650. Le coadjuteur fut si vivement touché des injures qui blessaient l'honneur de sa famille, qu'il y fit répondre, en 1652, par des *Remarques sommaires sur la maison de Gondy.*

Le *Bon frondeur* appartient à la polémique soulevée par l'*Avis désintéressé sur la conduite du coadjuteur.*

590. Bon (le) ministre d'État. *Paris*, Jacques Guillery, 1649, 12 pages.

591. Bon (le) succès de toute la France, prouvé par la nature des astres. *Paris*, Pierre Sévestre, 1649, 10 p.

592. Bonne (la) et salutaire union et résolution que doit faire la ville de Paris. (S. l.), 1652, 7 pages.

593. Bons (les) avis par révélation de sainte Généviève à l'hermite solitaire. (S. l.), 1652, 34 pages.

La date doit être de juin 1652, peu après la descente de la châsse de sainte Geneviève.

Ce pamphlet ne laisse pas que d'être assez curieux. Il est pour le prince de Condé contre le coadjuteur, que la sainte traite d'âne rouge, sans respect pour sa dignité de cardinal. J'ajoute qu'il n'est pas commun.

594. Bons avis sur plusieurs mauvais avis. (S. l. n. d.), 28 pages.

Ce pamphlet, qui annonce un talent exercé aux luttes de la presse, est attribué à Mathieu de Morgues, abbé de Saint-Germain, le plus infatigable et peut-être le plus habile défenseur de la reine Marie de Médicis. Il appartient à la faction du coadjuteur et du duc de Beaufort.

Il y est fait mention, successivement, de l'*Apologie du frondeur*, de l'*Avis aux frondeurs*, de l'*Avis au duc de Beaufort et au coadjuteur*, de l'*Avis à la ville de Paris*, du *Factum pour M. le prince*, de l'*Avis aux Parisiens*, etc., à l'auteur duquel Mathieu de Morgues adresse, en terminant, un avis particulier.

Le Laboureur a publié la *Réponse au libelle intitulé :* Bons avis sur plusieurs mauvais avis; et Davenne s'attaque au pamphlet de Mathieu de Morgues dans la *Lettre particulière de cachet*, etc.

595. Bonheur (le) de la France en la mort de Mazarin et de ses adhérents. *Paris*, (s. d.), 7 pages.

Même pièce que l'*Honneur du ministre étranger enseveli dans le tombeau.*

596. Bonheur (le) de la France, ou la Malice découverte, présenté à monseigneur le duc de Beaufort sur sa justification, par C. H. (Charlotte Hénault). *Paris*, 1650, 14 pages.

597. Bonheur (le) de la France, ou Réjouissance universelle de la liberté des princes, avec tout ce qui s'est passé à leurs sorties (*sic*) du Hâvre. *Paris*, 1651, 8 p.

« Je puis me vanter d'avoir employé ma plume, tout ce que j'ai de voix contre ce ministre ridicule... J'ai été outragé en ma personne par la peine du cachot, quoique ses émissaires eussent emprunté d'autres prétextes, pour colorer leur injustice. »

598. Bonheur (le) de la France par la paix générale sous le règne du roi Louis XIV. *Paris*, Claude Boudeville, 1649, 8 pages.

599. Bouclier (le) et l'Épée du parlement et des généraux contre les calomniateurs, par M. L. *Paris*, 1649, 23 pages.

Après la paix de Ruel.

Il y a trois autres pièces qui portent la même signature M. L. : *Réponse et réfutation du discours intitulé :* Lettre d'avis à Messieurs du parlement de Paris par un provincial ; *Discours et considérations politiques et morales sur la prison des princes,* etc. ; *Lettre ou exhortation d'un particulier à M. le maréchal de Turenne,* etc.

« Ce sénat de demi dieux est une parfaite et naïve représentation du royaume, ayant en mains l'autorité du roi et pratiquant l'obéissance des sujets. »

600. Bouquet (le) présenté au roi, le jour de sa fête, par le sieur J. B. D. L. R. *Paris*, Claude Boudeville, 1649, 7 pages.

601. Bouquet (le) sacré, illuminant les Mazarins. (S. l.), 1652, 8 pages.

Mars 1652.

Le bouquet est une pièce de vers *tré* et *tétradécades* à Jésus, Marie et saint Joseph, *Rois de France!* Il n'y a ni beaucoup de pamphlets aussi complétement originaux, ni beaucoup d'exemplaires de ce pamphlet.

602. Bourgeois (le) de la paroisse des Saints-Innocents à messieurs de *et cætera*. (S. l.) 1649, 11 pages.

Même pièce que le *Bon bourgeois*, etc.

603. Bourgeois (le) Saturnien, errant par la ville de Paris pour apprendre ce qui se fait et passe tant du parlement, de l'Hôtel de Ville que du peuple de Paris. *Paris*, 1652, 8 pages.

604. Bouteille (la) cassée, attachée avec une fronde au cul de Mazarin, fuyant après avoir su la grande défaite de son armée par celle de Son Altesse Royale, commandée par monseigneur le prince de Condé. Satyre divertissante. *Paris*, par l'ordre commun de plusieurs bons et fidèles François, 1652, 15 pages.

Après le combat de Bleneau. C'est ici une des pièces les plus rares, j'en conviens, mais aussi une des plus sales.

605. Branle-Mazarin (le), dansé au souper de quelques-uns de ce parti là chez M. Renard, où monsieur de Beaufort donna le bal. *Paris*, 1649, 8 pages.

Omer Talon et Mailly le citent sous le titre inexact de : *Le Branle des Mazarins, dansé dans la maison de Renard et fait par M. le duc de Beaufort.*

Blot a fait, sur cette aventure du jardin de Renard, le joli triolet que voici :

« Il deviendra grand potentat
Par ses actions mémorables,

Ce duc dont on fait tant d'état !
Il deviendra grand potentat,
S'il sait renverser notre état
Comme il sait renverser la table.
Il deviendra grand potentat
Par ses actions mémorables. »

606. Bref du pape à M. le cardinal de Retz. (S. l. n. d.), 4 pages.

Daté du 30 septembre 1654. Ce bref est suivi de quelques réflexions sans portée.

Il est dans les *Mémoires* du cardinal de Retz, page 448, coll. Michaud, note.

607. Bréviaire (le) des ministres d'État, leur faisant connoître les cas auxquels ils sont inférieurs au parlement de Paris : 1° Pour faire voir comme quoi le conseil d'État n'a le pouvoir de recevoir le serment des ducs et pairs ; 2° Pour ne pouvoir faire le procès aux princes du sang ; 3° Pour ne pouvoir faire valider les édits et déclarations du roi ; 4° Et pour ne pouvoir contraindre le ressort du parlement de Paris d'obéir à ses arrêts. *Paris*, 1652, 15 pages.

608. Bulle de notre saint Père le pape, Innocent X, pour le jubilé universel de l'année 1650, donnée à Rome le 4e de mai 1649. *Paris,* jouxte la copie imprimée à Rome, etc., 1649, 4 pages.

Texte latin. La traduction a été publiée sous le titre de :

609. Bulle de notre saint Père le pape, Innocent X, pour l'indiction et célébration du jubilé universel de l'année 1650, avec une autre bulle pour la suspension de toutes sortes d'indulgences durant l'année du jubilé; et les mandements de monseigneur l'Illustrissime et Révérendissime archevêque de Paris. *Paris*, Pierre Targa, 1649, 6 pages.

610. Burlesque (le) Festin, ou l'Alliance contractée entre Mardi Gras et la Foire Saint-Germain. *Paris*, Fr. Noël, (1649), 8 pages.

Il y en a une autre édition, s. l. n. d.

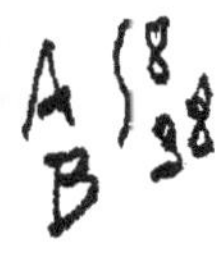

611. Burlesque (le) On de ce temps, qui sait tout, qui fait tout et qui dit tout. *Paris*, 1649.

M. Leber, dans son *Catalogue*, compte cinq parties de ce journal. C'est une erreur; il en faut trois ou huit. Expliquons-nous :

Le *Burlesque On* parut au commencement de la conférence de Ruel et fut continué jusqu'à la paix. Dans ce premier période, il se compose de trois parties sous un titre uniforme, avec la seule adjonction de ces mots *suite et seconde partie*, *suite et troisième*, chaque partie de huit pages et paginée séparément.

Après la paix, l'auteur fut arrêté par la pénurie des nouvelles. C'est lui-même qui nous l'apprend. Mais le 20 juin 1649, il reprit sa publication qu'il intitula :

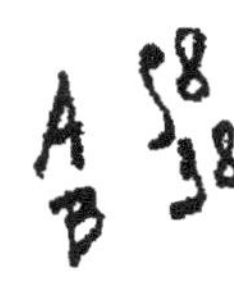

612. Burlesque (le) On de ce temps renouvelé, qui sait, qui fait et qui dit tout ce qui s'est passé depuis la guerre. Première partie. *Paris*, Étienne Hébert, 1649.

Il la continua jusqu'au 12 juillet, peut-être plus loin; car il promettait encore une suite; mais si cette suite a été publiée, je ne l'ai pas vue.

Dans ce second période, toutes les parties se suivent régulièrement, sous une même série de chiffres, de 1 à 60; mais il y en a de seize pages, de quatorze, de huit, et les titres varient. La seconde, la troisième et la quatrième partie portent, après *qui dit tout*, « ce qui s'est passé de nouveau. » Entre la seconde et la troisième, se place, à la date du 1er juillet et de la page 29 à la page 36, *l'Extraordinaire arrivée du burlesque On de ce temps, qui sait, qui fait et qui dit toutes les particularités du siége de Cambray, avec un sommaire de l'ordre du festin fait aux généraux et parlement d'Angleterre par les communes.*

C'est donc trois parties pour le premier période, cinq pour le second; en tout huit.

On peut lire d'assez curieux détails des opérations devant Cambray dans l'*Extraordinaire arrivée.*

« On a fermé les boucheries,
Deux jours devant Pâques fleuries.
Maint boucher en est endêvé;
Mais Paris se fût soulevé
Si l'on n'eût fait cette ordonnance.
Et la halle étoit en balance
D'équiper quantité de bras
Contre tous les mangeurs de gras. »
(*Suite et seconde partie*, etc.)

Un anonyme a publié, en 1649, une mauvaise imitation du *Burlesque On de ce temps*, sous le titre de : l'*On du temps tout nouveau*, etc.

613. Burlesque (le) remerciment des imprimeurs et colporteurs aux auteurs de ce temps. (S. l.), 1649, 8 pages.

Pièce piquante et curieuse.

« Six deniers pour quatre feuillets
Entrent dans mon gousset tout nets,
L'imprimeur payé de sa feuille....
Nous sommes huit cents, voire mille....
Nous avons aussi triste mine
Que le pain à la Mazarine....
Contentez-vous d'un imprimeur
Qui ne fut jamais grand rimeur. »

L'auteur était-il imprimeur?

614. Burlesque sur la fuite de Mazarin et la rencontre de madame la duchesse de Longueville, retournant de Stenay à Paris. (S. l.), 1651, 6 pages.

615. Busire (le) étranger, démonté par les Alcides de France, sur la résolution généreuse de messieurs les princes pour la ruine du parti Mazarin, où se voient les justes causes du refus de plusieurs villes, fait à ce cardinal, de le recevoir. *Paris*, 1652, 15 pages.

616. Cacus (le) Italien renversé par l'Hercule François, en prose et en vers burlesques, par le sieur D. L. G. *Paris,* 1652, 8 pages.

617. Caducée (le) d'État, faisant voir par la raison et par l'histoire : 1° Que nous ne pouvons pas espérer la paix pendant que la reine sera dans le conseil ; 2° Que l'entrée du conseil est interdite à la reine par les lois de l'État ; 3° Que la reine est obligée de se retirer dans son apanage, pour ses seuls intérêts et pour son honneur; 4° Qu'on ne peut point dire que Mazarin est chassé pendant que la reine sera dans le conseil ; 5° Que les tendresses de fils ne doivent faire aucune impression dans l'esprit du roi, pour l'obliger à retenir sa mère dans le conseil, si sa présence y est contraire au repos de l'État ; 6° Et que si la reine aime son fils, elle doit consentir à cette retraite sans aucune résistance. *Paris*, Pierre Le Muet, 1652, 32 pages.

Du 20 juillet 1652.

C'est une des pièces de Dubosc Montandré. Mailly la cite, p. 62 du cinquième volume de l'*Esprit de la fronde*.

618. Calomnies (les) du cardinal Mazarin réfutées et rejettées sur Son Éminence. *Paris,* François Preuveray, 1649, 6 pages.

Cette pièce est signée : Par l'auteur du discours intitulé : *Raisonnement sur les affaires présentes*, etc.

Les deux pamphlets ont pour objet de montrer en quoi les affaires d'Angleterre différaient des affaires de Paris.

Voici un curieux passage du premier :

« Les parlements d'Angleterre se devroient plutôt nommer États généraux que parlements, comme l'on peut juger par la description que j'en vais faire. Ils sont composés de deux chambres, qu'ils nomment la chambre haute et la chambre basse, autrement la chambre des seigneurs et celle des communes. La chambre haute est composée du clergé, des pairs du royaume, du roy et des princes du sang; la chambre basse est composée de deux gentilshommes de chaque province et d'un bourgeois de chaque ville ou communauté, et de tous les fils des nobles, qui y ont séance sans eslection. Les gens de justice n'y ont point de voix et ne s'y trouvent que pour décider les difficultés, touchant ce qui regarde la loy du royaume et la justice. En quoi les parlements diffèrent extrêmement des nôtres, où les gens de justice font le principal corps. Il y a encore une différence, qui est que les parlements d'Angleterre se font par eslection et les nôtres au contraire; d'où vient que nous devons estre bien plus assurés de la sincérité de nos parlements, parce qu'ils sont toujours en charges, qu'ils les acheptent chèrement et les transfèrent mesme à leurs enfants; de façon que s'il leur arrivoit de malverser, ils sont toujours remarqués pour cela et peuvent estre chastiés de tout le corps par la perte de leurs charges, à leur grand déshonneur et au détriment de leurs héritiers; là où les parlements d'Angleterre ne se formant que par eslection et pour un certain temps seulement que le roy peut limiter, le parlement dissous, chacun s'en retourne en sa province; et s'il arrive que leur conduite ait esté ruineuse au public, à peine en peut-on reconnoître les autheurs; et le pis qu'il leur puisse arriver, est de n'estre pas esleus une seconde fois. Oustre que, la noblesse et le clergé y présidants en qualité de juges et d'arbitres, il peut arriver, par les attachements qu'ils ont au souverain, qu'ils trahissent la cause du peuple; ce qui ne peut arriver en nos parlements, où la noblesse et le clergé peuvent bien empescher véritablement qu'on ne fasse tort au souverain, mais non pas contraindre le parlement d'en faire au peuple. C'est pourquoi je trouve nostre gouvernement bien plus juste et plus raisonnable que celui des Anglois. »

619. Calotte (la) de Mazarin renversée. Sur la mort de son neveu Manchiny, par le sieur Scaron (*sic*). *Paris*, 1652, 8 pages.

Détestables vers qui ne peuvent pas être, qui ne sont pas de Scarron.

620. Camouflet (le) donné à la ville de Paris pour la réveiller de sa léthargie. *Paris*, (1652), 18 pages.

621. Canons (les) foudroyants, ou les Redoutables paroles du conducteur de nos armées aux princes et aux peuples. *Paris*, François Noël, 1649, 8 pages.

La pièce se termine par un mauvais sonnet.

622. Cantique de réjouissance des bons François pour l'heureux retour du roi dans sa bonne ville de Paris, avec une très humble remontrance à la reine régente. *Paris*, veuve Jean Remy, 1649, 19 pages.

623. Capitulation (la) de la ville de Bellegarde, le 21 mars. *Paris*, 1650.

Bib. hist. 23101.
Extrait de la *Gazette*.

624. Caprice bachique et burlesque sur la paix. *Paris*, 1649, 8 pages.

625. Caprice (le) des esprits, ou la Philosophie des fous. (S. l. n. d.), 8 pages.

Du mois de juin 1649. Véhémente sortie contre les pamphlets, contre les pamphlétaires et même contre le parlement qui ne sévissait pas.

626. Caprice sur l'état présent de Paris. Stances. (S. l.), 1652, 8 pages. *Très-rare.*

Plus de violence que d'esprit.

> « Enfin la fronde est au rouet....
> Les princes en font leur jouet;
> Et le peuple se raille d'elle.
> Tel qui faisait le dépiteux
> Contre la cour et pour la fronde,
> Qui baiseroit le trou honteux
> Du plus grand Mazarin du monde...

Après l'établissement du parlement de Pontoise.

627. Capture de deux courtisannes italiennes, habillées

en hommes, faite par le corps de garde de la porte St-Honoré, qui portoient des intelligences secrètes au cardinal Mazarin ; et ce qui se passe dans Paris, avec la lettre d'un partisan. *Paris*, Pierre Variquet, 1649, 7 pages.

628. Caquet (le) de la paille. (S. l.), 1652, 8 pages.

Le duc d'Orléans est ici fort maltraité. C'est la seule fois, je pense. L'auteur lui reproche avec aigreur de n'avoir pas été au combat de la porte Saint-Antoine, ou du moins de n'y avoir pas envoyé ses officiers.

629. Caquet (le) des marchandes poissonnières et harangères des halles sur la maladie du duc de Beaufort, soupçonné de poison, et leur voyage au palais de ce prince. *Paris*, 1649, 12 pages.

Plaisante pièce, qui malheureusement n'est pas rare.

630. Caquet (le) ou entretien de l'accouchée, contenant les pernicieuses entreprises de Mazarin découvertes. *Paris*, 1651, 39 pages.

Mauvaise imitation du *Caquet de l'accouchée*, s. l., 1622.

L'année suivante, on a publié le *Nouveau caquet*, etc., qui ne vaut pas mieux.

631. Caractère (le) de la royauté et de la tyrannie, faisant voir par un discours politique : 1° Les qualités nécessaires à un prince pour bien gouverner ses sujets ; 2° Les maux qui arrivent aux peuples lorsque les souverains sont incapables de les gouverner. *Paris*, 1652, 24 pages.

Pièce curieuse, principalement par sa violence. L'auteur raconte une anecdote, que Gatien de Courtilz a reproduite dans les *Remarques sur le gouvernement du royaume, durant les règnes de Henry IV, Louis XIII et Louis XIV*; c'est Catherine de Médicis voyant dans un miroir magique les destinées de la France jusqu'à Louis XIII.

632. Caractère (le) des Mazarins, faisant voir : 1° Ceux qui le sont par affection ; 2° Ceux qui le sont par ambition ; 3° Ceux qui le sont par avarice ; 4° Ceux qui le sont par crainte et par lâcheté. (S. l. n. d.), 24 pages.

Du commencement de 1652, après la première rentrée de Mazarin.

Mazarins par affection : le roi, la reine d'abord, puis beaucoup d'autres ; car Mazarin est

> Homme aux femmes et femme aux hommes
> Pour de poires et pour de pommes [1].

Par ambition : Turenne, Bouillon, Harcourt, Hocquincourt, les plus considérés du tiers État, les plus relevés dans l'Église, les plus braves de la noblesse.

Par avarice : les pensionnaires de la cour, les prétendants aux dignités ecclésiastiques, *le roi qui est double Mazarin.*

Par lâcheté : le parlement, les bourgeois de Paris.

Le pamphlet est bon ; et il est rare.

633. Caractère (le) du royaliste à Agathon. *Paris*, 1652, 38 pages.

Pamphlet mazariniste : « La majesté est tout entière dans le berceau. Son aurore la met dans la plénitude de son état, sa naissance dans sa perfection, sa petitesse dans toute l'étendue de sa grandeur. Attendre qu'elle croisse pour lui obéir, égaler nos respects à ses années, c'est raccourcir son règne et croire de l'intermission dans le mouvement de sa puissance. Un roi d'un jour est aussi souverain qu'un vieux conquérant ; et celui que nous ne devons regarder que par nos soumissions, est toujours grand et élevé. »

Si l'on veut savoir ce que le parti des princes pensait de cette doctrine, il faut lire la *Réponse au séditieux écrit intitulé :* le Caractère du royaliste à Agathon.

Voici maintenant une anecdote, que je n'ai rencontrée nulle part ailleurs : « Depuis sa retraite à Saint-Maur, M. le prince prit la

[1] Ces deux vers sont de la *Mazarinade.*

peine de faire des largesses aux colporteurs et aux mariniers... Le jour de la Pentecôte, il fit ses dévotions aux jésuites de Saint-Louis; et le soir, il alla au jardin du Roi où, un de ses valets de chambre ayant porté une musette, il fit danser les bourgeoises et dansa lui-même. »

On a composé depuis, contre le chancelier Séguier, l'*Interprète du caractère du royaliste*, etc. C'est la *Suite* dont parle l'auteur de la *Pièce de Pontoise*, et qu'il affirme être d'une autre main que le *Caractère*, etc.

Il existe, du *Caractère du royaliste à Agathon*, une édition de 1653, s. l., 51 pages in-8.

634. Cardinal (le) errant. (S. l.), 1651, 8 pages.

Sautereau de Marsy, qui a publié ce pamphlet dans son *Nouveau Siècle de Louis XIV*, page 304 du Ier volume, lui assigne la date du 16 février.

635. Cardinal (le) Mazarin en deuil, quittant la France. *Paris*, veuve J. Remy, 1649, 7 pages.

636. Cardinal (le) Mazarin pris au trébuchet. *Paris*, Pierre Sévestre, 1649, 12 pages.

637. Cardinal (le) pélerin, ou le Bourdon de Saint-Jacques présenté à Son Éminence par messieurs de la ville de Liège. *Liège* (Paris, 1651), 7 pages.

638. Caresme (le) de Mazarin, ou la Suite des triolets. Sur la copie imprimée à Anvers. (*Paris*), 1651, 8 pages.

C'est la suite des *Triolets de Mazarin sur le sujet de sa fuite*.

Maudit, maraut, malicieux,
Sot, superbe, symoniaque,
Avare, asnier, ambitieux,
Maudit, maraut, malicieux,
Pendart, pelé, pernicieux,
Plus dangereux qu'un maniaque,
Maudit, maraut, malicieux,
Sot, superbe, symoniaque.

Infâme, impertinent, ingrat,
Tygre, testu, tyran et traistre,
Fourbe, faquin, fantasque, fat,
Infâme, impertinent, ingrat,
Ribaut, rodomont, rénégat,
Meschant enfin par toute lettre,
Infâme, impertinent, ingrat,
Tygre, testu, tyran et traistre.

J'aurais pu en citer de plus insolents.

639. Caresme (le) des Parisiens pour le service de la patrie. *Paris*, Jean Petrinal, 1649, 8 pages.

Il y en a une édition de Rouen, chez Jean Berthelin, 1649.

640. Caresme (le) prenant de Mazarin. (S. l.), 1651, 8 pages.

« Les masques, à la promenade,
Nomment une Mazarinade
Ce que l'on appelle un mommon. »

641. Carnaval (le) des princes au bois de Vincennes. *Paris*, 1650, 8 pages.

642. Cartel aux bons François pour la majorité du roi. *Paris*, veuve J. Guillemot, 1651, 8 pages.

643. Cartel (le) burlesque entre deux amis, envoyé de Paris à Ruel et refusé pendant la conférence. *Paris*, Nicolas Jacquard, 1649, 11 pages.

644. Cassandre (la) françoise, avec le Réveil-matin des Parisiens. *Paris*, Étienne Hébert, 1649, 7 pages.

645. Castille (la) aux pieds de la reine, demandant la paix : avec la Prédiction du retour du roi dans sa bonne ville de Paris. *Paris*, Sébastien Martin, 1649, 15 pages.

Cela se compose d'une épître dédicatoire à la reine, signée Aldimary, de la *Castille*, etc., de vers pour la reine, d'un sonnet à la reine, de vers sur l'accident arrivé à la reine le jour qu'on mit des chevaux de Danemark à son carrosse (nous apprenons, par ces vers, que le cocher de la reine s'appelait Papillon), de la *Prédiction*, etc., en latin d'abord et puis en français.

« Il y a eu un secrétaire, nommé Aldimari, dit Tallemant des Réaux, qui n'étoit pas plus sage qu'un autre. Il faisoit les plus ridicules vers du monde et a été si sot que de les faire imprimer. »

J'ai rencontré, de ce poëte, une autre pièce, intitulée : *Satyre première de M. Aldimary — la Vieille;* et je n'ai pas de raison pour protester contre le jugement de Tallemant des Réaux.

646. Catalogue des partisans, ensemble leur généalogie et extraction, vie, mœurs et fortune. (S. l.), 1649, 20 pages.

C'est peut-être le pamphlet qui a eu le plus de succès, et aussi qui est le moins rare aujourd'hui. Il a été réimprimé quatre fois ; deux fois en 1649, avec une augmentation dans le texte et un titre amplifié que voici :

647. Catalogue des partisans, ensemble leurs généalogies, sur lesquels on peut et on doit agir pour la contribution aux dépenses de la guerre présente.

De ces deux réimpressions, l'une a 17 pages, l'autre 20.

En 1651 on publia, de nouveau, le *Catalogue* avec l'augmentation; mais on revint au titre de l'édition originale. Une dernière édition, enfin, parut en 1652, sous le titre de : *la Liste générale de tous les Mazarins*, etc.

« Le chancelier a été partisan des boues et de tous les partis. Son bisayeul étoit apothicaire; son ayeul, procureur, a été enterré sous les charniers de Saint-Séverin, où étoit son épitaphe, qui a été tiré par force. » C'est le passage le plus curieux qui ait été ajouté aux dernières éditions.

Il y a, de 1651, un pamphlet intitulé : *Réponse au* Catalogue des partisans, *en vers burlesques;* mais ce n'est qu'une contrefaçon de l'*Échelle des partisans;* et encore un autre pamphlet dont le titre est : *Réponse des partisans à leur* Catalogue, etc.; mais il ne répond à rien.

647 *bis*. Catalogue des rois et princes souverains du monde, tant ecclésiastiques que séculiers, vivants cette année 1648, avec la liste des princes puînés des maisons souveraines et un catalogue de tous les cardinaux. P. P. G. D. S. M. E. S. D. M., 1648. A. P. (*à Paris*), 16 pages.

648. Catastrophe (la) burlesque sur l'enlèvement du roi, avec la représentation du miroir enchanté, dans lequel on voit la justification de Mazarin en la place de Grève. *Paris*, veuve André Musnier, 1649, 12 pages.

649. Catastrophe (la) Mazarine. (S. l.), 1652, 8 pages.

Il n'y a point de catastrophe. Mazarin, au contraire, venait d'entrer en France avec une armée. Plus de violence que d'esprit. L'auteur appelle Mazarin « une éponge à toutes injures. »

650. Catéchisme (le) de la cour. *Paris*, Philippe Clément, 1652.

Deux parties de 8 pages chacune. Parodie spirituelle, mais peu décente du catéchisme. Ce pamphlet n'a rien de commun avec le *Catéchisme des courtisans*, qui parut en 1649, ou avec celui qui porte la date de 1668, Cologne, petit in-12.

651. Catéchisme des courtisans de la cour de Mazarin. (S. l.), 1649, 8 pages.

Ce spirituel pamphlet a un second titre, que je préfère de beaucoup, car il est plus exact : *Questions de la cour*. C'est assurément l'original du petit in-12 de 1668 :

« Qu'est-ce qu'un procureur ?

— Un homme qui, avec sa langue, sait vuider la poche de sa partie sans y toucher.

— Qu'est-ce qu'un prince ?

— Un criminel que l'on n'ose punir.

— Qu'est-ce qu'un homme riche ?

— Celui que la fortune flatte pour le perdre.

— Qu'est-ce que Paris?

— Le paradis des femmes, le purgatoire des hommes et l'enfer des chevaux. »

Il en a été publié une contrefaçon, sous le titre de : *Définition sur l'état et condition d'un chacun.*

652. Catéchisme des partisans ou Résolutions théologiques touchant l'imposition, levée et emploi des finances, dressé par demandes et par réponses, pour plus grande facilité, par le R. P. D. P. D. S. J. *Paris*, Cardin Besongne, 1649, 32 pages.

Très-remarquable pamphlet. « Aujourd'huy la flatterie met la royauté en un tel point, l'intérêt, l'ambition et l'avarice s'en forment une idée si étrange que, si Dieu venoit, non plus dans la vie abjecte de Jésus-Christ, mais dans l'éclat, la splendeur et la vertu d'un de ses séraphins, à peine trouveroit-il place, non pas dans la maison du roi, mais parmi les domestiques d'un favori. »

Après la paix de Saint-Germain, il parut une *Suite du Catéchisme des partisans ou des résolutions théologiques touchant l'impôt, levée et emploi des finances, par* M. J. B. D.T. E. R. O. D. P. M.; mais elle n'a pas été écrite dans la même pensée. Elle n'a ni le même sens ni le même intérêt.

Les premières initiales sont celles du révérend père dom Pierre de Saint-Joseph. Ce père était de l'Ordre des Feuillants.

653. Catéchisme royal. *Paris*, 1650, 36 pages.

« Maximes pleines de sagesse, dont il existe plusieurs éditions, dit M. Leber, art. 4471 de son *Catalogue*. La première est de 1645. »

C'est donc à Richelieu et à Mazarin qu'il est fait allusion dans ce passage : « Un essai de quinze jours seulement a fait voir à nos yeux, depuis un peu de temps, la différence qu'il y a entre un profès en l'art de gouverner et un novice en ce même art, quoique d'ailleurs très-intelligent en toute autre sorte de connoissances. »

L'auteur s'étonne qu'un gentilhomme puisse être impunément libertin, ivrogne, pillard et qu'il se déshonore s'il est trafiquant. Il blâme le préjugé qui ne permet pas à un gentilhomme d'être juge. « Quoi! s'écrie-t-il, un soldat en faction fait office de gentilhomme, et un chancelier, non! »

« Comme la noblesse tire sa première origine de la vertu, c'est déroger que d'être vicieux. »

Le *Catéchisme royal* est de Pierre Fortin, sieur de La Hoguette. On le trouve, quelquefois, à la suite du livre intitulé : *Testament ou Conseils fidèles d'un bon père à ses enfants*, notamment dans la jolie édition de 1655, Paris, Antoine Vitré, petit in-8. Le style y est revu et corrigé. Il y a pris des formes cicéroniennes, qui, à mon avis, lui ont fait perdre en force ce qu'il a gagné en abondance.

On lit dans l'édition de 1655 : « Ce fondement posé que la noblesse ait tiré sa première origine de la vertu, je ne sais d'où nous est venue cette fausse illusion que ce ne soit pas y déroger que d'être vicieux. » Est-ce que la phrase de 1650 ne vaut pas infiniment mieux?

J'en dis autant de cet autre passage : « Maintenant un faux brave, n'ayant que l'épée et point de cape, peut-être en tirant quelque mauvais éclaircissement, ou un soldat en faction à la porte de son capitaine fera acte de gentilhomme; et un chancelier de France, qui est l'organe des volontés de votre majesté, et tous vos parlements ensemble, qui jugent souverainement de la vie, des biens et de l'honneur des princes, des pairs de France et généralement de tous vos sujets et des droits même de votre couronne, en faisant la fonction de leurs charges, ne la feront pas de gentilhomme. » C'est ici l'édition de 1655. Combien est plus vive et plus saisissante la phrase de 1650 !

654*. Catholicon (le) de Marigny.

Mémoires du cardinal de Retz, p. 369, coll. Michaud.

A-t-il été publié? Marigny lançait, dans les salons et au milieu du public de la Fronde, beaucoup de vers et de pièces manuscrites dont il ne se souciait guère.

655. Caton (le) françois disant les vérités : 1. du roi, de la reine et du Mazarin; 2. des princes; 3. des parlements; 4. des peuples. (S. l., 16 mai 1652), 23 pag.

Voici les vérités. 1° Du roi : « Il est plus mazarin que françois. »

2° De la reine : « Si l'on vouloit m'en croire, on les (la reine et le cardinal) mettroit en état qu'il seroit vrai, de toutes façons, qu'il n'y auroit rien de si chaud que leur cul. Toute la cour sait que la reine a dit qu'elle oublieroit plutôt Dieu que Mazarin. Et, par là, il semble qu'elle ait rendu véritable la rencontre de son anagramme qui porte qu'elle est *Chérie de Satan.* »

3° Du parlement : « Ces sénateurs ont peur de perdre leurs charges, qui leur sont si chères, que beaucoup se sont ruinés pour les acheter. Que peut-on aussi espérer de personnes qui ont fait, du temple de Dieu ou de la justice, une caverne de brigands et de voleurs? »

4° Des peuples : « Les bourgeois, les marchands sont si lâches qu'après qu'ils ont dit point de Mazarin, néanmoins ils voudroient recevoir ce ministre, pourvu qu'il leur fît part de ses louis. »

Il fallait que le parti des princes fût bien abandonné. On s'explique, après un tel pamphlet, l'incendie de l'Hôtel de Ville.

Ce n'était pas assez, pour l'auteur, de cette prose brutale. Il a voulu y ajouter des vers. En voici quelques-uns :

« Encore un peu plus outre, et votre heure est venue.
Rien ne vous sauroit garantir ;
Et la foudre qui va partir,
Toute prête à crever la nue,
Ne peut plus être retenue
Par l'attente du repentir. »

C'est au roi que cela s'adresse !

Un siècle et demi plus tard, Lebrun exprimait, presque devant l'instrument du supplice de Louis XVI, la même pensée dans son *Ode patriotique sur les événements de l'année* 1792, *depuis le* 10 *août jusqu'au* 13 *novembre :*

« Il pouvait régner sur les cœurs,
Ce monarque faible... et parjure,
Il prétend régner sur des morts !
Vainement la pitié murmure.
Le ciel veut plus que des remords. »

Il faut convenir que le pamphlétaire inconnu de la Fronde à tous les avantages sur le Pindare de la Révolution.

Le titre de ce pamphlet est emprunté à une pièce de 1614; mais le titre seulement.

656. Causes de récusation contre monsieur le premier président, monsieur de Champlâtreux, son fils, leurs parents et alliés au degré de l'ordonnance. (S. l., 1650), 24 pages.

C'est pour ce pamphlet que le président de Mesmes fut frondé par les Enquêtes. Il y en a une autre édition, dont le titre est singulièrement amplifié :

656 *bis*. Causes de récusation proposées par M. le duc de Beaufort, messire Jean-François-Paul de Gondy, archevêque de Corinthe et coadjuteur de Paris, M. de Broussel, conseiller en la cour, M. Charton, président aux requêtes du palais et autres, contre messire Mathieu Molé, premier président au parlement de Paris, M. Molé de Champlâtreux, son fils, conseiller honoraire en ladite cour, et leurs parents et alliés au degré de l'ordonnance. (S. l. n. d.), 15 pages.

657. Causes (les) du retardement de la paix entre le roi d'une part, le roi d'Espagne et l'empereur d'autre, et les remèdes qui s'y peuvent apporter. *Paris*, Nicolas Bessin, 1649, 8 pages.

Exposition nette et précise de l'état des négociations. Évidemment elle a dû être publiée une première fois, tout au plus tard en 1648, puisque le traité de paix avec l'empereur est du mois d'octobre de cette année.

Il y a eu en 1649 plusieurs réimpressions de ce genre ; par exemple le *Discours d'État ou Véritable déclaration, des motifs qui obligèrent Louis le Juste... à rompre la paix, qui fut faite en 1596 entre Henry IV... et Philippe II*, etc.; le *Traité de paix entre Sa Majesté Catholique et les sieurs États généraux des Provinces-Unies des Pays-Bas*; la *Copie de la très-humble remontrance que les États de Flandre ont faite, depuis peu, à Sa Majesté Catholique sur les nécessités de leurs affaires présentes*; la *Harangue de M. Serviens* (sic), *faite aux Hollandois sur le sujet de leur traité de paix avec l'Espagne*; la *Lettre de M. Servien à Messieurs les médiateurs*; la *Lettre écrite de Munster à Monsieur le nonce du pape sur le sujet de la paix*.

Je crois que toutes ces publications sont postérieures à la paix de Saint-Germain. C'était la justification de Mazarin contre l'accusation, si souvent répétée dans les libelles et dans les délibérations du parlement, qu'il avait pu faire la paix avec l'Espagne et qu'il ne l'avait pas voulu.

658. Causes et moyens d'appel proposées (*sic*) par le procureur du roy au Chastelet contre Bernard de Bautru, avocat au parlement et ès conseils du roy, accusé, avec les responses auxdites causes et moyens d'appel. (S. l., 1649), 7 pages.

Voir le *Factum pour M. Bernard de Bautru*, etc.

659. Cautèles (les) de la paix, faisant voir : 1. si la paix, avant l'exécution des arrêts et de la déclaration contre le cardinal Mazarin, seroit plus préjudiciable que la guerre ; 2. si le soupçon qu'on a d'un traité secret de la cour avec les princes, est injuste; 3. la sincérité des intentions du roi et de la reine de la Grande-Bretagne ; 4. ce que la ville de Paris peut et doit faire en cas de trahison. (S. l. n. d.), 23 pages. •

1652, après la députation des cours souveraines à Saint-Germain. « La plupart estiment que le roi et la reine d'Angleterre sont plutôt mazarins que frondeurs. Quels qu'ils puissent être, on a violé le respect qui leur est dû, d'avoir reproché à ce jeune prince, dans son carrosse, d'être cause que le roi est venu à Saint-Germain. »

Malgré la netteté de ce blâme, l'auteur n'en reste pas moins un frondeur très-entêté. Il ne veut pas de l'assistance des Anglais, à cause de la différence des religions. « Mais s'ils prétendoient seulement donner du secours aux peuples qui sont opprimés sous le joug d'une rude tyrannie, leur zèle seroit louable, quand même leur dessein seroit plus grand que leurs forces. »

Il conseille, en cas de trahison des princes, « de chasser premièrement tous ceux qui seront soupçonnés d'être mazarins, et, pour ceux qui le sont ouvertement, de les dépêcher sans remise et sans pitié. »

660. Cavalier (le) d'outremer. (S. l.), 1649, 12 pages.

661. Cavalier (le) démonté. *Paris*, veuve Théod. Pépingué et Est. Maucroy, 1649, 8 pages.

Cette pièce a paru aussi sous le titre de : *Le Noble confus ou le Point d'argent du temps présent.*

662. Cayer contenant les très-humbles remontrances des députés du parlement de Bordeaux, présenté au roi et à la reine régente, le second octobre 1649. (S. l.), 1649, 27 pages.

663. Cayers des remontrances faites au roi et à la reine régente par les députés du parlement de Provence. (S. l. n. d.), 12 pages.

De la fin de 1649 et pour l'exécution du traité, conclu entre le parlement et le gouverneur, comte d'Alais, par la médiation du cardinal Bichy. En général, les pamphlets d'origine provençale ne sont pas communs.

C'est apparemment celui-ci que Pitton range parmi les plus considérables sous le titre de : *la Remontrance du parlement*. Les autres sont le *Manifeste de la ville d'Aix;* le *Manifeste du comte d'Alais;* l'*Examen de la remontrance du parlement;* la *Remontrance au peuple de Provence;* la *Voix de la justice opprimée;* la *Justification des armes du gouverneur*.

Le P. Lelong cite une édition des *Cayers* sous la rubrique de Paris.

664*. Célèbre (la) Cavalcade pour la majorité du roi.

Mémoires de Madame de Motteville, p. 418, coll. Michaud. Extrait de la *Gazette*.

665. Célèbre (le) Festin des mouchards, en vers burlesques. (S. l.), 1649, 8 pages.

666. Censeur (le) censuré, dédié au sieur de Sandricourt. (S. l.), 1652, 16 pages.

L'auteur est D'Audiguier du Mazet, avocat général de la reine. Il a donné une seconde édition de son opuscule, sous le titre de :

666 *bis*. Censeur (le) censuré, adressé au sieur de Sandricourt, auteur d'un libelle intitulé : *Le Censeur du temps, touchant les régences des reines, mères des rois*, en 1652. *Paris*, 1657, 10 pages.

Cette édition est augmentée d'une épître dédicatoire à la reine, qui n'est pas comprise dans la pagination, non plus qu'un extrait du pamphlet de Sandricourt; en sorte que la *Censure* de D'Audiguier a, en réalité, 20 pages.

On trouve aussi une réimpression de 1652, qui porte pour titre : *la Pièce intitulée :* le Censeur censuré. (S. l. n. d.), 6 pages; mais elle doit faire suite à la *Réponse de Sandricourt, sur la thèse couchée en la deuxième partie du Censeur du temps,* etc.

D'Audiguier écrit avec une politesse dont Sandricourt n'a point suivi l'exemple. Ses raisonnements sont ingénieux et subtils; mais son zèle l'emporte beaucoup trop loin, quand il qualifie la loi salique de loi bizarre et hétéroclite.

« Dès le commencement de la régence, les charges des officiers royaux, nommément des cours souveraines, enchérirent beaucoup de prix; et les plus jeunes conseillers du parlement et ceux de la moindre naissance se firent porter la robe; ce qui ne s'étoit jamais vu et n'appartient qu'aux présidents. »

667. Censeur (le) du temps et du monde, portant en main la clef du *Politique lutin,* de l'*Accouchée espagnole*, de la *Descente du politique lutin aux limbes*, des *Préparatifs* et de la *France en travail*, par le sieur de Sandricourt. *Paris*, 1652.

Quatre parties, la première de 55 pages, la seconde de 46, la troisième de 48 et la quatrième de 68.

Sandricourt se défend assez mal des reproches qui lui ont été faits de *choquer les puissances,* de se montrer athée, hérétique, impie et libertin.

Voici quelques passages qu'il m'a paru utile de reproduire, pour la bibliographie des Mazarinades :

« L'un, qui se publie le fidèle sujet du roi (*Sentiments d'un fidèle sujet du roi, à l'occasion de l'arrêt du* 31 *décembre* 1651), découvre des sentiments mazarins pour l'idole qu'il adore; et l'autre, qui fait l'*Apologie du parlement*, je sais bien qu'il n'en a pas d'aveu et qu'il est aux gages d'un prince. Celui qui a donné au public les *Maximes véritables*, a approché plus solidement du point. Celui qui a fait les *Motifs des arrêts des parlements de France,* propose des chefs d'accusation très-puissants contre l'extravagance de ce ministre étranger. Celui qui a fait les *Réflexions politiques sur la harangue de l'archevêque de Rouen*, donne des exemples qui convainquent et qui accusent la flatterie sous le camail. » *Censeur du temps et du monde*, etc.

« Tous ces Messieurs les écrivains du temps, la plus grand'part ne sont que des rabolisseurs, orfèvres en vieux cuir, rappetasseurs, et fripiers regrattiers, étaleurs de vieilles nippes, raffûtées pour tromper le public, avec des avant-propos plus magnifiques que les propos. » *Troisième partie*, etc.

Le monstre Mazarin, né de l'accouchée, « quand il ment le plus, il dit que c'est la *vérité toute pure* et la *confession révélée* et encore le *vrai et le faux*. » *Quatrième partie*, etc.

Il paraît que les quatre parties du *Censeur* ont été publiées à vingt et un jours ou trois semaines de distance. Elles se vendaient de six à douze deniers le cahier.

On appelait *Morgue* la cabale de Châteauneuf et de Villeroy à Poitiers.

668. Censeur (le) politique au très-auguste parlement de Paris. *Paris*, Mathieu Colombel, 1649, 28 pages.

Excellente pièce, dans laquelle on trouve de très-judicieuses observations sur les tailles, sur la justice criminelle, sur les ventes par décrets ou saisies immobilières, sur l'emprisonnement à fins civiles.

669. Censure de l'insuffisante et prétendue réponse faite à la réfutation de la *Lettre d'avis*. *Paris*, 1649, 15 pages.

Cette pièce appartient à la polémique soulevée par la *Lettre d'avis à messieurs du parlement de Paris, écrite par un provincial*, et dont j'aurai à parler plus tard.

670. Censure de monseigneur Illustrissime et Révérendissime archevêque de Bordeaux et primat d'Aquitaine sur un libelle fait et imprimé à Bordeaux. *Paris*, Gilles Dubois, 1652, 7 pages.

Acte officiel daté de Poitiers, le 27 janvier 1652, et signé, avec l'archevêque de Bordeaux, par les évêques d'Évreux, de Bazas, de Couserans, de Saintes, de Rodez et par le doyen de Poitiers, le siége vaquant. Le libelle censuré est la *Question canonique : si M. le prince a pu prendre les armes en conscience*, etc.

671. Censure (la) ecclésiastique de Rome la sainte contre la vie dépravée de Jules Mazarin. *Paris*, Fr. Noël, 1649, 12 pages.

672. Censure (la) et l'antidote de quelques maximes très-pernicieuses, contenues dans un libelle qui a pour titre : *Le Récit du duel déplorable entre MM. les ducs de Beaufort et de Nemours*, adressé (*sic*) à la noblesse raisonnable et chrestienne. *Paris*, 1652, 12 pages. *Rare*.

Contre le duel. Il y avait eu, peu auparavant, une association de quelques gentilshommes pour combattre et détruire le préjugé du duel. Cette association avait eu l'approbation des maréchaux de France. Elle comptait, parmi ses fondateurs, le marquis de Fénelon.

673. Censure générale de tous les libelles diffamatoires, imprimés depuis la conclusion de la paix, au préjudice de cet état. *Paris*, 1649, 11 pages.

Les libelles censurés sont : 1. les *Soupirs françois sur la paix italienne*. « C'est le premier qui ait paru. Parce qu'on ne l'a pas poursuivi, les autres sont venus après ; » 2. la *Requête civile sur la conclusion de la paix ;* 3. les *Généreux sentiments d'un bon François contre la conférence ;* 4. la *Pure vérité découverte* (cachée) ; 5. la *Cuirasse* (au prince du sang surnommé la Cuirasse) ; 6. le *Pot de chambre ;* 7. le *Bandeau* (de l'honneur).

Il faut « qu'on ne mette plus aucune pièce de cette étoffe en lumière que dans le feu qu'allumera le bourreau, pour y brûler et l'auteur et l'ouvrage. »

674. Censure ou Réfutation du libelle intitulé : *Soupirs françois sur la paix italienne*. *Paris*, Pierre Du Pont, 1649, 12 pages.

J'ai rencontré un exemplaire de ce pamphlet sur le titre duquel un contemporain avait écrit : « Cette pièce n'a été mise en lumière qu'un mois après la vente des *Soupirs* et faite par ceux de Saint-Germain. »

L'auteur de la *Censure* me paraît quelque peu pédant. Il est remarquable qu'il reproche au poëte d'avoir *déterré* les termes *barbares* de *désastreux* et *larmoyer*.

Saintot annonce, dans une lettre citée page 164 des *Mémoires* du cardinal de Retz, coll. Michaud, une *Réponse aux Soupirs françois*, qui ne peut pas être la *Censure*, et que je ne connais pas.

675. Cent quatre vers contre ceux qui font passer leurs libelles diffamatoires sous le nom d'autrui, par M. Scarron. *Paris*, Toussaint Quinet, 1651, 8 pages.

La permission d'imprimer est datée du 16 mars 1651.

« D'un ennemi public, étranger ou françois,
Par zèle ou par dépit, on se plaint quelquefois;
Mais offenser en vers ses maîtres légitimes,
Faire servir en mal l'innocence des rimes,
Et pour les débiter, y supposer un nom,
C'est être, pour le moins, faux témoin surlarron. »

On a publié une contrefaçon, sous ce titre : *Invective de M. Scarron contre un dernier libelle*, etc.

Il est remarquable que Scarron a toujours renié les pamphlets qui lui ont été attribués, sans exception et sans réserve. Voici, par exemple, comment il s'en explique, dans une lettre adressée à la reine mère, quelque temps après la Fronde, pour réclamer le rétablissement de sa pension : « Pendant les troubles de la régence, ma malheureuse réputation a été cause que tout ce qu'on a imprimé, à Paris, de bon et de méchant, a été publié sous mon nom ; et cet abus dure encore, quelque peine que j'aie prise à le faire cesser. On m'a imputé des vers insolents contre Son Éminence. Cela a été appuyé par les caresses que m'a toujours faites une autre Éminence, opposée à la sienne, et dont j'ai été connu et honoré dès ma jeunesse, et devant qu'elle eût commencé d'être mal à la cour. »

Ce désaveu s'applique spécialement à la *Mazarinade*, dont la publication avait coûté à Scarron une pension de quinze cents livres, et qui, peut-être à cause de cela seul, a été recueillie dans le dixième volume de ses œuvres complètes. Je ne veux pas m'inscrire en faux contre le jugement des contemporains de l'auteur ; je dois pourtant faire remarquer que les *Cent quatre vers* ont été écrits en 1651, comme la *Mazarinade*, et, selon toutes les apparences, après la *Mazarinade*. Scarron, d'ailleurs, est, dans toutes ses autres poésies burlesques, plus ingénieux, moins violent et moins ordurier. Je ne reconnais pas son esprit dans le sale libelle, qui a eu le triste privilége de faire sortir le cardinal Mazarin de son impassibilité.

Un écrivain qui a signé plusieurs pamphlets des initiales S. C., sieur D.P., et du pseudonyme l'*Anti-Mazarin*, a publié une *Réponse au sieur Scarron sur le sujet de ses* Cent quatre vers. Il devait être au courant des nouvelles littéraires de la Fronde. Attribue-t-il à Scarron la *Mazarinade?* non. Lui attribue-t-il au moins quelque pièce du temps? pas davantage. Il ne s'élève pas contre la réclamation de Scarron ; il ne s'en étonne même pas ; il la loue. Je dois dire pourtant que, dans un pamphlet qui a paru en 1651 et qui est intitulé : *Lettre de remercîment, envoyée au cardinal Mazarin sur la lettre qu'il a escrite à une dame de la cour pour l'accommodement de ses affaires*, Scarron est expressément nommé comme l'auteur de la *Mazarinade ;* mais ce n'était peut-être qu'un écho du bruit que Guy Joly a répété et qui a été recueilli dans le *Segraisiana*. La question n'est pas de savoir si Scarron a été accusé d'avoir composé la *Mazarinade*, mais s'il l'a été avec raison et sur quelque solide fondement.

Outre les *Cent quatre vers*, je n'ai trouvé certainement de lui que l'*Épître chagrine* à son ami Rosteau. Les *Étrennes burlesques de M. Scarron, envoyées au cardinal Mazarin*, pourraient être de lui encore, aussi bien que la pièce intitulée : *Sur la conférence de Ruel* et l'*Adieu du sieur Scarron faict au roi*, etc. ; mais très-positivement, la *Débauche des quatre monopoleurs*, la *Calotte de Mazarin* et le *Cœur des princes*, ne lui appartiennent pas. La *Lettre de M. Scarron envoyée au cardinal Mazarin* n'est autre chose que la *Lettre au cardinal burlesque* de l'abbé de Laffemas. Enfin on a donné, en 1663, une édition in-8° du *Testament véritable de Jules Mazarin ;* et on a mis le nom de Scarron sur le titre. Je ne vois aucune raison de suivre cette opinion.

L'éditeur des œuvres complètes de Scarron n'a reproduit aucune de ces pièces ; mais je ne sais pas si c'est une autorité. Il n'est pas inutile de dire que ni les *Étrennes burlesques*, ni les vers *Sur la conférence de Ruel*, ni même l'*Adieu faict au roy* ne font soupçonner la *Mazarinade*.

On a écrit que Scarron avait pris des actions dans une société de colonisation pour la Martinique. Voici à cet égard la vérité ; c'est Scarron lui-même qui nous l'apprend dans une Lettre à ***, page 169 du Ier vol. de ses œuvres complètes : « Je me suis mis pour mille écus dans la nouvelle compagnie des Indes, qui va faire une colonie à trois degrés de la Ligne, sur les bords de l'Oreillon et de l'Orénoque (la Guyane françoise.) »

Scarron s'était laissé persuader que le soleil de l'Amérique pourrait rendre à ses membres leur souplesse. Il se proposait d'aller habiter, non la Martinique, comme on l'a dit, mais la nouvelle colonie. Il partit, en effet, dans les premiers jours d'octobre 1652.

> « Monsieur Scarron, auteur burlesque,
> Fort aimé du comte de Fiesque,
> Est parti de cette cité,
> Ayant sa femme à son côté,
> Ou du moins en estant bien proche,
> Lui dans une chaise, elle en coche,
> Pour, devers la ville de Tours,
> Aller attendre, quelques jours,
> L'embarquement pour l'Amérique. »

Évidemment M. le baron Walckenaër s'était arrêté trop tôt dans la lecture de Loret, quand il a dit, *Mémoires sur Madame de Sévigné*, page 423 du IIe vol., que Scarron devait être accompagné de Céleste de Palaiseau. La Céleste dont parle le gazetier était sœur de Scarron.

L'*Épître chagrine*, adressée des bords de la Loire à l'ami Rosteau, confirme d'ailleurs le passage de Loret que je viens de citer. Pendant son séjour à Tours, Scarron apprit que les directeurs de la compagnie avaient fait de mauvaises affaires et que la flottille, qui devait porter les colons en Amérique, ne partirait pas. Il revint à Paris, où Mazarin ne se mit pas en peine de sa présence.

A quoi a-t-il tenu que la veuve de Scarron ne devînt pas la femme de Louis XIV ?

676. Centuries (les) de la naissance de Jules Mazarin,

apportée (*sic*) de Sicile par un courrier à Saint-Germain-en-Laye. *Paris*, Michel Mettayer, 1649, 8 pages.

677. Champagne (la) désolée par l'armée d'Erlach (*sic*). *Paris*, 1649, 8 pages.

Trois lettres, datées des 3, 6 et 7 mai; la deuxième signée d'Alincourt et la troisième, Gervaise.

Il y a une seconde édition, qui ne diffère de la première que par cette addition au titre : *Avec les cruautés exercées par icelle*, et une troisième augmentée, sous le titre de : *les Horribles cruautés faites dans les provinces de France par les gens de guerre d'Erlac et autres.*

On doit y ajouter la *Relation véritable de ce qui s'est passé ès environs de la ville de Reims*, etc., et la *Requête des provinces et des villes de France à nos seigneurs du parlement de Paris*.

678. Champagne (la) et la Picardie aux pieds du roi, qui se plaignent des violences qu'on leur fait et qui implorent son assistance. *Paris*, 1650, 24 pages.

679. Changement (le) d'État à la majorité du roi. (S. l.), 1651, 7 pages.

680. Changement (le) d'État sur la majorité du roi, présenté à Sa Majesté avant son auguste sacre et couronnement. (S. l.), 1651, 11 pages.

Signé L. S.

Cette pièce diffère essentiellement de la précédente, qui a été composée à l'occasion du ministère de Châteauneuf, et surtout à la louange du surintendant des finances, marquis de la Vieuville.

L'auteur a aussi publié le *Triomphe de la monarchie par la majorité du roi*, etc.

681. Chansons mazarines.

Il y en a quatre sur une demi-feuille, petit in-folio; deux au recto, imprimées de haut en bas, et deux au verso, de long en large.

Pendant et après la prison des princes. Ces chansons populaires n'ont que le mérite de la singularité et de la rareté.

682. Chant (le) royal des Parisiens sur la majorité du roi. *Regia majorem celebrant nunc carmina regem.* Par le sieur Fr. Servient. *Paris*, François Noël, 1651, 8 pages.

Le refrain est :

« Cet illustre patron d'un triomphant navire. »

683. Chant royal du siége de Paris, dédié à monseigneur de Beaufort. (S. l. n. d.), 2 pages.

La permission d'imprimer porte la date du 26 février 1649 et nomme le sieur de Barrois.

Je ne sais, de ce détestable écrivain, qu'une chose ; c'est qu'il était prêtre. On trouve de lui cinq autres pièces, qui sont : 1. La *Pyralide* ; 2. Le *Flambeau d'Olympe*, toutes deux dédiées au duc de Beaufort ; 3. L'*Écho de la France troublée par le déguisé Mazarin* ; 4. *Harangue et éloges véritables de deux archevêques* ; 5. Les *Véritables sentiments d'état pour la paix*.

684. Chants royaux sur l'Éminence et les partisans. (S. l.), 1649, 10 pages.

685. Charactère (le) de Mazarin, trouvé dans son cabinet, après son départ, apporté à messieurs du parlement, avec sa conférence tenue avec les diables. *Paris*, 1651, 16 pages.

Réimpression du *Vrai caractère du tyran*, etc.

686. Chariot (le) du triomphe de la paix, en vers burlesques. *Paris*, Mathurin Hénault, 1649, 8 pages.

687. Charmants (les) effets des barricades, ou l'Amitié

durable des frères bachiques de Piquenique, en vers burlesques. *Paris*, 1649, 8 pages.

« Ce jourd'huy, de mai le seizième. »

688. Chasse (la) à Mazarin. *Paris*, Michel Mettayer, 1649, 7 pages.

La septième page est occupée par une épitaphe prophétique de Mazarin, qui finit par un trait tout à fait imprévu :

« Toi qui t'arrêtes en ce lieu,
Ne laisses pas de prier Dieu ;
Car l'écriture nous ordonne
De ne juger jamais personne. »

689. Chasse (la) aux loups et aux renards, ou la Fin d'aise des maltotiers, en vers burlesques. S. l., 1649, 7 pag.

Après l'arrêt du 17 janvier contre Mazarin.

690. Chasse (la) aux satyres du temps, en vers burlesques. *Paris*, 1649, 8 pages.

L'auteur des *Soupirs françois* est berné ; quant à celui de la *Requête civile*,

« Coups de poing, coups de pied au cul,
Buffes, chiquenaudes, nazardes,
Lui soient donnés; qu'on le larde
D'épingles, d'aiguilles et de clous, etc. »

L'auteur de la *Vérité cachée* (Pure verité, etc.), est haché ; celui du *Pot à pisser* (Pot de chambre), est haussé ; celui des vers au *Prince la Cuirasse*, envoyé aux galères; celui des *Généreux sentiments d'un François véritable*, marqué de la fleur de lys ; enfin celui de *la Barbe au premier président*, enfermé à la Conciergerie.

C'est une imitation burlesque de la *Censure générale des libelles diffamatoires* Il y a été répondu par l'*Antisatyre*, etc.

A son tour l'auteur a répliqué par la *Réponse à l'*Antisatyre du temps.

691. Chasse (la) du maréchal de Turenne par M. le

prince, poursuivant les Mazarins avec huit mille chevaux. *Paris,* 1652, 8 pages.

Turenne était dans son camp de Villeneuve-Saint-Georges.

692. Chasse (la) furieuse donnée à la garnison de Corbeil, où il est demeuré plus de deux cent cinquante cavaliers sur la place, et grand nombre de blessés et de prisonniers, par la cavalerie de M. le prince, ensemble le nombre des morts et des prisonniers. *Paris*, Samuel de Larru, 1652, 8 pages.

693. Chat (le) qui dort, d'un bon bourgeois de Paris, par lequel on remarquera les généreuses intentions de messeigneurs les princes, le bon et heureux succès de leurs armes, la venue du roi en bref à Paris et la mort de Mazarin assurée en peu de temps. *Omnes plaudite gentes manibus jubilate deo in voce exultationis. Paris,* 1652, 6 pages.

694. Chemise (la) sanglante de Mazarin, en vers burlesques. *Paris,* N. Charles, 1649, 7 pages.

Pendant le blocus.

695. Cheute (la) de la tyrannie, faisant voir la fausseté de la *Décadence de la royauté* par un examen des cinq points proposés. (S. l.), 1652, 15 pages.

Pièce mazarine assez médiocre.

« Les mieux sensés considéroient le cardinal Mazarin pour servir d'entre-deux à ces deux princes (Orléans et Condé), et qu'il n'a eu l'autorité du gouvernement que pour éviter quelque querelle qui pouvoit arriver entr'eux. »

« Le conseil a accordé, à la sollicitation du maréchal de Turenne, avec beaucoup de peine, que le prêche se feroit en un lieu où il se faisoit autrefois. (Où ?).... On sait le besoin que le roi a d'argent; et, néanmoins, le conseil a refusé plusieurs millions, que quelques partisans offroient moyennant qu'on reçût aux charges et offices les prétendus réformés. »

696. Chevalier (le) chrétien parlant des misères du temps à la reine régente. *Paris*, François Noël, 1649, 23 pages.

697. Chevalier (le) de l'Onde, arrivé à Paris le 1er avril 1651. (S. l. n. d.), 19 pages.

Si la pièce en valait la peine, je chercherais peut-être à démontrer que le chevalier de l'Onde est beaucoup plus vulgairement le poisson d'avril, et que, par conséquent, il y a là une intention d'ironie.

698. Chronologie des reines malheureuses par l'insolence de leurs favoris, dédiée à la reine régente, pour lui servir d'exemple et de miroir. *Paris*, Claude Morlot, 1649, 8 pages.

Je ne sais si c'est plus insolent que ridicule; et cela s'imprimait avec la permission du parlement!

699. Chûte (la) de Phaëton par un vieux Gaulois, revêtu et interprété de nouveau, présentée au roi par un Parisien. *Paris*, 1651, 24 pages.

Pièce originale et rare. L'auteur, dans un long commentaire d'une traduction française ou *gauloise* d'Ovide, prétend montrer que la chute de Phaéton fut glorieuse. Il ne dit pas un mot des affaires contemporaines; il ne nomme pas une seule fois Mazarin; mais il est aisé de découvrir sa pensée. Phaéton a empêché une bataille entre deux armées, comme Mazarin à Casal; il a un parent, Cygnus, et trois sœurs, comme Mazarin un neveu et trois nièces.

On en rencontre quelquefois une contrefaçon sous le titre de *la Nouvelle décadence*.

700. Cistême (*sic*) général ou Révolution du monde, contenant tout ce qui doit arriver en France, la présente année 1652, avec le progrès des armes de M. le

prince, prédit par l'oracle latin et l'oracle françois, Michel Nostradamus, à messieurs les prévôts des marchands et échevins de Paris. *Paris*, 1652, 16 pages.

C'est le quatrième *Avertissement* de J. Mengau.

Le progrès du prince de Condé ne devait pas empêcher Louis XIV de se faire couronner empereur à Savonne.

701. Clairvoyant (le) de la cour touchant les affaires présentes. (S. l.), 1652, 8 pages.

702. Claquet (le) de la fronde sur la liberté des princes, avec une élégie aux dames frondeuses, par le Menuisier de Nevers. (S. l.), 1651, 7 pages.

Et aussi avec une épigramme aux mêmes.

Ces pièces, qui n'ajouteront rien à la réputation de Me Adam Billaut, ont été comprises, pour la première fois, dans l'édition de ses œuvres complètes, qui a été donnée à Nevers en 1840.

703. Clef (la) du temple de Janus, présenté (*sic*) au roi par C. M. P. P. P. P. *Paris*, veuve C. Maret, (1652), 28 pages.

Signée D. M., au lieu de C. M. que porte le titre.

704. Codicile de M. le duc d'Épernon. (S. l.), 1650, 7 pages. *Rare*.

Cet exemplaire est probablement incomplet; car, d'une part, après la signature du notaire, sur la septième page, on lit : *suite, acte ;* et la suite manque. D'autre part, la quatrième page appartient au codicile et la cinquième, à un testament du 23 mai 1650, à Agen, antérieur, par conséquent, à celui qu'on trouvera plus loin.

Par une coïncidence singulière, le seul exemplaire du *Testament* que j'aie vu, paraît également incomplet.

Après la seconde guerre de Bordeaux, c'est-à-dire à la fin de 1650.

705. Codicile et suite du testament de très-honorable,

très-illustre et très-puissante princesse Charlotte-Marguerite de Montmorency, princesse douairière de Condé, duchesse de Montmorency et de Château Roux (*sic*), dame de Chantilly, de Merlou et autres terres et seigneuries, décédée à Châtillon-sur-Loing le deuxième décembre 1650. *Paris*, 1651, 12 pages.

Signé Pellaut, notaire à Châtillon, et daté du dernier octobre 1650.

706. Codicile très-véritable de Jules Mazarin, fait par la permission du roi dans Saint-Germain-en-Laye. *Paris*, Claude Morlot, 1649, 8 pages.

Daté du 7 mars. On comprend qu'il n'est pas plus véritable que le *Testament*.

707. Cœur (le) des princes entre les mains de Dieu, ou Réponse au libelle séditieux intitulé : *Avis aux malheureux*, dédié à l'Altesse de Mademoiselle, par le sieur Scarron. *Paris*, Nicolas Guérard, (1652), 8 pages.

Stances trop sottes pour être de Scarron.

708. Combat (le) de deux auteurs sur le sujet de leurs pièces du temps, en vers burlesques. *Paris*, 1649, 8 pages.

709. Combat (le) donné entre les troupes de Son Altesse royale et celles du maréchal de Turenne, entre Essonne et Milly, où deux régiments allemands ont été entièrement défaits. *Paris*, Jean Brunet, 1652, 7 pages.

Avant le siége d'Étampes.

710. Combat donné par les troupes mazarines à l'armée de l'archiduc Léopold, pour l'empêcher de venir à Paris au secours de messieurs les princes, où lesdites

troupes mazarines ont été défaites par celles de l'archiduc au deça (*sic*) de Compiègne. *Paris*, Philippe Lefèvre, 1652, 8 pages.

Quoiqu'il y ait une permission du duc d'Orléans, je ne garantirais pas la véracité du narrateur.

711. Combat du bon et du mauvais ange de la reine. *Paris*, 1649, 8 pages.

712. Combat (le) et le cartel de défi de l'amour à la paix, en dialogue. *Paris*, Claude Morlot, 1649, 8 pages.

713. Combat (le) furieux de deux Italiens, en vers burlesques. *Paris*, Sébastien Martin, 1649, 8 pages.

Signé D. F. Il y a des vers spirituels et bien tournés.

714. Combat (le) généreux de monseigneur le duc de Beaufort pour l'honneur du roi et de messieurs de Paris. *Paris*, 1649, 6 pages.

Il s'agit de l'affaire du Jardin de Renard. Je ne crois pas qu'aucun événement ait été l'occasion de plus de pamphlets. Ici le duc de Beaufort n'est rien moins qu'un fils de Mars, l'honneur de la France, le protecteur de Paris et le père de la patrie.

715. Combats donnés, sur le chemin de Paris à Charenton et à Brie-Comte-Robert, les 16 et 18 de ce mois. *Saint-Germain-en-Laye*, 23 février 1649, 4 pages.

Relation officielle.

On en trouve quelques exemplaires, dont le titre se continue ainsi : *Où les Parisiens ont eu, en deux rencontres, plus de six cents cavaliers tués, blessés ou faits prisonniers*.

716. Comète (le) royal, pronostiquant à la reine un déluge des vengeances du ciel, en punition : 1. Des incestes ; 2. Des violements ; 3. Des sacrilèges ; 4. Des sodomies ; 5. Des brutalités qui se commettent dans la guerre

qu'elle fomente pour soutenir l'ennemi de la chrétienté. (S. l.), 1652, 4 pages.

Signé P. M. D. G. (père Michel de Grosbois.)

Mailly cite ce pamphlet dans la note de la page 62 de son cinquième volume; mais il ne s'est pas aperçu que c'était une contrefaçon de la *Lettre du père Michel de Grosbois au duc d'Angoulême*, etc., 1649.

717. Comme (les) et Ainsi de la cour. (S. l.), 1649, 8 pages.

Suivis d'un dialogue entre le Jacquemard et la Samaritaine. Après la paix.

718. Commerce (le) des nouvelles rétabli, ou le Courrier arrêté par la Gazette. *Paris*, 1649, 16 pages.

Pièce spirituelle et piquante, qui me servira à compléter l'article du *Courrier françois*.

Voici, en attendant, un passage curieux pour l'histoire des lettres en France :

« Nervèze et des Escuteaux ([illegible]) raffinèrent leur style et commencèrent à parler Phœbus. Ils furent les mignons des dames. Quelques-unes les portoient, au lieu d'heures, à l'église. S'il se formoit entr'elles quelque différend touchant un terme, on s'en rapportoit à Nervèze; et qui l'eût voulu contredire, eût été chassé comme un peteux de la compagnie. »

719. Commerce (le) rétabli, en vers burlesques. *Paris*, Nicolas de la Vigne, 1649, 8 pages.

Pendant la tenue du camp de Villejuif.

720. Commission du roy, envoyée pour imprimer, publier et afficher sa déclaration d'amnistie en faveur des bourgeois et habitants de sa bonne ville de Paris. (S. l.), Antoine Estienne, 1652, 4 pages.

Elle est adressée à Antoine Estienne, et datée de Mantes, le 26 septembre 1652. La pièce est complète, quoique, au bas de la quatrième page, on lise en réclame le mot *Déclaration*.

721. Commission du roi et arrêt du parlement pour informer contre le cardinal de Retz. *Paris,* par les imprimeurs et libraires ordinaires du roi, 1654, 7 pages.

La commission est du 21 septembre, et l'arrêt du 22.

Elle est dans les *Mémoires* du cardinal de Retz, page 505, coll. Michaud; mais non l'arrêt.

722. Commission envoyée par monseigneur le duc d'Orléans aux trésoriers de France à Caen, pour l'établissement de la subsistance des gens de guerre pour le service du roi. *Paris,* Jacob Chevalier, 1652, 6 pages.

Datée du 7 février et contre-signée de Fromont.

723. Comparaison (la) des comparaisons aux Mazarins, burlesque fait à Descain (*sic*). *Paris*, 1652, 23 pages.

Contrefaçon de l'*Icare sicilien*.

724. Comparaison du cardinal Mazarin et du comte d'Olivarez, favori du roi d'Espagne, sur les affaires par le sieur de Lécluse. *Paris*, veuve Jean Augé, 1652, 8 pages.

Aussi mauvais que rare.

725. Complainte des partisans du cardinal Mazarin sur le rétablissement de leurs bureaux en France. (S. l.), 1649, 7 pages.

726. Complainte (la) du sieur Coindinet, gentilhomme champenois, envoyée à la reine à Saint-Germain. (S. l.), 1649, 8 pages.

727. Compliment de messieurs les curés de Paris à monseigneur l'Éminentissime cardinal de Retz, sur sa promotion, par le curé de Saint-Paul. (S. l. n. d.), 6 pages.

Il a été contrefait sous le titre de *Réponse faite au libelle in-*

titulé : Arrêt de la cour, donné contre le cardinal de Retz, du 13 août 1652.

728. Compliment fait, à monseigneur l'éminentissime cardinal de Retz, par M. Hédelin, abbé d'Aubignac, portant la parole pour la congrégation de la propagation de la foi, le 18 mars 1652. (S. l.), Denys Langlois, 4 pages.

Sur la promotion du coadjuteur au cardinalat.

Il y a de l'abbé d'Aubignac : 1. Le *Panégyrique funèbre* de la princesse douairière de Condé; 2. Le *Panégyrique funèbre* du maréchal de Rantzau.

729. Complot (le) et entretien burlesque sur l'arrêt du 29 décembre, contenant les principaux chefs d'accusation contre le ministère du cardinal Mazarin, par le sieur de Sandricourt. *Paris,* 1652, 23 pages.

Seconde édition du *Procès du cardinal Mazarin,* etc. L'auteur a ajouté, au commencement, une invective contre *les Sentiments d'un fidèle sujet du roi sur l'arrêt du 29 décembre.*

730. Conclusions proposées par la reine régente à messieurs du parlement et à ses sujets, tant pour chercher les moyens de la générale paix, afin de bannir du royaume mille particulières guerres, que pour instruire à fond le procès des princes. (S. l.), 1650, 24 pages.

Une des pièces de François Davenne.

La reine régente, ici, c'est la vérité ou la sapience éternelle, pour parler le langage de l'auteur. Elle donne ses conclusions contre les princes, Beaufort, le coadjuteur, Mazarin, le duc d'Orléans, la reine, le parlement; elle les donne en vers détestables, en autant de qua[illegible]'il y a d'accusés.

Mais la conc[illegible]nérale est que Davenne somme le parlement d[illegible] puisque Dieu le présente. « Il n'y aura de paix qu[illegible] de cette justice. »

[illegible] dans ce pamphlet qu'il défend, contre une interdiction prononcée par le coadjuteur de Paris, Charles Hersent qu'il appelle *le visible Jésus dans un parfait prédicateur*. Je dois relever, à cette occasion, une erreur qui est échappée aux auteurs de la *Biographie universelle*. Davenne ne dit pas que Hersent a fait l'apologie du coadjuteur, mais son apologie propre sur l'acte qui venait de le frapper.

731. Concordat de l'union faite entre le parlement et la ville de Bordeaux avec nos seigneurs les princes contre les ennemis de l'État. *Jouxte la copie imprimée à Bordeaux par Guill. La Court* (sic), 1652, 15 pag.

Daté du 7 janvier 1652. C'est une véritable charte, en 27 articles. Je n'en citerai que deux : Art. 12. Les ministres dont les parlements demanderont la destitution, devront être renvoyés ; et ceux qui seront nommés à leur place, seront reçus sans difficulté. Art. 16. Aucun fils ou gendre de gouverneur, de quelque qualité et mérite qu'il soit, ne pourra succéder au gouvernement de son père ou beau-père.

Le premier n'est pas sérieux; il n'était que d'opposition. Il fallait que le second fût bien dans l'opinion, pour qu'on supposât qu'il avait été consenti par le prince de Condé.

Inutile de dire que le *Concordat* est une fiction de quelque pamphlétaire, ou, tout au plus, un projet de quelque frondeur gascon.

732. Condamnation (la) de l'incivil perturbateur de la paix. *Paris*, 1649, 11 pages.

Mauvaise et souvent grossière réponse à la *Requête civile contre la conclusion de la paix*. Elle se termine par un sonnet si plein d'incorrections qu'il en est inintelligible.

733. Conditions (les) de l'arrêt rendu sur le jugement d'entre l'auteur de la *Vérité tou[illegible]* et l'*Avocat général*, partie adverse. *Paris*, 16[illegible] pages.

« Voyez et apprenez le *Remède aux malheurs de l'Éta*[illegible]ez par les *Présages du changement de l'État*; apprenez qu'il [illegible]ir les médisants, par le *Jugement rendu sur le plaidoyer de l'auteur de la Vérité toute nue;* et retenez l'honneur qu'il faut rendre aux rois par l'*Arrêt sur le jugement rendu contre lesdits auteurs.* »

Le titre de la seconde pièce est inexact. Il faut lire : *Présage de changement dans la monarchie des François.*

734. Conduite du cardinal Mazarin depuis son retour en France, adressée aux compagnies souveraines, Maison de Ville et bons bourgeois de Paris. *Paris*, veuve Jean Guillemot, 1652, 15 pages.

Après le combat de la porte Saint-Antoine.

Le pamphlet se termine sur la 14e page. La 15e ne contient que le privilége accordé à la veuve J. Guillemot par le duc d'Orléans.

735. Conférence (la) de deux habitants de Saint-Germain, Simon et Colin, sur les affaires de ce temps. (S. l.), 1652, 8 pages.

Pendant le siége d'Étampes.

736. Conférence (la) de deux mylords, s'en retournant en Angleterre, contre les méchants ministres et favoris. *Paris,* Michel Blaguart, 1649, 7 pages.

M. de Saint-Aulaire a jugé à propos de reproduire ce pamphlet dans son *Histoire de la Fronde,* pièces justificatives.

737. Conférence (la) de la reyne et du mareschal de Turenne sur le mauvais succès de leur armée. (S. l.), 1652, 7 pages.

738. Conférence (la) de Mazarin avec la Fortune, apparue à Son Éminence sous le nom et visage de la dona Isabella, courtisane italienne. *Paris,* Pierre Sévestre, 1649, 16 pages.

Après la mort du roi d'Angleterre.

739. Conférence de Mazarin avec les partisans, touchant

sa retraite, par le sieur de la Besace. *Paris*, Nicolas de la Vigne, 1649, 16 pages

On lit, au verso du titre, deux épigrammes assez mauvaises des sieurs de la Pointe et de la Valise, chevaliers de la Treille.

Il ne faut pas négliger cette pièce, quoiqu'elle ne soit pas très-rare.

740. Conférence (la) de M. le premier président avec M. de Châteauneuf sur les affaires du temps. (S. l., 1652), 8 pages.

Le premier président venait d'arriver à Poitiers, où la cour attendait Mazarin.

741. Conférence (la) des députés de Son Altesse royale à Saint-Germain-en-Laye sur l'ouverture de la paix, faite par le roi d'Angleterre; sa harangue à Sa Majesté, avec les propositions des députés et l'impertinente réponse du cardinal Mazarin. *Paris*, Jean Brunet, 1652, 8 pages.

742. Conférence (la) du cardinal Mazarin avec le gazetier. *Jouxte la copie imprimée à Bruxelles*, 1649, 39 pages.

Je ne sais pas pourquoi, sur le second titre, il y a : *Envoyée de Bruxelles, le 7 mai dernier.* Ce qui est certain, c'est qu'au temps où nous reporte la *Conférence*, la paix n'était pas faite. En voici la preuve : Renaudot dit au cardinal : « J'ai mes enfants à Paris... qui font la Gazette (*le Courrier François*) pour le parlement. »

Pamphlet curieux et spirituel. Il répond principalement à la pièce, sans titre ni date, qui commence par ces mots : *Le roy veut que le parlement sorte de Paris*, etc.

On en trouve des exemplaires, qui portent *Conférence secrète*, et où les mots : *Envoyée de Bruxelles*, etc., sont sur le premier titre.

743. Conférence (la) du Parisien et du Bourd[illegible]is sur les affaires de ce temps. *Paris*, 1649, 8 pages.

Du commencement d'octobre.

744. Conférence du roi, de la reine et du cardinal Mazarin sur toutes les affaires présentes, et la demande dudit sieur cardinal au roi et à la reine, pour se retirer hors de France, afin de laisser une tranquillité publique dans le royaume. *Paris*, 1652, 16 pages.

Après la levée du siége d'Étampes.

745. Conférence (la) secrète tenue, à Pontoise, entre le roi, la reine, le cardinal Mazarin, messieurs les princes et plusieurs autres grands seigneurs de la cour. *Paris*, 1652, 16 pages.

Contrefaçon d'une pièce qui a paru en 1649, sous les titres de *Histoire des esprits* et *Roman des esprits revenus de Saint-Germain.*

746. Conférences (les) du cardinal Mazarin avec un de ses plus grands confidents, tenues à Saint-Denys en France, avant son départ. 1. Il représente toute l'histoire de sa vie depuis son arrivée en France jusques à présent; 2. les traverses qui lui sont arrivés (*sic*) tant par messieurs les princes, que des jugements contre lui rendus par messieurs du parlement; 3. les défenses qu'il a exercées et exerce contre ceux qui lui en veulent; ensemble les réponses du confident du cardinal Mazarin, lui représentant les malheurs qui pourroient lui arriver ci-après, sur toutes (*sic*) les articles par lui proposées en ces rencontres. *Paris*, 1652, 42 pages.

Pièce qui ne manque ni de malice ni d'esprit.

747. Confession (la) générale de Jules Mazarin, sur tous les crimes par lui commis contre le pape et tous les princes chrétiens. *Paris*, 1649, 4 pages.

Curieuse et rare.

748. Confession (la) générale des partisans et maltôtiers de France, reconnue par l'examen qu'ils en ont fait dans leur dernière assemblée du mois de mai à Paris, recueillie par M. J. D. L. R., un de leurs commis. *Paris*, 1652, 28 pages.

749. Confession (la) générale du cardinal Mazarin et la pénitence que le confesseur lui a imposée pour toutes ses fautes. *Paris*, jouxte la copie imprimée à Blois, 1652, 8 pages.

Orléans venait de refuser d'ouvrir ses portes au roi.

Le confesseur ordonne au cardinal, pour pénitence, de passer sur le Pont-Neuf, trois fois, en criant : Je suis le Mazarin !

750*. Confession (la) révélée.

Je ne sais plus où j'ai rencontré ce titre.

751. Confiteor (le) du chancelier au temps de Pâques. *Anvers* (Paris), 1649, 8 pages.

« J'ai fait bâtir la moitié de l'église Saint-Eustache, du moins où mes armes sont; j'ai aussi fait faire la moitié du maître autel de la même église. De plus j'ai fait bâtir le grand autel des Carmes déchaux, mes premiers confesseurs. Les ayant du depuis quittés, pour prendre les religieux du tiers Ordre de Saint-François, j'ai fait bâtir leur petite église. J'ai aussi fait faire les orgues des Jacobins du grand couvent de la rue Saint-Jacques. »

Le *Confiteor* est attribué à M. de Bardonville.

C'est de ce pamphlet que Saintot parle dans une lettre, citée page 164 des *Mémoires* du cardinal de Retz, coll. Michaud, sous le titre de *la Confession de Pâques de M. le chancelier*. Le lieutenant civil fit alors, chez lui, une assemblée des principaux libraires « pour une seconde chasse à ces échoppes de libraires et colporteurs, lesquels, dit Saintot, ne vendent plus rien que bien secrètement. » Voir la *Nocturne chasse du lieutenant civil*.

752. Congé (le) burlesque de l'armée normande. *Jouxte la copie imprimée à Rouen*, 1649, 7 pages.

Gaie et spirituelle.

« Adieu, manchons, adieu, mitaines,
Ornements de nos capitaines. »

Dites

« Que ce qu'on écrit de Coutras,
D'Ivry, d'Arque et de Cérisolles,
Ne sont que des discours frivoles,
Et que vous paroissiez plus beaux
Quand vous fûtes à Moulineaux. »

Moulineaux est un village sur la route de Rouen à Pont-Audemer. Il a conservé, dans les souvenirs du peuple de la première ville, un renom burlesque.

Il existe, de cette pièce, une édition, s. l. n. d., de 4 pages. L'épithète de *Burlesque* ne se trouve pas au titre. Est-ce l'édition originale? Cardin Besongne l'a publiée, à son tour, sous le titre de :

753. Congé de l'armée normande. *Paris*, 1649, 7 pages.

754. Congé (le) du cardinal Mazarin, avec une anagramme sur son nom et surnom. (S. l.), 1649, 4 pages.

Signé P. M., avocat en cour. Exécrable.

L'anagramme de Jules Mazarin est, ici, *La luyne* (sic) *amère*. C'est une reproduction de quelque pamphlet contre le connétable de Luynes, dont l'emblème était l'herbe de l'Aluyne ou l'absinthe.

755. Congratulation très-humble à monseigneur l'Éminentissime cardinal de Retz, archevêque de Corinthe et coadjuteur en l'archevêché de Paris, sur sa promotion au cardinalat. *Paris*, M. Jacquet, 1652, 7 pages.

Signé L. Q.

756. Conjuration (la) de la maison d'Autriche contre la liberté de l'Europe en la dernière élection, faite à

Ratisbonne, le 22 décembre 1636, avec les artifices et nullités de cette élection en la personne du roi de Hongrie, Ferdinand, prétendu roi des Romains. *Paris*, 1649, 8 pages.

Voir les *Causes du retardement de la paix*, etc.

757. Conjuration (la) découverte des sieurs Servient (*sic*), Le Tellier, de Lyonne et autres, triumvirat du conseil du cardinal Mazarin, contre messieurs les princes et la ville de Paris, proscrits par arrêts de la cour de parlement, 1. pour la justification de la pure intention de S. A. R.; 2. dessein du triumvirat pour faire un changement dans l'État; 3. leurs trahisons contre la ville de Paris; 4. Mazarin déclaré ennemi juré de la maison royale. *Paris*, L. Hardouyn, 1652, 16 pages.

Après le combat du faubourg Saint-Antoine.

758. Conjuration (la) italienne contre la France par l'introduction des Italiens, des Anglois et des Savoyards au conseil du roi, qui sont les effets de la haine que le cardinal Mazarin porte aux François. *Paris*, 1652, 39 pages.

Après l'installation du parlement de Pontoise.

759. Conseil (le) de Saint-Germain-en-Laye sur les affaires présentes. *Paris*, veuve d'Antoine Coulon, 1649, 8 pages.

Il y a des exemplaires qui portent au titre : *Sur les affaires de Paris*.

Bonne pièce, qui se termine par un sixain fort mauvais.

760. Conseil nécessaire, donné aux bourgeois de Paris pour la conservation de la ville contre les desseins de

Mazarin et les libelles qu'il a fait semer. *Paris,* Cardin Besongne, 1641 (1649), 8 pages.

L'auteur attribue le billet du chevalier de Lavalette : *Pauvre peuple abusé, dessille tes yeux,* « à un comédien dans la chaire, fils d'un cabaretier du pays du Maine ; » Cohon, évêque de Dol, qui naquit en Anjou, mais qui fut élevé au Mans. Voir *A qui aime la vérité.*

761. Conseil nécessaire, donné par un Parisien, de la part de tous les bourgeois de Paris, à monseigneur le duc de Beaufort sur les affaires présentes. *Paris,* Nicolas Gasse, 1649, 7 pages.

762. Conseil salutaire au cardinal Mazarin; Gasconnade en vers, dédiée à messieurs les officiers de la Bazoche du parlement de Paris. *Paris,* veuve Marette, 1652, 8 pages. *Rare.*

Le privilége, signé La Fouasse, greffier en la Bazoche, est daté du 21 mars 1652. Il désigne, comme l'auteur de la *Gasconnade,* Claude Veyras, avocat en la Bazoche, qui, d'ailleurs, a apposé son nom au bas de la dédicace.

Tout l'univers n'a point tant d'hommes,
La Normandie tant de pommes,
La Touraine tant de melons,
Le Maine point tant de chapons,
L'Auvergne point tant de fromages,
Le Languedoc de beaux visages,
La Brie point tant d'angelots,
La Picardie tant d'impôts,
La Champagne tant de misères,
La Provence tant de galères,
Le Dauphiné tant de rochers,
La Bretagne tant de vachers,
Le Lyonnois tant de commerce,
La Bourgogne de vin en perce,
Le Poitou tant de chicaneurs
L'Orléanois tant de tanneurs,
Le Berry tant de draperie,
La Guyenne tant de braverie,

La Catalogne tant de malheurs,
La Navarre de batteleurs,
La Saintonge de misérables,
L'Anjou de maisons honorables,
La Lorraine d'infortunés,
L'Artois tant de bourgs ruinés,
Que, etc. »

Ce Claude Veyras est également auteur de la *Fureur des Juifs*, et des *Plaintes parisiennes sur la mort du duc de Nemours*.

763. Conseiller (le) d'État sans fourbe, raisonnant sur le choix du Hâvre-de-Grâce pour la détention des princes, et concluant qu'il ne butte qu'à la ruine de l'autorité de Son Altesse Royale, au rétablissement de la tyrannie de Mazarin et à la perte plus assurée de ces illustres, et sur le voyage de Mazarin sans la compagnie du roi, et tirant ensuite plusieurs conséquences au grand désavantage de cet État. *Legite sapientes; vestro enim sale conditur hoc embamma.* SAL., Prov., I, 1. (S. l.), 1650, 32 pages.

Une des pièces de Dubosc Montandré.

764. Conseiller (le) fidèle. *Paris*, Jean Brunet, 1649, 12 pages.

Signé D. B.

J'ai rencontré cinq autres pièces qui portent cette signature : 1. La *Sybille moderne*; 2. La *Relation du signalé combat et du siége de la table*; 3. La *Remontrance des trois états à la reine régente pour la paix*; 4. Le *Gazetier désintéressé*; 5. Le *Ministre d'État flambé*.

765. Conseiller (le) fidèle au roi. *Paris*, Arnould Cottinet, 1649, 8 pages.

766. Consentement (le) donné par le roi à l'éloignement

du cardinal Mazarin, le 12 août 1652. *Jouxte la copie imprimée à Pontoise par Courant*, 7 pages.

Pièce officielle. Il y a une réponse intitulée : *Réfutation des louanges données à Mazarin*, etc.

Le *Consentement* est dans les *Mémoires* du cardinal de Retz, note de la page 375, coll. Michaud.

767. Considérations désintéressées sur la conduite du cardinal Mazarin. *Paris*, 1652, 32 pages.

L'auteur nous apprend qu'il était de Paris ; qu'il avait été reçu prédicateur du roi, vingt ans auparavant; que, sa prédication finie, il avait été prêcher dans les principales villes du royaume ; qu'il avait autrefois dédié le *Protecteur de la maison de Dieu* au cardinal Mazarin, dont il avait reçu une bague de diamants; que, cependant, il ne suivait pas la cour et n'avait jamais rien demandé.

Il vante Mazarin outre mesure. Il l'appelle grand génie, géant. Il parle de ses ravissements et de ses transports d'admiration. Il trouve qu'il a fallu au cardinal une merveilleuse habileté, pour se maintenir et surtout pour revenir de son exil. Tout cet étalage de flatterie lui a valu une réponse brutale, intitulée : *Le Véritable contre le menteur*.

768. Considérations sur une lettre du cardinal de Retz, écrite à messieurs les doyen, chanoines et chapitre de l'église de Paris. (S. l.), 1655, 41 pages in-folio.

Discussion canonique. Publication officielle, sortie des presses de l'imprimerie royale. *Rare*.

769. Consolation (la) à la France. *Paris*, 1649, 3 pages.

Pendant la conférence de Ruel.

770. Consolation au peuple de Paris touchant les affaires de ce temps. *Paris*, Claude Morlot, 1649, 8 pages.

771. Consolation de la petite Nichon à monsieur le prince de Condé. *Paris*, 1650, 7 pages.

Il faut y joindre les deux *Lettres* de 1649. Je n'ai pas besoin de dire ce que c'était que Nichon. Ses lettres le font assez connaître.

772. Consolation (la) des bons et la défense de leurs écrits sincères contre les calomniateurs. (S. l. n. d.), 8 pages.

Signé J. Douet, E. S. D. R. (écuyer, sieur de Rom-Croissant).

773. Consolation (la) des femmes veuves de Paris touchant la mort de leurs maris ou alliés pour le service du parlement. *Paris*, Claude Boudeville, 1649, 7 pages.

774. Consolations à la reyne de la Grande-Bretagne, d'Écosse et d'Irlande, tirées du tableau de la passion de Nostre Sauveur. *Paris*, Claude Morlot, 1649, 7 pages.

Jean Hénault a retourné le titre ainsi qu'on le verra ci-après : *Consolations tirées*, etc.

775. Consolations morales et chrétiennes du philosophe françois, dédiées aux curieux. *Paris*, veuve Jean Remy, 1649, 7 pages.

776. Consolations tirées du tableau de la passion de Nostre Sauveur, à la reine de la Grande-Bretagne, d'Écosse et d'Irlande. *Paris*, Jean Hénault, 1649, 7 pages.

777. Conspiration de quatre femmes des plus nobles et des plus illustres de Paris, qui ont comploté l'entière ruine de Mazarin. *Paris*, Antoine Quenet, 1649, 7 pages.

778. Constipé (le) de la cour, avec une prophétie burlesque. (S. l. n. d.), 7 pages.

779. Consultation chrétienne et politique, savoir : lequel est le plus expédient et le plus avantageux à la France

que le cardinal de Retz ou le cardinal Mazarin gouverne l'État. (S. l., 1652), 13 pages.

L'auteur répond d'abord : ni l'un ni l'autre ; puis il déclare le cardinal de Retz plus vain, plus superbe, plus insolent, plus présomptueux, plus téméraire, plus entreprenant, plus à craindre mille fois que le cardinal Mazarin.

780. Consultation et ordonnance des médecins de l'État pour la purgation de la France malade, par le sieur Du Teil. *Paris*, Claude Huot, 1649, 8 pages.

Il y a, de ce sieur Du Teil, une *Ode panégyrique à Monseigneur l'archevêque de Corinthe*, etc., et une pièce intitulée : l'*Entrée du roi dans son parlement*, etc.

On trouve dans le *Catalogue des livres composant la bibliothèque poétique de M. Viollet-Leduc*, page 476, l'indication d'un *Recueil de diverses pièces du sieur Du Teil*, etc. Paris, J. B. Loyson, 1653, in-12.

« Je ne sais ce que c'était que le sieur Du Teil, dit à cette occasion M. Viollet-Leduc. J'apprends, par ses poésies, qu'il avait été attaché à l'amiral duc de Brézé et qu'il avait voyagé en Espagne. Il écrivait correctement et faisait assez bien les vers. »

La *Consultation* et l'*Ode panégyrique* semblent protester contre l'indulgence de ce témoignage.

Rangouze a publié des vers de Du Teil dans son *Recueil des harangues qui ont été faites à la reine de Suède*, etc., 1656, un vol. in-12.

781. Contenance (la) des principaux de l'État, mais principalement des chefs de parti, en la présence du cardinal Mazarin. (S. l.), 1652, 16 pages.

Mazarin venait d'arriver à Poitiers.

782. Contents (les) et mécontents sur le sujet du temps. *Paris*, 1649, 8 pages.

Pendant la conférence de Ruel.

Contents : les armuriers, clinquailliers, bahutiers, faiseurs de malles, valises et fourreaux de pistolets, pâtissiers, boulangers, meuniers, bouchers, épiciers, charcuitiers, fourbisseurs, faiseurs de pistolets, usuriers et prêteurs sur gages, cordonniers, imprimeurs, cabaretiers, colporteurs et vendeurs de rogatons, maquignons, panachers, faiseurs de baudriers, vendeurs de poudre et de balle, officiers de guerre et cavaliers.

Mécontents : peintres, architectes, sculpteurs, graveurs, horlogeurs, menuisiers, massons, relieurs, libraires, marchands de soie, lingères, prêtres, passementiers, rubaniers, luthiers, musiciens, violons, rôtisseurs, harangères, chaudronniers, avocats, procureurs, solliciteurs, sergents à cheval et à verge, miroitiers, éguilletiers, épingliers, joailliers, vendeurs de babioles, tablettiers, serruriers, fondeurs, vendeurs d'éventails et d'écrans, teinturiers, blanchisseurs, maquereaux, p......, etc.

L'auteur dit que ce dernier parti était de beaucoup le plus fort.

783. Contrat (le) de mariage du parlement avec la ville de Paris. *Paris*, veuve J. Guillemot, 1649, 8 pages.

Cette pièce qui a paru tout de suite après l'arrêt du 8 janvier, contient les propositions suivantes : le parlement présentera les personnes qui devront avoir part au gouvernement du royaume et à l'éducation du roi; il pourra les destituer pour déportements ou incapacité; il recevra le serment des ministres et conseillers d'État; il nommera les candidats à l'administration des finances, et exercera la charge de contrôleur général par deux de ses membres en commission; il aura la nomination à perpétuité des gouverneurs des places à dix lieues à la ronde autour de Paris.

Voilà le programme des chefs de la Fronde dans le parlement. Cette pièce est donc des plus importantes. Elle est aussi des mieux faites. Naudé, page 11 du *Mascurat*, la classe parmi les pièces *raisonnées et soutenues*. Il y revient encore, page 204; et il la cite comme une des meilleures. Je dois ajouter qu'elle n'est pas rare.

Dans la lettre de Bruhl, le 10 avril 1651 (1re de l'édition de M. Ravenel) le cardinal Mazarin dit que le coadjuteur a eu quelque part à la composition de ce pamphlet; sur quoi M. Ravenel répond : « Une des clauses du *Contrat* porte que, pendant la minorité du roi, il ne sera établi aucune coadjutorerie aux prélatures, et que toutes celles qui pourront avoir été accordées depuis l'avénement du roi à la couronne, seront révoquées et demeureront nulles. Le coadjuteur ou des écrivains inspirés par lui auraient-ils tenu un tel langage? » A mon tour, je réplique : les pamphlétaires du prince de Condé demandaient, aussi haut que les autres, la suppression « du pernicieux usage de succéder aux gouvernements comme aux patrimoines... » Le prince lui-même dut, plus d'une fois, se soumettre à cette exigence de l'opinion dans les conférences et les traités. Cependant il s'était brouillé avec la cour parce qu'elle n'avait pas voulu qu'il recueillît l'amirauté dans la succession de son beau-frère, le duc de Brézé.

Les partis sont des maîtres bien durs. Ils ne donnent le commandement qu'à ceux qui leur rendent une entière obéissance.

Il y a, du *Contrat,* une édition in-8, s. l. n. d., de 6 feuillets.

784. Contrat fait et passé en la ville de Pontoise, le 13 août 1652, entre le cardinal Mazarin et le marquis de la Vieuville, surintendant des finances. *Paris*, 1652, 8 pages.

Facétie piquante, qui n'est pas précisément une vérité, mais qui n'est pas non plus une calomnie.

785. Contre les ennemis de la conférence et de la paix. — Alidor à Ariste. *Paris*, 1649, 10 pages.

Entre la conférence de Ruel et celle de Saint-Germain.

786. Contrecoup (le) du coup de partie, faisant voir qu'après l'établissement d'un régent, 1. on doit faire commandement à toute sorte d'officiers, tant généraux que gouverneurs de villes et de provinces, de remettre la personne du roi entre les mains du régent; 2. on doit faire le procès à tous ceux qui ont contrevenu à la déclaration donnée contre Mazarin; 3. on doit casser tout ce qui se sera fait en cour depuis le commencement de ces troubles; 4. on doit ravir aux partisans le bien qu'ils ont pillé au peuple pendant le ministère du Mazarin, pour soulager le peuple; 5. on doit fermer au clergé toutes les portes du gouvernement,

afin qu'ils ne puissent plus jamais entrer dans le maniment des affaires d'État. (S. l.), 1652, 16 pages.

Une des pièces de Dubosc Montandré.

787. Contretemps (les) du sieur de Chavigny, premier ministre de monsieur le prince. (S. l.), 1652, 8 pages.

Ce pamphlet, vif, hardi, insolent, est du coadjuteur qui le dicta, dit-il, à Caumartin. Il a été reproduit tout entier dans les *Mémoires* du cardinal de Retz, page 355 de la coll. Michaud.

Mailly le cite, page 61 de son cinquième volume; et, à mon avis, il n'en a pas senti toute la méchanceté.

788. Contrevérités (les) de la cour. *Quis vetat ridendo dicere verum? Paris*, 1652, 6 pages.

Imitation du pamphlet publié, en 1622, sous le même titre, et compris dans le *Recueil des pièces les plus curieuses qui ont été faites pendant le règne du connétable M. de Luynes*, 1625, in-8. Je n'en veux citer que deux exemples. En 1622 on disait :

« Monsieur fait ce qu'il veut; et que la reine mère,
Sur la foi du Guizar, se veut mettre en colère. »

En 1652 : « D'Harcourt fait ce qu'il veut; et que la bonne reine,
Sur la foi du Lorrain, ne se met pas en peine. »

En 1622 : « Rien de si généreux que le comte de Braine. »

En 1652 : « Rien de si généreux qu'un ravageur Thuresne (*sic*). »

789. Contrevérités (les) du vrai et du faux du cardinal de Retz. *Paris*, 1652, 24 pages.

Médiocre réponse au pamphlet du cardinal intitulé : *le Vrai et le faux de M. le prince*, etc. Il y en a une autre édition en caractères plus petits et de 16 pages.

790. Contribution d'un bourgeois de Paris pour sa cote-part (*sic*) au secours de sa patrie. *Paris*, Arnould Cottinet, 1649, 8 pages.

Il y en a une autre édition, également de 8 pages et de la même date, mais sans nom de lieu. C'est apparemment celle-ci que

Saint-Ange avait été prendre chez Robert Sara (*Mascurat*, p. 636). Naudé, toutefois, cite le titre de la pièce inexactement. Il ne fallait pas dire la *Contribution du bon citoyen*.

Bon et vigoureux pamphlet qu'il est toujours prudent de prendre quand on le trouve, quoiqu'il ne soit pas très-rare.

791. Convulsions (les) de la reine, la nuit de devant le départ de Mazarin, avec la Consolation qu'elle reçut par l'apparition d'une bonne sainte; cause de la résolution qu'elle a prise de ne plus souhaiter le retour du Mazarin, de peur de mettre son royaume en combustion pour la troisième fois. *Paris*, 1652, 31 pages.

Ce pamphlet insolent ne valait pas, à mon avis, la peine que Mailly a prise de le citer et de l'analyser dans la note de la p. 518 de son cinquième volume.

792. Copie d'une lettre écrite à madame la duchesse de Longueville. *Rotterdam*, 1650, 13 pages non chiffrées. *Très-rare*.

Datée de Rotterdam, le 4 mars 1650, et signée *La Franchise*. C'était le surnom que l'on donnait familièrement au duc de La Rochefoucauld.

L'auteur répond, très-habilement et avec beaucoup de modération, à la *Lettre* de madame de Longueville au roi, à la *Requête* de madame de Longueville au parlement de Rouen. Curieux détails sur la fuite de la duchesse et sur les négociations de Munster.

793. Copie de la réponse pour les dames du parlement de Paris à la *Lettre* des dames du parlement de Bordeaux, avec tous les remerciments et toutes les civilités qu'une(*sic*)amour réciproque sauroit désirer, et qu'elles garderont inviolablement pour elles. (S. l.), 1650, 15 pages.

Datée de Paris, le 15 octobre 1650.

La *Lettre des dames du parlement de Bordeaux*, etc., est datée du 22 septembre. Il y a en outre la *Véritable réponse faite au par-*

lement de Paris, etc., qui est postérieure de quelques jours à la *Copie de la réponse*. Tout cela n'a pas grand intérêt.

794. Copie de la très-humble remontrance que les États de Flandre ont faite, depuis peu, à Sa Majesté catholique sur les nécessités de leurs affaires présentes. *Paris*, François Noël, 1649, 12 pages.

Après la paix de Saint-Germain.

795. Copie du billet imprimé à Saint-Germain-en-Laye, qui a été semé dans Paris par le chevalier de La Valette, tendant à faire soulever les Parisiens contre le parlement. (S. l.), 1649, 8 pages.

L'original de ce billet est de 4 pages, s. l. n. d. Il est intitulé : *Lis et fais*, et signé le *Désintéressé à Paris*.

Il y en a une contrefaçon sous le titre de : *Événements infaillibles touchant l'autorité du roi*, etc., et une réfutation, publiée avec l'autorisation expresse du parlement : l'*Antidésintéressé*, etc.

796. Copie du deuxième billet imprimé à Saint-Germain-en-Laye, qui a été semé dans Paris par le chevalier de La Valette, tendant à faire soulever les Parisiens contre le parlement. (S. l.), 1649, 8 pages.

L'original est intitulé : *A qui aime la vérité*, et signé, comme le premier billet : *Le désintéressé à Paris*. On a conservé, dans la copie, le titre et la signature.

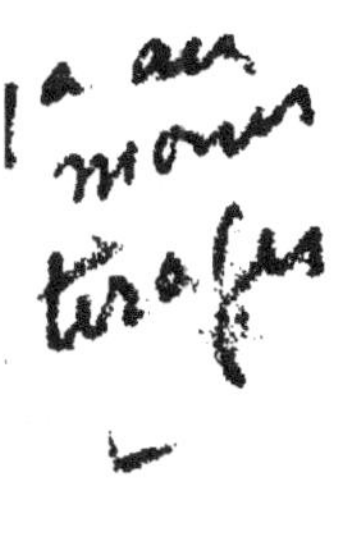

797. Coq à l'asne ou Lettre burlesque du sieur Voiture ressuscité au preux chevalier Guichens, aliàs mareschal de Gramont, sur les affaires et nouvelles du temps. *Paris*, chez la veuve et héritière de l'auteur, rue Bon-Conseil, à l'enseigne du Bout du Monde, 1649, 8 pages.

« Durant le blocus, dit Tallemant des Réaux, page 296 du 2e volume, Sarrazin écrivit, en vers, à M. Arnauld, qu'il nommoit seulement le maréchal; et comme on imprimoit tout en ce temps-là, cela fut imprimé sous le titre de : l'*Ombre de Voiture au mareschal de Gramont.* »

C'est évidemment l'édition originale du *Coq à l'asne*. Que cette pièce ait été composée par Sarrazin, je l'accorde; mais certes elle était adressée au maréchal de Gramont et non à Arnauld. En voici la preuve :

Voiture dit :

> Falloit-il sortir à minuit?
> Paris que vous prendrez peut-être,
> Mais aussi peut-être que non.....

Ces deux vers conviennent bien mieux au maréchal, qui avait le commandement supérieur de la rive gauche de la Seine, qu'à Arnauld, qui ne pouvait être employé qu'en sous-ordre.

Et plus bas :

> Mais quoi! vous étiez en colère ;
> Et vous aviez fait bonne chère.

On sait, que le soir même du jour où le roi sortit de Paris, le duc d'Orléans, le prince de Condé et le cardinal Mazarin avaient soupé chez le maréchal de Gramont.

Tallemant des Réaux s'est donc trompé sur le personnage à qui la lettre était adressée. Sans doute il était naturel que Sarrazin, qui était au prince de Conty, écrivît à Arnauld, dont les relations avec le prince de Condé sont connues; mais il était plus naturel encore qu'empruntant le nom de Voiture, il s'adressât au maréchal de Gramont qui avait vu cet écrivain à l'hôtel de Rambouillet dans une sorte de familiarité. Ce rapprochement ne devait pas échapper à Tallemant des Réaux, qui raconte, sur ce sujet, de si plaisantes anecdotes dans l'*Historiette* du maréchal.

Le *Coq à l'asne* est l'une des pièces les plus spirituelles de la Fronde. Il a été réimprimé, en 1649, sous le titre de : *Lettre d'un inconnu*, etc

On sait que la *Lettre du marguillier*, etc., est aussi de Sarrazin, qui avait déjà été exilé en 1647, pour avoir, dit madame de Motteville, fait des vers satiriques contre le gouvernement. Le *Frondeur bien intentionné* est également attribué à Sarrazin.

798. Corps (le) mourant et l'esprit vivant de monsieur le duc de Châtillon, mis en vers par M. M. G. A., Elégie. *Paris*, Pierre Du Pont, 1649, 7 pages.

799. Coup (le) d'État de la Guyenne, présenté à monseigneur le prince de Condé et à messieurs de Bordeaux, ou Remontrance à tous les ordres de la province. *Sur l'imprimé, à Bordeaux, chez Gilles Dubois,* 1651, 15 pages.

Pamphlet royaliste, dans lequel l'union de Bordeaux et des princes est attaquée avec vigueur. Il n'est pas des plus communs.

800. Coup (le) d'État de monseigneur le duc d'Orléans, envoyé à monseigneur le Prince, touchant les affaires présentes. *Paris*, Jean Pétrinal, 1652, 8 pages.

C'est l'arrêt du 29 décembre 1651 que l'auteur appelle un coup d'État du duc d'Orléans.

801. Coup (le) d'État de monseigneur le Prince, avec la défaite du mareschal d'Hocquincour (*sic*) par monseigneur le duc de Nemours, et la prise de huict cents prisonniers portant l'écharpe verte. *Paris*, Jean Pétrinal, 1652, 8 pages.

Il s'agit du combat de Bleneau, dont l'honneur est rapporté au duc de Nemours !

802. Coup (le) d'État du parlement des Pairs, ou le Prince convainquant le mazarin par la raison et par l'histoire, 1° que le parlement des pairs a eu le pouvoir de transférer l'exercice de l'autorité souveraine entre les mains de Son Altesse Royale; 2° qu'il a dû se résoudre à ce transport par les nécessités de l'État; 3° qu'il n'est point d'autorité qui puisse en casser l'arrêt, que par une usurpation aussi violente que tyrannique; 4° que les nouveautés du gouvernement, justifiées par les conjonctures de l'État, ne sont pas des coups de caprice; 5° que Son Altesse Royale, en qualité de lieutenant-général absolu, peut faire la paix générale, sans que la cour ait aucun droit de s'y opposer, et que les

princes étrangers aient seulement un prétexte pour n'y consentir point. (S. l.), 1652, 32 pages.

Dubosc Montandré dit, quelque part, qu'il a composé ce pamphlet dans un jour. Cela ne m'étonne que médiocrement.

Mailly le cite deux fois, sous le titre de *le Coup d'État du parlement de Paris*, page 223 du 2e vol., et, page 476 du 3e vol., sous son véritable titre.

803. Coup (le) d'État du prince de Condé. *Paris*, 1651, 18 pages.

Le prince était encore à Saint-Maur.

804. Coup (le) d'État ou le Vrai manifeste de monseigneur de Longueville, envoyé à Son Altesse Royale, sur le retour du cardinal Mazarin au conseil de Sa Majesté. *Jouxte la copie imprimée à Rouen chez Jacques Cailloué*. (S. l., 1652), 7 pages.

Ce n'est pas un manifeste du duc de Longueville ; et cela n'a pas été imprimé à Rouen. Sot et rare.

805. Coup (le) de foudre ou l'Écho du bois de Vincennes. *Paris*, Pierre-Jacques Canabot, 1650, 7 pages.

Si quelqu'un leur ouvre la porte,
Je veux que le diable l'emporte,
Et que l'estafier saint Martin
Le tourmente soir et matin.

806. Coup (le) de partie qui consiste à faire un régent, jusqu'à ce que le roi soit pleinement désabusé des mauvaises impressions que le Mazarin lui donne, où l'on voit, dans une agréable méthode et par les preuves de la raison et de l'histoire, 1° en combien d'occasions et de rencontres on a vu des régents dans l'État; 2° quelles sont les personnes qu'on doit choisir pour cette dignité, et qui est-ce qui a le droit de choisir; 3° que toutes les raisons qu'on peut avoir pour l'éta-

blissement d'un régent, se rencontrent aujourd'huy, et que les personnes qu'on doit choisir pour la régence, et qui ont droit d'en faire le choix, sont dans le parti contraire à celui de l'ennemi de l'État; 4° qu'à moins de procéder bientôt à l'établissement d'un régent, on ne terminera jamais les désordres qu'avec la dernière désolation de cet État, qui ne s'ensuivra pas moins de la paix et de la guerre; 5° et qu'il est à propos qu'on supplie très-humblement la reine de se retirer dans son apanage. (S. l.), 1652, 20 pages.

Dubosc Montandré.

807. Couronne (la) de chesne ou le Remerciement de la ville de Bourdeaux aux généraux de son armée, contenant ce qui s'est passé de plus mémorable pendant ces mouvements. Pièce pour servir à l'histoire. *Bourdeaux*, J. Mongiron Millanges, 1650, 8 pages. *Très-rare.*

808. Couronne (la) de gloire de nos généraux, les Césars françois. *Paris*, Claude Morlot, 1649, 8 pages.

809. Couronne (la) de la reine envoyée du ciel à Sa Majesté. *Paris*, Pierre Variquet, 1649, 10 pages.

Consolation chrétienne à la reine sur ses afflictions.

810. Couronnement (le) de la paix ou les Vœux du peuple pour le retour du roi et sur celui de Monseigneur le duc d'Orléans en la ville de Paris. *Paris*, veuve Claude Calleville, 1649, 7 pages.

Cette pièce se termine par un fort médiocre sonnet au roi, signé Du Pelletier.

« Ce n'est pas une petite louange au feu roi, d'heureuse mémoire, d'avoir fait boire son cheval dans toutes les eaux de son royaume. »

811. Courrier (le), bourdelois apportant toutes les nouvelles de Bordeaux, tant dedans la ville que dehors. *Paris*, Jean Le Rat, 1649.

Quelque peine que j'aie prise, il m'a été impossible e débrouiller le chaos dans lequel se perd la bibliographie du *Courrier bourdelois*. Voici pourtant ce que j'ai cru découvrir :

Le *Courrier bourdelois* a commencé avec la première guerre de Bordeaux, celle de 1649. Il a reparu pendant la seconde et la troisième, sous le même titre.

Je n'ai vu que trois numéros de la première série; mais il en faut davantage. Combien?

On a réimprimé la seconde série, en corps d'ouvrage, sous le titre de : *l'Histoire de ce qui s'est fait et passé en Guyenne pendant la guerre de Bordeaux... Le tout distingué en autant de courses que l'ordinaire en a fait*. Il y a onze courses. C'est donc onze numéros qu'il faut. L'auteur se plaint de « quelques singes qui se sont efforcés de le contrefaire pendant l'interruption de ses courses. » Faut-il voir ces contrefaçons dans les pièces intitulées : *Arrivées du* Courrier bourdelois? peut-être. L'*Arrivée du sixième Courrier bourdelois* est, en effet, par exemple, en tout semblable à la *huitième* course de l'*Histoire*. Cependant elles ne paraissent pas avoir été publiées *pendant l'interruption des courses*.

Les *Arrivées* du Courrier bourdelois constituent-elles, au contraire, l'édition originale? et les contrefaçons sont-elles les pièces intitulées : *Relations*, etc.?

Au reste, toutes ont été réimprimées avec plus ou moins de bonne foi, la première série comme la seconde et la troisième.

J'ai compté, de celle-ci, dix-sept numéros. Ce n'est pas tout, puisque le dernier contient le récit du combat livré par le Chapeau rouge à l'Ormée. Combien en faut-il?

Trois *Véritables Courriers bourdelois*. Est-ce tout?

Il y avait une concurrence qui prenait le titre de : *Courrier de la Guyenne*. Quelquefois la guerre a éclaté entre les deux rivaux. J'ai appris par là que le *Courrier bourdelois* se composait à Paris, par un écrivain des galeries, c'est-à-dire par un écrivain qui ramassait ses nouvelles dans les galeries du Palais. Il ne faut pas s'y fier.

Enfin, à côté de ces deux *Courriers* frondeurs, il y avait encore le *Courrier de Bordeaux*, qui était royaliste.

812. Courrier (le) bourdelois, portant toutes sortes de nouvelles, et contenant ce qui s'est fait et passé à la faveur de messieurs les princes, depuis la déclaration de Sa Majesté. *Bordeaux*, J. Mongiron Millanges, 1651, 8 pages.

Il faut noter cette singulière distraction de la 8e page : *Jouxte la copie imprimée à Bordeaux, le* 10 *décembre* 1651. C'est, à mon avis, quelque sotte supposition d'un colporteur ou d'un imprimeur.

813. Courrier (le) burlesque de la guerre de Bordeaux, apportant ce qui s'est passé de plus secret en la cour du duc d'Épernon. (S. l.), 1650, 19 pages.

Des gasconnades et des saletés.

Jette les yeux sur un ouvrage,
Qui voit, n'a pas longtemps, le jour.
C'est un vrai tableau de la cour,
Que j'ai fait en faveur du prince
Protecteur de cette province....
Et, pour le discerner au vrai,
Il porte en titre : *Manifeste*,
Que le seul Mazarin déteste,
Parce qu'il ne s'en prend qu'à lui,
Et qu'il nous fait voir aujourd'hui,
D'un style florissant et mâle,
Les intrigues de sa cabale.

Je ne vois que le *Manifeste pour les Bourdelois*, etc., auquel il soit possible d'appliquer ce passage.

814. Courrier (le) burlesque de la guerre de Paris, envoyé à monseigneur le prince de Condé, pour divertir Son Altesse durant sa prison : ensemble tout ce qui se passa jusqu'au retour de Leurs Majestés. *Jouxte la copie imprimée à Anvers*, et se vend à Paris. 1650, 32 pages.

Deux parties. La seconde est intitulée :

815. Courrier (le) burlesque, envoyé à monseigneur le prince de Condé, pour divertir Son Altesse durant sa prison, lui racontant tout ce qui se passa à Paris en l'année 1648, au sujet de l'arrêt d'union. Seconde partie. *Jouxte la copie imprimée à Paris,* 1650, 36 p.

En même temps que cette édition in-4°, paraissait une autre édition in-12, qui est assez recherchée aujourd'hui. Dans le petit volume qu'elle forme, on a l'habitude de placer les deux pièces, non dans l'ordre régulier des temps, mais dans l'ordre inversé de la composition; c'est-à-dire que le *Courrier burlesque de la guerre de Paris* est le second, quoiqu'il ait été publié le premier.

L'auteur des deux *Courriers* se nommait de Saint-Julien. Il était né à Paris, sur la paroisse de Saint-Paul. Il avait obtenu, en 1650, pour la publication de ses pamphlets, un privilége qu'il céda ensuite à Antoine de Sommaville, qui s'associa Augustin Courbé, Pierre Lami, Toussaint Quinet, etc. Un extrait de ce privilége se lit en tête de l'édition in-12. Cependant, par des raisons que je ne m'explique pas, Saint-Julien a toujours signé l'épître dédicatoire au marquis d'Alluye des lettres A. B. C. D. E.; et jamais aucun imprimeur n'a mis son nom sur l'un ou l'autre des *Courriers*.

Charles Nodier a dit quelque part que « le *Courrier burlesque de la guerre de Paris* est imprimé, depuis 1719, à la suite des *Mémoires* du cardinal de Retz; mais que le *Courrier burlesque envoyé à Monseigneur le prince de Condé* a échappé, par sa rareté, aux recherches des éditeurs et du P. Lelong. » Il se peut que les éditeurs des *Mémoires* n'aient pas voulu imprimer cette seconde partie du pamphlet de Saint-Julien; et je le comprendrais sans peine. Il se peut que le P. Lelong ne l'ait pas connue. Toutefois il ne faudrait pas en conclure qu'elle est bien rare. J'en ai rencontré, pour ma part, plusieurs exemplaires in-4; et l'édition in-12 n'est pas très-difficile à trouver.

Je conviens que le *Courrier burlesque de la guerre de Paris* est beaucoup plus commun; car, outre l'édition in-12 de 1650, il y en a une autre, de Paris, 1657; et, de plus, il n'est lui-même qu'une seconde édition, revue et corrigée, du *Courrier françois en vers burlesques* [1].

Revue en 1650, pendant la prison du prince de Condé, et dédiée

[1] Voir le *Premier Courrier françois*, etc.

au marquis d'Alluye, qui était de la cabale du duc de Beaufort, on comprend déjà et sans peine le sens des corrections nombreuses que l'auteur y a faites. Saint-Julien n'y est presque plus frondeur; il a effacé toutes les nouvelles favorables à la cause du parlement, toutes les tirades sur les arrivées des convois, toutes les injures contre le cardinal Mazarin. Il a adouci, quand il n'a pas pu les supprimer tout à fait, tous les récits qui pouvaient être un sujet d'irritation entre le parti de la vieille fronde et le parti de la cour. Il a fait plus encore; à la satire du cardinal, il a substitué l'éloge, l'apologie!

Sur l'arrêt du 8 janvier 1649, il avait dit dans le *Courrier françois :*

Et que, veu que le cardinal
Est seul autheur de tout le mal
Et de la misère présente,
Dont on a preuve suffisante, etc.

Dans le *Courrier burlesque* il a écrit :

Et parce que le cardinal
Leur sembloit l'autheur de ce mal,
Qui depuis, par son ministère,
Leur a bien prouvé le contraire, etc.

Voici un autre exemple :

L'on dit que Normands députés
Se sont tous bien fort aheurtés
A l'exil de Son Éminence,
Et qu'ils en feront conférence,
Ny ne despliront leur cahier
Qu'il n'ait le pied à l'étrier;
Mais l'on tient pour chose asseurée
Que sa monture est déferrée;
Et c'est la raison, sans mentir,
Qu'il ne sçauroit sitost partir.

(*Courrier françois.*)

Mais, s'il est vrai qu'ils le promirent,
Ces Normands, après, se dédirent;
Et certes autant à propos
Qu'il se put pour nostre repos;
Car qu'on renvoyast, pour leur plaire
Un ministre si nécessaire,
Comme monsieur le cardinal;
Quelque sot se fût fait du mal,

Et plus sot qui l'auroit pu croire,
Qu'un prince, jaloux de la gloire,
Eût deffait ce qu'il avoit fait
En un favori si parfait,
Pour quelque courtaut de boutique
Qui n'aimoit pas la politique.
Aussi les députés normands,
S'ils avoient fait quelques serments
De ne desplier point leur rolle,
Ne gardèrent pas leur parolle;
Et cette fois, manquant de foy,
Servirent la France et leur roy.

(*Courrier burlesque.*)

On peut croire que la seconde partie du *Courrier burlesque* ne fut publiée que vers la fin de 1650, et alors que la vieille fronde commençait à se rapprocher du prince de Condé. Saint-Julien n'y paraît plus aussi pénétré des mérites du cardinal :

Je le tiens moins bienfaisant
Que le défunt envers la muse.
Peut-être aussi que je m'abuse;
Mais je croirai toujours ainsi
S'il ne m'en désabuse aussi.
Que ne fait-il que je confesse
Mon erreur et que je la laisse?
Au moindre bienfait, je promets
Que relaps ne serai jamais.

En bon français, cela veut dire que la première partie du *Courrier burlesque* ne lui avait pas été payée. Avant de se décider à suivre le mouvement de la vieille fronde, Saint-Julien faisait ses conditions.

Le récit de l'entrée du convoi du 10 février, contient six vers empruntés à la pièce intitulée : *Vers burlesques envoyés à M. Scarron sur l'arrivée d'un convoi*. Saint-Julien est-il aussi l'auteur de cette pièce? Je n'y verrais pas de difficulté.

816. Courrier (le) burlesque de la paix de Paris. *Paris*, 1649, 12 pages. (11 chiffrés + 1 blanche)

Pièce médiocre. Pourtant on y trouve quelques détails intéressants.

817. Courrier (le) de Bordeaux, arrivé à Paris le dimanche 25 septembre 1650, apportant les assurées nouvelles de tout ce qui se passe pour l'accommodement de la paix, procuré vers Leurs Majestés par messieurs les députés de S. A. R. et du parlement de Paris; avec l'Extrait d'une lettre, écrite de Rheims, sur le décampement et éloignement de l'archiduc Léopold; ensemble la Députation de la noblesse et de quelques députés de Provence en faveur de M. le comte d'Aletz vers S. A. R. *Paris*, Jacques Barlay, 1650, 8 pages.

Relation royaliste.

818. Courrier (le) de l'armée, apportant au duc de Bouillon les fâcheuses nouvelles de la prise de Bellegarde. *Paris*, Pierre Du Pont, 1650, 8 pages.

Pamphlet mazariniste.

819. Courrier (le) de l'armée de monsieur le Prince, envoyé à Son Altesse Royale, apportant les particularités de tout ce qui s'est passé entre les deux armées. *Paris*, 1652, 8 pages.

Le prince de Condé était à Saintes et à Saint-Jean d'Angely, le comte d'Harcourt dans les Iles, les Espagnols à Bourg. Ce pamphlet ne manque pas d'intérêt, et il n'est pas commun.

820. Courrier (le) de la cour, apportant nouvelles de tout ce qui s'est passé en cour, depuis le dixiesme de ce mois (d'avril) jusqu'au départ du roy de la ville de Gien (20), et de la route qu'a prise Sa Majesté pour son retour à Paris. *Paris*, Jacques Le Gentil, 1652, 8 pages.

 821. Courrier (le) de la cour, portant les nouvelles de

Saint-Germain depuis le 15 mars 1649 jusqu'au 22. *Paris*, Denys Langlois, 1649.

Deux parties, l'une de 8 et l'autre de 7 pages. La seconde va du 22 au 29 mars.

La première partie a été contrefaite par Nicolas De La Vigne ; la seconde par la veuve Musnier. Jean Berthelin, de Rouen, en a donné une édition *Sur l'imprimé à Paris*. C'est plus d'honneur que n'en méritait ce très-mince pamphlet. La contrefaçon porte au titre : *En vers burlesques*. La veuve Musnier, en réimprimant la seconde partie, a substitué, sur le titre, à la date du 29 mars, le *dernier jour du même mois*.

C'était pourtant une concurrence au *Courrier françois* en vers, qui lui a consacré une longue tirade dans sa onzième *Arrivée*.

Il y a encore un autre *Courrier de la cour ;* mais il est en prose et de 1652. C'est le précédent.

822. Courrier (le) de la Guyenne, apportant le véritable état des affaires. *Paris*, Jacob Chevalier, 1652, 8 p.

Défense de l'Ormée contre le *Courrier bourdelois*.

823. Courier (le) de la paix, envoyé à Son Altesse Royale. *Paris*, Philippes Clément, 1652, 7 pages.

824. Courrier (le) de Pontoise, apportant toutes les nouvelles de ce qui s'est fait et passé à la cour. *Paris*, Nicolas Lerrein, 1652, 7 pages.

Pas la moindre nouvelle de la cour ; mais de pauvres réflexions sur la lieutenance générale du duc d'Orléans et la formation de son conseil.

825. Courrier (le) du temps, apportant ce qui se passe de plus secret en la cour des princes de l'Europe. *Amsterdam* (Paris), Jean Sansonius, 1649, 32 pages.

Ce sont des lettres, supposées de diverses capitales de l'Europe et de quelques villes de France, contre le cardinal Mazarin. Guy Patin avait un goût particulier pour ce libelle; ce qui peut donner une idée assez exacte de l'âcreté de l'auteur. Il écrit à M. F. C. M. D. R. sous la date du 12 août 1649 : « On n'a rien imprimé ici, depuis quatre mois, de meilleur que le *Courrier du temps*. Ce sont huit cahiers antimazariniques qui sont fort bons. Si vous ne les avez pas, je vous les offre. »

Le 24 septembre, il écrit à Charles Spon : « Il y a quelques honnêtes gens à Paris, tous d'un parti, c'est-à-dire ennemis du cardinal Mazarin, qui envoient et distribuent à leurs amis un nouveau libelle intitulé : *le Courrier du temps, apportant des nouvelles de tous les cantons de l'Europe* (le titre est inexact). Il est en huit demi-feuilles in-4. Je ne doute pas que les imprimeurs ne le contrefassent. Chaque article est contre le Mazarin ; et chaque province dit quelque mal de lui. Ce ministre italien, ayant vu ce libelle, a été fort irrité contre ceux qu'il en soupçonne les auteurs ; mais de malheur pour lui, il n'a plus de crédit pour s'en pouvoir venger, comme font les Italiens très-volontiers. »

Enfin Guy Patin, écrivant le 5 novemhre à M. F. C. M. D. R., dit : « L'auteur du *Courrier du temps* est un brave et courageux conseiller de la cour, nommé M. Fouquet de Croissy, qui étoit à Munster, durant les traités de paix, avec notre M. d'Avaux, par lequel il fut envoyé en Pologne et vers quelques princes d'Allemagne. »

Il est trop souvent parlé de Fouquet de Croissy, dans l'histoire de la Fronde, pour que j'aie besoin de rien ajouter à ce qu'en dit Guy Patin. Je rappellerai seulement qu'il fut un des plus ardents et des plus persévérants partisans du prince de Condé.

Je ne sais pas si la prédiction de Guy Patin, sur les contrefaçons du *Courrier du temps*, s'est réalisée ; mais je n'ai rencontré que des exemplaires de la même édition.

Il semble résulter de la lettre écrite par le cardinal Mazarin à Bartet, le 30 juin 1651 (*Lettres du cardinal Mazarin* publiées par M. Ravenel, page 125), que Croissy aurait composé d'autres pamphlets pour la Fronde ; mais je n'en connais aucun.

826. Courrier (le) étranger, contenant la lettre de créance que l'archiduc Léopold a envoyée à messieurs de la cour du parlement de Paris, ensemble ce qui s'est passé en ladite cour sur le même sujet, et la harangue faite par messieurs les gens du roi à Saint-Germain-en-Laye. *Paris*, Gervais Allyot et Jacques Langlois, 1649, 8 pages.

Extrait du *Journal du parlement*, 19 février 1649.

827. Courrier (le) extraordinaire, apportant les nouvelles de la réception de messieurs les gens du roi à Saint-Germain-en-Laye et de celle du courrier d'Espagne au palais, avec les harangues qui ont été faites. *Paris*, Rollin de La Haye, 1649, 8 pages.

Se place entre la cinquième et la sixième arrivée du *Courrier françois*.

828. Courrier (le) extraordinaire de l'univers, rapportant les véritables et plus secrètes nouvelles de tout ce qui s'est passé aux quatre parties de l'Europe. (S. l. n. d.), 7 pages.

Lettres insignifiantes de Rome, Londres, Vienne, etc., datées de la seconde moitié de janvier 1651.

829. Courrier (le) extravagant, portant toutes sortes de nouvelles extravagantes de toutes sortes de lieux, tant de France que des pays étrangers. *Paris*, Claude Huot, 1649, 11 pages.

Critique peu spirituelle de tous les Courriers.

830. Courrier (le) françois, apportant toutes les nouvelles véritables de ce qui s'est passé depuis l'enlèvement du roi, tant à Paris qu'à Saint-Germain-en-Laye. *Paris*, Rollin de La Haye, 1649.

Renaudot, obligé de suivre la cour à Saint-Germain pour continuer sa *Gazette* et en conserver le privilége, laissa ses enfants à Paris, avec recommandation de faire, de leur côté, une gazette du parlement; c'est le *Courrier françois*. Il était ainsi à la fois le gazetier du roi et de la Fronde. La spéculation devait être bonne; et elle le fut. Personne ne pouvait entendre aussi bien que ses enfants, qui l'avaient déjà aidé dans la rédaction de sa *Gazette*, le métier encore très-peu connu de journaliste.

On lui fait dire, dans la *Conférence du cardinal Mazarin avec le*

Gazettier : « J'ai mes enfants à Paris. . qui font la Gazette pour le parlement [1]. »

Après la paix, quand il put revenir à Paris, il voulut supprimer le *Courrier,* qui, d'auxiliaire utile, devenait concurrent dangereux; mais il paraît qu'il éprouva quelque résistance et qu'il dut employer les voies judiciaires. Tel est, du moins, le sujet de la pièce intitulée : *le Commerce des nouvelles rétabli,* etc.

Le blocus venu, la *Gazette* « se trouva, dit l'auteur, au bout de son rollet; et ne sachant plus de quel bois faire flèche, fut trop heureuse de se taire et de se retirer... son silence fut la marque de son interdiction. »

C'est alors que parut le *Courrier françois.* « Madame l'Histoire instruisit cet homme de toutes les manigances qu'il falloit pratiquer; comme il falloit adoucir et couler les mauvaises nouvelles, exagérer les avantageuses, assurer les douteuses délicatement, si bien que l'on pût s'en dédire sans contradiction, et faire en sorte de se bien faire venir des puissances, agréer au peuple et n'attirer sur soi la haine ni la malédiction de personne... il est bien vrai qu'il n'étoit pas ignorant. Ses préambules étoient toujours farcis de latin; et sa relation avoit bien du style d'un sermon de village. Il savoit les lieux communs, dont il enrichissoit son discours assez à propos; et lorsque les nouvelles n'étoient pas abondantes, il trouvoit le moyen, comme étant de pratique, de tirer et d'allonger la matière pour achever le cayer.... Le pain ne se vendoit pas mieux que ses papiers. On y couroit comme au feu; on s'assommoit pour en avoir; et les colporteurs donnoient des arrhes dès la veille, afin qu'ils en eussent des premiers. On n'entendoit, les vendredis, crier autre chose que le *Courrier françois;* et cela rompoit le cou à toutes les autres productions d'esprit. »

Enfin après douze courses, la paix étant conclue, le *Courrier* dut rendre sa place à la *Gazette.* Il fit pourtant une treizième course et en tenta même une quatorzième; mais il fut saisi en allant chez l'imprimeur.

Pour trouver les treize courses dont parle l'auteur du *Commerce des lettres rétabli,* il faut compter le *Courrier extraordinaire,* qui se

[1] « Il n'est pas jusqu'au Gazettier,
Père et fils d'un même mestier,
Dont l'un à Saint-Germain ne crie....
Et l'autre en faveur de Paris.... »

(*La Guerre civile en vers burlesques.*)

place entre la cinquième et la sixième. Ce *Courrier* a été désavoué, il est vrai ; mais dans la sixième course, de l'imprimerie de Florimond Badier, qui pourrait bien être une contrefaçon. Il a été imprimé chez Rollin de La Haye, comme les douze courriers ordinaires; il est de la même forme et du même style; il rend compte du voyage des gens du roi à Saint-Germain après l'affaire du héraut et la comédie de l'envoyé espagnol, voyage dont le *Courrier françois* ne parle pas; enfin la *Suite et douzième arrivée du Courrier françois* a été imprimée, la paix étant conclue, ainsi que le dit l'auteur du *Commerce des lettres rétabli*, puisqu'il y est fait mention de l'entrevue du prince de Condé, du prince de Conty et de la duchesse de Longueville à Chaillot.

Donc il faut réellement treize numéros du *Courrier françois;* et pour être bien complet, on doit y ajouter le *Commerce des lettres rétabli*, etc.

Il y a des numéros du *Courrier françois* qui sont sortis de la boutique d'Arnould Cottinet, de celle de Florimond Badier, peut-être d'autres encore, et une réimpression qui a été faite à Rouen par les imprimeurs ordinaires du roi *sur l'imprimé à Paris*.

En somme, le *Courrier françois* est peu intéressant; et il n'est pas rare. Ce qu'on doit y chercher, ce sont des dates. Voici pourtant un fait qui mérite d'être recueilli : « Le samedi 20 février, les prévôt des marchands et échevins de la ville de Paris vinrent au parlement, pour avoir l'ordre de la procession générale, faite en commémoration de la réduction de Paris en l'obéissance de Henri IV. »

J'en ai vu une édition in-12, *Jouxte la copie imprimée à Paris chez Rollin de La Haye,* s. l. (Rouen), 1649. Les quatre premières *Arrivées* sont paginées de 1 à 48 ; ce qui autorise à croire qu'elles ont été imprimées en même temps et seulement après la publication du quatrième *Courrier* à Paris. La cinquième porte au titre : *Sur l'imprimé à Paris, à Rouen, jouxte la copie imprimée;* elle est de 14 pages. La sixième : *Sur l'imprimé à Paris, jouxte la copie imprimée à Rouen;* et elle compte 14 pages, comme la cinquième. Enfin on lit, sur les titres des septième et huitième, qui sont l'une de 13 pages, l'autre de 15 : *Jouxte la copie imprimée à Paris, à Rouen.* Je ne connais que ces huit *Arrivées*. Les autres ont-elles paru?

On sait que le *Courrier françois* a été traduit en vers burlesques. Voir le *Premier courrier françois*, etc.

831. Courrier (le) général, portant les nouvelles de tout ce qui se passe aujourd'hui dans l'État. (S. l.), 1652, 16 pages.

Recueil de lettres de différentes villes du royaume : Marseille, Caen, Bayonne, Dieppe, Bordeaux, Cognac, Rennes, etc.

Mazarin était arrivé à Épernay, allant rejoindre la cour à Poitiers.

Au Mont Saint-Michel, une comète qui s'était éteinte, fut rallumée par un fantôme armé, qui tenait dans sa main un flambeau, brûlant des deux bouts!

832. Courrier (le) plaisant, apportant de plaisantes nouvelles, dédiées aux curieux. *Paris*, veuve Jean Remy, 1649, 8 pages.

833. Courrier (le) polonois, apportant toutes les nouvelles de ce qui s'est passé en l'autre monde, depuis l'enlèvement du roi, fait par le cardinal Mazarin à Saint-Germain-en-Laye, jusqu'à présent. *Paris*, veuve Jean Remy, 1649.

Il devait y avoir trois parties. La troisième a-t-elle paru? L'*Apparition d'un fantôme à Saint-Germain*, etc., est bien une suite du *Courrier polonois;* mais pour qu'elle soit la troisième partie promise, il faudrait qu'elle contînt la réponse du prince de Condé à Caron, qui n'y est pas.

Les deux premières parties sont, chacune, de 8 pages.

834. Courrier (le) provençal sur l'arrivée du duc de Mercœur en Provence. *Paris*, Jacques le Provençal, 1652, 7 pages. *Rare.*

Par un partisan du comte d'Alais. On comprend que le duc de Mercœur n'y est pas flatté.

835. Courrier (le) sousterrain (*sic*), apportant les nouvelles de ce qu'il a vu de plus considérable pendant son séjour au pays bas de l'autre monde. (S. l.), 1649, 12 pages.

Pièce assez plaisante, publiée dans le mois de mars 1649.

836. Cours (le) de la Reine ou Promenoir des Parisiens. *Paris*, Denys Langlois, 1649, 16 pages.

Après la paix de Saint-Germain.

837. Court-bouillon (le) de Mazarin, assaisonné par toutes les bonnes villes de France. *Paris*, Claude Morlot, (s. d.), 8 pages.

On voit, au recto du titre, un mauvais portrait de Mazarin, gravé sur bois.

838. Courte (la) période à messieurs du parlement. (S. l. n. d.), 6 pages.

A l'occasion de l'arrêt du 29 décembre 1651.

839. Courtisan (le) désintéressé ou le Partisan des oppressés, venant rendre compte, à messieurs les princes, de la constante fidélité qu'il a eue pour ne jamais démordre de leur partie, même en un temps où leurs éloges étoient des invectives contre les tyrans, où leur défense étoit un crime d'État, et où l'on ne menaçoit que de potences et de gibets ceux que le zèle intéressoit à leur querelle. *Paris*, 1651, 12 pages.

Dubosc Montandré fait, ici, parade d'un désintéressement qu'on ne lui a guère reconnu. Il se vante d'avoir refusé une pension de Mazarin. Est-ce bien vrai?

840. Courtisans (les) de Saint-Germain révoltés contre le cardinal Mazarin. *Paris*, Claude Morlot, 1649, 7 pages.

841. Création de dix conseillers nouveaux au parlement du Mazarin, séant à Pontoise, et des dix ânes rouges qui se trouvèrent à l'ouverture d'icelui, le mercredi 7 août 1652. (S. l.), 1652, 7 pages.

842. Credo (le) de la Fronde. (S. l.), 1650, 7 pages.

Pauvre impiété, qui a vu le jour pendant le procès du prince de Condé contre Beaufort et Gondy.

843. Credo (le) des Parisiens, présenté à Son Altesse Royale. *Paris*, Gilles de Halline, 1652, 8 pages.

844. Crève-cœur (le) et les sanglots de monsieur le Prince, adressés à la France. *Envers* (*sic*), (s. d.), 7 pages.

845. Crimes (les) de monsieur le prince de Condé. (S. l. n. d.), 1 page.

Les crimes de Condé sont ses victoires. Assez mauvais sonnet, qui n'a que le mérite d'être rare.

846. Cris (les) des pauvres aux pieds de Leurs Majestés, demandans (*sic*) la paix. *Paris*, veuve Théodore Pépingué et Est. Maucroy, 1649, 7 pages.

Gilles le Maine a réimprimé cette pièce, en 1652, avec le titre suivant :

847. Cris (les) des pauvres aux pieds de Son Altesse Royale et de ceux qui gouvernent, demandant la paix. 7 pages.

848. Crise (la) de Mazarin sur son adieu à la reine. *Paris*, Jérôme Leblond, 1652, 7 pages.

849. Croisade pour la conservation du roi et du royaume. *Paris*, 1652, 7 pages.

Voilà certainement la pièce la plus curieuse de la Fronde. J'ajoute qu'elle est une des plus rares.

La croisade fut fondée par soixante-dix personnes de tout rang, au mois de janvier 1652. On ne sera pas fâché de connaître au moins quelques extraits des statuts :

« Le saint nom de Dieu sera continuellement invoqué.

« Il sera dit trois messes, tous les jours, par les chapelains de la croisade : une à six heures, à l'honneur de la sainte Trinité; une seconde à huit heures, à l'honneur de la mort et passion de Jésus-Christ; la troisième à dix heures, pour obtenir l'assistance du Saint-Esprit. Celui des conjurés qui ne pourra pas entendre une de ces trois messes, dira un *pater* et un *ave*.

« Il ne sera entrepris et exécuté que sur la personne du cardinal Mazarin. »

La croisade avait cent mille écus dans sa caisse. Elle se chargeait de l'entretien des pauvres conjurés. Elle devait ajouter cent mille francs aux cent cinquante mille votés par le parlement pour l'assassin du cardinal. Ces cent mille francs devaient être donnés à la veuve et aux héritiers, si l'assassin était pris et exécuté. S'il mourait dans son entreprise, sans trahir le secret de la croisade, il y avait cinquante mille francs.

Le serment devait se prêter sur la croix et le missel entre les mains du prêtre.

A la fin de la pièce, on avertit ceux qui voudraient entrer dans la croisade, qu'ils n'ont qu'à faire l'éloge de ses statuts dans les compagnies ou assemblées. Il se trouvera aussitôt un associé qui les abordera.

Tout cela a été écrit sérieusement et imprimé avec permission !

850. Crotesque (*sic*) (le) adieu de carême au peuple de Paris, à Mazarin et à la guerre, en vers burlesques. *Paris*, Claude Morlot, 1649, 8 pages.

851. Crotesque (le) carême-prenant de Jules Mazarin, par dialogue. *Paris*, 1649, 8 pages.

On trouve aussi le *Grotesque carême-prenant*, etc.

852. Cruauté (la) de la sinagogue des Juifs de la dernière génération, de plus le Jugement de Minos, rendu à l'âme du pauvre massacré aux Champs-Élisiens, le repos des âmes heureuses. P. A. R. C. L. A. M. B. D. R. T. A. P. *Paris*, 1652, 8 pages.

Voir le *Récit naïf et véritable du cruel assassinat... commis... par les fripiers de la compagnie de la Tonnellerie*, etc.

853. Curé (le) bourdelois, grand défenseur de la cause de messieurs de Bordeaux. (S. l. n. d.), 8 pages.

Pamphlet royaliste contre le père Louis Bonnet, curé de Sainte-Eulalie de Bordeaux. Voir l'*Apologie pour le parlement de Bordeaux*, etc.

854. Curieuse (la) et plaisante guerre des plaideurs en vogue, en vers burlesques. *Paris*, Jean du Crocq, 1649, 11 pages.

855. Curieuses (les) recherches faites sur la vie de Jules César, pour montrer les conformités de Mazarin avec les vices de ce Romain, dont il porte une partie du nom, lequel en est le symbole. (S. l.), 1652, 14 pages.

Le parlement de Pontoise était institué.

C'est vraiment un tour de force que d'avoir écrit quatorze pages d'un parallèle entre Jules César et Mazarin, et de l'avoir fait quelquefois avec esprit.

856. Custode (la) de la reyne, qui dit tout. (S. l.), 1649, 7 pages.

On sait que les amateurs recherchent, entre toutes les Mazarinades, huit pièces en vers, qui sont : La *Pure vérité cachée,* la *Custode de la reine,* la *Famine*, le *Gouvernement présent ou Éloge de son Eminence*, la *Miliade ou Éloge burlesque de Mazarin*, la *Mazarinade,* le *Testament amphibologique* et la *Bouteille cassée*.

La *Custode* est la plus rare. C'est tout son mérite, à moins qu'on ne veuille lui compter pour quelque chose l'odieux libertinage de trois ou quatre mauvais vers.

« Samedi dernier, de grand matin, dit Guy Patin, dans une lettre du (mercredi) 21 juillet 1649, à M. B., fils, un imprimeur nommé Morlot, fut ici surpris, imprimant un libelle diffamatoire contre la reine, sous ce titre : *La Custode du lit de la reine*. Il fut mis au Châtelet ; et, dès le même jour, il fut condamné d'être pendu et étranglé. Il en appela à la cour. Lundi, on travailla à son procès. Hier mardi, il fut achevé, et sa sentence confirmée. Quand il fut sorti de la cour du palais, le peuple commença à crier, puis à jeter des pierres, à tomber à coups de bâton et d'épée sur les archers, qui étoient en petit nombre. Ils commencèrent à se défendre, puis à se sauver. Le bourreau en fit de même. Ainsi fut sauvé ce malheureux, et un autre qui étoit au cul de la charrette, qui devoit avoir le fouet et assister à l'exécution de Morlet. Il y eut un archer de tué, plusieurs fort blessés. *De cæteris Deus providebit.* » T. V, p. 31.

Guy Joly raconte que Le Grant, lieutenant criminel, qui commandait les archers, reçut plusieurs coups de bâton, et eut assez de peine à se sauver. *Mémoires*, p. 35, coll. Michaud.

Pendant qu'une bande délivrait ainsi Morlot aux abords de la cour du palais, une autre bande se portait sur la place de Grève, pour y détruire l'instrument du supplice. Elle abattit la potence, rompit l'échelle en plusieurs morceaux, lança des pierres et des cailloux dans les vitres de l'Hôtel de Ville, et continua le bruit et le désordre dans la place jusqu'à neuf heures du soir (*Registres de l'Hôtel de Ville pendant la Fronde,* II, 34).

Selon Guy Joly et le cardinal de Retz, les libérateurs de Morlot étaient des garçons libraires ou imprimeurs. D'après un registre des archives concernant la ville de Paris, registre tenu par un prêtre de la paroisse de Saint-Paul, de 1640 à 1658, c'étaient des écoliers ; mais les procès-verbaux de l'Hôtel de Ville les qualifient de *gens de néant, vagabonds, sans nom, sans lieu et sans exercice.*

Dès le lendemain de l'émeute, c'est-à-dire le mercredi 21, il y eut une assemblée de l'Hôtel de Ville, dans laquelle il fut décidé qu'une députation irait témoigner au roi et au duc d'Orléans ses regrets de l'enlèvement de Morlot, et faire le récit de cet enlèvement au chancelier et au parlement. Les colonels, quarteniers et dixainiers promirent de veiller au maintien de la paix publique (*Relation de ce qui s'est passé en l'assemblée tenue en l'Hôtel de Ville, le* 21 *juillet* 1649).

Une députation, composée de MM. les prévôt des marchands et échevins, du procureur du roi et du greffier de la ville, de MM. d'Oinville, conseiller, Miron, colonel, et Tartarin, quartenier, se rendit, en effet, le 23 juillet, auprès du parlement, puis auprès du chancelier, qui était à Paris. Le 29, elle fit le voyage de Compiègne, où elle eut une audience du roi, et une du duc d'Orléans. Il n'est peut-être pas inutile de remarquer que la reine mère, dans sa réponse au prévôt des marchands, ne parla que des pamphlets « qui n'épargnoient pas même la personne du roi. » Encore le fit-elle dans les termes de la plus grande modération et avec une sorte d'indifférence.

Le 27, les colonels avaient été priés, *de par le prévôt des marchands et échevins,* de mander aux capitaines de leurs colonelles « qu'ils fissent en sorte que, par eux et les officiers de leurs compagnies, il se pût découvrir qui étoient ceux qui avoient eu l'audace de complotter entr'eux l'enlèvement d'un nommé Morlot, etc. » Déjà, le 5 du même mois, en suite d'une communication du duc d'Orléans, M. le duc de Montbazon, gouverneur de Paris, et MM. les prévôt des marchands et échevins avaient invité les colonels et quarteniers « à apporter, pour leur part, tout le soing qu'ils pourroient pour empêcher qu'il ne s'imprimât, criât, vendît, ne débitât aucun libelle diffamatoire, sous quelque prétexte que ce fût, se saisissant de ceux qui imprimeroient, crieroient, vendroient et débiteroient lesdits libelles, pour être mis ès mains des juges ordinaires. » J'ai fait connaître ces actes, afin que l'on comprît bien quels engagements les colonels avaient pris, en promettant de veiller au maintien de la paix publique.

L'imprimeur de la *Custode* est nommé *Marlot* dans les *Mémoires* du cardinal de Retz et dans ceux de Guy Joly. C'est une erreur, aussi bien que le *Morlet* de Guy Patin. Son véritable nom était Morlot, Claude. Il avait sa boutique dans la rue de la Bûcherie, à l'enseigne des Vieilles Étuves.

Si Morlot a été surpris imprimant la *Custode*, on comprend qu'il n'existe qu'un très-petit nombre d'exemplaires de ce sale pamphlet.

M. le comte Léon de Laborde, qui l'a reproduit dans ses notes du *Palais Mazarin*, p. 157, l'attribue au fameux Blot; M. le baron Walckenaër, dans les *Mémoires sur madame de Sévigné*, p. 213 du Ier vol., le croit de Morlot lui-même, qu'il fait poëte et qu'il appelle *Marlet*. Je ne m'explique ni l'une ni l'autre de ces deux assertions.

857. De la nature et qualité du parlement de Paris, et qu'il ne peut être interdit, ni transféré hors de la capitale du royaume, pour quelque cause ni prétexte que ce soit. *Curant contritionem filiæ populi mei cum ignominiâ, dicentes: Pax, pax; et non est pax.* JEREM., C. VI, vers. 14. *Paris*, François Preuveray, 1652, 72 pag.

Travail peu recommandable, que Mailly cite dans la note de la

p. 123 de son IIe volume, et contre lequel il s'emporte, p. 503 de son Ve volume, note. Il est en effet plein d'allégations sans raison, de digressions sans but et de longueurs sans excuses. L'auteur a emprunté quelques phrases aux *Véritables maximes du gouvernement de la France*, et des pages entières aux *Observations véritables et désintéressées*, etc.

858. De la puissance qu'ont les rois sur les peuples, et du pouvoir des peuples sur les rois. (S. l.), 1650, 20 pages.

François Davenne.

Voici la doctrine de l'auteur :

> Les gens prennent un roi, pour les régir en paix ;
> Mais alors qu'il les vexe à tort dessus la terre,
> Ils en font un rejet, parce qu'il est mauvais ;
> Eux mesmes, à la fin, lui lancent le tonnerre.

859. De par messieurs les prévost des marchands et eschevins de la ville de Paris. *Très-rare.*

Ordonnance du 14 février 1649, qui enjoint, à tous les chefs d'hostel et chambrelans, de se trouver en personne aux gardes ordinaires et extraordinaires.

860. De profundis (le) de Jules Mazarin, avec les regrets de sa méchante vie. *Paris*, (s. d.), 8 pages.

Le *Nouveau De profundis de Jules Mazarin*, etc., n'en est pas la suite.

On a composé plusieurs parodies semblables des prières de l'Église, qu'on pourrait appeler l'office du cardinal Mazarin : l'*In exitu*, l'*In manus*, le *Pater noster*, le *Salve, regina*, les *Lamentations*, les *Leçons de ténèbres* ; à quoi il faut ajouter le *Grand bréviaire* et le *Procès-verbal de la canonisation*, etc.

861*. De requeste van de drie Standen aen de Heeren des parlements van Vranckrijek voorgedragen, tegens den cardinal Jule Mazarini. 1649, in-4.

Traduction hollandaise de la *Requête des trois États*, etc., qui est indiquée dans le catalogue, in-8°, des imprimés du Musée britannique.

862*. De tribus nebulonibus.

Guy Patin, *Lettres à Spon*, II, 101.

863. Débauche (la) de quatre monopoleurs, et leurs entretiens sur les affaires présentes, en vers burlesques, par monsieur Scaron (*sic*). *Paris*, Philippe du Mont, 1652, 7 pages.

Stupide pièce, qui n'est certainement pas de Scarron.

864. Décadence de l'injuste parti des Mazarins réfugiés à Saint-Germain, et leurs pernicieux desseins, avortés par la conclusion de la paix. *Paris*, veuve André Musnier, 1649, 12 pages.

La paix n'était cependant pas faite.

865. Décadence (la) des mauvais ministres d'État, et les fruits qu'ils ont reçus pour leurs salaires, dédiée aux amateurs de la paix. *Paris*, veuve d'Antoine Coulon, 1649, 8 pages.

Le prince de Conty venait d'être reconnu chef de l'armée parlementaire.

866. Décadence (la) visible de la royauté, reconnue par cinq marques infaillibles: 1. par le peu d'autorité que ceux qui sont intéressés à la soutenir ont auprès de Sa Majesté; 2. par le peu de respect que les peuples ont pour tout ce qui vient de la part du roi; 3. par l'usage des fourbes que le conseil fait pratiquer à Sa Majesté, pour abuser de la simplicité des peuples; 4. par la facilité des entreprises auxquelles on porte Sa Majesté, sans les concerter comme il faut pour les faire réussir à son honneur; 5. et par le secours que le conseil lui fait emprunter des huguenots, en les rétablissant dans leurs privilèges, pour faire triompher le parti Mazarin avec plus de succès. (S. l.), 1652, 16 pag.

Dubosc Montandré affirme ici des faits que je ne garantirais pas.

« Les Cévennes, dit-il, ont déjà levé le masque; le Bas-Languedoc est tout embrâsé par les incendiaires qui arment ouvertement et par ordre de Sa Majesté; les commissaires huguenots rétablissent le prêche dans le Dauphiné, comme il y étoit avant l'édit de Nantes. »

Il a été répondu précisément à ces assertions dans la *Chute de la tyrannie*, etc.

Mailly cite la *Décadence visible de la royauté*, p. 65 de son V^e vol.

867. Décalogue (le) françois. *Paris*, 1649, 8 pages.

868. Décalogue (le) romain. (S. l. n. d.), 8 pages.

Février 1649.

869. Décampement (le) et la honteuse fuite de l'armée du maréchal de Turenne, avec la défaite de son arrière garde, poursuivie par le comte de Tavannes et le marquis de la Boulaye. *Paris*, L. Laureau, 1652, 7 pages.

C'est la retraite du camp de Villeneuve-Saint-Georges. On peut juger de la véracité de la pièce par le titre.

870. Décharge (la) des sceaux du chancelier de France, et remis entre les mains de M. de Châteauneuf, et la déclaration du duc de Bouillon touchant sa fidélité au service du roi. *Paris*, veuve Coulon, 1650, 6 pages.

5 mars 1650. Il y a un second titre, ainsi conçu : l'*Aubépine refleuri au mois de mars, ou le Rétablissement de monseigneur de Châteauneuf en la charge de garde des sceaux*. On sait que Châteauneuf était de la maison de l'Aubépine.

C'est à la suite de ce pamphlet que se trouve l'*Obéissance des illustres sujets*, dont il est parlé dans la notice sur les *Mémoires* de Turenne, coll. Michaud, p. 318.

871. Décision de la question du temps, à la reine régente. *Paris*, Cardin Besongne, 1649, 15 pages.

Pièce d'une éloquence grave et triste. L'auteur attaque la reine par la piété, et lui déclare qu'elle offense Dieu par les excès que commettent les troupes du blocus.

« L'honneur qu'elle me fait de m'écouter quelquefois, et de me communiquer avec confiance ses actions de piété. » Est-ce sérieux ?

Naudé, page 11 du *Mascurat*, met ce pamphlet au nombre des pièces *soutenues et raisonnées;* Guy Patin le cite parmi les *meilleurs*, page 190 du Ier volume des lettres à Spon.

Il y a, de la *Décision*, trois autres éditions, deux de Paris, *jouxte la copie imprimée à Paris chez Cardin Besongne*, 1649, in-4° et in-12; la troisième de Rouen, chez Jacques Besongne, 1649, 14 pages. On peut croire aisément qu'elle n'est pas rare.

La permission d'imprimer, donnée à Cardin Besongne, est du 27 février.

872. Décisions (les) du censeur monarchique touchant la plus juste autorité des régents d'État, préscrivant des bornes à leur pouvoir, faisant voir qu'ils sont absolus avec dépendance et dépendants avec souveraineté, et concluant ensuite, après quelques réflexions tirées du gouvernement d'aujourd'huy, que les régents qui renferment leur pouvoir entre ces deux extrémités de dépendant et d'indépendant, maintiennent en repos la minorité de leurs pupilles, et au contraire, etc. *Discite justitiam moniti et non temnere* Christos. *Paris*, 1651, 28 pages.

Dubosc Montandré. Du 17 février 1651.

873*. Déclamation en vers contre les députés qui ont fait la paix, lesquels on accuse d'avoir trahi la patrie.

Bib. hist., 22957.

874. Déclaration de la volonté du roi et de la reine régente, sa mère, sur les présents mouvements de la ville d'Aix. Du 18 août. (S. l.), 1649, 4 pages

875. Déclaration de la volonté du roi, étant en son conseil, sur la rébellion de Bordeaux. *Bourg*, A. Dalvy, 1650, 15 pages.

Arrêt du conseil, en date du 30 août 1650, qui déclare les

habitants de Bordeaux déchus de tous leurs priviléges, et même du droit de communauté, si, dans trois jours, ils ne reçoivent le roi avec le respect et l'obéissance qui lui sont dus.

Il y en a, de *Paris*, une autre édition par Guillaume Sassier, 8 pages, et une autre encore par les imprimeurs et libraires ordinaires du roi. Cette dernière ajoute au titre : *publiée le premier septembre* 1650.

876. Déclaration (la) de messieurs de ville (*sic*) pour le parti des princes, faite en présence de Mademoiselle, et mise entre les mains de monseigneur le duc de Beaufort, et signée par huit colonels et plusieurs bourgeois, le 1er juillet 1652, avec ce qui s'est fait et passé entre l'armée des princes et celle des Mazarins. *Paris*, S. Le Porteur, 1652, 7 pages.

Mauvaise relation du combat de la porte Saint-Antoine. L'auteur prétend que Mademoiselle prit le maréchal de L'Hôpital par les cheveux !

Il n'y a pas de déclaration. C'est un mensonge publié ... avec permission de S. A. R !

877. Déclaration (la) de messieurs du parlement d'Angleterre, envoyée par leurs députés à monsieur le prince de Condé, sur la marche de dix mille hommes mis sur pied pour son service. (S. l., 1652), 7 pages.

Contrefaçon de la *Députation du parlement d'Angleterre à M. le prince de Condé*, etc.

0 878. Déclaration (la) de messieurs les princes, faite à messieurs du parlement dans la dernière assemblée, tenue au palais le mardi 25 juin 1652, au moyen de laquelle il ne reste plus aucun prétexte pour empêcher la paix. *Paris*, Salomon de la Fosse, 1652, 7 pages.

Simple relation, publiée avec la permission expresse du duc d'Orléans. La déclaration n'y est pas rapportée dans son texte.

879. Déclaration de messieurs les princes, faite en parlement, toutes les chambres assemblées, chambre des Comptes, cour des Aydes et Hôtel de Ville, le 22 août 1652, touchant la sortie du cardinal Mazarin hors du royaume, avec l'Arrêt dudit parlement donné le même jour. *Paris*, par les imprimeurs et libraires ordinaires du roi, 1652, 7 pages.

Il y en a une autre édition : *Paris*, 1652.

De plus, la veuve J. Guillemot et Denys de Cay en ont publié chacun une édition, mais sans l'arrêt, qu'on trouvera plus loin : *Déclaration faite par Son Altesse Royale*, etc.; *Déclaration de Son Altesse Royale*, etc.

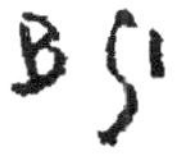

880. Déclaration de M. le cardinal de Rets (*sic*), faite à Son Altesse Royale, à messieurs les princes et à messieurs du parlement, le 28 juin 1652. *Paris*, Gilles de Halline, 1652, 7 pages.

881. Déclaration de monseigneur le duc d'Orléans, envoyée au Parlement, pour la justification de la conduite de monsieur le Prince. *Paris*, Nicolas Vivenay, 1651, 7 pages.

Datée du 18 août 1651, signée Gaston et contre-signée de Fromont.

Il en existe une édition *Sur l'imprimé à Paris chez Nicolas Vivenay*. Le titre se continue ainsi : « Ensemble la réponse de M. le Prince, présentée au parlement, les chambres assemblées, le 19 août 1651. » 21 pages.

La *Déclaration* a été reproduite dans les *Mémoires* de madame de Motteville, page 410, coll. Michaud.

882. Déclaration de monseigneur le duc d'Orléans et de monsieur le prince de Condé, faite en parlement, toutes les chambres assemblées, avec l'Arrêt de ladite cour des 2 et 3 septembre 1652. *Paris*, par les imprimeurs et libraires ordinaires du roi, 1652, 7 pages.

883. Déclaration de monseigneur le duc d'Orléans, faite en personne, et délivrée par écrit, signé de sa main, à messieurs de l'assemblée de la noblesse, portant parole et assurance, de la part de Leurs Majestés, pour la convocation et tenue des États-généraux au 8e jour du mois de septembre prochain, avec les promesses, conditions et sûretés requises et nécessaires, tant pour le général que pour les particuliers, en cas de retardement ou d'inexécution. *Paris*, veuve J. Guillemot, 1651, 7 pages.

Du 25 mars 1651. Le titre promet un peu trop.

884. Déclaration (la) de monseigneur le duc de Beaufort, envoyée à messieurs du parlement. *Paris*, Claude Le Roy, 1652, 16 pages.

Le duc de Beaufort prétend que les troupes espagnoles du duc de Nemours ne sont plus étrangères, dès qu'elles marchent sous un général français !

885. Déclaration (la) de monseigneur le duc de Guyse, faite à Bordeaux, le 3 du mois courant, sur la jonction de ses intérêts avec ceux de messieurs les princes, avec toutes les particularités de sa sortie. *Paris*, jouxte la copie imprimée à Bordeaux par Guillaume de La Court, 1652, 15 pages.

Elle fait partie de toutes les éditions des *Mémoires* du duc de Guise. Elle a été aussi publiée sous le titre de *le Manifeste de monseigneur le duc de Guyse touchant les particularités*, etc.

886. Déclaration (la) de monseigneur le prince de Conty et de messieurs les généraux, enregistrée en parlement, pour l'exécution de l'arrêt du huitième janvier dernier contre le cardinal Mazarin, pour le soulagement

du peuple et la paix générale. Du samedi 20 mars 1649. *Paris*, Alexandre Lesselin, 1649, 4 pages.

Il y en a deux autres éditions : *Déclaration de nos généraux*, etc.; et *Déclaration faite au Parlement par monseigneur le prince de Conty*, etc. La dernière est l'édition officielle.

887. Déclaration de monseigneur le Prince, faite en personne, et délivrée par écrit, signé de sa main, à messieurs de l'assemblée de la noblesse, portant parole et assurance, de la part de Leurs Majestés, pour la convocation et tenue des États généraux au 8e jour du mois de septembre prochain, avec les promesses, conditions et sûretés requises et nécessaires, tant pour le général que pour les particuliers, en cas de retardement ou d'inexécution. *Paris*, veuve J. Guillemot, 1651, 4 pages.

Du 25 mars 1651.

888. Déclaration de nos généraux, faite et enregistrée au parlement, le 20 mars 1649, et envoyée à Ruel. *Paris*, veuve Antoine Coulon, 1649, 4 pages.

Même pièce que la *Déclaration de monseigneur le prince de Conty*, etc.

889. Déclaration de Son Altesse Royale et de monsieur le Prince, faite en la chambre des Comptes, sur l'éloignement du cardinal Mazarin. *Paris*, Denys de Cay, 1652, 4 pages.

Du 22 août 1652. Autre édition de la *Déclaration de messieurs les princes*, etc.

890. Déclaration (la) de Son Altesse Royale sur le sujet du discours lu au Palais Royal, en présence des députés du Parlement, chambre des Comptes, cour des Aydes et corps de ville de Paris, sous le nom du

roi et de la reine régente, ensemble la Réponse de M. le Prince, présentée au Parlement, les chambres assemblées, le 19 août 1651. *Paris,* Nicolas Vivenay, 1651, 16 pages.

La déclaration du duc d'Orléans n'y est pas. On n'y trouve que la réponse du prince de Condé, qui est fort adroite.

891. Déclaration (la) des nouveaux Mazarins, faite à messieurs nos princes, qui a été arrêté et accordé (*sic*) pour le soulagement du peuple, de quitter le parti Mazarin. *Paris*, Pierre Bon, 1652, 6 pages.

On peut juger de la pièce par le titre.

892. Déclaration des prétentions de la noblesse, assemblée aux Cordeliers à Paris. *Paris,* veuve J. Guillemot, 1651, 4 pages.

Ces prétentions sont bien simples et bien légitimes. La noblesse ne demande que le bien de l'État et du public! Pour le bien de ses intérêts propres, elle s'en remet aux États généraux. Il est naturel qu'après cela, elle s'étonne du silence que garde le Tiers état au milieu de cette agitation.

Voir le *Journal de l'assemblée de la noblesse*, etc.

893. Déclaration des prétentions de messieurs nos généraux, faite et enregistrée au parlement, le samedi vingtième mars 1649, et envoyée à Ruel. *Paris,* veuve d'Anthoine Coulon, 1649, 7 pages.

Ne cherchez pas ici la déclaration; vous ne trouveriez qu'une apologie.

894. Déclaration des volontés du roi sur les mouvements arrivés en la ville d'Aix en Provence, contenant les articles accordés pour le bien et pour le repos de tous ses sujets de ladite province, de quelque qualité et condition qu'ils soient, avec la Lettre de Sa Majesté,

écrite à la cour de parlement, pour l'exécution de ses ordres et de ses commandements, vérifiée audit parlement de Provence, les 22 et 25 août 1649. *Paris*, Antoine Estienne, 1649, 8 pages.

Du 8 août.

895. Déclaration (la) du cardinal Mazarin, envoyés (*sic*) à Son Altesse Royale, à nos seigneurs les princes et à messieurs du parlement par un courrier extraordinaire. *Paris*, Louis Du Sol, 1652, 8 pages.

Longue redite de toutes les sottises de 1649 contre le Mazarin.

896. Déclaration (la) du ciel. 1651. Avec aussi le Décret promulgué, devant les plus vertueux frondeurs, par le lecteur aux astres. (S. l. n. d.), 4 pages.

Aussi rare qu'extravagante. La déclaration et l'arrêt sont écrits en français et en latin. Voici les deux derniers vers de l'arrêt :

> Ce sera vers la Saint-Mathias
> Qu'il (Mazarin) tombera du haut en bas.

La fête de Saint-Mathias se célèbre le 24 février.

897. Déclaration du duc Charles, faite à nos seigneurs de parlement et aux bourgeois de Paris, en faveur de la France. *Paris*, veuve J. Remy, 1649, 8 pages.

Assez pauvre imagination de quelque frondeur, après la comédie de l'envoyé espagnol.

898. Déclaration (la) du duc de Lorraine, à Son Altesse Royale et à messieurs les princes, sur l'approche de ses troupes ès environs de Paris, ensemble sa Lettre écrite à messieurs du parlement sur ce sujet. *Paris*, Claude Le Roy, 1652, 8 pages.

Datées toutes deux de Meaux, le 25 mai.

899. Déclaration du parlement d'Angleterre, contenant les motifs et raisons de leurs dernières procédures, et pour lesquelles ils ont établi le gouvernement présent en forme de république ou d'État libre, traduite de l'anglois. *Londres* (Paris), 1649, 26 pages.

900. Déclaration du parlement, par laquelle Son Altesse Royale est déclaré (*sic*) lieutenant général de l'État et couronne de France, et monsieur le prince, généralissime des armées, suivant l'arrêt donné en l'assemblée, cejourd'hui 20 juillet, pour la délivrance de Sa Majesté. *Paris*, Jean Brunet, 1652, 8 pages.

On sait que le parlement n'a rien *déclaré* de semblable; ce qui n'empêche pas que la *Déclaration* n'ait été publiée avec la permission spéciale du duc d'Orléans.

901. Déclaration du roy. (S. l., 1649), 7 pages.

C'est une amnistie pour les Bordelais. Elle est datée du 23 décembre 1649.

On peut croire, d'après la note qui se lit à la fin de la *Lettre du roy* (du 25 décembre), qu'elle a été imprimée par Guillaume Sassier.

902. Déclaration du roi, accordée à son parlement et ville de Bordeaux, du 1er octobre 1650, portant amnistie générale de ce qui a été fait depuis la dernière déclaration de Sa Majesté, du 26 décembre 1649, enregistrée en ladite cour le 7 janvier 1650, ensemble les Propositions de monseigneur le duc d'Orléans, registres du parlement de Paris, lettres de Sadite Majesté, portant approbation d'iceux et révocation de M. le duc d'Épernon du gouvernement de Guyenne, avec l'Arrêt d'enregistrement et de publication. *Bordeaux*, L. Mongiron Millanges, 1650, 12 pages.

La pièce ne tient pas tout ce que le titre promet; car on n'y trouve ni l'arrêt d'enregistrement, ni les propositions du duc d'Orléans, etc. Ces documents ont été publiés dans la *Suite* et la *Vraie suite de la déclaration du roi*, etc.

Il y a, de la *Déclaration*, une édition de Paris dont le titre suit :

903. Déclaration du roi, accordée pour la pacification des troubles de Bordeaux, du 1er octobre 1650, à Bourg sur la mer. *Paris*, par les imprimeurs et libraires ordinaires du roi, 1650, 14 pages.

904. Déclaration du roi contre ceux qui vendront et achèteront des sels en Normandie à vil prix. (S. l. n. d.,) 3 pages.

Du 23 février 1649.

905. Déclaration du roi contre les officiers et habitants de la ville de Bordeaux, et autres de la province de Guyenne qui se sont unies à icelle. *Poitiers*, par les imprimeurs commandés de Sa Majesté, 1652, 7 pages.

Du 10 décembre 1651. La publication en a été ordonnée par arrêt du conseil, en date du 23 décembre.

Il y en a une édition de *Paris*, par les imprimeurs du roi, 8 pages, et une de *Rouen*, Jean Viret, 7 pages.

906. Déclaration du roi contre les princes de Condé, Conty, et duchesse de Longueville, les ducs de Nemours et de La Rochefoucault, et autres leurs adhérents qui les ont suivis, vérifiée en parlement, le 5 décembre 1651. *Paris*, par les imprimeurs et libraires ordinaires du roi, 1651, 18 pages.

Outre la déclaration, qui est du 8 octobre, il doit y avoir la lettre d'envoi, datée de Bourges, le même jour, une autre lettre du roi sous la date de Poitiers, le 11 novembre, et l'arrêt d'enregistrement du 4 décembre, et non du 5, comme il est dit au titre.

La déclaration a été vérifiée au parlement de Rouen, le 18 décembre; et les imprimeurs du roi, dans cette ville, en ont donné une édition dont le titre ne diffère de celle de Paris que par la mention de l'enregistrement, 1651, 8 pages.

907. Déclaration du roi contre les princes de Condé, de Conty, la duchesse de Longueville, le duc de La Rochefoucault, le prince de Talmont et leurs adhérents, vérifiée en parlement, le roi y séant en son lit de justice, le 13 novembre 1652. *Paris,* par les imprimeurs et libraires ordinaires du roi, 1652, 8 pages.

Du 12 novembre.

908. Déclaration du roi contre les sieurs duc de Bouillon, maréchaux de Brézé et de Turenne, et de Marsillac, lue, publiée et enregistrée au parlement, le 7 février 1650. *Paris,* par les imprimeurs et libraires ordinaires du roi, 1650, 8 pages.

909. Déclaration du roi contre madame la duchesse de Longueville, les sieurs duc de Bouillon, maréchal de Turenne, prince de Marsillac, et leurs adhérents, vérifiée en parlement, le 16 mai 1650. *Paris*, Antoine Estienne, 1650, 6 pages.

Il y en a une édition *jouxte la copie imprimée à Paris,* la Haye, Michel Staël, 1650, 10 pages non chiffrées.

910. Déclaration du roi d'Angleterre, faite aux Écossois par le marquis de Montrose, gouverneur et lieutenant général par mer et par terre au royaume d'Écosse pour Sadite Majesté, contre les rebelles d'Écosse et ceux qui tiennent le parti du parlement d'Angleterre, présentée à la reine d'Angleterre. *Paris*, Guillaume Sassier, 1650, 8 pages.

911. Déclaration du roi, donnée sur les mouvements arrivés en sa province de Normandie, lue, publiée et enregistrée à Rouen, en parlement, le 9 avril 1649. *Rouen*, David du Petitval et Jean Viret, 1649, 16 pages.

912. Déclaration du roi, du 3 février 1649, par laquelle sont donnés six jours aux habitants de Paris pour rentrer dans leur devoir. *Saint-Germain-en-Laye*, le 4 février 1649, 4 pages.

Il paraît que cette déclaration fut renouvelée le 11; car j'en trouve deux exemplaires à cette date, tous deux de *Saint-Germain*, tous deux de 4 pages, mais l'un avec, et l'autre sans la date de 1649.

913. Déclaration du roi, du 25 février 1651, par laquelle Sa Majesté révoque toutes les lettres de cachet données en conséquence de la détention de messieurs les princes de Condé, de Conty, et duc de Longueville, et reconnoit leur innocence, et les remet dans tous leurs biens, gouvernements et charges. *Paris*, Guillaume Sassier, 1651, 7 pages.

On en trouvera plus loin une édition par les imprimeurs du roi: *Déclaration du roi pour l'innocence*, etc.

914. Déclaration du roi en faveur de la province de Poictou, vérifiée en parlement. *Paris*, Antoine Estienne, 1651, 8 pages.

La déclaration est du 13 septembre 1651; la vérification du 15. Pour la suppression des bureaux de la gabelle.

915. Déclaration du roi en faveur de madame la duchesse de Longueville, de M. le maréchal de Turenne et de tous ceux qui ont suivi ou exécuté leurs ordres, vérifiée en parlement, le 19 mai 1651. *Paris*, par les imprimeurs et libraires ordinaires du roi, 1651, 7 pages.

Du 5 mai.

916. Déclaration du roy en faveur des bourgeois et habitants de la ville de Paris, contenant la levée des modifications portées par l'arrest de vérification de

l'amnistie, accordée par Sa Majesté. *Pontoise*, Julien Courant, 1652, 3 pages.

Julien Courant en a donné une autre édition, de 4 pages, dont le titre ne porte plus, au commencement, ces mots : *En faveur des bourgeois et habitants de la ville de Paris*, mais, à la fin, ceux-ci : *Donnée à Mantes, le* 26 *septembre* 1652; et une autre encore, de 8 pages, sur le titre de laquelle on lit : *Portant levée des modifications apportées à la vérification de l'amnistie, vérifiée au parlement, le troisième jour d'octobre* 1652.

L'édition de *Paris,* Antoine Estienne, a le même titre que la seconde édition de Julien Courant. Elle est de 7 pages.

917. Déclaration du roi, par laquelle la séance du parlement de Paris est transférée en la ville de Montargis, avec interdiction de s'assembler, ni faire aucun acte de justice dans Paris. *Saint-Germain-en-Laye,* 1649, 8 pages.

Du 6 janvier.

Il en existe une autre édition, s. l. n. d.

918. Déclaration du roi, par laquelle les présidiaux du ressort du parlement de Paris ont pouvoir de juger souverainement, tant en matière civile que criminelle. *Saint-Germain-en-Laye*, le 6 février 1649, 4 pages.

La déclaration est du 22 janvier.

919. Déclaration du roi, par laquelle les princes, ducs, seigneurs et leurs adhérents qui ont pris les armes contre son service, sont déclarés criminels de lèze majesté, s'ils ne se rendent près de sa personne dans trois jours après la publication d'icelle. *Saint-Germain-en-Laye,* 1649, 7 pages.

Du 23 janvier.

Il en existe une autre édition, également de *Saint-Germain-en-Laye*, mais où la légende *imprimée*, etc., se lit au milieu de la 8ᵉ page, quoique la pièce finisse sur la 7ᵉ; et une autre encore, de *Paris*, 8 pages.

920. Déclaration du roi, par laquelle tous les officiers du parlement de Rouen sont interdits, déclarés criminels de lèze-majesté, et leurs offices supprimés, en cas qu'ils ne se rendent pas, dans quatre jours, près de Sa Majesté. *Saint-Germain-en-Laye*, 1649, 4 pages.

Du 17 février.
Il y en a une édition de *Paris*, Antoine Estienne.

921. Déclaration du roi, portant abolition générale de ce qui s'est passé en la ville de Paris, l'onzième décembre dernier, 1649, vérifiée en parlement le douzième mai 1650. *Paris*, par les imprimeurs et libraires ordinaires du roi, 1650, 6 pages.

Datée de Dijon, avril 1650. C'est l'affaire de Joly et du marquis de La Boulaye.

922. Déclaration du roi, portant confirmation de celle du feu roi, son père, par laquelle il a pris la très-glorieuse vierge pour spéciale protectrice de son royaume, avec le Mandement de monseigneur l'Illustrissime et Révérendissime archevêque de Paris, ensuite de la lettre, à lui écrite, sur ce sujet, par Sa Majesté. *Paris*, Pierre Targa, 1650, 7 pages.

La déclaration de Louis XIII est du 10 février 1638 ; celle de Louis XIV du 25 mars 1650 ; la lettre du 10 juin ; et le mandement du 12.

923. Déclaration du roi portant confirmation des offices de police, vérifiée en parlement, le 31 et dernier décembre 1652. *Paris*, par les imprimeurs et libraires ordinaires du roi, 1653, 14 pages.

924. Déclaration du roi, portant décharge du prêt et avance en faveur des officiers des présidiaux et justices

A 13

royales de ce royaume, vérifiée en la grande chancellerie de France, le 12 octobre 1648. *Paris*, Antoine Estienne, 1649, 4 pages.

Antoine Estienne a publié une *Liste* des officiers auxquels s'appliquait la déclaration.

925. Déclaration du roi, portant défenses au cardinal Mazarin, ses parents, alliés et domestiques étrangers, sous quelque prétexte que ce soit, de rentrer dans ce royaume et autres pays sous la protection de Sa Majesté, et, à tous gouverneurs et autres officiers, de les y souffrir sur les peines y mentionnées, vérifiée en parlement, le sixième septembre 1651. *Paris*, par les imprimeurs et libraires ordinaires du roi, 1651, 14 pag.

Il en existe une édition de *Rouen* par les imprimeurs du roi, 7 pages.

Le cardinal de Retz dit, page 305 de ses *Mémoires*, Coll. Michaud, qu'elle fut rédigée par le conseiller Portail.

926. Déclaration du roi, portant diminution des droits attribués aux receveurs des consignations, et réglement pour la fonction de leurs charges, vérifiée en parlement, le 7 juin 1651, avec l'Arrêt de vérification. *Paris*, par les imprimeurs et libraires ordinaires du roi, 1651, 22 pages.

927. Déclaration du roi, portant établissement d'une chambre de justice, du seizième juillet 1648, et Arrêt de vérification d'icelle en la chambre des Comptes, du vingt-un desdits mois et an. *Paris*, Denys de Cay, 1648, 7 pages.

928. Déclaration du roi, portant injonction à tous les officiers du parlement qui sont à Paris, de se rendre,

dans trois jours, dans la ville de Pontoise, à peine de suppression de leurs charges. *Pontoise,* Julien Courant, 1652, 7 pages.

Du 16 août 1652.

C'est contre cet acte qu'a été publiée la *Réponse à la dernière Déclaration du roi*, etc.

929. Déclaration du roi, portant interdiction du parlement de Bourdeaux, donnée à Compiègne, le 12 juillet 1649. *Bourdeaux,* J. Mongiron Millanges, 1649, 8 pages.

L'édition de Paris comprend 15 pages. On a retranché, du titre, ces mots : *Donnée à Compiègne*.

930. Déclaration du roi, portant pacification pour la tranquillité publique, avec la Déclaration du roi pour le rétablissement du parlement en la ville de Paris, vérifiées en parlement, toutes les chambres assemblées au château du Louvre, publiées, le roi y séant, le 22 octobre 1652. *Rouen,* David du Petitval et Jean Viret, 1652, 8 pages.

La première déclaration est celle qui éloigne de Paris divers personnages, et défend au parlement de s'occuper des affaires générales du royaume et de la direction des finances.

931. Déclaration du roi, portant qu'à l'avenir aucuns étrangers, quoique naturalisés, ni même les François qui auront été promus à la dignité de cardinal, n'auront plus entrée au conseil, ni admis (*sic*) à la participation des affaires de Sa Majesté, vérifiée en parlement, le 20 avril 1651. *Paris,* par les imprimeurs et libraires ordinaires du roi, 1651, 8 pages.

Datée du 18 avril, et scellée du grand sceau de cire verte.

C'est encore une question de savoir qui l'a scellée, des gardes des sceaux Châteauneuf et Molé ou du chancelier Séguier. Aubery qui la discute assez longuement, page 142 de l'*Histoire du cardinal Mazarin,* penche pour Molé ; et ce n'est peut-être pas sans raison.

932. Déclaration du roi, portant qu'à l'avenir il ne sera fait aucune imposition sur ses sujets qu'en vertu d'édits dûment vérifiés, vérifiée en la cour des Aydes, le 21 juillet 1648. *Paris*, par les imprimeurs et libraires ordinaires du roi, 1648, 6 pages.

La déclaration porte la date du 13 juillet.

933. Déclaration du roi, portant que les bénéfices dont la disposition appartenoit au prince de Conty, à cause des abbayes dont il étoit titulaire auparavant les lettres de déclaration des 8 octobre 1651 et 12 novembre dernier, demeureront à la nomination de Sa Majesté, sans faire préjudice, néanmoins, à ceux qui ont été nommés, pour l'indult des officiers du parlement de Paris, audit prince de Conty à cause desdites abbayes, ni aux gradués des universités du royaume pour les vacances des bénéfices qui arriveront ès mois à eux affectés par les concordats, vérifiée au grand conseil du roi, le 11 décembre 1652. *Paris,* par les imprimeurs et libraires ordinaires du roi, 1652, 7 pages.

Du 7 décembre.

934. Déclaration du roi, portant que les officiers des compagnies souveraines de Paris, ceux de judicature, finances et autres du ressort d'icelles, qui sont entrés au droit annuel depuis la déclaration du 13 mars et autres données en conséquence, seront reçus à payer ledit droit annuel pour l'année prochaine 1651, lue et publiée en la grande chancellerie de France, le 3 septembre 1650. *Paris,* par les imprimeurs et libraires ordinaires du roi. 1650, 6 pages.

935. Déclaration du roi, portant que les officiers des cours souveraines de ce royaume jouiront cy après durant neuf années, commençant au premier jour de la présente année 1648, et finissant au dernier décembre 1656, de la dispense de la rigueur des quarante jours que chacun officier doit survivre après le contrôle de la quittance de la résignation de son office, aux conditions portées par ladite déclaration, vérifiée en la grande chancellerie de France, le dernier jour d'avril 1648. *Paris*, Antoine Estienne, 1648, 7 pages.

C'est la restitution du droit annuel aux cours souveraines, sous la condition de la retenue des gages pendant quatre ans. Le roi se réserve la nomination directe des présidents et des procureurs et avocats généraux. Seulement ceux-ci payeront le prix de la charge, sans fraude et avant l'expédition des commissions.

Il existe, de la *Déclaration*, une édition où les cours souveraines sont dénommées au titre, et où la date de la vérification est fixée au dernier jour de *juillet* 1648. *Paris*, Michel Mettayer, 1648, 7 pages.

936. Déclaration du roi, portant réglement sur le fait de la justice, police, finances et soulagement des sujets de Sa Majesté, vérifiée en parlement, le 24 octobre 1648. *Paris*, par les imprimeurs et libraires ordinaires du roi, 1648, 19 pages.

J'en ai vu une autre édition, suivie de l'arrêt de vérification en la chambre des Comptes, le 27 octobre, *Paris*, Denys de Cay, 1648; et une autre encore, où se lit l'arrêt de vérification de la chambre des Comptes de Normandie, le 16 décembre, *Rouen*, David du Petit-Val, 1648, 22 pages. La cour des Aydes n'a vérifié la déclaration que le 30 décembre.

937. Déclaration du roi, portant révocation de toutes commissions extraordinaires, même celles d'intendants des justices (*sic*) ès provinces du royaume, avec dé-

charge, à ses sujets, des restes des tailles avant l'année 1647, et remise d'un demi quartier d'icelles pour les années 1648 et 1649, vérifiée en parlement, le 18 juillet 1648. *Paris*, par les imprimeurs et libraires ordinaires du roi, 1648, 11 pages.

La déclaration est datée du 13 juillet. On la trouve dans les *Mémoires* d'Omer Talon, page 250, Coll. Michaud. C'est la même que les deux qui suivent :

938. Déclaration du roi, portant révocation des intendants de justice, et remise, au peuple, des restes des tailles, taillon et subsistance jusques et compris l'année 1646, et d'un demi quartier pour les années 1648 et 49, avec rétablissement des officiers en l'exercice de leurs charges, et arrêt de la chambre des Comptes de vérification d'icelle, du vingtième juillet 1648. *Paris*, Denys de Cay, 1648, 8 pages.

939. Déclaration du roi, portant révocation des intendants de justice, et remise des restes des tailles jusques en quarante-six inclusivement, et d'un demi quartier pour les années quarante-huit et quarante-neuf, avec rétablissement des officiers en la fonction de leurs charges, vérifiée en la cour des Aydes, le 18 juillet 1648. *Paris*, par les imprimeurs et libraires ordinaires du roi, 1648, 12 pages.

940. Déclaration du roi, portant révocation du droit annuel qui avait été accordé par Sa Majesté aux officiers des cours souveraines, registrée en la grande chancellerie de France, le dix-huitième mai mil six cens (*sic*) quarante-huit. (S. l.), Michel Mettayer, 1648, 6 pages.

Il y en a une autre édition avec le même titre, chez Pierre Rocolet.

941. Déclaration du roi, portant suppression de toutes les charges et offices dont sont pourvus les gens ci-devant tenant la cour de parlement de Paris, pour les causes y contenues. *Saint-Germain-en-Laye*, 1649, 16 pages.

Du 23 janvier.

Il y en a une autre édition, également de *Saint-Germain-en-Laye*, mais en caractères plus petits, et de 8 pages.

942. Déclaration du roi, portant translation du parlement de Paris en la ville de Pontoise, avec l'Arrêt d'enregistrement d'icelle. *Pontoise*, Julien Courant, 1652, 16 pages.

Du 31 juillet 1652. Lue et publiée le 6 août, enregistrée le 7.

La Fronde a publié la *Réponse à la prétendue déclaration du roi*, etc.

943. Déclaration du roi, portant translation du parlement qui se tenoit dans la ville de Rouen, dans celle de Vernon. *Saint-Germain-en-Laye*, 1649, 4 pages.

Datée du 27 février, enregistrée le 9 mars par la cour, séant à Vernon.

944. Déclaration du roi, pour faire cesser les mouvements et rétablir le repos et la tranquillité de son royaume, vérifiée en parlement, le 1er avril 1649. *Paris*, par les imprimeurs et libraires ordinaires du roi, 1649, 16 pages.

Il y en a une édition de *Rouen* par David du Petit-Val et Jean Viret, 1649, 12 pages.

La *Déclaration* est dans le *Journal du parlement*, dans l'*Histoire du temps* et dans l'*Histoire de la Fronde*, par M. de Saint-Aulaire, pièces justificatives.

945. Déclaration du roi, pour faire cesser les mouvements

et rétablir le repos et la tranquillité en son royaume, avec l'Arrêt de la chambre des Comptes de vérification d'icelle, du troisième avril 1649. *Paris*, Denys de Cay, 1649, 10 pages.

946. Déclaration du roi pour l'innocence de messieurs les princes de Condé et de Conty, et duc de Longueville, avec rétablissements (*sic*) de toutes leurs charges et gouvernements, vérifiée en parlement, le 28 février 1651. *Paris*, par les imprimeurs et libraires ordinaires du roi, 1651, 8 pages.

Datée du 25 février.

Il en existe une édition de *Rouen*, par les imprimeurs du roi, 1651, 3 pages.

947. Déclaration du roi pour l'innocence de monseigneur le prince de Condé, vérifiée en parlement, Sa Majesté y séant, le 7 septembre 1651. *Paris*, par les imprimeurs et libraires ordinaires du roi, 1651, 8 pages.

L'édition de *Rouen*, par les imprimeurs du roi, n'a que 7 pages.

948. Déclaration du roi pour la justification de messieurs les princes de Condé, de Conty, et duc de Longueville, et l'éloignement de Mazarin. *Paris*, Coutance, 1651, 6 pages.

C'est l'édit contre les cardinaux français et étrangers. Il est ici daté de février. La *Déclaration* qu'on a trouvée plus haut, porte la date du 18 avril.

Les deux pièces diffèrent en ce que l'une est précédée d'un préambule, tout à la décharge de Mazarin dont l'autre ne prononce même pas le nom. La première est sans doute celle que le garde des sceaux de Châteauneuf avait refusé de sceller.

949. Déclaration (la) du roi pour la paix, donnée au mois de mars, et vérifiée en parlement, le 1er avril

1649. *Saint-Germain-en-Laye*, le 1er avril 1649, 12 pages.

Ce n'est pas le texte de la déclaration; mais une relation de Renaudot.

Je ne dirais rien de Renaudot, dont la vie est assez connue, si les auteurs de la *Biographie universelle* n'avaient complétement passé sous silence son second mariage. Est-ce qu'ils l'auraient ignoré? Après le mariage, est venu le divorce; et ce sont deux circonstances trop importantes pour qu'il soit indifférent de les omettre. Renaudot, veuf depuis plusieurs années, prit femme en novembre 1651. Voici comment s'en exprime Loret, dans la 52e lettre du IIe livre de la *Muse historique*, sous la date du 31 décembre :

> Je ne devois pas oublier,
> Mais, de l'autre mois, publier
> (Car c'est assez plaisante chose)
> Que le sieur gazetier en prose,
> Autrement monsieur Renaudot,
> En donnant un fort ample dot,
> Pour dissiper mélancolie,
> A pris une femme jolie,
> Qui n'est encor qu'en son printemps,
> Quoiqu'il ait plus de septante ans...
> .... Cette épouse, étant pourvue
> D'attraits à donner dans la vue
> Des plus beaux et des mieux peignés,
> Ne l'a pas pris pour son beau nez.

On sait que Renaudot avait le nez fort court; ce qui lui valut cette mordante saillie de Guy Patin, après la perte de son procès contre la Faculté de médecine de Paris : « Monsieur, vous avez joué à qui perd, gagne; car vous êtes entré camus à l'audience, et vous en sortez avec un pied de nez. »

Le second mariage de Renaudot ne fut pas heureux. Loret dit, dans la 36e lettre du IIIe livre, sous la date du 8 septembre 1652 :

> Les premiers jours du mariage,
> Sans noise, sans bruit, sans orage,
> Coulèrent, sinon plaisamment,
> Du moins assez paisiblement.
> Au mari, froid comme une souche,
> La femme n'étoit point farouche.

Le susdit vieillard, son époux,
Lui manioit souvent le poux
(Et c'étoit là tout son possible,
N'étant pas d'ailleurs trop sensible)....

Guy Patin accuse au contraire Renaudot de mœurs fort dissolues; mais il était trop emporté dans ses haines pour que son témoignage ne soit pas suspect.

Ces pauvres petits passe-temps
Durèrent tant soit peu de temps;
Mais enfin cette déesse orde
Que l'on nomme dame Discorde,
Parmi leur hymen se foura,
De leurs deux esprits s'empara,
Les dégouta de leurs caresses,
Détruisit toutes leurs tendresses;
Et de son dangereux poison
Infectant le docte grison,
Et même aussi la demoiselle,
Une aversion naturelle,
Dans le cœur de chaque moitié
Prit la place de l'amitié....
A la fin, leurs communs parents...
Ont jugé très fort à propos
Qu'il les falloit mettre en repos;
Si bien que, par leur entremise,
Les messieurs de la cour d'église,
En ayant été fort priés,
Les ont enfin démariés.

Dans le *Courrier burlesque de la guerre de Paris*, Saint-Julien dit au prince de Condé :

Si, de toutes vos défaites,
Vous me demandiez des gazettes,
Il faudroit être Renaudot,
Qui les donne à son fils en dot.

Les fils de Renaudot furent reçus membres de la Faculté de médecine de Paris, Isaac en 1647, et Eusèbe en 1648. On exigea d'eux qu'ils renonçassent au Bureau d'adresse; mais on leur permit de continuer la *Gazette*, au privilége de laquelle ils avaient été associés. Or Eusèbe devait avoir été marié, au plus tard, en 1645, puisque son fils aîné, Eusèbe du même nom que lui, était né en juillet 1646. On peut donc croire que sa part du privilége de la *Gazette* lui avait été donnée en dot, comme le dit Saint-Julien. Cela prouverait que la *Gazette* était d'un bon revenu; et on pourrait en tirer argument contre ceux qui prétendent que Renaudot fut toujours pauvre.

Voici d'ailleurs, sur ce point, un témoignage positif; c'est celui de l'auteur de la *Conférence secrète du cardinal Mazarin avec le Gazetier :* « Comme c'est sous leur authorité (des ministres) et pour eux que je travaille, et que, par leur moyen, je suis venu de la mendicité à une opulence au-delà d'un homme de ma profession, j'ai toujours fait voir la vérité des choses conformément à leur désir. »

Un fait resté inconnu jusqu'ici, c'est que les fils du *sieur gazetier en prose,* comme dit Loret, rédigeaient à Paris le *Courrier françois,* tandis que leur père continuait la *Gazette* à Saint-Germain.

Il paraît qu'on attribuait, en général, les pièces de Saint-Germain à Renaudot. Je ne sais certainement de lui que : 1° la pièce, sans titre ni date, qui commence par ces mots : *Le roy veut que le parlement sorte de Paris,* etc.; 2° la *Déplorable mort de Charles I*[er]*;* 3° la *Paix en France ;* 4° la *Prise de Charenton ;* 5° la *Prise de Quillebeuf;* 6° la *Prise du château de Neufbourg;* 7° la *Prise de Brie Comte Robert;* 8° le *Siège mis devant le Ponteau de Mer* (sic).

950. Déclaration du roi pour le rétablissement du parlement en la ville de Paris, vérifiée en parlement, toutes les chambres assemblées au château du Louvre, publiée, le roi y séant, le 22 octobre 1652. *Paris,* par les imprimeurs et libraires ordinaires du roi, 1652, 7 pag.

951. Déclaration pour monseigneur le prince de Conty, où sont désavouées les impostures avancées au libelle intitulé : *Lettre de monsieur le prince de Conty, écrite au roi sur son voyage de Berry,* contre la réputation de M. de Châteauneuf, avec une entière justification du procédé de monseigneur le prince de Conty. (S. l.), 1651, 20 pages.

C'est assez de dire que l'auteur de cette pièce a écrit aussi l'*Apologie de M. le prince, pour servir de réponse aux calomnies de deux libelles diffamatoires,* etc., et que la *Déclaration* a paru également sous le titre d'*Apologie particulière de Mgr. le prince de Conty,* etc.

952. Déclaration du roi, pour n'être fait aucunes levées, impositions et taxes qu'en vertu d'édits ou déclarations bien et dûment vérifiés, et Arrêt de la chambre des Comptes de vérification d'icelle, du vingt-quatrième juillet 1648. *Paris*, Denys de Cay, 1648, 4 pages.

Datée du 13 juillet.

953. Déclaration du roi, vérifiée en parlement, Sa Majesté y séant en son lit de justice, le dernier juillet mil six cens (*sic*) quarante-huit. *Paris*, par les imprimeurs et libraires ordinaires du roi, 1648, 12 pages.

La déclaration est de la même date que la vérification. On la trouve dans les *Mémoires* de madame de Motteville, page 179, Coll. Michaud, et dans ceux d'Omer Talon, page 254.

Il y en a une édition sans nom d'imprimeur, *Paris*, 1648.

954. Déclaration, faite en Parlement par monseigneur le prince de Conty et messieurs les généraux contre le cardinal Mazarin. Du 20 mars 1649. *Paris*, par les imprimeurs et libraires ordinaires du roi, 1649, 4 pag.

C'est l'édition officielle. Voir *Déclaration* (*la*) *de monseigneur le prince de Conty*, etc.

955. Déclaration faite par Son Altesse Royale et par M. le Prince dans le Parlement, chambre des Comptes, cour des Aydes et Maison de ville de Paris, sur le sujet de l'éloignement du cardinal Mazarin. 1652, 7 pages.

Du 22 août 1652. On en a vu, plus haut, deux autres éditions: *Déclaration de messieurs les princes*, etc.; *Déclaration de Son Altesse Royale*, etc.

956. Déclaration (la) générale des habitants de la ville d'Orléans, et la réception de monseigneur le duc de

Beaufort, avec le sujet de son arrivée à la ville de Paris. *Paris,* Jacob Chevalier, 1652, 6 pages.

957*. Declaration of card. Mazarini touching his departure out of France (*Déclaration du cardinal Mazarin touchant son départ de France*).

Je dois ce titre et quelques autres à l'un de nos bibliographes les plus érudits, M. Gustave Brunet, de Bordeaux, qui l'a extrait du catalogue, in-8, des imprimés du Musée britannique.

958. Déclaration sur le sujet et la forme de l'entrée de Son Altesse Impériale l'archiduc Léopold en France, et de sa retraite après l'accommodement fait entre la régence et le parlement de Paris avec les princes et seigneurs associés. *Cambray,* 1649, 8 pages.

Du 10 avril. Cette date indique assez que la pièce est fausse.

959. Déclarations des rois Louis XI et Henry III, avec les Articles des ordonnances de Blois et d'Orléans, mentionnés ès articles 13, 14 et 15 de la déclaration du roi Louis XIV, portant réglement sur le fait de la justice, police, finances et soulagement de tous les sujets de Sa Majesté, vérifiée en parlement le 24e jour d'octobre 1648. *Paris*, par les imprimeurs et libraires ordinaires du roi, 1648, 12 pages.

960. Décret criminel contre le cardinal Mazarin et ses partisans, sur sa sortie hors de France. *Paris*, 1651, 8 pages.

961. Décret infernal contre Jules Mazarin et tous les partisans de France. *Paris*, François Noël, 1649, 8 pages.

Il se termine par un huitain, qui pourrait être plus spirituellement tourné.

962. Défaite (la) d'une partie de la cavalerie du régiment de Corinthe et de celui d'infanterie du duc de Bouillon au pont Antoni (*sic*) et sur le chemin de Paris à Lonjumeau, avec la prise d'un convoi de soixante charrettes chargées de farine, quatre cents chevaux et autre butin, où les Parisiens ont eu plus de cinquante des leurs tués et plus de cent faits prisonniers. *Saint-Germain-en-Laye*, 30 janvier 1649, 8 pages.

Relation officielle de la *première aux Corinthiens*.

963. Défaite (la) d'une partie du convoi des Parisiens dans le village de Vitry, où ils ont eu cent ou six vingts hommes tués et plus de quarante faits prisonniers, par le maréchal de Gramont, commandant l'armée du roi. *Saint-Germain-en-Laye*, 16 février 1649, 4 pages.

964. Défaite (la) de 800 hommes des troupes du maréchal de La Ferté Senneterre, près Nantheul, par l'armée de l'archiduc Léopold, ensemble les particularités et la perte de leur bagage. *Paris*, L. Hardouin, 1652, 8 pages.

965. Défaite (la) de l'armée du comte d'Harcourt par celle de monsieur le prince de Conty, avec la liste des morts et le nombre des prisonniers, ensemble la prise de trois pièces de canon et du bagage. *Paris*, Samuel de Larru, 1652, 8 pages.

Le combat se serait donné près de Sarlat, après la levée du siége de Villeneuve d'Agen. Je n'en vois pas trace dans l'*Histoire de la guerre de Guyenne*.

966. Défaite (la) de l'armée du duc Charles, commandée par le comte de Ligneville, par M. le marquis de

Senneterre, lieutenant général des armées du roi, et le nombre des tués et blessés, avec la prise de tout leur canon, bagage et munitions, apportée à M. de Lhopital, gouverneur de Paris, le 15 octobre 1650. *Paris*, Guillaume Sassier, (s. d.), 7 pages.

Relation officielle. Il faut y joindre la *Relation véritable des victoires remportées sur les ennemis par les armées du roi en Lorraine*, etc.

Le combat eut lieu le 9 octobre.

967. Défaite (la) de l'armée du marquis de Poyanne au Mont de Marsan, et la réjouissance faite dans Bourdeaux sur l'heureux succès des armes de monsieur le Prince. *Paris*, jouxte la copie imprimée à Bordeaux par Guillaume de La Court, 1652, 8 pages.

Il a été publié, de cette défaite, un *Récit véritable* et une *Relation véritable*. C'est la même pièce sous les trois titres.

968. Défaite (la) de Mazarin par les généreux Picards dans la vallée de Vannecourt, avec la prise de tout son bagage. *Paris*, 1652, 7 pages.

Il y a un second titre, ainsi conçu : *Le Postillon de Mazarin, apportant les particularités de la sortie de son maître hors de France*, etc.

Vannecourt est un village près d'Ardres. Je ne garantirais pas cette nouvelle ; au contraire.

969. Défaite (la) des gens du comte Du D'Ognon (*sic*) par les troupes commandées par M. le marquis de Sauvebœuf, premier baron du Limosin, général de l'armée du roy sous l'authorité du parlement de Bourdeaux. *Bourdeaux*, J. Mongiron Millanges, 1649, 8 p. *Très-rare*.

970. Défaite (la) des Mazarins, devant Estampes, par

l'armée de Son Altesse Royale, à l'assaut général qu'ils ont voulu donner, où ils ont perdu plus de cinq cents hommes, apportée par le courrier de M. le comte de Tavannes, le 6 juin 1652. *Paris*, Jean Brunet, 1652, 7 pages.

971. Défaite (la) des troupes des sieurs de Montosier (*sic*) et de Folleville, dans le Périgord, par celles de monseigneur le Prince, sous la conduite du sieur Balthazar. *Paris*, Nicolas Vivenay, 1652, 8 pages.

Il en a été donné une édition *Jouxte la copie imprimée à Bordeaux*, sous le titre qui suit :

972. Défaite (la) des troupes du comte d'Harcourt, que les sieurs de Montosier et Folleville commandoient, par celles de monsieur le Prince, sous la conduite du sieur Balthazar, avec les noms des morts, blessés et prisonniers, et la perte de tous leurs chevaux et bagages. *Paris*, J. Brunet, 1652, 8 pages.

Voir l'*Histoire de la guerre de Guyenne*, page 52.

973. Défaite (la) des troupes du duc de Lorraine par la noblesse et les communes de Brie et de Champagne, où il est demeuré plus de 1200 hommes. *Paris*, A. Chouqueux, 1652, 8 pages.

Le duc de Lorraine est fort maltraité dans ce récit, avec permission du duc d'Orléans ! Mais c'est dans sa retraite, après la levée du siége d'Étampes.

Trois combats près de Rosay, de Coulommiers et d'Épernay. Curieux et rare.

974. Défaite (la) des troupes du général Rose, dans la plaine de Brégy, par le duc de Wirtemberg et le comte de Fuensaldagne, et la construction du pont de Cha-

renton par les troupes des princes, et ceux du maréchal de Turenne à celui de la Barre (*sic*). *Paris*, Claude Le Roy, 1652, 8 pages.

975. Défaite (la) des troupes du maréchal de Turenne, près Ouchy, par le comte de Fuensaldagne, général de l'armée de l'archiduc Léopold, ensemble la prise de son bagage, avec la liste des morts et prisonniers. *Paris*, L. Hardouin, 1652, 7 pages.

Je n'ai pas besoin de dire que toutes les relations de ce genre sont fort exagérées. Il y eut, alors, seulement quelques mouvements de troupes, ensuite desquels Turenne se retira dans le camp de Villeneuve-Saint-Georges.

976. Défaite (la) des troupes du marquis de Sauvebœuf par celles de monsieur le Prince, sous la conduite du sieur Balthazar. *Paris*, Nicolas Vivenay, *jouxte la copie imprimée à Bordeaux*, 1652, 8 pages.

Aux portes de Périgueux. « Le sieur Baltazar fit apporter tout le butin qu'il avoit dans la ville de Périgueux, et ayant fait assembler les bourgeois, leur dit que, sçachant que ce butin avoit été pris sur eux, il prioit un chacun de prendre ce qui lui appartenoit. »

Cette relation est très-rare.

Balthazar qui raconte cette affaire dans l'*Histoire de la guerre de Guyenne*, p. 25, ne dit pas un mot du butin.

977. Défaite (la) des troupes du sieur de Biron par celles de monsieur le Prince, sous la conduite du comte de Marchin (*sic*), ensemble d'autres particularités des victoires passées. *Paris*, Nicolas Vivenay, (s. d.), 8 pages.

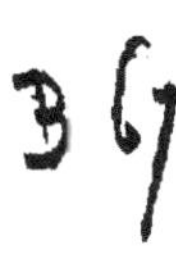

Après la prise de Caudecôte par le prince de Conty.

978. Défaite (la) des troupes mazarines, à l'attaque du château du Plessis, par les paysans réfugiés dans le même château, et les désordres commis dans le château de Villebon près Palaiseau, appartenant à M. le président de Novion, avec la route de Sa Majesté. *Paris*, J. Le Gentil, 1652, 8 pages.

Le Plessis près de Lardie, aux environs de Chastres, aujourd'hui Arpajon. Histoire curieuse et rare.

979. Défaite (la) des troupes mazarines, devant le château de Mouron, par monsieur le marquis de Persan, où il y a eu huit cents hommes tués sur la place, qui étoient commandés par le comte de Palluau, et leur retraite dans la ville basse de Saint-Amand. *Paris*, M. Jacquet, 1652, 7 pages.

Mensonge de la Fronde, publié avec permission du duc d'Orléans. Aujourd'hui rare.

980. Défaite (la) du duc d'Épernon par les Bourguignons, avec le nombre des morts et prisonniers. *Paris*, jouxte la copie imprimée à Dijon, 1652, 8 pages.

Les Bourguignons de la Franche-Comté. Suivant l'auteur, l'affaire aurait eu lieu dans la nuit du 26 au 27 mai.

981. Défaite (la) du maréchal de Seneterre par les troupes de Son A. R., commandées par le comte de Tavannes en l'absence de M. le prince de Condé. *Paris*, André Chouqueux, 1652, 8 pages.

Du samedi 13 avril.

L'auteur prétend que Mazarin avait envoyé au maréchal d'Hoquincourt, pour le consoler de sa défaite de Bleneau, un carrosse à six chevaux, deux douzaines et demie de plats d'argent et autant d'assiettes d'argent, deux bassins et deux aiguières, qui étaient tombés entre les mains des soldats du prince de Condé !

982. Défaite générale (la) de l'infanterie de l'armée mazarine par l'armée de Son Altesse Royale, commandée par le comte de Tavannes, à l'assaut général donné à la ville d'Étampes, le 5 juin 1652, avec les noms des morts et blessés. *Paris*, S. de La Fosse, 1652, 7 pages.

Pauvre récit ; pas un nom.

983. Défense de messire Philippe de La Mothe Houdancourt, duc de Cardone et maréchal de France, au libelle jetté dans Paris par le chevalier de La Valette, et affiché à Saint-Germain-en-Laye par ordre du cardinal Mazarin. *Paris*, François Noël, 1649, 36 pages.

Quand les factums du procès du maréchal de La Mothe ont été publiés, la *Défense* est devenue le cinquième. Voir le *Premier factum*, etc.

984. Défense de l'ancienne et légitime Fronde. *Paris*, 1651, 7 pages.

Pamphlet du cardinal de Retz, qui l'avoue dans ses *Mémoires* sous le titre, d'ailleurs inexact, d'*Apologie de l'ancienne et légitime Fronde*. C'est le premier qu'il ait fait paraître après sa fameuse retraite. Il le lança dans Paris, par cinquante colporteurs que soutenaient des hommes apostés (Page 258 des *Mémoires*, Coll. Michaud.)

« Écrit sanglant contre le ministre, dit Mailly, page 391 du IVe volume, et satyre plus véhémente encore contre ceux qui se servoient du prétexte de son retour pour abattre l'autorité royale. » Sans périphrase, la satire était dirigée contre le prince de Condé, à qui le cardinal dit fort crûment : « Nous n'avons pas combattu pour le choix des tyrans. »

985. Défense de monsieur de Châteauneuf et de madame la duchesse de Chevreuse contre l'extrait de la déclaration et dernière volonté du feu roi Louis XIII,

d'heureuse mémoire, du mois d'avril 1643. (S. l.), 1651, 8 pages.

Pendant le ministère de Châteauneuf. Mauvais pamphlet pour les frondeurs contre les princes.

986. Défense (la) de monsieur le Prince contre le libelle intitulé : *La Suite des intrigues de M. le Prince à la cour. Paris*, Jacques Le Gentil, 1652, 8 pages.

Assez pauvre pièce. La seule chose que je veuille remarquer, c'est que l'auteur ne répond pas à l'accusation, très-directement portée contre le prince, d'avoir ordonné l'incendie de l'Hôtel de Ville.

987*. Défense (la) du coadjuteur, par Portail.

Mémoires du cardinal de Retz, p. 150. Coll. Michaud.

988. Défense (la) du prince invincible. (S. l. n. d.), 6 pages.

Ce prince invincible est le duc de Beaufort! Après le traité des frondeurs avec Mazarin.

989. Défense pour le frondeur désintéressé au frondeur soi-disant vrai. (S. l.), 1651, 11 pages.

C'est une pièce de la polémique soulevée par le *Frondeur désintéressé,* et dont j'aurai à parler ailleurs.

990. Défense pour messieurs les ministre (*sic*), officiers de finances et autres, ou le Combat de la vertu contre la calomnie. (S. l.), 1649, 10 pages.

991. Définitions sur l'état et condition d'un chacun. (S. l. n. d.), 7 pages.

Contrefaçon du *Catéchisme des courtisans de la cour de Mazarin.*

992. Délibération (la) des trois États du Languedoc, tenue à Pézénas, du 15 novembre dernier, assemblés

par mandement du roi, du 15e jour dudit mois de novembre, président monseigneur l'archevêque de Narbonne, avec une lettre, écrite à monseigneur le maréchal de Lhopital, gouverneur de Paris, contenant la défaite de la garnison du château d'Aigremont, proche la ville de Langres, par le sieur Garney, prévôt des maréchaux de France à Langres. *Paris*, Guill. Sassier, 1650, 8 pages.

Il s'agit d'une querelle particulière entre les États du Languedoc et le parlement de Toulouse, et relative à une question d'impôt. La délibération fut cassée par l'*Arrêt du parlement de Toulouse*, en date du 15 février 1651. Il paraît que, plus tard, le parlement fit crier à trois jours l'archevêque de Narbonne et décréta d'ajournement personnel l'évêque d'Alby. Cette mesure extrême devint l'objet d'une *Remontrance*, adressée au roi par Godeau, évêque de Vence et de Grasse, au nom du clergé, discours auquel un anonyme répondit par une *Remontrance au roi pour le parlement de Toulouse*, etc.

Je ne vois pas comment l'affaire s'est terminée.

993. Délibérations (les) prises et arrêtées, en l'hôtel de ville, pour la levée des deniers et subsistances des troupes destinées pour la délivrance du roi et destruction du cardinal Mazarin, en présence de Son Altesse Royale et de messieurs les princes, et les articles par eux accordés pour ce sujet. Du lundi 29 juillet 1652. *Paris*, 1652, 7 pages.

Il faut y ajouter la *Lettre de messieurs les prévôt des marchands et échevins de la ville de Paris*, écrite en conséquence des délibérations.

994. Délices (les) de la paix, représentés (*sic*) par les États et les villes de ce royaume, par le sieur Bertaut. *Paris*, Nicolas Jacquard, 1649, 20 pages.

La permission d'imprimer est du 24 avril.

Bertaut a dédié son pamphlet au premier président Molé, qu'il déclare, dans son épître dédicatoire, l'auteur principal de la paix. Il avait publié, précédemment, pendant les conférences de Ruel et de Saint-Germain, les *Sentiments du vrai citoyen*, etc., et les *Avantages de la paix et de l'union*, etc.

995. Délogement de la discorde, sans trompettes. Vers burlesques. (S. l.), 1649, 8 pages.

996. Demandes des généraux et des personnes qui sont unies avec eux. (S. l. n. d.), 4 pages.

997. Demandes des princes et seigneurs qui ont pris les armes avec le parlement et peuple de Paris. (S. l.), 1649, 8 pages.

C'est, sous les deux titres, une des pièces les plus importantes de cette époque; car tout l'esprit de la Fronde *noble* est là.

Je crois que le second titre est celui de l'édition originale. L'auteur a très-bien compris qu'il suffit d'un simple exposé des demandes des princes et seigneurs; aussi déclare-t-il, en commençant, qu'il n'en dira pas son avis et qu'il laissera le lecteur en juger. Le contrefacteur a moins de réserve; il dit nettement que les Demandes « vont à déchirer l'État et se le partager. »

Les *Mémoires* de madame de Motteville, p. 267, coll. Michaud, contiennent la première pièce à peu près tout entière, sous le titre de : *Demandes particulières de messieurs les généraux et autres intéressés*.

998. Demandes et réponses entre le Roi et Monsieur, son frère, pour bien et heureusement régir et gouverner le royaume en paix et concorde. *Paris*, veuve Musnier, 1649, 16 pages.

999. Démocrite et Héraclite, riant et pleurant sur le temps qui court; dialogue satyrique. *Paris*, 1649, 8 pages.

Après la comédie de l'envoyé espagnol.

1000. Départ (le) de Jules Mazarin, avec la Réponse de

l'écho passant par les bons hommes. (S. l.), 1649, 4 pages.

Ce sont d'exécrables stances, signées J. P. N. et adressées à M. P.

1001. Départ (le) de Leurs Majestés de la ville de Bordeaux, avec toutes les particularités de ce qui s'est passé en leur séjour de ladite ville, depuis la déclaration, ensemble le rétablissement de tous les officiers qui s'en étoient retirés, avec les victoires de l'armée dans la Champagne et dans la Lorraine. *Paris*, Antoine Estienne, 1650, 7 pages.

Espèce de journal. J'y vois que l'évêque de Dol, Cohon, prêchant sur la paix, sur l'autorité du prince et les devoirs des sujets, tira des larmes de tous les assistants avec de grands cris de : Vive le roi!

1002. Départ (le) de messieurs les députés des six corps de marchands de cette ville de Paris, hors la ville de Pontoise, dans lequel, outre la réception que le roi leur a faite, est la réponse qu'il a faite par écrit aux sieurs Le Vieux et Piètre, procureur du roi en l'hôtel-de-ville, la déclaration du roi en faveur des bourgeois, et un sommaire de sa réponse par écrit aux députés des six corps de marchands. *Paris*, A. Chrestien, 1652, 8 pages.

Récit exact.

1003. Départ (le) des Allemands et des Polonois du château de Meudon, en vers burlesques. *Paris*, Jacques Guillery, 1649, 7 pages.

Après la paix.

1004. Dépit (le) des Muses contre Mazarin, en vers burlesques. (S. l.), 1649, 8 pages.

On ne voit plus que la satyre;
On n'aime plus que de médire.

.... Tant de milliers d'esprits
Qui florissoient par leurs écrits,
Ont été contraints de se taire.

Ce qui doit diminuer les regrets, c'est que les Muses ne nomment, dans ces milliers d'esprits, que Colletet et L'Étoile.

1005. Déplorable mort (la) de Charles Ier, roi de la Grande-Bretagne. *Saint-Germain-en-Laye*, le 18 mars 1649, 8 pages.

Cette relation est de Renaudot.

1006. Dépositaire (le) des secrets de l'État, découvrant au public 1° les raisons pour lesquelles la reine ne fait entrer dans le conseil que des ministres étrangers; 2° les raisons pour lesquelles la reine ne veut pas venir à Paris, quoiqu'elle le puisse sans aucun obstacle; 3° les raisons pour lesquelles la paix domestique ne peut pas être conclue sans la générale, et pour lesquelles la reine ne veut point la générale; 4° les raisons pour lesquelles le conseil du roi tombe en des manquements déplorables, et qui marquent un sens réprouvé; 5° et que Paris ne peut point espérer la paix, à moins qu'il ne la fasse lui-même, en se déclarant pour les princes, par le sieur D'Orandre (Dubosc Montandré). (S. l. n. d.), 32 pages.

1007. Députation du parlement d'Angleterre à M. le prince de Condé, sur l'offre d'une armée entretenue qu'il lui fait. *Paris*, 1652, 7 pages.

Pauvre pièce, qui a pourtant été contrefaite sous le titre de : *La Déclaration de messieurs du parlement d'Angleterre*, etc.

1008. Députation générale (la), avec les noms de messieurs les députés, tant des cours souveraines que de messieurs les prévôt des marchands, échevins, quarteniers, bourgeois et corps de métier (*sic*) de Paris pour l'éloignement de Mazarin et pour la paix générale, avec la réponse de Sa Majesté, ensemble ce qui s'est passé à Saint-Germain-en-Laye sur le sujet de ladite députation. *Paris*, Eloi Chereau, 1652, 8 pages.

Voilà un titre effronté! Il ne s'agit, dans la pièce, que de la députation du parlement et de la chambre des Comptes, le 6 mai 1652; le 7, de celle de la cour des Aydes et du corps de ville. Quelques noms, et puis rien.

1009. Déréglement (le) de l'État, où les curieux verront que les véritables causes des désordres sont 1° le mépris de la religion, dans la division de ses docteurs, dans la politique des prédicateurs, et dans le mauvais exemple des grands; 2° la confusion des trois états, dans l'ambition déréglée du clergé, dans l'abus de la noblesse, et dans le luxe du peuple; 3° l'impunité des crimes dans les personnes publiques; 4° la trop grande abondance des richesses dans les ecclésiastiques; 5° le mauvais usage de la politique dans la pratique des maximes italiennes, contraires à la simplicité des François, avec un discours, ensuite, qui fera voir, dans l'application de ces cinq causes à leurs effets, par les exemples du temps, que tous les désordres de l'État en sont provenus. (S. l.), 1651, 39 pages.

Ce pamphlet est attribué, non sans quelques raisons, à Dubosc Montandré. Il ne manque pas d'intérêt. L'auteur se plaint fort du luxe de la bourgeoisie et de la présence des roturiers dans le parlement.

Les maximes italiennes sont que le roi est maître absolu de la vie et des biens de ses sujets; qu'il n'est pas obligé de tenir sa parole, et que l'intérêt est la seule règle de la dispensation des charges publiques. Elles sont devenues comme le fond commun des pamphlets publiés contre Louis XIV par les réfugiés, avant et après la révocation de l'édit de Nantes.

1010. Dernier arrêt de la cour de parlement contre le cardinal Mazarin, en exécution des précédents arrêts, avec défenses de procéder sur les saisies de ses biens ailleurs que pardevant les sieurs de Broussel et Le Meusnier, conseillers en ladite cour. *Paris*, par les imprimeurs et libraires ordinaires du roi, 1651, 6 pages.

C'est l'arrêt du 24 avril 1651.

1011. Dernier avis (le) aux Parisiens, très-nécessaire pour l'intérêt des princes et du parlement. *Paris*, 1652, 6 pages.

Ce pamphlet est dirigé surtout contre la députation des six corps de métiers. « Le P. Marchand, la Maison, l'Emeril peu précieux, le Plâtre, le Mortier, le Lien des pauvres et la boutique des Néréides, sont la seule cause et origine du trouble. » *Quid?*

1012. Dernier avis donné aux Parisiens dans la crise des maux de l'État. *Paris*, 1652, 6 pages.

Après le combat du faubourg Saint-Antoine. L'esprit de violence dominait déjà dans le parti des princes. L'auteur demande qu'on se défasse du maréchal de L'Hôpital, du prévôt des marchands, du coadjuteur et de la Chevreuse. Les deux premiers n'ont-ils pas failli périr dans l'incendie de l'Hôtel de Ville?

1013. Dernier (le) combat donné devant Étampes, à la prise et reprise, trois fois, d'une demi-lune, et la sortie générale que le comte de Tavannes fit faire sur les ennemis, où ils ont perdu plus de huit cents hommes, avec les noms des morts, blessés et prisonniers, la nuit du 2 au 3 juin 1652, et les autres particularités du courrier d'aujourd'huy. *Paris*, J. Brunet, 1652, 7 pages.

Brunet dit qu'il imprime pour la maison d'Orléans et qu'il ne publie rien que « selon les véritables nouvelles que rapportent les courriers de Son Altesse Royale. » Mais ses récits n'en sont pas plus vrais.

1014. Dernier courrier (le) envoyé à Son Altesse Royale par monsieur le prince de Condé, contenant l'ordre de la bataille, ses (*sic*) noms et le nombre des chefs tant morts, blessés que prisonniers, ensemble la prise de 22 cornettes, 18 drapeaux, 8 pièces de canon, avec tout leur bagage. *Paris*, André Chouqueux, 1652, 8 pages.

Ce n'est pas le prince de Condé qui a envoyé cette relation menteuse du combat de Bleneau. L'auteur tue le maréchal d'Hocquincourt de trois coups de feu !

On peut y joindre la *Relation véritable contenant le grand combat*, etc., le *Second courrier de la bataille*, etc., la *Bataille générale*, etc.

1015. Dernier (le) courrier pour la paix de Bordeaux, arrivé à Paris le 21 septembre 1650. *Paris*, Jacques Berlay, 1650, 6 pages.

1016. Dernier exorcisme (le) du cardinal Mazarin, présenté à la reine, pour l'obliger à sortir au plus tôt de la France, par un de ses meilleurs amis. *Paris*, Jacques Clément, 1652, 8 pages.

1017. Dernière (la) conjuration du cardinal Mazarin, brassée dans son désespoir contre l'illustre maison de Condé. *Paris*, 1651, 44 pages.

1018. Dernière déclaration du roi, portant attribution des affaires de la chambre de l'édit à la cour de parlement de Paris, transférée à Pontoise, vérifiée en parlement, le premier jour d'octobre 1652, avec la Lettre de M. de Mondejeux (*sic*), gouverneur d'Arras, écrite à Sa Majesté sur le sujet des présentes affaires. *Pontoise*, Julien Courant, 1652, 8 pages.

La déclaration est de Compiègne, le 22 septembre; et la lettre de Mondejeu, du 4 octobre.

1019. Dernière (la) défaite des troupes du cardinal Mazarin par les gens de monseigneur le Prince, avec la prise de son bagage, près de Montargis. (S. l.), 1652, 7 pages.

Il n'y a point de combat, partant point de défaite. Ce sont des injures contre Mazarin; mais la pièce est rare.

1020. Dernière et très-importante remontrance à la reine et au seigneur Jules Mazarin, pour hâter son départ de la France. *Paris*, 1652, 20 pages.

L'auteur compare la reine à Caligula, qui sut cacher ses vices tant que vécut Tibère; et il dit à Mazarin : « Puisqu'une éclipse de soleil cause nos malheurs par votre moyen, une éclipse de lune nous est nécessaire pour les guérir. » On peut juger par là du style et de la portée du pamphlet.

1021. Dernière (la) lettre de cachet de messieurs les députés, ouverte en parlement, en présence de messieurs les princes, sur le sujet de leur retardement, du 16 juillet 1652. *Paris*, S. de La Fosse, 1652, 4 pages.

Datée de Saint-Denis.

1022. Dernière lettre de M. le duc de Lorraine à monsieur le Prince, apportée par un colonel de son armée, le 25 mai 1652, en laquelle il déclare pleinement toutes ses intentions, les sujets de son retardement et sa marche à grandes journées vers Paris. *Paris*, Antoine Périer, 1652, 6 pages.

Datée de la Ferté-Milon, le 22 mai.

Le duc de Lorraine dit que sa marche a été retardée par le maréchal de La Ferté ; mais il vaut autant croire que c'est par les négociations de Du Plessis Besançon.

1023. Dernière remontrance faite au roi par messieurs les députés du parlement. *Paris*, Nicolas Vaillant, 1652, 15 pages.

On lit à la fin de la pièce : « présentée au roi le 15 juillet 1652. » C'est une tromperie. La remontrance est de 1649, après l'arrêt du 8 janvier.

1024. Dernière (la) réponse du roi, faite par le garde des sceaux, à messieurs les députés du parlement de Paris en la ville de Melun, le 3 juin 1652. *Paris*, Antoine Le Noble, 1652, 7 pages.

On y trouve les remontrances très-vertes du président de Nesmond. Quant à la réponse du roi, il faut la chercher dans la pièce intitulée : *Réponses faites aux députés du parlement de Paris, les 4 et 16 juin* 1652, etc.

1025. Dernière requête présentée à nosseigneurs du parlement par monseigneur le duc de Beaufort, avant le jugement de la calomnieuse accusation intentée par le cardinal Jules Mazarin. *Paris*, veuve Théod. Pépingué et Est. Maucroy, 1649, 8 pages.

Signée François de Vandôme.

1026. Dernière (la) résolution du roi, apportée à Son Altesse Royale par M. le marquis de Joyeuse, au contentement du public. *Paris*, Laurent Toussaint, 1652, 7 pages.

1027. Dernière (la) ressource de la France, tyrannisée par le cardinal Mazarin. (S. l.), 1650, 14 pages.

Pendant la guerre de Guyenne. La princesse douairière de Condé avait présenté sa requête au parlement.

L'auteur paraît être un Bordelais. Il a pris pour texte un passage du manifeste publié, de Stenay, par la duchesse de Longueville ; et il prétend prouver que les Espagnols ne sont pas des étrangers, parce que les rois d'Espagne ont été vassaux des rois de France !

1028. Dernière (la) soupe à l'oignon pour Mazarin ou la Confirmation de l'arrêt du huitième janvier 1649, en vers burlesques. *Paris*, Nicolas Jacquard, 1649, 6 pages. *

Signée Nicolas Ledru.

On s'est accordé jusqu'ici à reconnaître, sous cette signature, Isaac de Laffemas. C'est une erreur que la publication des *Historiettes* de Tallemant des Réaux nous permet de rectifier aujourd'hui.

Isaac de Laffemas n'a composé que les deux parties du *Frondeur désintéressé*.

L'auteur de la *Dernière soupe à l'oignon*, de la *Lettre à M. le cardinal burlesque* et du *Terme de Pâques sans trébuchet*, est un fils puîné d'Isaac, qu'on appelait l'abbé de Laffemas. « Ce garçon a de l'esprit, dit Tallemant des Réaux, fait des bagatelles en vers assez bien. Il fit plusieurs épîtres contre le Mazarin durant la Fronde; mais il a l'honneur de n'avoir pas un grain de cervelle. » (*Historiette* de Laffemas, pag. 36, 4e vol.)

M. le comte Léon de Laborde dit, page 164 des notes du *Palais Mazarin*, que le cardinal nomme l'abbé de Laffemas dans un de ses carnets.

1029. Dernière supplication du cardinal Mazarin, faicte à monseigneur le prince de Conty, pour la seureté de sa personne. *Paris*, Jean Dédin, 1649, 7 pages.

1030. Dernières (les) actions et paroles de monsieur le

président de Barillon, décédé à Pignerol, le 30 août 1645, par le R. P. Antoine Rivière, docteur de Paris, prieur et vicaire général du couvent de Saint-Augustin de Pignerol, dédiées à monsieur l'Esné (*sic*), conseiller du roi et auditeur en sa chambre des comptes à Paris. *Paris*, Sébastien Martin, 1649, 32 pages.

La permission d'imprimer est du 29 mars.

On lit, à la fin, une épitaphe en prose latine, qui a été inscrite sur le tombeau qu'avaient élevé au président sa femme, Bonne Faiet, ses enfants, son frère et ses proches.

C'est un recit touchant de la captivité et de la mort de Barillon. Le président avait proscrit les jurements et les blasphèmes de la garnison de Pignerol. Tous les soirs, les soldats chantaient en chœur les litanies de la Vierge.

Il n'y a pas de place, dans tout le récit, pour le moindre soupçon d'empoisonnement. Le président avait assez de liberté pour visiter qui il voulait dans toute la ville. Il est mort, non dans la citadelle, mais dans la maison du major de la place.

1031. Dernières (les) barricades de Paris, en vers burlesques, avec autres vers, envoyés à M. Scarron, sur l'arrivée d'un convoi à Paris. *Rouen*, Jacques Cailloué, *jouxte la copie imprimée à Paris chez Nicolas Bessin*, 1649, 32 pages.

Recueil de cinq pièces. Outre les deux premières, annoncées au titre, il contient : 3. *Requête des partisans présentée à messieurs du parlement*; 4. *Lettre à M. le cardinal, burlesque*; 5. *la Guerre civile, en vers burlesques*.

1032. Dernières (les) convulsions de la monarchie reconnues 1° par la nécessité d'éloigner Mazarin et par la nécessité de le retenir; 2° par la nécessité de l'élargissement et par la nécessité de la détention des princes; 3° par la nécessité de faire de grandes impositions pour remplir l'épargne vide, et par la nécessité de soulager le peuple pour tâcher de le remettre;

4° et par les approches de la majorité moins à désirer qu'à craindre. (S. l.), 1651, 24 pages.

Dubosc Montandré. Le titre est plus piquant que la pièce.

1033*. Dernières (les) finesses de Mazarin.

Mémoires de Talon, p. 398, coll. Michaud.

1034. Dernières (les) paroles de M. de Châtillon, tué à Charenton, le lundi 8 février 1649. *Paris*, François Preuveray, 1649, 8 pages.

1035. Dernières (les) paroles de M. de Saint-Chamond, décédé en son hôtel à Paris, le 10 de septembre 1649, âgé de soixante-trois années, avec un fidèle récit des belles actions de sa vie, par le sieur de Figuire. *Paris*, Cardin Besongne, 1649, 23 pages.

Melchior Mitte de Chevrières, marquis de Saint-Chamond de Montpezat, comte de Miolans, d'Anjou, etc., conseiller du roi en ses conseils, chevalier de ses ordres, général de ses armées, ministre d'État, deux fois capitaine de chevau-légers, trois fois mestre de camp, deux fois capitaine de gendarmes, quatorze fois maréchal de camp, et trois fois général d'armée, vingt-cinq fois ambassadeur extraordinaire, etc. Il était de la maison de Miolans en Dauphiné.

On sait que M. de Saint-Chamond fut rappelé de l'ambassade de Rome, pour ne s'être pas opposé avec assez de force ou de bonheur à l'élection du cardinal Pamphile.

Le sieur de Figuire était un de ses domestiques.

1036. Dernières (les) paroles de M. le duc de Châtillon mourant à M. le prince de Condé. *Paris*, Henry Sara, 1649, 7 pages.

C'est presque le même titre que *les Dernières paroles de M. de Châtillon*; et ce sont deux pièces différentes. Il y en a dix sur ce sujet; et pas une de bonne.

La dernière a paru sous le titre de : *L'Injustice des armes de Mazarin témoignée à M. le prince par M. de Châtillon.* (1698)

1037. Dernières (les) paroles du roi d'Angleterre, avec son adieu aux prince et princesse ses enfants. *Paris*, François Preuveray, 1649, 8 pages.

Le roi d'Angleterre n'a rien dit de tout cela.

1038. Dernières (les) paroles et la mort de madame la princesse douairière de Condé. (S. l.), 1650, 7 pages.

1039. Dernières (les) résolutions de la reine prises au conseil du roi, en présence de Sa Majesté, tenu à Poitiers le 23e janvier 1652. *Paris*, Salomon Delafosse, 1652, 15 pages.

Rare, mais mauvais.

1040. Dernières (les) résolutions de monseigneur le Prince, après les grandes rigueurs avec lesquelles on l'a traité, envoyées à tous les peuples. (S. l.), 1651, 20 pages.

C'est le prince qui parle. Ses dernières résolutions sont de chasser les partisans de Mazarin d'auprès du roi. Cela n'est pas neuf; mais le pamphlet est rare.

1041. Dernières (les) résolutions de Son Altesse Royale et de messieurs les princes, faites et arrêtées dans l'hôtel de ville, en présence des prévôt des marchands et échevins de Paris, et la harangue du procureur du roi, ensemble les particularités de ce qui s'y est passé, le 4 de juillet 1652. *Paris*, J. Niot, 1652, 8 pages.

Pauvre récit, qui n'a pas même le mérite de l'exactitude. Il faut toujours se défier des publications faites *avec permission de Son Altesse Royale*. Le parti des princes en était réduit à tromper le peuple, pour le maintenir dans l'obéissance; et il ne s'y épargnait pas.

1042. Dernières (les) résolutions des bourgeois de Paris, faites à messieurs les princes. (S. l.), 1652, 19 pages.

Il y a du talent, mais surtout beaucoup de violence contre la reine « qui a l'esprit espagnol, italien et Mazarin. »

L'auteur demande la conservation du duc de Beaufort dans le gouvernement de Paris, de Broussel dans la charge de prévôt des marchands, et l'expulsion du cardinal de Retz.

1043. Dernières (les) résolutions faites dans le conseil du roi pour la paix, en présence de Sa Majesté. *Paris*, Simon Legrand, 1652, 7 pages.

1044. Dernières (les) résolutions faites en parlement, en présence de Son Altesse Royale et de messieurs les princes, pour la protection de la ville de Paris, le 14 mai. *Paris*, Jacques Le Gentil, 1652, 8 pages.

L'auteur prétend que le parlement avait commis toute son autorité et celle de la ville au duc d'Orléans.

Ce pamphlet causa une grande rumeur dans Paris. On s'en entretenait partout, et principalement sur le Pont-Neuf, sorte de Forum de la Fronde. Il y avait des gens du peuple qui disaient que le duc d'Orléans avait été fait vice-roi. Le parlement s'émut de toute cette agitation ; et, dans son audience du 15 mai, il lança un décret d'ajournement contre Le Gentil. Le *Journal du parlement* et les *Mémoires* du cardinal de Retz (p. 362, coll. Michaud), ne mentionnent pas d'autre mesure de répression ; mais Conrart, p. 553 de ses *Mémoires*, dit que le pamphlet fut brûlé par arrêt de la grand'chambre ; et Omer Talon, p. 484, ajoute que le duc d'Orléans le désavoua, comme ayant été fait sans son commandement.

Conrart donne inexactement au libelle de Le Gentil le titre de : *les Dernières résolutions de M. le duc d'Orléans, confirmées par le parlement*, etc. Mailly reproduit la version du cardinal de Retz (p. 325 de son 5e vol.).

Le parlement n'était plus assez fort pour empêcher les princes de prendre l'autorité ; mais il ne voulait pas qu'on pût dire qu'il l'avait donnée ; et, dans la disposition des esprits, c'était autant qu'il en fallait pour rompre toutes les mesures du parti.

1045. Dernières (les) résolutions prises en l'assemblée du parlement, par lesquelles 1° le roi est déclaré prisonnier du cardinal Mazarin ; 2° et Son Altesse Royale, lieutenant général de l'État et royaume ; 3° et monsieur le Prince, lieutenant général des armées, avec toutes les particularités des avis donnés ès assemblées tenues, pour ce sujet, le 20 (juillet 1652). *Paris*, Jacques Le Gentil, 1652, 8 pages.

1046. Dernières (les) victoires remportées par les Bourdelois sur leurs ennemis. *Anvers*, (s. l., 1650), 8 pages.

1047. Derniers (les) suppliants aux pieds de la reine. *Paris*, Pierre Du Pont, 1649, 8 pages.

Ce sont les pauvres de Paris qui supplient la reine de les secourir, par politique, par humanité, par charité. Cette pièce, qui ne manque ni d'adresse, ni d'éloquence, a été réimprimée en 1652, sous le titre de : *Harangue au roi et à la reine dans la ville de Melun*, etc.

1048. Déroute (la) des cabalistes au jardin de Renard. (S. l.), 1649, 8 pages.

Il s'agit de la querelle du duc de Beaufort et du marquis de Jersey. L'affaire est présentée ici absolument comme le cardinal de Retz prétend l'avoir proposée ; et si le pamphlet n'est pas de lui, il doit être de son *faiseur*, l'avocat Bluet.

1049. Déroute (la) des Mazarins par les frondeurs. (S. l.), 1651, 8 pages.

Après le départ de Mazarin.

1050. Déroute (la) des monopoleurs, en vers burlesques. *Paris*, veuve Musnier, 1649, 11 pages.

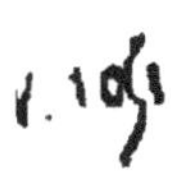

1051. Déroute (la) des partisans rostis, en vers burlesques. *Paris*, veuve Musnier, 1649, 11 pages.

Même pièce sous les deux titres.

1052. Déroute (la) des troupes de Mazarin, vue en songe, et présentée à monseigneur le duc de Beaufort, en vers burlesques. *Paris*, Claude Boudeville, 1649, 8 pages.

« . . Il (Condé) n'étoit pas secondé
De Gassion ni de Turenne ;
Ce qui fit qu'il gagna la plaine . . .
. . . . . Le vaillant Guiche
. . . . qui court,
Et qui croit être à Honnecourt. »

Il n'y a pas de général à qui la perte d'une bataille ait plus complétement aliéné l'opinion publique. On ferait un volume de tous les quolibets qui ont été imprimés contre le maréchal de Guiche pour cette malheureuse affaire d'Honnecourt.

Après l'arrêt du 8 janvier, mais avant tout combat entre les deux armées.

Claude Boudeville a réuni, dans une publication postérieure, la *Déroute des troupes de Mazarin*, etc. et le *Rabais du pain*.

1053. Désaveu du libelle intitulé : *Apologie particulière de M. le duc de Longueville par un gentilhomme breton*. (S. l.), 1651, 42 pages.

L'auteur de l'*Apologie* est désavoué parce qu'il a manqué de respect au roi, à la reine, au conseil d'en haut; parce qu'il a parlé avec injures de la duchesse d'Aiguillon, de MM. de Matignon, de Beuvron, etc. ; surtout parce qu'il loue moins le duc de Longueville que ses ancêtres.

Les princes étaient encore en prison, et la duchesse de Longueville à Stenay.

1054. Descente (la) du polit (*sic*) lutin aux limbes sur l'enfance et les maladies de l'État, par le sieur de Sandricourt. Demandez au vendeur le *Politique lutin* et l'*Accouchée espagnole;* car en voici la suite. *Paris*, 1652, 24 pages.

1055. Description burlesque du combat naval des Vénitiens et des Turcs, avec la solemnité du feu de joie fait par M. l'ambassadeur de Venise devant le pont des Tuileries à Paris. *Paris*, Pierre Variquet, 1649, 16 pages.

1056. Description de la boutique de Vivenay. Caprice. *Paris*, Jean Brunet, 1649, 7 pages.

Vivenay a été, dans les deux dernières années de la Fronde, l'imprimeur du prince de Condé.

1057. Description de la paix particulière, de la fortune universelle des plus grandes puissances de la terre du siècle présent, en vers burlesques. *Paris*, 1649, 8 pages.

1058. Description des magnificences et feux de joie faits à Paris, le 28 juillet 1649, par l'Illustrissime et Excellentissime monseigneur l'ambassadeur de la Sérénissime république de Venise auprès de Sa Majesté Très-Chrétienne, pour la grande victoire navale obtenue contre l'armée turquesque en Asie, consistant en la déroute et perte générale de ladite armée, et de sept mille hommes turcs (*sic*) de tués. *Paris*, Antoine Estienne, 1649, 10 pages.

Il y en a une autre édition d'Antoine Estienne, en tout semblable à celle-ci, mais dont le titre est moins pompeux et moins long. On en a retranché tous les superlatifs en *issime* et le membre de phrase qui commence par *consistant*, etc.

Dans la disette des événements politiques, la poésie burlesque s'est emparée de ces *magnificences;* et elle a publié la *Description burlesque du combat naval des Vénitiens*, etc.

1059. Description des vies, mœurs et façons de faire des péagers, publicains, maletostiers (*sic*), monopoleurs, fermiers et partisans, non moins facétieuse, naïve et véritable que sérieuse et mystique, composée par Demophile. *Le juste s'éjouira quand il verra la vengeance, et lavera ses mains au sang du pécheur.* Pseaume LVII.

« . . . . . . Ridendo dicere verum
Quis vetat ? . . . »

Paris, veuve Théod. Pépingué et Est. Maucroy, 1649, 38 pages.

« L'Épaminondas de la France disoit qu'avec une pistole de corde, il feroit venir vingt millions de livres dans les coffres du roi [1]. »

Très-curieux détails de mœurs.

L'auteur compare le peuple à l'herbe du basilic, qui, dit-il, donne une bonne odeur quand on la manie doucement, et fait des scorpions quand on la frotte avec rudesse.

Les partisans ont « la férocité du lion, la volerie de la chouette, la cautèle du renard, la malice du singe, la brutalité du lestrigon, l'envie du chien, la gloutonnie (*sic*) du loup, la superbe du paon, la lasciveté du satyre, la cruauté du tigre, la trahison du crocodile et, pour faire court, la haine et le venin du serpent contre l'homme. »

1060. Description véritable d'un phantôme (*sic*) qui s'est apparu (*sic*) dans le cabinet de la reine (à Saint-Germain). (S. l.), 1649, 4 pages.

Le fantôme représentait la reine « assise proche du feu, sur un fauteuil, coiffée à la romaine, la fraise à l'espagnole, la robe à la jésuite, les manchettes de couleur incarnatte, le vertuguier (*sic*) à la vénitienne, et, sur les épaules, une houque à la flamande avec des larmes de sang. Il avoit en sa main un papier qu'il lisoit, et en l'autre, une calotte rouge avec laquelle il souffloit le feu. »

Mademoiselle qui l'aperçut, de peur *lâcha son eau*.

[1] C'est, je crois, le maréchal de la Meilleraye, dont il est dit, dans les *Entretiens de Bonneau, Catelan et la Raillère :* « le malheur est qu'il ne se laisse pas charmer à l'argent. »

1061. Désespoir (le) de Jules Mazarin sur l'arrivée du duc Charles en France. (S. l.), 1652, 6 pages.

1062. Désespoir (le) de Jules Mazarin sur sa disgrâce. *Paris*, 1652, 7 pages.

L'occasion de ce pauvre pamphet a été la désertion du comte d'Harcourt.

1063. Désespoir (le) de Mazarin sur la condamnation de sa mort, et l'adveu qu'il faict de tous ces (*sic*) crimes, en faveur de messieurs les princes et des bourgeois de Paris, présenté à Son Altesse Royale. *Paris*, 1652, 15 pages.

1064. Deuil (le) de Paris sur l'éloignement du roi. *Paris*, 1649, 8 pages.

Après la paix. La cour venait de partir de Saint-Germain pour Compiègne.

1065. Deux (les) combats donnés entre la flotte royale et l'armée navale des Bordelois, avec le *Te Deum* chanté pour les articles de la paix. (S. l., 1649), *jouxte la copie imprimée à Bordeaux*, 12 pages.

Relation royaliste très-rare. La première affaire est du 23 décembre. On sait que la paix fut conclue le 26.

1066. Deux (les) friperies, ou les Drilles revêtus, raillerie en vers burlesques. *Paris*, Denys Langlois, 1649, 12 pages.

Satire assez spirituelle, dirigée principalement contre les cavaliers de portes cochères. J'y ai trouvé le mot très-populaire de *quibus*, pour signifier de l'argent.

1067. Deux (les) nouvelles lettres coupées, sur le sujet de Mazarin, pour et contre, où il y en a une qui lui servira de pasport (*sic*), trouvée (*sic*) dans le cabinet d'un curieux. *Paris*, 1649, 4 pages.

Le mérite de cette pauvre invention consiste à imprimer les lettres sur deux colonnes, de manière à ce qu'elles présentent un sens différent suivant qu'on les lit par colonne ou par page.

On avait publié une *Lettre coupée sur le sujet de Mazarin, pour et contre*. Il faut bien que cela ait eu du succès, puisqu'un imitateur a jugé à propos d'en faire imprimer deux autres.

1068. Deuxième et dernière requête présentée à Son Altesse Royale, dimanche dernier, 30 juin 1652, par les bourgeois et habitants de la ville et faubourgs de Paris, sur le sujet des affaires pressantes (*sic*). *Paris*, Louis Hardouin, 1652, 7 pages.

La première est intitulée : *Requête des peuples présentée à Son Altesse Royale*, etc. Ces titres, comme on le pense bien, n'ont rien de sérieux. Ce sont de petites ruses des pamphlétaires pour mieux vendre leur prose.

1069. Deuxième liste contenant les noms de ceux qui étoient en l'assemblée faite le mardi, 24 septembre 1652, au Palais Royal. (S. l. n. d.), 8 pages.

C'est la suite de la *Relation véritable contenant la liste des noms de ceux qui étoient en l'assemblée*, etc.

1070. Devoir (le) du prince envers ses sujets, et le devoir des sujets envers leur prince, ou le Symmachique d'Isocrat (*sic*), traduit de grec en françois. *Paris*, François Noël, 1650, 52 pages.

1071. Diable (le) exorcisé, ou Mazarin chassé de France par le parlement et le clergé. *Paris*, 1651, 8 pages.

Réimpression de l'*Exorcisme du D. Mazarin*, etc.

1072. Dialogue burlesque de Gilles le niais et du capitan

Spacamon. *Paris,* veuve Théod. Pépingué et Est. Maucroy, 1649, 8 pages. *Rare.*

Avant la paix de Ruel.

« Si jamais dans Paris tu entre,
On te fera comme au marquis d'Ancre. »

Refrain d'une chanson du temps, cité dans le *Dialogue.*

1073. Dialogue contenant la dispute et l'accord de la Paix et de la Guerre, en vers burlesques. *Paris,* Claude Huot, 1649, 11 pages.

La Paix et la Guerre finissent par boire avec la Conférence; ce qui montre que l'on négociait encore à Ruel. La Paix dit d'ailleurs à la Guerre :

« Votre discours pourroit durer
Tout autant que la conférence. »

Voioi un trait de mœurs assez curieux. C'est la Guerre qui parle :

« C'est vous qui, pour la bonne mine,
Avez inventé la farine,
Et, d'un dessein capricieux,
Déguisé les jeunes en vieux.
J'entends à ne voir que les têtes ;
Car, pour la barbe, les pincettes
N'en laissent plus rien qu'un filet,
Qui vous rend le magot bien lait (*sic*). »

1074. Dialogue (le) d'État, ou Entretiens des rois Louis XI et Louis XII ès champs élysées, touchant les affaires présentes, image de deux règnes différents. *Paris*, (1652), 32 pages.

Réimpression du *Dialogue entre le roi Louis XI et le roi Louis XII,* etc.

1075. Dialogue d'un théologien, d'un astrologue et d'un politique touchant les affaires du temps. *Paris,* 1649, 8 pages. *Rare.*

Voici comment le théologien présente les maximes de la cour :

« les rois sont les images du vrai Dieu sur la terre, par un pouvoir absolu qui les élève pardessus tout, et les rend comme impeccables par la dispensation des lois. »

« De même que Dieu ne se communiquoit qu'à Moïse, le roi ne doit se communiquer qu'à son ministre. »

Mais il ne faut pas oublier que c'est un frondeur qui fait parler le théologien.

Le *Dialogue* a été réimprimé sous le titre de *Discours*, etc.

1076. Dialogue de dame Perrette et de Jeanne la Crotée sur les malheurs du temps et le rabais de leur métier. (S. l.), 1649, 8 pages.

1077. Dialogue de deux feuillantines sur les affaires de Mazarin. *Paris*, 1649, 8 pages.

Sur l'intérêt du couvent, et non sur les affaires de Mazarin. La mère est mazarine, et la sœur parlementaire. C'est pourquoi la mère dit que dans les couvents « les richesses passent premier que Dieu. »

1078. Dialogue de deux guepeins sur les affaires du temps. (S. l.), 1649, 7 pages.

Le second titre est : *Dialordre d'Indré sus les affaizes du temps qui cort. Rencontre de deux Ingrears, Louet et Braze.*

« Je te confesserai ingénument, dit Naudé, page 219 du *Mascurat*, qu'entre les plus agréables et ingénieux livrets que l'on ait faits contre le cardinal, l'on peut mettre avec raison... le *Dialogue des deux Guespins*... parce qu'il est fort naïf en son patois, et soutenu de pointes assez gaillardes et de conceptions plus pressantes que celles de beaucoup d'autres, qui ne médisent pas de si bonne grâce, quoiqu'avec plus de malice et à sens plus découvert. »

Cette pièce est du commencement du blocus. Elle a été, en 1652, accommodée aux circonstances, et réimprimée sous le titre de *Dialogue guépinois*, etc.

« L'inclination des Orléanois à la raillerie et leur naturel piquant les a fait surnommer *Guêpins*. » *Ménagiana*, t. I, p. 179.

1079. Dialogue de deux vignerons cheminant par la

France, qui s'entretiennent de tout ce qui s'est fait et passé depuis la majorité du roi jusques à présent, avec une exacte recherche de tout ce qui s'est fait et passé en leur acheminement, et aussi leurs songes et rêveries de ce qui se passait en leur ménage pendant leur absence, dédié aux curieux de ce temps, par J. L. C. P. M. *Paris*, J. Le Rat, 1652 (mars), 8 pages.

1080. Dialogue de Jodelet et de l'Orviatan (*sic*) sur les affaires de ce temps. (S. l.), 1649, 8 pages.

De l'esprit, mais du libertinage. Ce sont deux enragés frondeurs, qui injurient tout le monde, la reine et Condé, Molé et le cardinal.

« Étant défendu par arrêt de dire vérité. »

La paix était faite.

« L'an 1647, dit Guy Patin dans une lettre du 6 janvier 1654, p. 220 du 1er volume, l'Orviétan, pour mieux débiter sa drogue, s'adressa à un homme d'honneur, alors doyen de notre Faculté, nommé M. Perreau, pour obtenir de lui, moyennant une bonne somme d'argent qu'il offroit, approbation de la Faculté pour son opiate. Il en fut refusé de belle hauteur. Ce charlatan s'adressa ensuite à de Gorris, qui reçut de lui un présent considérable, et lui promit de faire signer à plusieurs docteurs l'approbation de ce médicament qu'il vendoit sur le Pont-Neuf; ce qu'il fit faire par une douzaine d'autres affamés d'argent, qui furent les deux Chartiers, Guénaut, Le Soubs, Rainssant, Beaurains, Pijart, du Clédat, des Fougerais, Renaudot et Mauvilain. Cet imposteur italien, non content de telles signatures, tâcha d'avoir l'approbation entière de la Faculté, et pressa le nouveau doyen qui étoit M. Piètre, mon prédécesseur, de la lui faire donner moyennant quatre cents écus qu'il offroit, sur l'espérance qu'il avoit de mieux débiter sa drogue, s'il pouvoit obtenir ce qu'il désiroit. Ce nouveau doyen, ayant appris, de la bouche du charlatan, tout ce que de Gorris lui avoit fait, lui demanda cette approbation; et dès qu'il l'eut, il fit assembler toute la Faculté, où il se rendit délateur contre ces douze messieurs qui, ayant avoué leur foiblesse et leur mauvaise action, furent chassés de la compagnie par un décret solennel. On les a pourtant rétablis avec de certaines conditions, et notamment celle

de demander pardon à la compagnie en pleine assemblée. Quelque chose qu'ils aient pu faire depuis, la tache leur en est demeurée.»

1081. Dialogue (le) de la fortune et des habitants du collège des trésoriers, fait par Georges Pileur. (S. l.), 1649, 10 pages.

1082. Dialogue de Mazarin avec ses amis. (S. l. n. d.), 10 pages.

De la fin de 1649, peu de temps avant la prison des princes.

1083. Dialogue de Rome et de Paris au sujet de Mazarin. (S. l.), 1649, 20 pages.

Après la paix; car Paris dit : « Je le nourrirai dedans moi, s'il y veut rentrer. »

L'auteur fait le parallèle de Richelieu et de Mazarin; et parmi ses raisons de préférence pour le premier, il ne manque pas de donner celle-ci : que Richelieu était gentilhomme.

Il parle d'un pamphlet contre Concini : *les Faits du marquis d'Ancre*. C'étoit, dit-il, une feuille de papier blanc, pliée en quatre, qui se vendoit sous le manteau. Il ajoute qu'on en pourrait faire autant du Mazarin.

1084. Dialogue (le) de Saint-Germain en Laye en forme de tragédie, par lequel on remarquera la fidélité des Parisiens au roi, dédié à monseigneur le duc de Beaufort, par le S. D. B. P. C. D. S. M. Première partie. *Paris*, Louis Sévestre, 1649, 11 pages.

1085. Dialogue de trois paysans picards, Miché, Guillaume et Cherle, sur les affaires de ce temps. (S. l.), 1649.

Deux pièces, l'une de 11, et l'autre de 12 pages.
C'est du patois picard. Il n'y a que cela à en dire.
La cour était à Compiègne.

1086. Dialogue du berger Damon et de la bergère

Sylvie sur les affaires du temps. *Paris*, Nicolas Bessin, 1650, 7 pages.

Sylvie dit à Damon :

> « Ma foi, vous me vouliez prendre;
> Mais je vous ai prévenu. »

or, Sylvie est la reine Marie de Médicis; Damon est Henri II, prince de Condé. Cette déclaration galante signifie tout simplement que Sylvie a mis Damon à Vincennes.

L'édition originale est de 1614. Dans la réimpression de 1650, Sylvie est Anne d'Autriche, et Damon Louis II, prince de Condé.

1087. Dialogue du cardinal Mazarin et du marquis de La Vieuville, surintendant des finances. (S. l.), 1652, 19 pages.

On dit, à la fin, que ce dialogue a été envoyé par un valet de chambre du cardinal à un sien ami, le 12 avril 1652. C'est une date approximative.

Quelques détails curieux, mais probablement exagérés, sur l'état des finances.

1088. Dialogue (le) du frondeur, ou l'Usage de la Fronde, pour se préserver du venin Mazarin, divisé en quatre parties par demandes et réponses. Première partie. (S. l. n. d.), 7 pages.

1089. Dialogue (le) du soldat, du paysan, de polichinelle et du docteur Scatalon, au retour de la paix, avec les remercîments au roi et à la reine. (*Paris*), Jean Hénault, 1649, 8 pages.

1090. Dialogue entre le roi de bronze et la Samaritaine sur les affaires du temps. *Paris*, Arnould Cottinet, 1649.

Cinq pièces. Naudé, p. 194 du *Mascurat*, range l'auteur de ces dialogues parmi ceux qui « s'étoient obligés à faire rouler la presse moyennant une pistole par semaine. »

Les deux premiers ont pourtant été réimprimés ensemble à Rouen, par Jacques Besongne, 1649.

1091. Dialogue entre le roi et le C. Mazarin, fait en la ville de Saint-Denys, sur le sujet de l'union de messieurs les princes tant avec messieurs du parlement que de la ville de Paris. *Paris,* Louis Hardouin, 1652, 8 pages.

1092. Dialogue entre le roi Louis XI et le roi Louis XII sur leur différente façon de régner, à savoir lequel est meilleur, ou de les gouverner par amour, ou par force et puissance absolue. (S. l.), 1649, 11 pages.

« Il est quelquefois bon que les princes soient contrôlés en leurs actions et en leurs volontés; et bien souvent il leur en prendroit mal, si, à point nommé, ils étoient obéis en toutes rencontres. »

C'est Louis XII qui termine ainsi le dialogue; et il est bien entendu que le contrôle des volontés du roi doit être exercé par le Parlement, qui représente, dit l'auteur, les trois États du royaume.

Il existe une réimpression de cette pièce, à la date de février 1652, sous le titre de : *le Dialogue d'État ou Entretien des rois Louis XI et Louis XII,* etc. On y trouve quelques développements et un avant-propos qui ne sont pas dans la première édition.

Enfin ce pamphlet a été publié, pour la troisième fois, sous le titre de : *Dialogue des rois Louis XI et Louis XII dans les Champs Élysées.* (Hollande), 1691, in-8.

Il y en a une contrefaçon intitulée : *Remontrance du roi Louis XII au roi Louis XI,* etc.

1093. Dialogue guépinois sur les affaires du temps qui cort, ou Entretien de Louet et Braze. *Paris, jouxte la copie imprimée à Orléans,* (1652), 8 pages.

Je ne crois pas à l'impression d'Orléans. C'est probablement un artifice du libraire, qui ne voulait pas rappeler le *Dialogue des deux guépeins* de 1649.

« Quand un maistre lasche faire sa breugne a son valet, cela ne va pas bian. » Voilà toute la politique guépinoise.

1094. Dialogue (le) métaphorique de l'inconnu avec la

ville de Bordeaux, dédié aux Irénopolites. *Paris*, Gilles Dubois, 1652, 32 pages.

« Je m'appelle Oudis ; mon pays est l'Agnostic ; et je suis cosmopolite. »

Il n'en est pas moins très-royaliste. « Dans une libelle qui parut en ce temps avec ce titre : *Dialogue de l'Inconnu*, etc., on a peint, dit Mailly, p. 547 de son 5e vol., de couleurs assez fortes, tous les maux que faisoient souffrir à la ville de Bordeaux les diverses factions. J'ignore de quelle main part cette pièce ; mais elle ne pallie point les fautes des Bordelois ; et on les leur reproche avec une liberté, une énergie qui auroit bien dû leur ouvrir les yeux. »

C'est de la première partie que Mailly parle de la sorte. Il en faut trois. La seconde a suivi de très-près la première ; mais la troisième n'a été publiée qu'après la paix.

Toutes trois sont écrites avec assez de force. Le style en est trop travaillé, trop tendu pourtant ; et le politique s'y montre moins que le rhéteur. « La France, dit l'Inconnu dans la première partie, est le climat de la franchise, et le véritable pays de la liberté. » Il traite fort mal un jurat qui « de la même main qu'il écrivoit les éphémérides de son parti, comptoit l'argent qu'il recevoit pour en trahir les intérêts... : mauvais historien, mauvais françois et mauvais compatriote. » C'est Fonteneil.

Dans la seconde partie, il attaque vivement messieurs du parlement de Bordeaux, qu'il déclare atteints d'*arcomanie* (la manie du gouvernement). « C'est ce démon qui fit dire à quelques officiers de ce corps, que le roi (Louis XIII) étoit mort, que leur temps étoit revenu, qu'il falloit remonter sur le trône et commander à tour de rôle. C'est ce démon qui fit dire, peu de temps après, à quelqu'un de ces tuteurs des rois, qu'il ne connoissoit point de plus galant homme que le Parlement d'Angleterre, qui montroit aux peuples l'exemple de relever la liberté, et de passer sur le ventre à la royauté. »

Il faut dire, à la décharge de cet officier du parlement de Bordeaux, que le propos qu'on lui reproche, tenu peu après la mort de Louis XIII, était apparemment antérieur, de plus de quatre années, au meurtre du roi d'Angleterre. Au reste l'Inconnu avait d'étranges doctrines sur l'autorité des ministres : « Je conclus, dit-il, sans m'éloigner de ma première allégorie, que, comme l'obéissance due au roi est un acte de religion, les résolutions de son ministère semblent devoir passer pour des articles de foi, qu'il faut croire avec confiance et observer avec respect. »

Entre le second et le troisième dialogue, l'Inconnu a publié : 1° les *Larmes de Thémis exilée*, etc.; 2° l'*Exil de l'inconnu;* 3° la *Voix du peuple à monseigneur le prince de Conty*.

La paix faite, l'auteur a réuni ses divers opuscules en un volume, sous le titre général de : *Œuvres de l'Inconnu sur les mouvements de Guyenne*, etc.

Réunies ou séparées, toutes ces pièces sont rares, moins peut-être le premier dialogue.

1095. Dialogue ou Discours d'un gentilhomme françois avec un cardinaliste, réduit en sonnets et en épigrammes. *Paris*, Claude Boudeville, 1649, 4 pages.

1096. Dialogue ou Entretien de deux cavaliers, l'un françois, l'autre anglois, touchant les affaires de France et d'Angleterre. *Paris*, veuve Théod. Pépingué et Est. Maucroy, 1649, 8 pages.

Plus rare que curieux. On le trouve dans l'*Histoire de la Fronde* de M. de Sainte-Aulaire, pièces justificatives.

1097. Diogène (le) françois ou l'Homme d'État à la France soupirante. *Paris*, Jacques Poncet, 1652, 16 pages.

Réimpression d'un libelle publié sous le même titre en 1615, et relatif à la ligue des princes et des grands, dits les *Malcontents*.

Il se termine par le singulier quatrain que voici :

« Misérable siècle où nous sommes,
Se disait Alix à Catin.
Si je n'ai du lait au tétin,
Ce défaut me vient faute d'hommes. »

M. Leber, art. 4271 de son *Catalogue*, dit qu'il ne faut pas confondre ce *Diogène* avec un autre pamphlet de la même date, qui serait intitulé : *Le Diogène françois contre un trait de l'*Image de la France; mais il me semble que la confusion ne sera plus possible, quand le titre exact de ce pamphlet aura été rétabli : *Le Caton* *et Diogène françois pour apologie contre un trait de* l'Image de la France, *où est représenté la réfutation du* Caton françois.

1098. Dirœ in Angliam ob patratum scelus, IX februarii 1649. *Parisiis*, apud viduam Théod. Pépingué et Steph. Maucroy, 1649, 4 pages.

Ainsi signé : Ph. S. P.
S. J. S. C. R.

« Felix qui primos vindictæ carpet honores ! »

La nouvelle du meurtre de Charles Ier produisit dans Paris une impression immense. Ce fut un long cri d'indignation chez presque tous les pamphlétaires. Ceux même qui demandaient la paix générale avec le plus d'emportement, acceptaient pourtant deux guerres : l'une contre le Turc, et l'autre contre l'Anglais.

1099. Discours à messieurs de Paris sur le sujet des taxes. *Paris*, Nicolas Bessin, 1649, 7 pages.

1100. Discours abrégé de la naissance, éducation, études, exercices, entrée et déclaration du roi au parlement de Paris pour sa majorité, avec les harangues de la reine et des princes du sang faites au roi, et le remerciment du roi à la reine, ensemble les réjouissances de la ville de Paris et autres villes du royaume, composé par un aumônier de la reine. *Paris*, François Noël, 1651, 12 pages.

Vers latins signés *Clemens Durandus*, Delphinas, R[æ] Ch. E[s].
L'auteur parle de la prophétie qui annonçait que l'empire Ottoman serait détruit par un roi de France.

1101. Discours adressé aux soldats françois, dédié à M. Deslandes Payen, conseiller au parlement. *Paris*, Louis Sévestre, 1649, 16 pages.

Mauvais pamphlet de l'auteur de l'*Anti-Gazette de Flandre*, etc.
« La France est un Estat monarchique, ressemblant au ciel qui ne peut souffrir qu'un soleil. »

1102. Discours au parlement sur la détention des princes. (S. l., 1650), 31 pages.

Il n'y a rien de nouveau dans ce pamphlet ; car la violence contre Mazarin n'est pas nouvelle.

Le *Discours* a paru aussi sous le titre de : *Relation de tout ce qui s'est fait et passé de messieurs les princes de Condé, de Conty et du duc de Longueville jusques à présent.*

1103. Discours chrétien et politique de la puissance des rois. (S. l. n. d.), 32 pages.

Voir la *Lettre d'avis au Parlement de Paris, écrite par un provincial.*

1104. Discours consolatoire à madame la princesse douairière sur l'emprisonnement de messieurs les princes de Condé et de Conty, ses enfants. *Paris*, Pierre Du Pont, 1650, 15 pages.

1105. Discours contre le libelle intitulé : *Le Manifeste des intentions de M. le Prince, qui ne tendent (à son sens) qu'au rétablissement de l'authorité souveraine et du repos des peuples.* (S. l.), 1651, 8 pages.

Il vaut la peine qu'on le lise ; ne fût-ce que pour voir comment la polémique traitait les princes. Il est d'ailleurs très-rare.

1106. Discours d'État et de religion sur les affaires du temps présent, à la reine. *Paris*, Arnould Cottinet, 1649.

Quatre parties, la première de 8 pages, la seconde et la quatrième de 12, la troisième de 11. Les trois dernières ont été imprimées chez Nicolas Jacquard. Il y a, de la première, une autre édition sans nom d'imprimeur, et une autre encore chez la veuve J. Guillemot, toutes deux de 1649.

Le premier discours a été écrit en 1648, commencé avant, et repris après la bataille de Lens et les barricades. C'est, sans contredit, le meilleur. L'auteur prie la reine de considérer que, si les affaires vont mal, c'est qu'on a négligé le service de Dieu. Il reproche à Mazarin d'être resté couvert devant le roi découvert sur les degrés de la Sainte-Chapelle.

1107. Discours d'État, où il est prouvé par un raisonnement invincible que la perte du Mazarin et la délivrance des princes sont absolument nécessaires pour calmer les troubles de la monarchie, et qu'à moins de cela, il faut se résoudre à vivre toujours ou dans la crainte ou dans les effets d'une guerre civile. (S. l., 1651), 27 pages.

Dubosc Montandré.

1108. Discours d'État ou Véritable déclaration des motifs qui obligèrent Louis le Juste, roi de France et de Navarre, à rompre la paix qui fut faite, en 1596, entre Henry IV, son très honoré père, et Philippe II, roi des Espagnes, où se voit le nombre des places et des principautés que les Espagnols ont, devant ce temps-là et du depuis, usurpées à cette couronne. *Paris*, François Noël, 1649, 38 pages.

Il est probable que la réimpression de cette pièce fut motivée par l'intervention des Espagnols dans les affaires de la Fronde. Voir les *Causes du retardement de la paix*, etc.

1109. Discours d'État sur l'absence et la captivité du roi, dans lequel est montré que ceux qui le tiennent éloigné de sa bonne ville de Paris, sont aussi criminels que mauvais politiques, par Souil de Cinq Cieux. *Paris*, 1652, 15 pages.

Souil de Cinq Cieux est auteur de deux autres mauvais pamphlets : 1. Les *Très humbles remontrances au roi sur la lettre de cachet de Sa Majesté du 10 juillet 1652*, etc.; 2. L'*Extrait des registres du Parlement touchant les plaintes que Louis, duc d'Orléans, beau-frère du roi Charles VIII*, etc.

Je ne vois à relever qu'une phrase du *Discours d'État* : « Si le roi avoit été à Paris, personne n'auroit osé mettre le feu dans son

Hôtel de Ville. » Encore n'est-ce que pour donner la date approximative du pamphlet. Souil de Cinq Cieux n'a pas lui-même un grand respect pour l'autorité du roi, dont il traite, sans façon, une lettre de cachet de libelle diffamatoire.

Il cite avec éloge les *Maximes véritables touchant le gouvernement de la France,* et les *Observations véritables et désintéressées sur les* Sentiments, *imprimés au Louvre, contre l'autorité du parlement.* (Observations véritables et désintéressées sur un écrit, imprimé au Louvre, intitulé : les *Sentiments*, etc.)

Sur le titre d'un exemplaire de la Bibliothèque nationale, un contemporain a traduit Souil de Cinq Cieux par *Ludovix de Quincé.*

1110. Discours d'un philosophe mécontent, envoyé à madame la Fortune, sur le malheur des savants de ce siècle. (S. l.), 1649, 7 pages.

Les seuls rois qui aient favorisé les savants, sont Chilpéric Ier, Charlemagne, Philippe le Bel, Charles V, Charles VIII, François Ier, Charles IX et Henry III.

1111. Discours d'un théologien, d'un astrologue et d'un politique touchant les affaires du temps. *Paris,* 1649, 8 pages.

C'est le *Dialogue d'un théologien*, etc.

1112. Discours de deux aveugles sur la paix et sur les affaires de ce temps, en forme de dialogue. *Paris,* 1649, 8 pages.

Lieux communs de la Fronde. Je remarque seulement qu'un des deux aveugles se plaint de ce que sa femme avait payé 25 sous un pain qui était tout de son.

1113. Discours de l'autorité que les oncles des rois de France ont toujours eu (*sic*) pendant la minorité et bas âge de leurs neveux, avec un fidèle récit de ce qui s'est fait de remarquable, jusques à présent, dans le parlement et dans les armées. *Paris,* 1652, 15 pages.

Dubosc Montandré.

Le duc de Nemours ramenait de Flandre une armée au duc d'Orléans.

1114. Discours de la Clémence et de la Justice au parlement, pour et contre Jules Mazarin. *Paris*, veuve d'Anthoine Coulon, 1649, 8 pages.

La Clémence trouve que c'est assez d'avoir banni Mazarin, et confisqué ses biens; la Justice veut qu'on le tue.

1115. Discours de la ville de Paris à monseigneur le Prince sur son retour, par un Parisien. *Paris*, 1651, 23 pages.

Signé : par le sieur Lescalopier, conseiller aumônier et prédicateur ordinaire du roi. Dans une épître dédicatoire adressée aux gouverneur, prévôt des marchands et échevins de la ville de Paris, Lescalopier nous apprend qu'il a l'honneur d'être bourgeois de Paris, *il y a plus de deux cents ans*, et de parents qui ont exercé les charges de la magistrature. J'ajoute qu'il a publié, en 1645, *La femme forte Judith, figure de l'âme généreuse, expliquée en partie dans les sermons de l'Advent, presché à Paris dans Saint-Paul, l'an* 1637, *et achevée dans les discours de l'Advent à Saint-Berthélémy, l'an* 1644; *à la reine régente, Anne d'Autriche*. Paris, P. Rocolet, in-8°; et, en 1655, *Douze tableaux du roi Louis XIV, de la reine Anne d'Autriche, de Philippe duc d'Anjou, frère unique du roi, et du cardinal Mazarin, exposés par des arcs de triomphe après le sacre de Sa Majesté, la prise de la ville de Stenay, du Quesnoy et de Clermont, la délivrance d'Arras*, etc. *en latin et en françois*. Paris, in-4°.

Amplification un peu précieuse, pour engager le prince de Condé à la paix, à l'union de la famille royale et des sujets avec le gouvernement. Lescalopier est content de tout, trouve des raisons ou des excuses pour tout, et arrange si bien les choses que tout est pour le mieux dans le meilleur des mondes possibles.

Il félicite le roi d'être né en plein midi, « comme pour montrer qu'il est autant au-dessus des autres hommes que le soleil est au-dessus des astres. »

« Durant ces désordres passés, que de paroles, que de chansons, que d'écrits, que de vers dignes du feu et du supplice ! Cependant, avons-nous vu cette bonne princesse (la reine) s'en émouvoir, s'en plaindre, et en demander la justice, ni commander qu'on leur imposât silence? L'innocence qu'elle a pour son partage, établissoit sa propre satisfaction ; et sa bonté pour ses peuples lui arrachoit des mains les châtiments, et lui faisoit dissimuler la vérité de tous ces mensonges. »

Le témoignage de Lescalopier est ratifié par l'histoire. Jamais reine, jamais princesse, jamais femme n'a été plus audacieusement calomniée qu'Anne d'Autriche ; et cependant, on ne voit pas qu'elle ait témoigné le moindre ressentiment des outrages qu'on lui avait faits. Elle a eu, en cela, bien plus de mérite que Mazarin, dont l'insensibilité n'était que du mépris. Chez la reine, c'était de la charité et une humilité toute chrétienne. Mazarin regardait les hommes, dont il dédaignait les jugements ; la reine pensait à Dieu, pour lui offrir le sacrifice de ses douleurs.

Il faut joindre à cet écrit de Lescalopier les *Réflexions consciencieuses*, etc., du père Charles Magnien.

« Des quatre capitaines des gardes, il y en a trois parisiens ; des ducs et pairs, plus de la moitié, des maréchaux de France, les trois parts, et le plus grand nombre des officiers de l'armée. »

Le *Discours* a été publié, la même année 1651, sous le titre de : *Remontrance du Parlement à monseigneur le Prince pour le repos des bourgeois de Paris*.

1116. Discours de M. le prince de Condé à messieurs du parlement de Bordeaux, touchant son arrivée en ladite ville. *Paris*, 1652, 8 pages.

1117. Discours des misères de ce temps, dédié au duc de Beaufort. *Paris*, Michel Mettayer, 1649, 8 pages.

1118. Discours désintéressé sur ce qui s'est passé de plus considérable depuis la liberté de messieurs les princes jusqu'à présent. (S. l.), 1651, 30 pages.

L'auteur est un frondeur, admirateur passionné de Gondy, qui regrette de ne pas trouver un Uncelenus qui tue Protadius, favori de Théodoric. Selon lui, le grand artisan de toutes les intrigues est Servien qui, pour brouiller le duc d'Orléans et le prince de Condé, a imaginé de faire donner les sceaux à Molé, et appeler Châteauneuf dans le conseil.

Ce qu'il y a de singulier, c'est que, dans les *Observations sur un discours venu de Cologne*, on l'accuse d'être ami de Châteauneuf.

Il parle, avec quelques détails, de la résistance des généraux et de l'armée aux arrêts du Parlement. On peut consulter sur ce fait le *Journal du Parlement*, audience du 7 juillet 1651, l'*Histoire du cardinal Mazarin*, par Aubery, et les *Mémoires* de Puységur.

1119. Discours du bon et loyal sujet de la Grande-Bretagne à la reine de ce pays, touchant la paix et affaires d'icelui, à la gloire de Charles premier, roi de ce royaume, séant en son parlement, distingué en tous ses ordres selon la volonté des rois et reines, et représenté par figures en tailles douces. *Paris*, Michel Mettayer, 1648, 39 pages, non compris les explications des trois planches. *Rare.*

Ce sont les planches de ce livret qui, apparemment, ont été reproduites dans la *Chaine du Hercule Gaulois*, publiée en 1651.

1120. Discours et considérations politiques et morales sur la prison des princes de Condé, de Conty et duc de Longueville, par M. L. *Paris*, Sébastien Martin, 1650, 30 pages.

C'est une paraphrase, plus morale que politique, de la lettre du roi au Parlement. L'auteur espère que le prince de Condé profitera chrétiennement de sa prison. « Peut-être croyoit-il que le ciel n'étoit pas au-dessus de sa tête! »

J'ai rencontré trois autres pièces signées M. L.; et toutes ont le caractère moral et la gravité religieuse du *Discours*. Ce sont : 1. Le *Bouclier et l'épée du Parlement*, etc.; 2. La *Réponse et réfutation du discours intitulé :* Lettre d'Avis à messieurs du Parlement, etc.; 3. *Lettre ou Exhortation d'un particulier au maréchal de Turenne*, etc.

1121. Discours facétieux et politique, en vers burlesques, sur toutes les affaires du temps, par O. D. C. *Paris*, Guill. Sassier, 1649, 15 pages.

Après la prise de Brie-Comte-Robert.

Cabarets renommés du temps : Marseille, la Pomme de pin, l'Écu d'argent, Saint-Martin, le Petit voisin, la Montagne, la Croix de fer, la Croix blanche, Notre-Dame, le Chapelet, le Chêne vert, l'Aigle royale, l'Écharpe blanche et le Soleil.

Voici pour la politique :

« On veut rendre aux princes du sang
Le juste pouvoir de leur rang,
Usurpé, depuis tant d'années,
Sur leurs personnes mal menées,
Qui ne sont pas moins le support
Du trône qui branle si fort,
Que les deux anges tutélaires
Le sont de l'écu de leurs pères. »

Il y a, dans ces vers, anticipation sur le temps; c'est la politique de 1652.

1122. Discours faisant voir tout ce qui s'est passé devant et après la retraite du C. Mazarin, tant à Compiègne qu'aux armées de messieurs les princes, en forme d'entretien entre un cavalier frondeur et un cavalier mazarin, sur le chemin de Compiègne à Paris, où se voit l'histoire de sa mauvaise conduite jusques à présent. *Paris*, 1652, 19 pages.

Au moins ici le mazariniste défend Mazarin; mais il n'est question ni de Compiègne, ni de l'armée des princes.

1123. Discours fait par les députés du parlement de Provence dans le parlement de Paris, toutes les chambres assemblées, ensemble la réponse de monsieur le premier président, avec l'arrêt de ladite cour, des 15 et 28 janvier 1649. *Paris*, par les imprimeurs et libraires ordinaires du roi, 1649, 6 pages.

1124. Discours héroïque présenté à la reine régente pour la paix. *Paris*, Guillaume et Jean-Baptiste Loyson, 1649, 8 pages.

Signé S. D. N. (Suzanne de Nervèze).

Suzanne de Nervèze était, à ce que je crois, sœur de A. de Nervèze, qui a partagé pendant quelque temps avec des Yveteaux le sceptre des ruelles, et qui, par sa *Lettre écrite à M. le prince*, en 1614, s'est acquis un juste renom de noble indépendance. Un pamphlétaire de la Fronde (*la Vérité de ce qui s'est passé à Paris dans trois fâcheuses rencontres*, etc.) a dit encore de l'auteur de la *Lettre du bourgeois désintéressé* : « Il fait le *Nervèze*, et manie son épée au soleil pour donner dans la vue. »

Tous les libellistes s'accordent à dire que Suzanne de Nervèze était dans la plus profonde misère. L'auteur de la *Fourberie découverte* lui adresse ces quatre vers :

> « Et toi, Nervèze damoiselle,
> Qui te vante d'être pucelle,
> Quoiqu'aussi vieille que Gournay,
> As-tu chez toi un bon diné ? »

Je lis dans la *Prise du bagage, meubles et cabinet de Mazarin*, etc. : « Item, des panégyriques de son Éminence par une demoiselle qui n'a pas beaucoup de pain cuit, et qui a fait vœu d'instituer en ce royaume un collége de vestales qui chanteront, jour et nuit, quelque ballade de Marot en faveur du bonnet rouge, et qui composeront des éloges en style de Nervèze, quoique ce style ne soit plus de saison. »

Enfin Mazarin dit dans le *Mazarin portant la hotte* :

> « J'estime même que Nervèze,
> Qui n'est pas des plus à son aise,
> Quoiqu'elle ait de moi pension,
> Témoigneroit sa passion
> Contre moi que personne n'aime. »

La pension de Mazarin ne suffisait pas aux besoins de la pauvre fille ; car, dans le *Discours héroïque*, Suzanne de Nervèze demande en quelque sorte l'aumône à la reine. « Donnez, lui dit-elle, quelqu'allègement à mes souffrances. » Et, dans la *Réception du roi d'Angleterre à Saint-Germain*, elle écrit à Charles II : « J'avoue qu'une naissance illustre, non plus qu'une fortune écervelée, ne m'ont pas rendue considérable dans le siècle ; mais pour tromper mon mauvais sort, je prendrai même son inimitié pour une preuve de ma valeur ; et en qualité de persécutée des horreurs de la vie, j'offrirai à Votre Majesté, de la part de la France, ses passions et son zèle. »

Suzanne de Nervèze a beaucoup écrit ; et toujours elle a mérité cette louange que lui donne Naudé, « qu'elle a fait paroître plus de bonté et de moralité que d'aigreur dans plus d'une quinzaine de pièces, qui sont de son invention. » Page 8 du *Mascurat*.

Faut-il prendre à la lettre cette expression : *Plus d'une quinzaine de pièces?* je ne sais. Toujours est-il que j'ai rencontré, de Suzanne de Nervèze, justement quinze pamphlets, qui sont, outre le *Discours héroïque*, 1. Le *Plus heureux jour de l'année par le retour de Leurs Majestés*, etc.; 2. La *Lettre d'une bourgeoise de la paroisse Saint-Eustache*; 3. La *Monarchie affligée*; 4. Le *Rieur de la cour aux bouffons satyriques*; 5. Les *Souhaits accomplis*; 6. La *Lettre d'une religieuse présentée au roi*; 7. La *Réception du roi d'Angleterre à Saint-Germain*; 8. Le *Panégyrique royal*; 9. *Lettre de consolation à la reine d'Angleterre sur la mort du roi son mari, et ses dernières paroles*; 10. *Lettre de consolation au duc de Ventadour*, etc. ; 11. Le *Legs royal*, etc. ; 12. La *France triomphante sur tous les États et Empires du monde*, etc.; 13. Le *Te Deum des dames de la cour*; 14. le *Discours panégyrique au duc d'Orléans*.

Suzanne de Nervèze écrivait encore en 1655; car je lis dans la 21e *Épître burlesque* (continuateurs anonymes de Scarron) :

« J'aurois bien, dès le jour de Mars,
Donné ces vers fort peu gaillards;
Mais la divine de Nervèze,
A dame Pallas n'en déplaise,
Savante plus qu'elle cent fois,
A, depuis des jours plus de trois,
Tenu la presse Lesseline
Sur maint ouvrage d'œuvre fine,
Qui doit être présenté
A l'une et l'autre Majesté. »

Je la trouve, enfin, portée sur le testament du cardinal Mazarin pour une pension de quatre cents livres; ce qui prouve qu'elle vivait encore en 1663. Quel âge devait-elle donc avoir puisque, déjà en 1650, elle était *aussi vieille que Gournay?*

1125. Discours important sur l'autorité des ministres et l'obéissance des sujets, faisant voir 1° que les ecclésiastiques qui flattent les consciences des grands, sont les sources de tous les maux des États; 2° que tous les ordres sont obligés, en conscience, de résister à la tyrannie des ministres; 3° qu'aucunes impositions ne peuvent être faites que du consentement des peuples ; 4° que l'obéissance n'est due qu'aux justes ; c'est pour cela qu'elle doit être raisonnable, et non pas aveugle. *Paris*, 1652, 14 pages.

Dubosc Montandré.

1126. Discours important sur le gouvernement de ce royaume, dédié à la reine régente. *Paris*, veuve Musnier, 1649, 14 pages.

Quelques détails qui ne sont pas sans intérêt, sur les formes du gouvernement.

1127. Discours libre et véritable sur la conduite de monsieur le Prince et de monseigneur le coadjuteur. (S. l.), 1651, 24 pages.

Publié en réponse aux *Motifs de la retraite de M. le Prince*.

C'est apparemment le pamphlet que « Caumartin mit et estendit sur le mestier, que le cardinal de Retz broda de toutes les couleurs les plus revenantes à ceux à qui il les faisoit voir, » p. 257 des *Mémoires*, Coll. Michaud. Voici en effet une parole qui est certes du cardinal : « Il s'élèvera autant de rois qu'il y aura de grands qui auront peur. »

Le cardinal de Retz qui avait dicté le pamphlet à Caumartin, dit qu'il réussit pleinement dans ses desseins. Je le crois; car l'attaque contre M. le prince était vigoureuse ; et on put ne pas voir alors combien la défense était faible.

Caumartin serait également auteur de la *Lettre de M. le prince de Conty, écrite au roi sur son voyage de Berry*.

1128. Discours montrant combien les partisans et financiers ont toujours été odieux, ensemble la vie et fin tragique de leur patron. *Paris*, Nicolas de La Vigne, 1649, 8 pages.

« Les riches bourgeois et les marchands faisoient expresses défenses et inhibitions à leurs enfants, par testament, de jamais contracter alliance, ou de se marier avec ceux qui auroient eu le maniement des finances. »

« Celui qui a mangé de l'oie du roi, quoiqu'il soit cent ans après, doit en rendre les plumes. »

Tout le reste ne vaut rien.

1129. Discours ou Entretien d'un bourgeois de Papis (*sic*) avec un gentilhomme mazarin. (S. l.), 1652, 8 pages.

1130. Discours ou Entretien familier de deux amis se rencontrant sur le pavé de Paris, touchant les affaires de ce temps. *Paris*, Claude Morlot, 1649, 8 pages.

Les députés du Parlement étaient partis, le matin, pour Ruel.

Très-respectueux envers la reine. Il n'est pas inutile d'en faire la remarque, à propos d'un libelle sorti des presses de Morlot; mais c'est tout ce qu'on en peut dire.

1131. Discours ou Raisonnement sur la lettre de monsieur le Prince, écrite au roi (*contre Servien, de Lyonne et Le Tellier*). (S. l., 1651), 14 pages.

1132. Discours panégyrique à monseigneur le duc d'Orléans, oncle unique du roy. *Paris*, Jean Pétrinal, 1649, 7 pages.

Suzanne de Nervèze.

1133. Discours politique à monseigneur le prince de Condé. (S. l. n. d.), 6 pages.

1134. Discours politique aux vrais ministres d'État. *Paris*, Pierre du Pont, 1649, 7 pages.

1135. Discours politique contenant l'intrigue de la cour ou l'Intérêt du cardinal Mazarin dans son retour. *Paris*, Jacob Chevalier, 1652, 7 pages.

1136. Discours politique sur le tort que le roi fait à son autorité, en ne faisant point exécuter les déclarations contre le cardinal Mazarin, et l'avantage que cela donne à ses sujets. *Jouxte la copie imprimée à Bordeaux,* 1652, 14 pages.

Le cardinal Mazarin venait de rentrer en France. L'auteur gourmande fort les Parisiens, qui ne s'agitent, dit-il, que quand on leur dispute le pain.

Cela a été imprimé très-certainement à Paris; et le nom de Bordeaux n'est écrit au titre que pour dérouter le lieutenant civil.

1137. Discours politique sur un placard, affiché dans toute la Guyenne par ordre de monsieur le Prince, du 23 février 1652. *Paris,* Nicolas Vivenet (*sic*), 1652, 8 pages.

Il ne faut voir que le placard qui se trouve à la fin du pamphlet, et dont le but était d'assurer la rentrée des deniers décimes de la généralité, destinés au payement des rentiers de l'Hôtel de Ville de Paris et des gages des officiers.

1138. Discours pour disposer toute la cour a bien faire Pâques. *Paris,* 1649, 12 pages.

Réflexions pieuses.

1139. Discours prononcé, en présence du roi, par le sieur Fournier, président en l'élection et premier échevin de la ville de Paris, l'un des députés d'icelle vers Sa Majesté, le 8e jour de janvier 1649. *Paris,* P. Rocolet, 1649, 7 pages.

On sait que la reine répondit au sieur Fournier « qu'elle aimoit le peuple de Paris, ne lui vouloit point de mal; que, le Parlement obéissant, elle retourneroit et rameneroit le roi à Paris; que, le Parlement sortant par une porte, elle entreroit par l'autre. »

Le sieur Fournier paraît avoir été l'orateur de la ville; car ce fut encore lui qui porta la parole devant le roi à l'occasion de la majorité. Voir la *Harangue faite au roi par M. Fournier,* etc.

1140. Discours prophétique contenant quarante quatre anagrammes sur le nom de Jules Mazarin. *Paris*, Arnould Cottinet, 1649, 7 pages.

Il n'y a qu'à répéter le mot de Naudé, page 230 du *Mascurat* : « Ces anagrammes arrangent Mazarin d'une étrange façon. »

1141. Discours prophétique sur la naissance de monseigneur le Prince (*duc de Valois*). *Paris*, Denys Pellé, 1650, 8 pages.

Signé P. B. E. (Paul Boyer, écuyer?)

1142. Discours que le roi et la reine régente, assistés de monseigneur le duc d'Orléans, des princes, ducs, pairs, officiers de la couronne et grands du royaume, ont fait lire, en leurs présences, aux députés du parlement, chambre des Comptes, cour des Aydes et corps de ville de Paris, au sujet de la résolution qu'ils ont prise de l'éloignement, pour toujours, du cardinal Mazarin hors du royaume, et sur la conduite présente de monsieur le prince de Condé, le 17e jour d'août 1651. *Paris*, par les imprimeurs et libraires ordinaires du roi, 1651, 8 pages.

Il y en a une édition de Rouen *jouxte la copie imprimée à Paris*, 7 pages.

Cette pièce est donnée textuellement, sous le même titre, dans le *Journal du Parlement*, et dans les *Mémoires* de madame de Motteville, page 407, coll. Michaud.

On peut voir dans les *Mémoires* du cardinal de Retz, page 294, comment, écrite par le président de Bellièvre sous la dictée de Châteauneuf, adoucie par le conseil du coadjuteur, elle fut portée au premier président Molé, qui *y trouva trop de vinaigre et y mit du sel*.

Madame de Motteville, dont le récit ne s'écarte pas trop de celui du cardinal de Retz, dit que « Molé l'approuva, et qu'il y corrigea même quelque chose qu'il jugea ne pas être selon l'ordre ; » ce qui est beaucoup plus vraisemblable. Elle ajoute que le *Discours* fut communiqué au duc d'Orléans dans l'oratoire de la reine, la veille du jour où il fut envoyé au Parlement, et que ce prince y corrigea deux articles qui ne pouvoient pas être prouvés contre le prince de Condé. »

1143. Discours sommaire de la vie du cardinal Mazarin. (S. l.), 1652, 20 pages.

Il peut avoir été imprimé en 1652; mais il ne va pas au delà de la majorité du roi, septembre 1651. C'est la Fronde qui l'adresse à *Messieurs composant les États généraux*.

1144. Discours sur ce qui est arrivé dans l'église de Paris, après la sortie de monsieur le cardinal de Retz de Nantes, avec la décision de la question si le Chapitre de Paris a pu prendre la jurisdiction, et nommer des grands vicaires. *Paris*, 1654, 16 pages.

1145. Discours sur l'entrevue du cardinal Mazarin et de monsieur d'Hocquincourt, gouverneur de Péronne. (S. l.), 1649, 15 pages.

Bonne pièce, à qui il ne manque que d'être rare.

La cour était à Amiens; et le siége de Cambray avait été levé. Si nous en croyons madame de Motteville, le cardinal voulait seulement se raccommoder avec d'Hocquincourt; et il ne songeait pas à lui enlever sa place. Le voyage réussit pleinement.

« Que tous les François cessent donc de crier que les princes remettent, dans leurs maisons, les puissances de celles d'Orléans et de Bourgogne; qu'ils veulent faire passer leurs gouvernements à leur postérité, et les rendre biens patrimoniaux de leurs familles. »

1146. Discours sur la conduite et sur l'emprisonnement de monsieur le cardinal de Retz. (S. l., 1653), 48 pages.

« Les grands se jettent dans l'Église pour soutenir leur grandeur par l'Église; mais il se jette dans l'Église par le pur mouvement de celui qui fait les vocations légitimes. » On peut juger du reste.

1147. Discours sur la députation du parlement à M. le prince de Condé. (S. l., 1649), 11 pages.

Un des pamphlets les plus hardis et les plus insolents de toute la Fronde, mais non les plus rares. Je ne sais qui y est le plus maltraité, du Parlement ou du prince, qui est pourtant qualifié « de monstre né pour la ruine et la désolation de son pays. »

Voici un passage bien remarquable : « Le temps viendra, sans doute, que vous aurez besoin de réclamer la protection du Parlement, que vous avez voulu opprimer... Ce sera lorsque vous implorerez en vain l'ordonnance de la sûreté publique, que vous avez violée ; et ce peuple innocent, que vous avez voulu faire périr par la faim, se rira de votre disgrâce et écoutera avec joie, ou tout au moins avec indifférence, la nouvelle de votre prison et le traitement rigoureux que l'on vous fera ressentir. »

On sait que la prophétie fut pleinement accomplie quelques mois après.

C'est de ce pamphlet qu'Omer Talon dit, page 359 de ses *Mémoires*, coll. Michaud : « Contre laquelle députation il y eut un libelle injurieux, qui fut imprimé ; de l'impression duquel un particulier ayant été accusé, faute de preuve ou autrement, ce particulier ne fut pas condamné, ni au Châtelet, ni au Parlement. »

Le particulier accusé était Bernard de Bautru, avocat au conseil privé. J'aurai à parler de son procès, quand viendra le *Factum* qu'il a publié pour sa défense ; et je signalerai les erreurs que Mailly a commises en ce qui le concerne, page 611 de son deuxième volume.

Mailly a, d'ailleurs, raison de dire que le *Discours* « ne pouvoit partir que de la main du plus déterminé frondeur, et qu'il étoit aussi injurieux à Condé qu'au Parlement. »

L'auteur s'appelait Portail ; il était conseiller au Parlement. De la cabale du cardinal de Retz, il fut décrété de prise de corps, avec le marquis de Laboulaye, dans l'affaire de l'assassinat du prince de Condé. C'est lui qui écrivit la *Défense du coadjuteur* dans la guerre de pamphlets par laquelle se termina la retraite fameuse de ce prélat. Le cardinal de Retz, dans ses *Mémoires*, page 258, coll. Michaud, l'appelle un habile homme ; et il dit que la *Défense du coadjuteur*[1] est d'une très-grande éloquence.

[1] Je ne la connais que par ce passage des *Mémoires*.

L'auteur du *Caprice sur l'état présent de Paris*, qui n'était pas de la Fronde, il est vrai, nous a laissé, de Portail, un portrait repoussant :

« Ce bouc pourri, puant comme un ail,
Ce visage fait à l'antique,
Où la barbe fait un émail
D'une rougeur sudorifique. »

C'est J. Boucher qui a imprimé le *Discours*. Plus alerte que Bautru, il avait pris la fuite dès qu'avaient commencé les poursuites du procureur du roi.

1148. Discours sur la sûreté demandée par madame la Princesse, à messieurs du Parlement, contre le cardinal Mazarin. (S. l., 1650), 14 pages.

1149. Discours sur le gouvernement de la reine, depuis sa régence. *Paris*, Claude Hulpeau, 1649, 8 pages.

Après la paix de Saint-Germain, mais avant le retour du roi.

« Ils ne demandent la paix sur la terre que pour faire la guerre au ciel. »

« Les uns parlent ou écrivent parce qu'ils n'ont point de part au gouvernement du royaume; les autres, par une mauvaise inclination, et parce qu'ils ne trouvent bien que ce qu'ils font. Il y en a qui tirent de l'argent de leurs écrits, et quelques autres qui ne savent pourquoi ils font du bruit. »

Ce *Discours* mériterait d'être recherché, quand même il serait moins rare.

1150. Discours sur le sujet des défiances de monsieur le Prince, qui l'ont obligé de se retirer à Saint-Maur. *Paris*, 1651, 24 pages.

1151. Discours sur plusieurs points cachés et importants de l'État, touchant la nouvelle conduite du cardinal Mazarin, découvert (*sic*) au roi par un page de la reine, pendant le séjour de Pontoise, et du depuis envoyé par écrit, à Paris, à un de ses plus intimes amis. *Paris,* 1652, 24 pages.

Plus rare que curieux.

1152. Discours véritable d'un seigneur à son fils, qui vouloit suivre le parti de Mazarin. *Paris,* Arnould Cottinet, 1649, 8 pages.

1153. Discours véritable sur le gouvernement de l'État, où l'on voit les ruses et les trahisons desquelles le cardinal Mazarin s'est servi, pour se rendre nécessaire auprès de Leurs Majestés. (S. l.), 1649, 32 pages.

C'est une des premières pièces de la Fronde, mais non des meilleures.

1154. Discussion (la) des quatre controverses politiques : 1° si la puissance du roi est de droit divin, et si elle est absolue ; 2° si les rois sont pardessus les lois ; 3° si les peuples ou états généraux ont pouvoir de régler leur puissance ; 4° si, dans l'état où se trouvent maintenant les affaires, on peut faire un régent ou lieutenant pour le roi. (S. l., 1652), 24 pages.

Voici les décisions de l'auteur :

La puissance des rois est de droit divin naturel, et non positif.

Elle est absolue en ce sens qu'elle ne dépend d'aucune autre ; mais elle doit avoir égard au bien public.

Le roi est supérieur aux lois, mais non pas naturelles ou divines. *Deum ama, et fac quod volueris.* (Saint Augustin.) Ne touchez au bien et respectez l'honneur de vos sujets.

Les états généraux ont le droit de redresser la conduite du roi qui ne tient compte du bien public, quoique le roi, *formaliter*, soit au-dessus du peuple.

On ne peut faire de régent ou lieutenant pour le roi que dans trois cas : minorité, maladie mentale ou absence. Cependant il est permis de proclamer la lieutenance générale du duc d'Orléans !

Cette *Discussion* est donc de 1652, au mois de juillet. Mailly qui la cite, dans la note de la page 60 de son Ve volume, l'avait évidemment mal lue, puisqu'il dit que l'auteur résout les deux dernières questions par la négative.

1155. Disgrâce (la) de Mazarin, avec ses préparatifs à une honteuse fuite. L D C F. *Paris*, 1652, 8 pages.

Il n'est pas, le moins du monde, question de disgrâce; mais l'auteur demande, à grands renforts d'injures, un Brutus ou un Vitry pour tuer Mazarin.

1156. Disgrâce (la) du cardinal Mazarin, arrivée depuis la conférence de Ruel. *Paris,* veuve André Musnier, 1649, 8 pages.

Les courtisans paraissaient devant Mazarin le chapeau sur la tête et commençaient à l'appeler monsieur.

1157. Disgrâce (la) du courtisan ou la Bouffonnerie fortunée. (S. l.), 1649, 6 pages.

Signé : *le Courtisan inconnu*.

1158. Disgrâce (la) du maréchal de Turenne, avec les motifs de sa retraite, ou les justes raisons qui l'ont obligé de quitter le commandement de l'armée Mazarine. *Paris*, S. Le Porteur, 1652, 8 pages.

Il fallait que ce mensonge fût de nature à produire un grand effet sur les Parisiens, puisqu'il fait le sujet d'un autre libelle intitulé : *Relation véritable de ce qui s'est passé à Pontoise en la disgrâce du maréchal de Turenne*, etc. Il avait probablement pour prétexte le bruit qui s'était répandu, que Mazarin avait été mécontent du maréchal au combat du faubourg Saint-Antoine.

1159. Divers arrêts de la cour de parlement, tant sur la venue de l'héraut (*sic*), procès du chevalier de La Valette, qu'autres affaires, des 12, 13, 15 et 16 février

1649. *Paris*, par les imprimeurs et libraires ordinaires du roi, 1649, 7 pages.

Le 13, arrêt pour procéder à l'interrogatoire du chevalier; le 15, arrêt qui ordonne la continuation des poursuites, malgré la lettre du prince de Condé, et qui renvoie cette lettre aux commissaires. Le moine qui était dans le carrosse du chevalier de La Valette, s'appelait Sébastien Larmet, de l'ordre des Récollets. Le 16, arrêt qui défend, aux maires et échevins du ressort, d'obéir à d'autres arrêts et ordres que ceux du Parlement.

1160. Diverses pièces de ce qui s'est passé à Saint-Germain-en-Laye, le 23 janvier 1649 et suivants. (S. l., 1649), 20 pages.

La première pièce est la déclaration du roi contre les princes, ducs et seigneurs parlementaires.

La seconde intitulée : *Suite de ce qui s'est passé à Saint-Germain-en-Laye*, est la pièce, sans titre ni date, qui commence par ces mots : « *Le roy veut que le Parlement sorte de Paris*, etc. »

Comme elle avait été publiée dans l'intérêt et par l'ordre de la cour, l'éditeur parisien, qui voulait se mettre en règle avec la justice de la Fronde, y a ajouté cette seule ligne : « Par cet écrit, l'on peut juger des intentions qu'ont les ennemis du Parlement. »

Voir *Pièce sans titre ni date*, etc.

1161. Diverses pièces sur les colomnes (*sic*) et piliers des maltôtiers, et les vingt rimes sur leur patriarche. *Paris*, Jacques Guillery, 1649, 8 pages.

Douze pièces assez médiocres: épigramme, rondeau, etc.. La première est celle qui est appelée au titre : *les Vingt rimes sur le patriarche* des maltôtiers. C'est peut-être la meilleure; mais ici elle a *vingt et une rimes;* et elle est remplie de fautes typographiques.

J'en ai rencontré, à la bibliothèque de Sainte-Geneviève, une copie manuscrite, qui ne compte que vingt vers, et dont le texte est correct. J'ai vu que, si elle n'a pas trois rimes qui sont dans l'imprimé, elle en a, en revanche, deux qui n'y sont pas. Celles-ci forment justement le début de la pièce :

« Dedans le Parlement, cet homme que l'on hue,
Qui d'un lieu sacrosaint a fait une cohue.... »

Les vers ajoutés dans l'imprimé, sont, après le 17e :

« De son abaissement, sa fortune est venue :
Sa seule lâcheté l'a toujours maintenue ;
On sait par quels ressorts ce colosse remue ;... »

et après le 19e :

« Son nom se trouve *cher* au milieu de la rue ;
La voie de la vertu il n'a jamais connue. »

Quant aux fautes typographiques, je n'en signalerai que deux. Le 3e vers est imprimé de la manière suivante :

« Il est *doux à seller ;* il ne mord, ni ne rue. »

le manuscrit porte : « il est *doux au sceller...*

On va savoir, tout à l'heure, pourquoi cette dernière leçon est préférable. On a pu remarquer plus haut que le 19e vers n'a pas de sens ; mais c'est que, dans l'imprimé, le mot *cher* a été substitué au mot *écrit*.

Il s'agit du chancelier Séguier, qui avait été intéressé dans le parti des boues, et qui y avait gagné, dit je ne sais plus quel pamphlétaire, dix-neuf cent mille livres de rente !

« Son nom se trouve écrit au milieu de la rue. »

La pièce intitulée : *Sur le bonhomme d'Hémery,* se retrouve dans l'*Origine des partisans*, etc. ; et le sonnet sur les écuries de Mazarin, dans l'*Oygnon,* etc.

1162. Divertissements (les) du carnaval, ou Ode bachique sur l'éloignement du cardinal Mazarin et le prochain retour des princes. *Paris,* 1651, 7 pages.

Signé C. C.

On avait. . . . . . « des verres à la fronde
Façonnés en nid d'Alcyon. »

Il y en a une autre édition, intitulée : *Ode bachique*, etc. ; et Sautereau de Marsy l'a reproduite dans son *Nouveau siècle de Louis XIV,* t. I, p. 292.

1163. Divine révélation, arrivée à un bon religieux, du retour de la paix. *Paris*, 1649, 7 pages.

1164. Divines (les) révélations et promesses faites à saint Denys, patron de la France, et à sainte

Geneviève, patronne de Paris, en faveur des François contre le tyran Mazarin, apportées du ciel en terre par l'archange saint Michel. *Paris*, Claude Boudeville, 1649, 8 pages.

Les révélations ont été posées sur le grand autel de Saint-Denys et celui de Sainte-Geneviève, où on les a trouvées, écrites en lettres d'or sur un papier merveilleux, de couleur azurée, qui disparut au moment qu'on en eut fait des copies. A leur insignifiance, il faut soupçonner les copistes d'infidélité.

1165. Divins (les) articles de la paix générale. *Paris*, veuve Jean Remy, 1649, 16 pages.

Gloses sur quelques paroles des psaumes, divisées en dix articles.

1166. Doctrine catholique et véritable de M. Mercier, touchant l'observation du carême, et les motifs pourquoi monseigneur l'archevêque a permis l'usage de la viande. *Paris*, Claude Boudeville, 1649, 7 pages.

Ce M. Mercier est un pauvre écrivain. J'ai vu de lui sept autres pièces, et peut-être huit : 1° Le *Trône royal et magnifique de Louis XIV*; 2° le *Panégyrique royal de Louis XIV*; 3° le *Panégyrique à l'honneur du roi*, etc.; 4° la *Lettre d'État de M. Mercier, envoyée à la reine*; 5° le *Parallèle du duc de Beaufort avec le roi David*; 6° le *Triomphe de la paix*; 7° la *France prosternée aux pieds de la Vierge*.

Est-ce le même auteur que Mercier de Poissy? dans ce cas il faudrait ajouter la *Lettre du sieur Cermier de Sypois au duc d'Orléans*, etc.

Les pamphlets de Mercier n'ont aucune valeur, ni politique, ni littéraire. Dans le *Panégyrique à l'honneur du roi*, il déclame contre les flatteurs; et il appelle Louis XIV un chef-d'œuvre de la nature! Il fait, de Mécène un conseiller d'Alexandre, et d'Anacréon, un politique. Pour le dire en passant, ces deux lourdes bévues doivent apparemment le distinguer de Mercier de Poissy qui était sous-principal au collége de Navarre. Dans le *Parallèle du duc de Beaufort avec le roi David*, il demande pardon au roi des halles de le comparer à un berger.

Il y a pourtant de ces pamphlets qui ne sont pas communs, par exemple la *Doctrine catholique*.

1167. Doctrine (la) chrétienne des bons François. *Paris*, N. D., dit Gassion, 1652, 7 pages.

Mazarin venait de rentrer en France avec l'armée commandée par le maréchal d'Hocquincourt. L'auteur, qui est bon royaliste pourtant, dit que celui qui le tuera n'encourra pas l'infamie du meurtrier, qu'il sera le libérateur de la patrie!

« Quand l'État ou la République (par ces termes, j'entends les gens de bien) est en danger, pour lors le roi peut et doit disposer des corps et des biens des particuliers pour l'en retirer. Hors ces cas et faits, les corps ni les biens ne sont point au roi. »

Remarquable et peu commune.

1168. Dæmon Julii Mazarini in Gallos, ad lectores :

« Hic Mazarinus adest ; sed qualem creditis ! ô si
Vota mihi cedant, sic Mazarinus eris ! »

Parisiis, apud viduam Theod. Pépingué et Steph. Maucroy, 1649, 32 pages.

C'est un recueil de vers latins sur les barricades, sur Broussel et Servin, sur l'enlèvement du roi, sur Mazarin, sur ses nièces, etc.

« Intolerabilius nihil est quàm fœmina regnans,
Lege carens omni, dùm furit imperio. »

2e *pièce*.

« Tres tibi sunt neptes, damnat quas fama puellas :
Non credo ; ast verum dicere posse velim. »

M. Oettingen, dans ses *Archives historiques*, attribue ces vers, je ne sais sur quel fondement, à un certain J. Albert dont il ne donne d'ailleurs que le nom.

1169. Doléances (les) de la noblesse de Provence au roi. (S. l., 1651), 11 pages. *Rare*.

Pour le comte d'Alais.

La noblesse accuse le Parlement de républicanisme. « Il a loué les Anglois, dit-elle, d'avoir aboli la royauté. »

Ce pamphlet a paru également sous le titre de *les Plaintes de la noblesse de Provence*, etc.; on l'a combattu par la *Réponse du fidèle Provençal*, etc.

1170. Donjon (le) du droit naturel divin contre toutes les attaques des ennemis de Dieu et de ses peuples, donnant la camusade au très-illustre grammairien de Samothrace.

« Revelatur ira Dei de cælo, super omnem impietatem « et injustitiam hominum eorum qui veritatem Dei « in injustitiâ detinent. » AD ROM., cap. I, vers. 18. *Paris*, 1649, 12 pages.

Voir la *Lettre d'avis à MM. du Parlement, écrite par un provincial.*

1171. Donneur (le) d'avis aux partisans, sortant du cabinet des idées. *Paris*, 1649, 10 pages.

Signé L. G.

1172. Donnez-vous (le) de garde du temps qui court. *Paris*, 1652, 11 pages.

Réimpression d'un pamphlet publié sous le même titre, s. l. n. d. (environ 1615).

1173. Douceurs (les) de la paix et les horreurs de la guerre. *Paris*, Claude Huot, 1649, 11 pages.

1174. Doux (les) entretiens d'un caporal de la ville, étant en garde, en vers burlesques. *Paris*, Pierre Targa, 1649, 8 pages.

C'est une satire de la milice bourgeoise qui pourrait être plus spirituelle.

« La justice et les généraux
Ont tant fait que la paix est faite. »

1175. Duc (le) de Beaufort aux bons bourgeois de Paris. Cinquième affiche. Le 30 juillet 1651.

Pendant cette maladie du duc de Beaufort, qui causa tant d'émotion dans Paris, et que la populace attribuait à un empoisonnement.

Le duc cautionne le prince de Condé auprès des Parisiens ; et il laisse entendre qu'il aurait bien pu être empoisonné !

Cette affiche a été publiée en pamphlet, dans le même temps, sous le même titre, s. l. n. d., 7 pages. Elle n'en est pas plus commune.

1176. Duel (le) de M. le duc de Beaufort justifié par l'innocence de ses mœurs, par le succès de ses armes, et par sa fidélité incorruptible envers les bourgeois de Paris, avec le parallèle de ses actions et de celles du coadjuteur, pour servir de preuve à ses (*sic*) trois raisonnements. *Paris,* 1652, 32 pages.

Très-pauvre pamphlet, où je ne vois de neuf qu'une anecdote, qui est un odieux mensonge : « Si le duc de Beaufort a été mis à la Bastille, c'est qu'il avoit vu Mazarin dans la chambre de la reine, assis sur une chaise dans la ruelle du lit, et qu'il avoit entendu ses discours amoureux... »

1177. Échelle (l') des partisans, en vers burlesques. (S. l.), 1649, 15 pages.

On y trouve une trentaine de vers assez bien tournés.

« Les parchemins et les papiers
Sont rendus vieux par artifice.
On les enfume, et on les plice (*sic*) ;
On les casse bien proprement,
Pour en faire un beau monument
De vieillerie et d'antiquaille. »

Il a paru, en 1651, une contrefaçon de l'*Échelle*, sous le titre de *Réponse au* Catéchisme des partisansc.

1178. Écho de la France troublée par le déguisé Mazarin, représenté par la figure d'un ours, par le sieur Barroys. *Paris*, Nicolas Vivenay, 1649, 8 pages.

Moitié prose, moitié vers ; le tout fort ridicule.

1179. Écho (l') du temps, touchant les divers changements de la fortune de Mazarin. *Paris,* 1652, 15 pages.

1180. Écho (l') lugubre de la France, avec l'oppression de la ville de Paris, et les ruses du renard sicilien découvertes. *Paris*, Jacques Guillery, 1649, 7 pages.

1181. Éclaircissement de quelques difficultés touchant l'administration du cardinal Mazarin. Première partie. Par le sieur de Silhon. *Paris*, de l'imprimerie royale, 1650, in-folio.

On sait que la seconde partie n'a jamais été publiée.

« Cet ouvrage, apparemment, aura quelque durée, dit Silhon lui-même dans un placet au roi, que cite l'historien de l'Académie; et il fit un effet considérable sur l'esprit même des plus mal intentionnés. » J'accepte ce jugement pour ma part. Le livre de Silhon est écrit froidement, mais non sans une certaine habileté. Il faut bien remarquer, d'ailleurs, qu'il avait le plein assentiment du cardinal Mazarin.

Il en parut, en 1651, deux éditions, l'une *jouxte la copie à Paris*, etc., petit in-12 (Hollande, Elzevier), l'autre à Rouen, par la société, in-4. Elles contiennent toutes deux l'*Avis aux Flamens* (sic), que Silhon regardait comme une sorte de complément de son livre, et qu'il avait compris dans la première édition.

J'ai un exemplaire *in-folio* dans lequel on a conservé deux pages de la première rédaction de l'auteur, qui ont été modifiées avant la publication (car les passages supprimés ne se retrouvent pas dans les deux éditions de Rouen et de Hollande), mais après le tirage. Les corrections semblent de peu d'importance. En voici pourtant une qui mérite peut-être d'être signalée : Silhon avait dit au XXIIIe chapitre du livre Ier, page 191 de l'édition *in-folio :* « Cette conquête... (de Piombino et de Portolongone) a affaibli la puissance que l'Espagne avoit dans le conclave, pour des considérations qu'il seroit trop long de rapporter ici, et qui se toucheront au doigt aux promotions futures des papes. » Sur le carton il a ajouté : « si cette conquête nous demeure. » Cette variante pourrait aisément devenir le texte d'un commentaire dont tous les développements sont dans les pamphlets de la Fronde ; mais après avoir longuement disserté, nous trouverions probablement qu'elle a été dictée par la plus vulgaire prévoyance. Il était certes permis de penser qu'à la paix, la France rendrait Portolongone et Piombino, d'autant mieux qu'elle avait de plus utiles conquêtes à garder.

Le livre de Silhon a été traduit en latin, et imprimé à la suite de l'*Histoire du cardinal de Richelieu,* Wurtzbourg, 1662, in-8.

On voit, dans le *Journal du Parlement,* qu'il fut dénoncé, dans la séance du 27 février 1651, par le président Le Coigneux; mais je ne sache pas qu'aucune poursuite ait été ordonnée.

1182. Éclaircissement des affaires du temps présent, envoyé par un secrétaire de monseigneur le Prince. *Paris,* Jacob Chevalier, 1652, 15 pages.

Ce sont des détails curieux sur ce que Mazarin a fait en Languedoc, M. le prince en Guyenne, Du Dognon à la Rochelle, etc. L'*Éclaircissement* ne concerne que la guerre de Guyenne, qui venait de commencer.

1183. Écueil (l') de la royauté, ou la Politique du conseil, où l'on verra, dans un raisonnement pathétique, 1° que le conseil nous fait appréhender le retour du roi, lorsque nous le désirons avec passion, et qu'il veut le faire revenir en tyran, lorsque nous demandons qu'il revienne en roi; 2° que le conseil fait appréhender ce règne, en ce qu'il ne veut pas que le roi relâche même dans les choses qui sont les plus contraires à l'avantage des peuples; 3° que le conseil fait mépriser le roi, en ce qu'il le fait parler fièrement, lors même qu'il n'a pas assez de force pour vouloir ce qu'il veut; 4° que le conseil fait agir le roi, non pas pour établir les intérêts de la royauté, mais pour établir les intérêts de ses ministres; 5° que le conseil semble dégrader le roi, en ce qu'il le fait agir en sujet ambitieux qui veut s'établir par complot et par intrigue,

Par le sieur d'Orandre (Dubosc Montandré). (S. l., 1652), 32 pages.

Après la députation de Compiègne.

1184. Édit du roi portant amnistie de tout ce qui s'est passé à l'occasion des présents mouvements, à la charge de se remettre, dans trois jours, dans l'obéissance du roi, vérifié en parlement le 26 août 1652. *Pontoise*, Julien Courant, 1652, 15 pages.

Par l'arrêt de vérification, le Parlement excepte de l'amnistie : 1° les auteurs et complices de l'attentat fait à la justice, le 25 juin; 2° et ceux qui se trouveront coupables de l'incendie et des assassinats commis en l'Hôtel de Ville, le 4 juillet.

On en a publié une insolente critique sous le titre de : *Examen de l'écrit dressé par Molé*, etc.

1185. Édit du roi portant amnistie générale de tout ce qui s'est fait à l'occasion des mouvements passés jusques à présent, vérifié en Parlement, toutes les chambres assemblées au château du Louvre, publié, le roi y séant, le 22 octobre 1652. *Paris*, par les imprimeurs et libraires ordinaires du roi, 1652, 8 pages.

Il y en a une édition de Rouen, chez David du Petitval et Jean Viret, 1652, 8 pages.

1186. Édit du roi portant augmentation de 700,000 livres de gages héréditaires à tous les officiers, soit de judicature, de finance et autres généralement quelconques, vérifié en Parlement, le roi y séant, le dernier décembre 1652. *Paris*, par les imprimeurs et libraires ordinaires du roi, 1653, 6 pages.

Il fallait ajouter : à la condition de payer les taxes.

1187 Édit du roi portant décharge, aux officiers, de la

restitution et confirmation en leurs droits, lu, publié et registré en Parlement, le roi y séant, le dernier décembre 1652. *Paris*, par les imprimeurs et libraires ordinaires du roi, 1653, 7 pages.

1188. Édit du roi portant rétablissement des dix sols du gros pour muids de vin, et des deux sols pour livre, lu, publié et registré en Parlement, le roi y séant, le dernier décembre 1652. *Paris*, par les imprimeurs et libraires ordinaires du roi, 1653, 8 pages.

C'étaient des droits supprimés ou contestés en 1648 et 1649.

1189. Édit du roi pour création d'office et maréchaussée de France, vérifié en parlement, le roi y séant, le dernier jour de décembre 1652. *Paris*, par les imprimeurs et libraires ordinaires du roi, 1653, 35 pages.

Cette fois, il s'agissait de payer les Suisses.

1190. Édit du roi pour faire couper dans les forêts de Sa Majesté jusques à la somme de douze cents mille livres de bois, par ventes extraordinaires, vérifié en Parlement, le roi y séant, le dernier décembre 1652. *Paris*, par les imprimeurs et libraires du roi, 1653, 6 pages.

1191. Édit du roi pour l'extinction de la chambre de justice, vérifié en Parlement, le roi y séant, le dernier décembre 1652. *Paris*, par les imprimeurs et libraires ordinaires du roi, 1653, 12 pages.

1192. Édit du roi pour la taxe des francs fiefs et nouveaux acquêts, vérifié en Parlement, le roi y séant, le dernier jour de décembre 1652. *Paris*, par les imprimeurs et libraires ordinaires du roi, 1653, 24 pages.

1193. Édit du roi pour la vente et revente des domaines, et pour faire payer une année de revenu aux engagistes pour confirmation de leurs engagements, vérifié en Parlement, le roi y séant, le dernier décembre 1652. *Paris*, par les imprimeurs et libraires ordinaires du roi, 1653, 14 pages.

1194. Édit du roi pour le rétablissement des droits de Massicault, lu, publié et enregistré en Parlement, le roi y séant, le dernier jour de décembre 1652. *Paris*, par les imprimeurs et libraires ordinaires du roi, 1653, 6 pages.

1195. Édit du roi pour le rétablissement du demi-parisis des regrattiers, vérifié en Parlement, le roi y séant, le dernier jour de décembre 1652. *Paris*, par les imprimeurs et libraires ordinaires du roi, 1653, 10 pages.

1196. Édit du roi rétablissant des offices et droits supprimés par la déclaration du mois d'octobre 1648, vérifié en Parlement, le roi y séant, le dernier décembre 1652. *Paris*, par les imprimeurs et libraires ordinaires du roi, 1653, 10 pages.

1197. Édit et déclaration du roi portant confirmation des droits attribués aux jurés vendeurs et contrôleurs de vins en la ville et faubourgs de Paris, lu, publié et enregistré en Parlement, le roi y séant, le dernier décembre 1652. *Paris*, par les imprimeurs et libraires ordinaires du roi, 1653, 8 pages.

Douze édits du même jour. Le roi avait besoin d'argent après la guerre. Il battait monnaie en Parlement.

1198. Édit et déclaration du roi portant suppression

du contrôle et réglement sur le fait des bénéfices et du temps auquel les banquiers doivent insinuer les actes, pour conserver également les droits des patrons et collateurs ordinaires, et de ceux qui ont obtenu des grâces expectatives, lu, publié et enregistré au Parlement le 2 août 1649. *Paris*, Antoine Estienne, 1649, 32 pages.

1199. Effets (les) admirables de la providence de Dieu sur la ville de Paris, ou Réflexions d'un théologien, envoyées à un sien ami solitaire, sur les affaires du temps présent. *Paris*, Alexandre Lesselin, 1649, 12 pages.

1200. Éffroyable (l') accouchement d'un monstre dans Paris, et de ce qui s'est ensuivi après sa naissance. *Paris*, Jean Pétrinal, 1649, 6 pages.

Ce monstre est Mazarin.

« La musique cerbérine,
Chanter à la Mazarine,
Sur un agréable ton :
Il est à nous, Guéridon. »

Un guéridon était un distique satirique. On en avait fait un personnage dans les libelles de la minorité de Louis XIII.

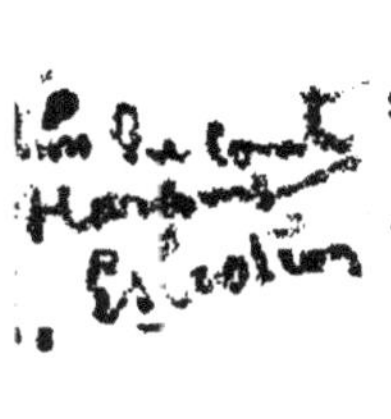

1201. Élégie de la France aux frondeurs, par le sieur Montfleury, comédien ordinaire du roi. (S. l., 1652), 4 pages.

« Le combat de Saint-Antoine et le massacre de l'Hôtel de Ville donnèrent lieu, à un poëte, d'exercer sa verve dans une élégie intitulée : *La France aux frondeurs*, où il déplore, dans des vers qui ne sont pas ceux de Racine, tous les désastres de sa patrie. Ce qu'il y a peut-être de moins mauvais dans cette pièce, dont il faut louer du moins l'intention, c'est l'article qui regarde le duc de Lorraine :

« Les Lorrains, enrichis de mes champs désolés,
Revendent, dans leur camp, les biens qu'ils m'ont volés ;

Et leur perfide prince, où vostre espoir se fonde,
Qui se trompe lui mesme en trompant tout le monde,
Ce juif errant, que Dieu ne peut voir sans courroux,
S'en reva sans combattre, et se moque de vous. »

MAILLY, note de la p. 444 de son Ve vol.

Ce jugement est comme la pièce; il n'en faut louer que l'intention.

Un imprimeur s'est emparé, la même année, des vers de Montfleury, et les a publiés, sans nom d'auteur, sous le titre de *la France aux frondeurs, élégie*. Mailly n'a évidemment connu que cette édition, qui est de beaucoup la plus commune.

1202. Élégie sur la jalousie des culs de la cour. (S. l., 1649), 7 pages.

Le poëte gémit sur les jalousies irritées par le tabouret de madame de Fleix.

Il faut y joindre les deux parties de la *Guerre des tabourets,* non pour avoir de bons vers, mais pour être complet.

1203. Éloge de monseigneur le duc de Beaufort, faite (*sic*) par la voix publique des habitants de la ville de Paris. *Paris,* Pierre Du Pont, 1649, 8 pages.

Daté du 7 mars, et signé Paris.

1204. Éloge (l') de monseigneur le prince de Conty. *Paris,* veuve d'Antoine Coulon, 1649, 7 pages.

1205*. Éloge (l') du clergé de Paris, à l'occasion de la prise et persécution de monseigneur son archevêque, où il est, depuis tantôt trois années, sous le nom du roi très-chrétien, très-peu chrétiennement.

AUBERY, *Histoire du cardinal Mazarin,* t. III, p. 480.

1206. Éloge du cœur royal de monseigneur le duc de Beaufort, pair de France, etc., et de ses généreuses actions à Saint-Denys. *Paris*, Nicolas Gasse, 1649, 8 pages.

Signé Roveyrol.

J'ai vu, de ce détestable écrivain, dont le nom est écrit ailleurs Roverol, deux autres pièces : 1. la *Lettre de consolation envoyée dans les Champs Élysées au sultan Hibraïm* (sic), etc.; 2. l'*Oracle des vertus héroïques et cardinales du prince de Conty*.

Si on en croit l'auteur de la *Liste des empereurs et des rois qui ont perdu la vie en leur royaume*, etc., Roveyrol ne serait rien moins que le *petit-fils* du dernier roi d'Arles.

1207. Éloge funèbre du R. Père Louis Bonnet, curé de S. Eulalie de Bourdeaux, de la congrégation de l'Oratoire, où il est traité du devoir des gouverneurs de la province. *Paris, jouxte la copie imprimée à Bordeaux,* 1651, 8 pages.

C'est assurément la pièce dont l'avocat général Dussaut dit, dans le *Jugement du curé bordelois :* « J'avois écrit l'éloge funèbre du père Bonnet; et mon fils avoit contribué de sa veine, qu'il appelle frondibulaire, cette épitaphe incomparable :

Ici gît le père Bonnet,
Homme de son nom *bon* et *net ;*

et nous avions fait imprimer nostre ouvrage. »

L'épitaphe n'est point de l'invention du pamphlétaire; car la voici telle qu'elle se trouve à la fin de l'*Éloge funèbre :*

Passant, cy gist Louis Bonnet,
Homme de son nom *bon* et *net*.
Aussi crois-je que de cet aage
Les malices et saletés
N'auroient pu souffrir davantage
Ses bontés et ses nettetés.

Rien n'autorise à dire que cette épitaphe n'est pas de Dussaut, le père ; et, sur ce point, le pamphlétaire a pu se tromper.

Sans aucun doute, il y a, de l'*Éloge*, une édition de Bordeaux ; mais je ne l'ai jamais vue. Je ne connais même, de l'édition de Paris, que l'exemplaire de la Bibliothèque de l'Arsenal.

« Et présumé-je que ceux qui, après son décès, ont ramassé ses écrits, en ont trouvé de très-beaux, nommément aucuns qui contiennent les relations de nos persécutions, et lesquels il destinoit pour justifier nos procédures, et pour estre une apologie du Parlement et de la ville de Bourdeaux contre les calomniateurs, s'il y en a maintenant que les vérités sont descouvertes. »

L'*Éloge funèbre* doit être consulté sur les prétentions du Parlement.

1208. Éloge royal présenté à Sa Majesté, sur la représentation d'Apollon et des neuf Muses au feu de joie fait, devant l'hôtel de ville, par messieurs les prévôt des marchands et échevins de Paris, en commémoration de la miraculeuse naissance du roi et de son agréable retour à Paris. *Paris*, Alexandre Lesselin, 1649, 7 pages.

Voir *Explication du magnifique dessin*, etc.

1209. Éloges (les) de la justice, à nos seigneurs du conseil, élégie. (S. l. n. d.), 7 pages.

Signé : Philodante.

1210. Éloges (les) et louanges des peuples adressées (*sic*) à monseigneur l'archevêque de Corinthe, coadjuteur de Paris, ensemble le progrès des armes des bons François, par le sieur Rozard. *Paris*, veuve Jean Remy, 1649, 8 pages.

1211. Embassade (*sic*) burlesque envoyé (*sic*) à Mazarin de la part de Pluton, où se voit, par dialogues, comme l'enfer lui reproche l'énormité de ses crimes. (S. l. n. d.), 12 pages.

Détestable et rare.

1212. Emblêmes (les) politiques présentés à Son Éminence. *Paris*, 1649, 7 pages.

Contrefaçon du *Secret à l'oreille d'un domestique de Mazarin à Mazarin*.

1213. Embrâsement (l') pitoyable arrivé dans la ville d'Yssoudun (*sic*) en Berry, où plus de six à sept maisons ont été consumées par le feu, avec plusieurs personnes et quantité de biens, ensemble l'incendie arrivé en la ville de Méru en Picardie, avec beaucoup de dommages à plusieurs bourgeois de Paris. *Paris*, André Chouqueux, (s. d.), 8 pages. *Rare*.

L'embrasement d'Issoudun eut lieu le 21 septembre 1651. Détails intéressants.

1214. Embrion, etc. Voir *Ambrion*.

1215. Endormi (l') resveillé (*sic*) s'adressant au grand frondeur désintéressé. (S. l.), 1652, 8 pages.

1216. Enfer (l') burlesque, ou le Sixième livre de l'Eneïde travestie et dédiée à mademoiselle de Chevreuse, le tout accommodé à l'histoire du temps. *Jouxte la copie imprimée à Anvers*, *Paris*, 1649, 36 pages, sans le titre, les épitres et l'avis au lecteur.

Les épîtres sont, toutes deux, adressées à mademoiselle de Chevreuse, l'une, en prose, signée C. M. C. P. D.; l'autre, en vers. L'*Enfer burlesque* a été publié après la paix de Saint-Germain; car 1° l'auteur dit que le retour de mademoiselle de Chevreuse est un des plus doux fruits de la paix (Ire épître); 2° je lis dans l'*Avis au lecteur :* « je me résolus à souffrir le débit d'un livre qui se ressent des derniers troubles. »

Ce n'est ni le sixième livre de Scarron, ni celui des trois Perrault. Il y a pourtant de la facilité, de l'esprit; et généralement les rimes y sont riches. L'auteur nomme Champagne, le coiffeur, l'abbé Le Normant, qui *parle avec science de la providence;* Gilles, le baigneur; et Godenot, dont il y est dit que, dans la soutane, on appelle les détours des procureurs les *godenot de la chicane*. Le mot était connu; mais savait-on bien qu'il vient de l'*Enfer burlesque?*

« On y voit (dans l'enfer des damnés) des parlementaires,
Et ceux qui troublent les affaires,

> Si parfois, et quand il le faut,
> Un roi veut lever un impôt. »

L'auteur cite, en marge de la p. 6, une chanson du temps qui commence ainsi :

> « Si vous n'êtes Italiens,
> Vous ne verrez pas l'Orphée. »

On reprochait à Mazarin de n'admettre aux spectacles de la cour que des Italiens.

1217. Enfer (l'), le purgatoire et le paradis temporel de la France. *Paris,* François Preuveray, 1649, 8 pages.

Pendant la conférence de Ruel : « on souffre la faim ; on va à la garde ; on dépense beaucoup ; et les gains sont fort petits. » Voilà la vie de Paris.

1218. Enfer (l') révolté sur l'étrange désordre qui y est arrivé, depuis peu, par les tyrans et les favoris des premiers siècles, où, par une merveilleuse application, toute l'histoire du temps présent se trouve parfaitement représentée. *Paris,* Pierre Variquet, 1649, 30 pages.

L'auteur dit qu'étant à Fontainebleau, six semaines environ après la déclaration du blocus, il rêva qu'il se trouvait en enfer, où il assistait à des disputes entre les rois et leurs favoris, les conquérants et les législateurs, les tyrans et les historiens. L'idée n'était pas mauvaise ; mais... la pièce n'est pas commune.

1219. Enigmes (les) royales de ce temps, présentés (*sic*) à Leurs Majestés. *Paris,* Pierre Du Pont, 1650, 14 pages.

Jupiter raconte à la nature, en très-mauvais vers, l'histoire abrégée des rois de France. Il dit de saint Louis :

> « C'est de lui que viendra la maison des Valois,
> Et celle des Bourbons, qui donnera des lois
> Aux princes de l'Asie, et pleine d'allégresse,
> *Des fers de Mahomet délivrera la Grèce.* »

La prophétie s'est accomplie : la Grèce a été délivrée par Charles X.

C'était, à cette époque, une opinion commune que l'Orient appelait l'influence, sinon la domination française. Je pourrais en emprunter plusieurs preuves aux pamphlétaires de la Fronde. Je n'en produirai qu'une seule. Dans la *Requête au maréchal de Villeroy*, etc., le poëte demande que l'on ramène au plus tôt le roi dans Paris,

« Avec monsieur le duc d'Anjou,
Qui sans doute doit, sous son joug,
Soumettre le Croissant de Grèce. »

Quarante ans plus tôt, Régnier écrivait son discours à Henri IV; et il y disait :

« Attendant que ton fils, instruit par ta vaillance,
Dessous tes étendarts sortant de son enfance,
Plus fortuné que toi, mais non pas plus vaillant,
Aille les Ottomans jusqu'au Caire assaillant,
Et que, semblable à toi, foudroyant les armées,
Il cueille avec le fer les palmes idumées. »

Dans le ballet de la *Nuit*, exécuté sur le théâtre du Petit-Bourbon, vers la fin de février 1653, Benserade fait dire à Louis XIV, qui y paraissait sous la figure d'un soleil levant :

« Quand j'aurai dissipé les ombres de la France,
Vers les climats lointains ma clarté paraissant
Ira, victorieuse, au milieu de Bysance
Effacer le Croissant. »

Ce que je veux conclure de ces citations, c'est que les peuples gardent longtemps leurs traditions et leurs souvenirs.

Pour les pamphlétaires de la Fronde, il ne s'agit ni de Constantinople, ni du Caire, mais de la Grèce. Cela s'explique par l'expédition que tenta le duc de Nevers en 1619, expédition combinée avec un projet d'insurrection dans le Magne, et sur laquelle M. Berger de Xivrey a publié, en 1841, des détails fort curieux et des documents complétement inédits. Cet écrit, lu à l'Académie des inscriptions et belles-lettres, a paru dans la *Bibliothèque de l'école des chartes* (juillet-août 1841), sous le titre de : *Mémoire sur une tentative d'insurrection organisée dans le Magne, de* 1612 *à* 1619, *au nom du duc de Nevers.* Il en a été tiré à part quelques exemplaires.

1220. Enigmes sur le *Te Deum* qu'on a chanté pour la paix. (S. l.), 1649, 7 pages.

1221. Entrée (l') de l'armée du duc de Lorraine en France, et sa marche pour se joindre à celle de Son Altesse Royale, commandée par monseigneur le duc de Beaufort. *Paris*, Philippe Clément, 1652, 7 pages, à la Sphère.

1222. Entrée de l'armée du roi dans les Pays-Bas, commandée par M. le maréchal d'Aumont, avec la défaite des Espagnols au passage de la rivière du Lys. *Paris*, 1651, 6 pages. *Rare.*

Lettre écrite du camp de Gorges, le 2 juillet 1651, et signée H. D.

1223*. Entrée (l') de Leurs Majestés à Bordeaux. *Paris*, 1650.

Bib. hist., 23181.
Extrait de la *Gazette*.

1224. Entrée (l') de monsieur le marquis de La Boulaye dans la ville du Mans, et la honteuse fuite des Mazarinistes, en vers burlesques. *Paris*, Mathieu Colombel, 1649, 7 pages.

Au bas de la 7e page, on lit la date de la pièce en six vers dont voici le premier :

« Fait à Paris en mars six cent quarante-neuf. »

Il y a bien un peu d'esprit, mais pas trop.

1225. Entrée (l') du roi dans son Parlement, pour la déclaration de sa majorité. *Paris*, Nicolas Jacquard, 1651, 15 pages.

Ce médiocre pamphlet se termine par un sonnet non moins médiocre, signé Du Teil.

« Enfin, c'est aujourd'huy que vous avez d'années
Autant que ce sonnet vous présente de vers. »

La belle chute!

Plus tard on a retranché le sonnet; on a ajouté la lettre du prince de Condé; et on a publié :

1226. Entrée (l') du roi dans son Parlement pour la déclaration de sa majorité, ensemble la lettre écrite au roi par M. le Prince sur le sujet de son absence à l'action de sa majorité. *Jouxte la copie imprimée chez Nicolas Jacquard*, 1651, 8 pages.

1227. Entrée (l') et la marche de l'armée de monseigneur le duc d'Orléans, commandée par M. le duc de Nemours, avec la défaite de quatre cents chevaux du duc d'Elbeuf, et la posture du cardinal Mazarin à la cour. *Paris*, Jean Brunet, 1652, 7 pages. *Rare.*

1228. Entrée (l') magnifique et triomphante de Mardi Gras dans toutes les villes de son royaume, avec les réjouissances de toutes les harangères de Paris, et les arrêts donnés tant contre les critiques, rabatjoies, mauplaisants et troublefêtes, ensemble les privilèges octroyés à tous bons frippelippes, patelins, rabelistes et enfants sans souci. *Paris*, 1650, 11 pages. *Très-peu commune.*

1229. Entrée (l') pompeuse et magnifique du roi Louis XIV en sa bonne ville de Paris, par N. J. T. *Paris*, Arnould Cottinet, 1649, 8 pages.

Nicolas Jamin, Tourangeau, qui ne se fait connaître ici que par ses initiales, est aussi l'auteur : 1° du *Vive le roi des Parisiens*, etc.; 2° du *Paranymphe du roi*; et 3° des *Gabelles épuisées*, etc. Toutes ces pièces n'ont pas grande valeur. La dernière pourtant contient des anecdotes historiques de quelque intérêt.

Je ne sais pas si des liens de parenté attachaient Nicolas à Amadis' Jamin ; mais, à coup sûr, son devancier ne lui avait pas transmis le don de la poésie.

1230. Entrée (l') royale de Leurs Majestés dans leur bonne, célèbre et fidèle ville de Paris, avec les protestations et réjouissances de tous ses bourgeois et habitants, présentée à Leurs Majestés. *Paris*, Guillaume Sassier, 1649, 7 pages.

1231. Entremises (les) de Son Altesse Royale et de l'archiduc Léopold pour la paix générale d'entre la France et l'Espagne. *Paris*, 1650, 7 pages.

1232* Entretien d'un avocat et d'un marchand sur les affaires de Provence.

C'est le titre sous lequel Bouche, dans son *Histoire de Provence*, t. II, p. 975, parle du pamphlet qui suit :

1233. Entretien d'un gentilhomme, d'un avocat et d'un marchand sur les divisions du Parlement, et les affaires du temps. (S. l.), 1652, 20 pages. *Très-rare.*

Ce pamphlet a paru au mois de janvier 1652. Il est en faveur des magistrats du Parlement d'Aix qui tenaient le parti des princes, et qu'on appelait les *Sabreurs*. Il répond à la *Vérité manifestée*, etc.

1234. Entretien d'un Parisien et d'un Gascon sur le sujet des affaires de Bordeaux. (S. l.), 1650, 10 pages.

Moins intéressant que rare.

1235. Entretien de Fanchon, Toinon et Nichon, sur l'arrivée de leurs galants, pièce morale, par le sieur Baugion. (S. l.), 1650, 14 pages.

« Le siècle est si pervers et si dépravé que si j'avois mis une intitulation sainte à ces remontrances chrétiennes, on m'auroit appelé trouble fête, bigot, mangeur de chapelets ; au lieu qu'en ayant mis une burlesque, elle sera débitée beaucoup mieux. » L'idée est originale au moins ; et la pièce n'est pas commune.

On était en carnaval.

1236. Entretien de la crosse et de la fronde avec le bonnet rouge. (S. l.), 1651, 7 pages.

La crosse, c'est le coadjuteur; la fronde, le duc d'Orléans; le bonnet rouge, Mazarin. Plus grossier que spirituel; mais peu commun.

1237. Entretien (l') de Mazarin avec M. de Bar, gouverneur de la citadelle du Hâvre de Grâce, avec sa confession générale, faite à messieurs les princes avant leur sortie dudit Hâvre, et ses regrets de quitter la France. *Paris*, 1651, 8 pages.

Il n'y a pas d'entretien avec M. de Bar, et Mazarin ne se confesse pas aux princes; mais il se confesse assez sottement. Je n'aurais rien dit de ce pamphlet s'il était plus commun.

1238. Entretien de monsieur le duc de Vendôme avec messieurs les ducs de Mercœur et de Beaufort, ses enfants. (S. l.), 1649, 10 pages.

Sur le projet de mariage du duc de Mercœur avec la nièce de Mazarin.

1239. Entretien (l') des Muses, à monseigneur le prince de Condé, sur ses victoires et son retour à Paris. *Paris*, Noël Poulletié, 1652, 7 pages.

1240. Entretien (l') du cardinal Mazarin avec ses nièces. (S. l.), 1651, 8 pages.

Rare et détestable.

1241. Entretien (l') familier du roi avec monsieur le duc d'Anjou, son frère, fidèlement recueilli par un des officiers de Sa Majesté. *Paris*, Henry Sara, 1649, 8 pages.

Il y a ici quelque modération. Le roi est frondeur. Il traite Mazarin de tyran, et parle de se mettre entre les mains des princes parlementaires; mais sa mère n'est point injuriée.

Le pamphlet qui suit, est au contraire insolent contre la reine jusqu'à la bêtise. Le roi fait de sottes questions à sa mère, qui y répond crûment dans le sens des opinions de la Fronde ; c'est-à-dire qu'elle s'accuse de cruauté, d'hypocrisie et de libertinage.

1242. Entretien (l') familier du roi et de la reine régente, sa mère, sur les affaires du temps. *Rouen*, 1649, 12 pages.

Le second titre se continue ainsi : *Avec l'avis de M. le duc d'Anjou au roi, présenté à Sa Majesté par un fidèle officier de sa maison, à Saint-Germain en Laye, le jour des Cendres* 1649.

Voici une anecdote fort plaisante, que je ne garantis pas : la chancelière avait fait ôter, de ses Heures, les commandements de Dieu qu'elle trouvait trop vieux pour elle.

On a réimprimé à Paris, en 1649, l'*Entretien familier* avec les *Généreux sentiments des véritables François sur la conférence et la paix de Ruel*, etc.

1243. Entretien politique de Jaquelon et de Catau sur le retour du roi. (S. l.), 1649, 8 pages.

Le roi était à Amiens.

« Je gage que les colporteurs vendront notre entretien pour un sol tapé (une pièce de six liards.) »

1244. Entretien secret de messieurs de la cour de Saint-Germain avec messieurs de la cour de Parlement de Paris. *Paris*, Jean Hénault, 1649, 23 pages.

Ce n'est pas un entretien ; c'est un discours de messieurs de la cour de Saint-Germain. Il y a quelque raison, de l'énergie, mais de la passion surtout. Messieurs de Saint-Germain demandent au Parlement ce qu'il a fait contre le jansénisme « pire que la guerre, la peste et la famine. »

Et ailleurs ils s'écrient : « Comment souffrez-vous qu'on dise qu'il faut faire un dieu nouveau, et que celui que nous adorons, est trop vieux ? » On lit à la marge d'un exemplaire de la Bibliothèque de Sainte-Geneviève, d'une écriture contemporaine : *Parole du prince de Condé.*

L'auteur de l'*Infidélité du Prince* attribue en effet au prince de Condé un propos à peu près semblable ; il lui reproche d'avoir dit que « l'Être éternel étoit trop vieux. »

1245. Entretien (l') secret du cardinal Mazarin avec la république d'Angleterre, intercepté par le comte d'Acrive, et envoyé à la cour. (S. l.), 1651, 16 pages.

C'est une lettre de Mazarin aux Anglais, lettre par laquelle il leur demande un asile, leur promettant en retour ses conseils contre la France, et assez d'argent pour lui faire la guerre.

Elle a paru dans le même temps sous le titre de : *la Relation extraordinaire contenant le traité de Mazarin avec le Parlement d'Angleterre*, etc.

1246. Entretiens (les) amoureux d'un jeune meunier de Vaugirard avec la veuve d'un pâtissier du même village. (S. l. n. d.), 4 pages.

1247. Entretiens (les) burlesques de Me Guillaume, le savetier, avec sa ribaude maîtresse, dame Ragonde. (S. l.), 1649, 8 pages.

Il n'y a pas l'ombre d'entretien. L'auteur, sous le nom de Me Guillaume, attaque vivement un poëte qui a publié un *Grand trésor*.

« N'en déplaise à ce romaniste,
Dont le style est cent fois *plus triste*
Qu'un bonnet sans coiffe de nuit,
Dont les écrits font peu de bruit,
Quoique vers la Samaritaine
On les voie aller par centaine. »

J'ai cité ces vers, d'abord parce qu'on y trouve une rectification importante du dicton vulgaire : *triste comme un bonnet de nuit*. Il faut dire : comme un bonnet *sans coiffe de nuit*.

Puis j'ai à demander si ce *romaniste* ne serait pas Antoine Oudin, secrétaire interprète du roi pour les langues étrangères, fort savant, comme on sait, dans la langue italienne ou de *Rome* (d'où le nom de romaniste), qu'il eut, en 1651, l'honneur d'enseigner à Louis XIV. Oudin avait publié ses *Recherches italiennes et françoises* et le *Trésor des langues espagnole et françoise*, ce dernier ouvrage en 1645, in-4°. Ce serait le *Grand trésor* dont parle le pamphlétaire.

Toutefois je n'ai rencontré aucune pièce que je puisse avec quelque fondement attribuer à Oudin.

1248. Entretiens (les) de Bonneau, de Catelan et de la Raillière touchant leur retour à Paris. *Paris*, 1649, 7 pages.

La paix était faite. Les trois traitants, encore à Saint-Germain, font déjà des projets de parti. La Raillière raconte qu'il fut grandement étonné quand le maréchal de La Meilleraye voulut lui donner de sa canne sur les épaules, parce qu'il disait que les partisans avaient entretenu le roi depuis sa minorité. Le malheur est, reprend Bonneau, qu'il ne se laisse point charmer à l'argent.

1249. Entretiens (les) de Mazarin et de La Rivière au retour du sabbat. *Paris*, 1649, 8 pages.

Au commencement du blocus. Il y a de l'esprit, mais encore plus d'ordure.

Moustarot était apparemment un grand sorcier, puisque c'était lui qui donnait des *Caractères* à Mazarin pour la reine, et à La Rivière pour le duc d'Orléans... à moins qu'il ne soit une corruption d'Astaroth.

1250. Entretiens (les) de MM. de Thurenne (*sic*) et de Tavannes sur les affaires présentes, ensuite la harangue à eux faicte par M. le comte de Tonnerre. *Paris*, 1652, 8 pages.

Aussi rare que détestable.

1251. Entretiens (les) de saint Maigrin (*sic*) et de Mancini aux champs élysiens (*sic*), et l'arrivée du duc de Nemours au même lieu, avec la description de l'appartement qu'on prépare à Mazarin dans les enfers. *Paris*, 1652, 32 pages.

Mailly qui met ce pamphlet au nombre des plus ingénieux et des plus plaisants qui se soient faits pendant la Fronde, a pris la peine de l'analyser longuement dans une note de la page 492 de son Ve volume.

1252. Entretiens (les) du prince de Condé et du prince

de Conty, répondant l'un à l'autre par dialogue. *Paris*, Claude Boudeville, 1650, 7 pages.

Non moins mauvais que rare.

1253. Entretiens (les) du roi à Saint-Germain. (S. l.), 1649, 8 pages.

Ce n'est guère qu'un abrégé de l'*Entretien familier du roi et de la reine*, etc., et de l'*Entretien familier du roi avec M. le duc d'Anjou*, etc.

1254. Entretiens (les) du sieur Cormier avec le sieur Lafleur, dit le Poictevin, sur les affaires du temps. *Paris*, 1649, 11 pages.

Cormier était arracheur de dents. Il est parlé de lui dans l'*Agréable récit des barricades*. La Fleur était charlatan, marchand de curiosités.

1255. Entretiens (les) importants de la reine avec le cardinal Mazarin sur le sujet de sa tête mise à cinquante mille écus. *Paris*, Louis Hardouin, 1652, 8 pages.

1256. Entretiens (les) mystérieux des trois princes en cage dans le bois de Vincennes, sous les figures du lyon, du renard et du singe, dialogue. *Paris*, 1650, 20 pages.

« Quand on annonça au duc d'Orléans la nouvelle (de l'arrestation des princes), Son Altesse Royale dit : « Voilà un beau coup de filet ! On vient de prendre un lion, un singe et un renard. » *Guy Joly*, page 33, coll. Michaud.

1257. Entretiens (les) sérieux de Jodelet et de Gilles le niais, retourné de Flandre, sur le temps présent. *Paris*, 1649, 8 pages.

1258. Entrevue (l') de Mazarin et de monsieur Bitaut,

conseiller au Parlement de Paris. *Paris*, Jacob Chevalier, 1652, 14 pages.

Bitaut venait d'être fait prisonnier à Pont-sur-Yonne par l'armée du maréchal d'Hocquincourt.

1259. Entrevue (l') de messeigneurs les ducs de Beaufort et de Nemours, avec la jonction de leurs armées. *Paris*, Jean Brunet, 1652, 7 pages.

1260. Entrevue (l') de Son Altesse Royale, de M. le Prince et de M. de Beaufort, et leur magnifique entrée dans le palais d'Orléans, ensemble leur entretien touchant les affaires du temps, durant le chemin. *Paris*, 1652, 7 pages.

Après le combat de Bleneau. Sotte pièce, dont il faut dire pourtant qu'elle n'est pas commune.

1261. Entrevue du sultan Hibraïm (*sic*), empereur des Turcs, et du roi d'Angleterre aux champs élysées. *Paris*, 1649, 8 pages.

1262. Envoi (l') à Paris d'un héraut d'armes de la part du roi, et ce qui s'est passé ensuite. *Saint-Germain-en-Laye*, le 25 février 1649, 4 pages.

Le héraut ne s'appelait pas de Mignonville, comme le portent quelques pamphlets, et même le *Journal du Parlement*, mais de Loyaque, héraut d'armes du titre de Navarre. La pièce contient les instructions qui lui avaient été données. En cela elle est fort curieuse; et de plus elle est rare.

1263. Envoi de Mazarin au mont Gibel, ou l'Étique Mazarin. *Paris*, 1649, 8 pages.

Il n'y a ni un mot, ni une idée.

1264. Épilogue, ou Dernier appareil du bon citoyen sur les misères publiques. *Paris*, Robert Sara, 1649, 11 pages.

C'est la suite du *Manuel du bon citoyen*, etc. Ces deux pièces ont eu, lors de leur apparition, un grand retentissement. Naudé, page 11 du *Mascurat*, les cite parmi les pamphlets *soutenus et raisonnés;* Guy Patin, dans sa lettre à Spon, sous la date du 14 mai 1649, veut qu'elles soient « réputées les meilleures, avec le *Théologien d'État*, etc. » Mailly, sans contester le mérite littéraire de l'*Épilogue*, en dit : « ce dernier est le plus affreux de tous les libelles; et c'est de là que sont extraites les plus dangereuses maximes que je cite. » (Note de la page 123 de son IIe vol.)

Je ne puis, pour ma part, souscrire à ce jugement, qui me paraît beaucoup trop absolu. L'*Épilogue* contient, il est vrai, des opinions erronées; il exagère même certaines doctrines du *Manuel;* mais il y a pis que cela; et d'ailleurs la thèse qui y est développée est bonne et vraie. Seulement elle aurait gagné à être soutenue par de meilleures raisons.

L'auteur s'élève avec force contre la théorie de la puissance absolue. Il prétend que la première ordonnance dans laquelle la formule : *Tale est placitum nostrum* (traduit plus tard par : *Tel est notre plaisir*) a été employée, est l'ordonnance de Charles VIII, 1485, qui défend les habits d'or et de soie aux personnes de moindre condition. « Il dépend, puis après, ajoute-t-il, des Parlements et des autres moindres juges, d'examiner la justice de telles lettres, et de vérifier si elles sont trouvées justes et raisonnables. »

C'est à l'article du *Manuel du bon citoyen* que les doctrines politiques de l'auteur pourront être exposées dans leur sens exact et complet. L'*Épilogue* a été publié pendant la semaine sainte.

1265. Epistola ad cardinalem Mazarinum, per quam validis rationibus suadetur, et ipsis Francisci Petrarchæ verbis admonetur, ut tyrannidem quam in Francos et in bonos omnes crudelissimè exercet, citiùs deponat, vel se fortunæ inconstantis mox ludibrium et omnibus suppliciis objectandum proponat, ac speret nunquàm pœnas, sibi meritas, evasurum. *Parisiis*, 1649, 8 pag.

Ce pamphlet se compose, outre les deux pages du titre, de l'épître à Mazarin, 2 pages, et du 95e dialogue de Pétrarque sur la tyrannie, 4 pages.

1266. Épitaphe de la sainte boutique d'un maître

savetier de la rue des Prêcheurs. *Paris*, 1649, 4 pages.

Sainte Boutique était le sobriquet du savetier, qui s'appelait Thomas Mouthié. Cependant j'ai vu deux autres exemplaires de cette pièce qui portaient au titre : de la *vénérable* boutique.

1267. Épitaphe de monsieur de Nemours. (S. l. n. d.), 4 pages.

Quatre sonnets détestables : le premier est l'épitaphe ; le second est intitulé : *Au père et l'Alcyon de la France, Son Altesse Royale* ; le troisième : *A messieurs les princes* ; le quatrième : *le Citoyen de Paris.*

Signé J. de S. N.

1268. Épitre chagrine. (S. l., 1652), 13 pages non chiffrées.

Édition originale et rare d'une des meilleures pièces de vers de Scarron.

Scarron écrit des bords de la Loire, peut-être de Tours, à son ami Rosteau :

« Toi qui, de tous temps, as été
Le fidèle dépositaire
De ma moindre petite affaire...
Depuis que je suis venu boire
Des eaux du beau fleuve de Loire,
Et que, de crainte d'un blocus
Et de la dizette d'écus....
J'ai quitté Paris sans trompette....
Il faut porter dans l'Amérique
Un chagrin si mélancolique,
Et voir si, sous un autre ciel,
Son absinthe deviendra miel. »

Il règne dans cette pièce un ton de mélancolie qu'on n'attend guère de Scarron, quoique le burlesque n'y perde pas tous ses droits. Le poëte se plaint de la mauvaise fortune des poëtes :

« De Corneille les tragédies
Si magnifiques, si hardies,
De jour en jour baissent de prix....
L'auteur du fameux *Artamène* (Scudéry)

A perdu son gouvernement....
Notre ami Tristan, gentilhomme
Autant qu'un dictateur de Rome...
Attend encor que la fortune
Contre lui n'ait point de rancune. »

Scarron se plaint de ce que d'*honnêtes gens* ne lui rendaient pas l'argent qu'il leur prêtait. Je crois que ce fait est assez nouveau.

En 1659, il fit paraître une *Seconde épître chagrine* qui ne vaut pas la première.

N'est-ce pas l'*Épître chagrine* que Mailly signale sous le titre inexact de : *Voyage du sieur Scarron en Amérique*, page 265 de son deuxième vol.

1269. Épitre héroïque au roi sur sa première communion, ou les Espérances triomphantes du roi très-chrétien, prises du premier et du plus important exercice du christianisme, par Charlotte Hénault. *Paris*, François Noël, 1649, 10 pages.

1270. Épouvantable (l') vision apparue sur l'abbaye de Marmoutiers lez Tours, envoyée par une lettre d'un bourgeois de la ville à un sien ami, à Paris. (S. l. n. d.), 3 pages.

La lettre est signée J. Dufresnoy.

1271. Équipage (l') nécessaire pour aller à la chasse aux larrons de ce royaume. *Paris*, Nicolas de La Vigne, 1649, 8 pages.

Cette pièce n'est pas sans mérite.

1272. Équiproquo (l') de l'autre monde sur l'arrivée du Mazarin, et l'arrêt irrévocable rendu contre ce cardinal du même nom. Un courrier, arrivé depuis peu de l'autre monde, m'en a appris des nouvelles, dont je veux vous faire part, mon cher Damon, si vous l'avez pour agréable; voici à peu près ce qu'il m'a dit. *Paris*, Jean Brunet, 1649, 12 pages.

C'est peut-être le seul exemplaire qui porte l'*Équiproquo*; au moins est-il certain que j'en ai rencontré plusieurs autres où *le Quiproquo* était très-régulièrement écrit. Dans tous les cas cette édition, si c'en est une, ne se distingue que par la faute du titre.

1273. Eslection (l') du comte d'Harcourt au gouvernement de l'Alsace et de la ville et forteresse de Brissac (*sic*) et Philisbourg par les garnisons. *Paris*, Louis Hardouin, 1652, 8 pages.

L'auteur prétend que Mazarin avait voulu retirer Tilladet de Brisac pour y mettre Charlevoix. C'était tout le contraire.

1274. Espagne (l') affligée et en trouble de voir la France paisible, et exempte du naufrage où elle pensoit que nos derniers troubles devoient la faire abymer. *Paris*, 1649, 16 pages.

1275. Espagne (l') demandant la paix aux pieds de la Majesté Royale et du Parlement. *Paris*, Jean Dédin, 1649, 8 pages.

1276. Espérance (l') de la paix et de l'abondance des vivres à Paris. *Paris*, Louis Sévestre, 1649, 8 pages.

Le Parlement venait de nommer ses députés pour la conférence de Ruel.

1277. Espérance (l') de la paix universelle, présentée à Son Altesse Royale en faveur de la naissance de monseigneur le Prince, fils unique de monseigneur le duc d'Orléans, avec la prédiction dudit prince, né sous le signe du Lion. *Paris*, André Chouqueux, 1650, 7 pages.

Signé J. Canu, sieur de Bailleul, capitaine de l'Académie royale pour l'infanterie.

1278. Espérance (l') des bons villageois et leurs réjouissances publiques sur les heureux progrès des armées parisiennes, conduites par messieurs les princes de Conty, de Beaufort, d'Elbeuf et autres grands seigneurs. *Paris*, Claude Boudeville, 1649, 8 pages.

1279. Esprit (l') d'Alexandre le Grand présenté au roi pour la paix générale et soulagement de son peuple. *Paris*, Louis Hardouin, 1652, 24 pages.

C'est une longue déclamation sur les prétentions de Mazarin à la couronne. L'esprit d'Alexandre n'est que dans le titre.

1280. Esprit (l') d'intérêt, ou la Censure des deux libelles intitulés : *l'Esprit de paix* et *l'Esprit de guerre*. *Paris*, Nicolas Guérard, 1652, 15 pages.

Ce n'est plus ici l'expression d'un parti ; c'est une petite spéculation d'écrivain.

1281. Esprit (l') de feu la reine mère, parlant à la reine sur l'état de sa régence. *Paris*, 1649, 16 pages.

Peu commun ; mais sans pensée et sans style.

Ce pamphlet a été réimprimé en 1652.

1282. Esprit (l') de guerre des Parisiens contre *l'Esprit de paix* du Corinthien, refuté article par article. (S. l.), 1652, 20 pages.

« Corinthien, vous êtes un séditieux, aussi impudent que criminel. » On connaît après cela le ton du pamphlet. L'auteur ne discute pas ; il injurie.

Parlementaires frondeurs : le président de Nesmond, les présidents d'Hodic, Charton, Viole, Molé, de Thou, Lagrange, et MM. Broussel, Le Meusnier, Deslandes-Payen, Portail, Coulon, Dorat, Montauglan, Pithou, Foucault, Leclerc de Courcelles, Bitaut, Canais (*sic*), Védeau, Pinon, Durand, Petau, Croissy, Martineau, Géniers, Cumont, Pontcarré et Machaut.

Royalistes : le premier président, les présidents de Bailleul, Novion, de Mesmes, Lecoigneux, Bocquemare, Guénégaud, de Lamoignon, Perot, Le Féron, les conseillers Doujat, Prévost,

Sévin, Quélin (*sic*), Champré, Grasseteau, Lefèvre, Tibeuf, Ribier, Caumont, Bernard-Ressé, Bragelogne, Corbeville, Labarre et Fouquet, procureur général.

« La naissance et la bonté de Son Altesse Royale, le courage et les victoires du prince de Condé, la vertu et la science du prince de Conty, le zèle et l'affection du duc de Beaufort, la sagesse et la générosité du duc de Nemours, l'assistance et la modération du duc de Rohan, l'effort et la conduite du duc de Sully, les peines et les fatigues du duc de Richelieu, les soins et la fidélité du duc de Larochefoucault, la douceur et la franchise du duc d'Angoulême, la bonne grâce et la civilité du prince de Tarente, la qualité et l'expérience de M. le chancelier, l'adresse et l'esprit de M. de Chavigny, les emplois de Marsin, la vigilance de Tavannes, les défaites de Baltazar, les forces du Doignon, et la résolution de tous les chefs qui commandent dans l'armée des princes, nous obligent à suivre un si juste parti. »

Barbier, sur la foi de Van Thol, attribue ce pamphlet à Dubosc Montandré, art. 5401; mais je ne saurais dire sur quoi se fonde l'opinion de Van Thol.

1283. Esprit (l') de la vérité représentant nuement la puissance et l'autorité du roi, dédié à Son Altesse Royale. *Paris*, 1652, 16 pages.

Dubosc Montandré. Sa conclusion est que le peuple peut détrôner le roi qui n'a pas les qualités nécessaires pour gouverner; mais c'est Dieu qui ôte ou dénie ces qualités; en sorte que le peuple n'est que son instrument.

1284. Esprit (l') de paix. (S. l., 1652), 4 pages.

Pamphlet royaliste, remarquable de pensée et de style.

L'auteur conseille aux Parisiens d'aller au palais d'Orléans demander le roi sans condition et la paix.

« Que le roi soit maître sans condition; le peuple sans oppression; le royaume sans guerre; les princes en leur devoir; les lois en leur force; le bourgeois en paix; la campagne libre; le paysan dans sa maison; les armées sur la frontière; et l'ordre rétabli pour user doucement de la vie. »

Ce pamphlet fit une grande sensation dans Paris. Le parti des princes se hâta d'y répondre par l'*Esprit de guerre des Parisiens*, etc. L'auteur de ce dernier libelle raconte qu'on avait arrêté le porteur de l'*Esprit de paix*, qui avait déclaré que cette pièce lui avait été remise chez le coadjuteur; et il ajoute aussitôt : « Il est encore au Châtelet. »

Je ne vois pas qu'aucune procédure ait été instruite ni contre le porteur, ni contre l'*Esprit de paix;* ce qui n'infirme en rien le récit du pamphlétaire. Le Châtelet aurait bien pu être obligé de recevoir le prisonnier; mais le forcer d'instruire était beaucoup plus difficile. Il n'avait jamais été du parti des princes; et le Parlement n'en était presque plus.

Cette arrestation n'empêcha pas le pamphlet de se répandre; car on en fit presque aussitôt une autre édition de 7 pages, *Paris*, 1652, *jouxte la copie semée par la ville de Paris* (dans la nuit du 25 juin).

En même temps, au moins dans le même mois de juin, l'affiche suivante offrit aux Parisiens une sorte de traduction du passage de l'*Esprit de paix* que j'ai cité, mais un peu accommodée aux dispositions des frondeurs :

Il faut renvoyer Mazarin
Une lieue au delà de Turin ;
Et que jamais messieurs les princes
Ne soient gouverneurs de provinces ;
Le Parlement à son mestier,
A juger Tibaut et Gautier ;
Le marchand dedans sa boutique,
Sans se mesler de politique ;
Faire punir les séditieux,
Sans pardonner aux grands messieux ;
Point de colporteurs dans la rue ;
Le paysan à sa charrue ;
Tous les chicanoux au Palais ;
C'est le moyen d'avoir la paix.

Il existe à la bibliothèque de Sainte-Geneviève deux exemplaires de l'*Esprit de paix*, sur l'un desquels on lit, d'une écriture du temps : 25 *juin* 1652, et sur l'autre : *par le P. Faure*.

L'auteur de l'*Examen des divers sentiments sur l'arrêt du Parlement du* 20 *juillet*, etc., dit quelque part : « Les écrits qui calomnient la conduite du Parlement et des princes, sont attribués au coadjuteur, ou à quelque autre bonne plume... : quelques-uns ont cru que la *Pièce de Pontoise* partoit de la même main que celui de l'*Esprit de paix* et de la *Vérité* (toute) *nue*, etc. »

Pour quiconque sait lire, la *Pièce de Pontoise* et la *Vérité toute nue* ne sont évidemment pas du coadjuteur; mais au contraire elles s'accordent très-bien avec les sentiments et les opinions du P. Faure. Elles procèdent d'ailleurs, aussi bien que l'*Esprit de paix*, de la même pensée. On ne peut en douter.

Donc il ne faut pas s'arrêter à la supposition de l'auteur de l'*Esprit de guerre*, qui s'en prend au coadjuteur plutôt par l'habitude du parti que par une attentive appréciation de l'esprit et du style de l'*Esprit de paix;* et puisque le choix est entre Gondy et le P. Faure, je n'hésite pas à me prononcer pour le dernier.

Sandricourt a fait à l'*Esprit de paix* une assez pauvre *Réponse;* et un anonyme a publié la *Réponse au séditieux écrit intitulé:* l'Esprit de paix, etc.

Outre les trois pièces dont j'ai donné les titres plus haut, on a publié du P. Faure, pendant la Fronde : la *Harangue funèbre de M. de Châtillon*, etc., et *la Réponse du père Faure au père Chartreux*, etc., dont je ne garantis pas l'authenticité.

Le père Faure était cordelier et docteur de Sorbonne. Il a été successivement prédicateur, confesseur de la reine mère, évêque de Glandèves, de Montpellier et d'Amiens. Plus homme de cour qu'il ne convenait à sa profession, il n'allait ordinairement dans son diocèse que pour les fêtes de Pâques. Aussi l'appelait-on le *père Paschal*.

« M. D'Amiens, dit l'éditeur du *Ménagiana*, p. 122 du deuxième volume, a fait trois oraisons funèbres, entre lesquelles est celle de la reine mère, sa bienfaitrice, pour laquelle il devoit faire tous ses efforts, mais où il ne réussit pas mieux qu'aux deux autres qu'il avoit prononcées à la cour, et dont on n'étoit pas content. On dit au roi qu'il en vouloit faire une quatrième. M. de La Feuillade dit : « Sire, c'est qu'il demande le tout du tout. »

1285. Esprit (l') du duc de Châtillon apparu à monsieur le prince de Condé. *Paris*, Nicolas Jacquard, 1649, 8 pages.

1286. Esprit (l') du feu roi Louis le Juste à la reine, lui témoignant ses sensibles regrets sur le mauvais gouvernement de l'État. *Paris*, 1652, 31 pages.

Un des pamphlets les plus violents et les plus insolents.

Louis XIII reproche à la reine son libertinage et ses *larmes de crocodille !*

« Tout ce qui a commencé peut prendre fin ; et si ceux qui vinrent d'Allemagne avec les rois, ont laissé des successeurs qui les aiment (les rois), le sang des Gaulois, sur lesquels ils ont usurpé cette puissance, en est naturellement ennemi. » Il y a vingt-cinq ans qu'on nous a donné pour du neuf cette idée vieille de plus d'un siècle. Nous n'avons rien inventé, pas même nos sottises.

L'esprit de Louis XIII parle en prose. Quand il a fini, l'auteur reprend en vers :

« Ainsi, dit ce grand roi qui, sous le nom de Juste,
Eut toujours le bonheur et la force d'Auguste...
Son épouse, insensible autant qu'inexorable,
Se plaît à voir languir un peuple misérable...
Mais, ô Ciel, juste Ciel, si telle est son envie,
Daigne abréger les jours de sa fatale vie ;
Et pour nous soulager, fais-nous grâce en ce point
De ne point séparer ce que toi-même as joint. »

Mailly a cité ces vers dans la note de la page 60 de son V[e] vol.

1287. Esprit (l') du feu roi Louis XIII à son fils Louis XIV, lui montrant que la mauvaise conduite de Mazarin est la cause des troubles de l'État, et lui donnant les moyens infaillibles de les appaiser par son retour en sa bonne ville de Paris. *Paris*, 1652, 46 pages.

C'est en quelque sorte une suite que l'auteur a voulu donner à la pièce qui précède; et il s'y est surpassé lui-même. Je cite : « Il est vrai qu'on auroit sujet de s'étonner comment Senèque et Burrhus..... prêtèrent leur consentement au funeste dessein que faisoit Néron de perdre sa mère, Agrippine,..... si ce n'est que la raison nous apprend qu'il n'est pas juste qu'une personne, pour flatter sa passion et satisfaire quelque désir de vengeance mal fondé, trouble le repos de tout un empire, et qu'il est permis d'éteindre un flambeau qui ne luit que pour la ruine du genre humain. »

J'ai besoin de dire qu'au moment où ces lignes exécrables s'imprimaient, le peuple de Paris avait rompu avec la Fronde.

1288. Estendart (l') de la liberté publique. (S. l.), 1649, 11 pages.

Homélie contre les partisans.

1289. Établissement universel de la paix générale, ou Sentences morales et politiques sur les plus importantes matières de l'État contre les usurpateurs du bien public, où le droit des gens et la cause commune sont équitablement défendus, en faveur des souverains et des peuples, touchant la véritable création et la légitime autorité des rois, et la mutuelle obligation des princes envers leurs sujets et des sujets envers les princes; pièce rare et instructive pour le tiers état et pour la noblesse. *Paris*, Pierre Variquet, 1649, 15 pages.

La paix venait d'être faite.

Pensées vulgaires; science confuse; Scipion et Cicéron empereurs des Romains!

« N'est-ce pas une chose inouïe qu'un prince de quatre ans, de son propre mouvement, et sans autre inspiration que celle de la science, ait su répondre avec un zèle incroyable à tous les mystères d'un sacrement où Jésus-Christ se trouve lui-même en personne? Monseigneur l'éminentissime évêque de Meaux qui le baptisoit, en fut tellement surpris qu'il ne savoit si c'étoit une illusion ou quelque autre espèce de ces images décevantes. N'étoit-ce pas encore une chose merveilleuse d'entendre cette voix enfantine et toute céleste raisonner avec une harmonie qui n'en eut jamais de semblable, sur une matière si délicate que celle de l'ablution intérieure de nos âmes... Il ne s'oublia pas encore de répondre hardiment à toutes les propositions qu'on lui faisoit sur sa créance, selon les termes du rituel romain, et qu'il n'étoit pas ignorant en l'art de se faire obéir au vent, ni en l'art de remuer les montagnes. Ensuite, pour confirmer les paroles que ce digne monarque venoit de dire, il récita hautement, devant tous les assistants d'une action si noble et si pieuse que la sienne, le symbole des apôtres et l'oraison dominicale; puis tenant un cierge ardent entre les mains, il se mit à prier Dieu durant tout le reste de la cérémonie. »

C'est le baptême de Louis XIV.

1290. État (l') de la marche et le lieu où est à présent l'armée de l'archiduc Léopold, commandée par le marquis de Noirmoutier et le comte de Fuensaldagne, avec ce qui s'y est passé de plus mémorable. *Paris*, veuve d'Antoine Coulon, 1649, 8 pages.

L'auteur prétend avoir vu que l'armée était encore le 19 mars à Vaudancourt, d'où Noirmoutier avait daté sa déclaration du 16.

1291. État déplorable auquel est à présent réduit le sieur de Marchin, baron de Modaluc et de Ramezée, mareschal des camps et armées du roy, et son lieutenant général en Catalongne, gouverneur de Tortose. (S. l., 1650), 3 pages in-folio. *Très-rare*.

1292. État déplorable des affaires de finance au mois de mars 1651. (S. l.), 1651, 7 pages.

Quelques détails, mais peu.

1293. État (l') déplorable des femmes d'amour de Paris, la harangue de leur ambassadeur envoyé au cardinal Mazarin, et son succès. *Paris*, 1649, 7 pages.

Pièce ordurière et médiocrement spirituelle.

1294. État (l') des troupes de monsieur le prince de Condé, et de tout ce qui s'est passé dans la Guienne et le Berry depuis son arrivée en la ville de Bordeaux. (S. l.), 1651, 8 pages.

Curieux et peu commun.

« Le roi part de Bourges pour se rendre à Tours pour l'assemblée des États généraux. » On peut croire par là que la pièce est de septembre 1651.

1295. État (l') des vérités du cardinal Mazarin après son retour. *Paris*, 1652, 6 pages.

1296. État (l') en trouble par le gouvernement des étrangers, où l'on verra que c'est une maladie ordinaire à tous les États de ne pouvoir souffrir un gouvernement étranger, et que, tant que nous serons gouvernés par eux, il est bien difficile que nous ayons une bonne paix, par M. N. R. F. J. *Paris*, Antoine Chrétien, 1652, 15 pages.

L'auteur n'attaque Mazarin que dans sa qualité d'étranger. Il respecte sa conduite, couverte, dit-il, de l'approbation du roi.

1297. État et tarif des droits de barrages à prendre sur les marchandises et denrées entrant dans la ville et faubourgs de Paris, tant par terre que par eau, ensemble l'ordonnance de messieurs les président et trézoriers de France de la généralité de Paris, concernant lesdits droits de barrages, du vingt septième octobre 1648. *Paris*, par les imprimeurs et libraires ordinaires du roi, 1648, 12 pages.

Le tarif est de 1640.

1298. État général de l'armée des princes, et leur jonction, d'où s'ensuit les noms des généraux, Son Altesse Royale, messieurs les princes de Condé, de Conty, les ducs de Longueville, de Beaufort et de Nemours, avec la liste des officiers, ensemble l'ordre des troupes qui sont tant à Chartres (*Chastres*) qu'aux environs. *Paris*, Claude Le Roy, 1652, 8 pages.

C'est une contrefaçon de la *Liste de l'armée de M. le Prince*, etc., à laquelle on a ajouté un préambule, et quelques lignes à la fin.

1299. État (l') général des affaires de Guyenne et de

tout le pays au-delà de la Loire. (S. l., 1652), 8 pages.

La cour était à Poitiers. L'auteur raconte qu'un *milord* était débarqué à Bordeaux; mais il ne veut ni de républicains, ni de parricides. L'Anglais d'ailleurs lui a bien l'air d'être venu pour les religionnaires.

1300. État général des revenus du royaume. (S. l.), 1649, 11 pages.

Fermes qui se payent directement à l'épargne	35,085,615l.	15s.	6d.
Tailles, taillon, domaine et subsistance. . .	50,359,208	10	8
Total.	85,444,824l.	6s.	2d.

Il y a un tirage pour lequel on a ajouté sur le titre : *de France;* exemplaires en tout semblables d'ailleurs.

1301. État (l') présent de la fortune de tous les potentats et de toutes les puissances de l'Europe, en proverbes. *Paris*, 1652, 16 pages.

Sandricourt.
Orléans : j'ai su me tenir sur le bon bout.
Blois : il a plu sur ma mercerie.
Ces deux *proverbes* confirment la date que j'ai trouvée écrite à la main sur un exemplaire de la bibliothèque de Sainte-Geneviève : 27 septembre.

1302. État sommaire des misères de la campagne et besoins des pauvres aux environs de Paris, des 20, 22, 24 et 25 octobre 1652. (S. l. n. d.), 12 pages.

Voir le *Mandement* de l'archevêque de Paris pour le secours des pauvres.

1303* État succinct des troubles suscités par le cardinal Mazarin, et de la misère à laquelle il a réduit le royaume.

Bib. hist., 22514.

1304. État (l') véritable des forces de la ville de Mouzon, et de la faiblesse et impuissance de l'armée ennemie, lors de sa reddition, contre les mensonges du gazettier, insérés dans la relation du 16 du présent mois de novembre, contenant le journal de ce siège. (S. l.), 1650, 11 pages.

Le narrateur accuse la lâcheté, la trahison peut-être, du gouverneur de Mouzon, qui avait rendu la ville aux Espagnols.

1305. Éthimologie (l') de Mazarin, avec l'explication de ses armes. *Paris*, veuve Musnier, 1649, 8 pages.

Mazarin, de *Mazar*, bourreau, et de *in*, privatif de toute bonne qualité. Des faisceaux consulaires, l'auteur fait des haches, et des trois étoiles, trois roues. Médiocrement spirituel.

1306. Étonnement (l') de la cour de l'esprit qui va de nuit. (S. l.), 1652, 16 pages.

Sorte de coq-à-l'âne, dont il n'y a rien à dire si ce n'est qu'il n'est pas commun.

1307. Étrennes (les) burlesques de M. Scarron envoyées à Mazarin. *Paris*, 1652, 8 pages.

« A Paris le dernier du mois
Six jours devant le jour des rois (1651). »

Cette pièce a paru également sous le titre de *Relation burlesque véritable de tout ce qui s'est passé dans la Fronde de Paris jusques à présent*, etc.

1308. Étrennes burlesques pour le premier jour de l'an mil six cent cinquante. *Paris*, J. Dédin, 1650, 8 pages.

1309. Étroite (l') alliance, ou la Jonction du Parlement de Bretagne et des trois États de la province avec le Parlement de Paris. *Paris*, 1649, 11 pages.

On sait que le prétendu arrêt de jonction du Parlement de Bretagne, publié par les frondeurs, était faux, et que les exemplaires en ont été supprimés par arrêt du Parlement de Paris.

1310. Évangéliste (l') de la Guyenne, ou la Découverte des intrigues de la petite Fronde dans les négociations et les mouvements de cette province, depuis la détention de messieurs les princes jusqu'à présent. *Paris,* veuve J. Guillemot, 1652, 16 pages.

Accusations de l'Ormée contre les meneurs du Parlement, Pichon, Guyonnet, Taranque; contre Chambon, gouverneur de Saintes, etc., auxquels l'auteur reproche d'avoir opprimé et volé les peuples, trompé et trahi les princes. Quelques faits curieux.

L'*Évangéliste* a été publié principalement contre le livre de Fonteneil, l'*Histoire des mouvements de Bourdeaux.*

1311. Évangéliste (l') du salut public, où il est traité des moyens que l'on doit tenir pour remettre l'État en son ancienne splendeur, et pour le rendre très redoutable à toutes les puissances de l'Europe, divisé en deux parties : en la première nous faisons voir que l'État ne se sauroit jamais bien délivrer de ses oppressions que par la convocation des trois États; en la seconde, nous découvrons ce qu'il faut observer pour avoir un fonds capable d'obliger les ennemis à nous donner la paix générale. (S. l. n. d.), 38 pages.

L'auteur raisonne bien dans les généralités; mais quand il passe à l'application, il n'est pas exempt de reproches. Il a une haine furieuse contre Mazarin. Il professe cette opinion que les États peuvent délibérer sur les affaires du gouvernement, et prendre des sûretés en l'absence du roi; ce qui donne à son pamphlet la date de 1652 Son style est remarquable de clarté et de force.

Voici une curieuse nomenclature d'impôts : « Augmentation des soldes et des gabelles, taillons, emprunts, francs fiefs, nouveaux acquêts, aliénations de domaines, aydes, création de bureaux, foraine, offices vendus, deniers de confirmation et des consignations, droits pris sur la valeur et l'altération des monnaies, enlèvement du fonds et des munitions de guerre, retranchement des vivres et des gages des officiers, étapes, équipages, aisés, augmentations d'entrées, etc. »

Les moyens de *faire un fonds* sont parfaitement simples · « Faire rendre compte à tous ceux qui ont manié les finances ; prendre la meilleure partie des revenus ecclésiastiques, et même, s'il y a lieu, vendre le temporel. »

1312. Évènements infaillibles touchant l'autorité du roi envers ses sujets. (S. l. n. d.), 8 pages.

Contrefaçon du billet du chevalier de La Valette, intitulé : *Lis et fais.*

1313. Exacte (l') recherche des désordres que la mauvaise conduite de M. le Prince a causé (*sic*) dans l'État, depuis sa liberté jusques à sa retraite, et notamment tous les maux que son voyage de Bordeaux et son armement nous font déjà souffrir, et ceux qu'il nous fera encore éprouver s'il tient la même conduite. *Paris*, 1651, 20 pages.

Signé P. M. L. D. R.

C'est une apologie du prince de Condé.

1314. Examen de l'écrit dressé par Molé, Servien et Zondedei (*sic*) sous le titre de : *Édit du roi portant amnistie de tout ce qui s'est passé à l'occasion des présents mouvements, à la charge de se remettre, dans trois jours, dans l'obéissance du roi. Paris*, 1652, 15 pages. *Rare.*

« J'estime que le règne de Néron seroit pour nous le siècle d'or. »

« Il ne faut point de pardon. Tout ce que les princes ont fait, mérite plutôt des récompenses que des abolitions. »

« Les violences qui se faisoient sur le Pont-Neuf le 25 juin, et tous les complots étoient préparés dans l'hôtel de Lhôpital, et inventés par le coadjuteur, madame de Chevreuse et madame de Rhodes. »

Ces trois citations font assez connaître l'esprit et le parti, pour ainsi dire, de ce libelle.

1315*. Examen de la remontrance du Parlement de Provence.

Bib. hist., 23018.

Ce titre a été emprunté à Pitton, *Histoire de la ville d'Aix*, p. 329. Il n'est probablement qu'une abréviation de celui qui va suivre.

1316. Examen de la *Très-humble remontrance du Parlement de Provence au roi sur le gouvernement de M. le comte d'Alais*. (S. l., 1649), 41 pages. *Très-rare*.

1317. Examen de la vie des juifs, de leur religion, commerce et trafic dans leur synagogue. *Paris*, Fr. Preuveray, 1652, 8 pages.

C'est contre ce pamphlet qu'a été publiée la *Réponse des principaux de la synagogue*, etc. Les deux pièces se rattachent à l'assassinat de l'épinglier de la rue Saint-Honoré.

Voir le *Récit naïf et véritable du cruel assassinat*, etc.

1318. Examen des divers sentiments sur l'arrêt du Parlement du 20e juillet, et du discours sur la lieutenance, ou Réponse à la *Pièce de Pontoise*. *Paris*, 1652, 16 pages.

« L'État est par-dessus les rois ; et quand il ne pourra subsister sans la lieutenance, ceux qui en sont les principaux sujets, ont le droit de l'ériger et de l'établir. » On reconnaît à ce passage le parti des princes.

1319. Examen des parallèles faits par un excellent prédicateur entre David et le cardinal Mazarin, ou, pour mieux dire, entre le traître Campo-Basso, Italien, avec le même Mazarin, au jugement du lecteur, par M. B. J. V. D. R. D. L. P. P. T. *Paris*, 1652, 8 pages.

1320. Examen (l') des princes pour gagner le jubilé dans le bois de Vincennes. (S. l. n. d.), 12 pages.

L'auteur proteste en trois lignes de prose à la fin de sa pièce qu'il n'a eu le dessein d'offenser personne. La précaution n'est pas de trop; car il va jusqu'à supposer les princes sodomistes.

1321. Examen sur les affaires du temps. *Paris*, Cl. Huot, 1649, 12 pages.

1322. Exaudiat (l') des bourgeois de Paris, présenté au roy, à son arrivée en cette ville. *Paris*, Jean Brunet, 1652, 7 pages.

Texte latin en regard de la traduction.

Il y a de plus mauvais vers dans les Mazarinades; il n'y en a guère de plus rares.

1323. Exaudiat des François pour le glorieux retour de Leurs Majestés à Paris. *Paris*, Fr. Noël, 1650, 11 pages.

Aussi mauvais que rare.

1324. Excommunication politique lancée sur le clergé, contre les sentiments du coadjuteur, où l'on verra : 1° que le maniment des affaires d'État est contraire à la profession des prélats et cardinaux; 2° que les prélats qui s'ingèrent dans les affaires d'État, sont des apostats; 3° que les prélats ne doivent jamais entrer dans les palais des grands, que pour y porter les paroles de l'éternité; 4° que si les prélats sont gens de bien, ils sont incapables de gouverner les États; s'ils sont méchants, il ne faut pas permettre qu'ils s'en approchent. (S. l.), 1652, 19 pages.

Dubosc Montandré.

1325. Exécution remarquable de trois meschants scélérats, qui ont été rompus à la croix du Tiroir, pour avoir tué et assassiné les gentilshommes de monseigneur le duc de Beaufort, croyans s'attaquer à sa personne, si chérie de tous les François. *Paris*, David Beauplet, 1650, 8 pages.

1326. Exemples (les) politiques. *Paris*, veuve Théod. Pépingué et Est. Maucroy, 1649, 12 pages.

Les mêmes libraires en ont donné une autre édition, qui porte au titre : *Où se voit, par plusieurs histoires, qu'il ne faut pas se servir d'aucun ministre étranger.* 1649, 12 pages.

Ce sont les *Raisons d'État contre le ministre étranger,* etc., moins revues qu'augmentées.

1327. Exemplum sine exemplo in orbe christiano, vel etiàm Ethnico, nempè serenissimi regis Caroli, Magnæ Britanniæ et Hyberniæ augustissimi monarchæ, à nonnullis subditis suis, scilicet rebellibus, et post homines natos immanissimis parricidis, crudeliter et indignè obtruncati et capite percussi, etiàm antè ipsius ædes palatinas, vulgò dictas Albam Aulam, propè fanum Westmonasteriense. *Parisiis*, apud Guill. Sassier, 1649, 8 pages.

Deux pièces de vers sur le même sujet, avec l'épitaphe du roi.

1328. Exhortation aux Parisiens sur le secours des pauvres des provinces de Picardie et de Champagne, où il est prouvé, par des passages formels de l'Écriture sainte, par les authorités des saints Pères grecs et latins, et par des raisons invincibles, que l'aumosne en ce temps est de précepte et non pas de conseil. Par Me Antoine Godeau, évesque de Grasse et de Vence. *Paris*, Pierre Le Petit, 1652, 48 pages.

Voir le *Mandement* de l'archevêque de Paris pour le secours des pauvres.

1329. Exhortation de la Pucelle d'Orléans, à tous les princes de la terre, de faire une paix générale tous ensemble, pour venger la mort du roi d'Angleterre par une guerre toute particulière. *Paris*, Arnould Cottinet, 1649, 7 pages.

Rare, mais pauvre amplification.

1330. Exil (l') de l'Inconnu, dédié aux exilés de la ville de Bourdeaux. *Paris,* Pierre Targa, 1653, 52 pages.

L'Inconnu avait été compris dans l'ordonnance publiée par le prince de Conty, au commencement de janvier 1653. Il raconte assez plaisamment sa sortie de Bordeaux, et fait connaître d'une manière piquante Bonnet, Villars, Dureteste, les trois chefs de l'Ormée, le triumvirat devant lequel fléchissait l'autorité même du prince; mais c'est, dans son pamphlet, tout ce qui mérite d'être lu. Le reste ne se compose que de lieux communs de morale et de philosophie.

De toutes les pièces de l'Inconnu, c'est peut-être la plus rare. Le seul exemplaire que j'en aie rencontré, est à la bibliothèque de l'Arsenal.

Voir le *Dialogue métaphorique de l'Inconnu*, etc.

1331. Exorcisme du D. Mazarin, dans lequel il est conjuré par le Parlement et le clergé à sortir du corps de l'État. (S. l.), 1649, 12 pages.

Il y en a une autre édition de 8 pages, qui ne diffère de celle-ci qu'en ce qu'elle est imprimée en caractères plus fins.

1332. Exorciste (l') de la reine, faisant voir : 1° que la reine est possédée par le Mazarin, et que ses inclinations sont esclaves sous la tyrannie de ce lutin de cour ; 2° qu'on ne peut dire sans extravagance que l'autorité du roi est engagée à la protection du Mazarin ; 3° que les inclinations générales des peuples sont préférables aux inclinations particulières de Sa Majesté ; 4° que les volontés contraires aux princes, aux Parlements et aux peuples unis, ne sont point les volontés du roi. (S. l., 1652), 16 pages.

Dubosc Montandré.

Mailly qui cite ce pamphlet comme le plus original de tous ceux qui ont été publiés par l'auteur (*note de la p.* 390 *de son* 4° *vol.*), en dit pourtant avec raison : « De tout ce fatras, c'est le titre qui est le plus plaisant. Le reste ne mérite pas un coup d'œil. » C'est apparemment l'imprimeur qui a laissé passer l'*exorciste* pour l'*exorcisme*.

1333. Expédition (l') héroïque du comte d'Harcourt, grand écuyer de France, au sujet de la translation des princes. (S. l. n. d.), 7 pages.

« Pour vingt mille francs, le comte d'Harcourt a vendu sa naissance et sa renommée, après avoir déjà vendu sa conscience. » Violent et sot, mais peu commun.

1334. Explication du magnifique dessein du feu de joie, fait par ordre de messieurs les prévôt des marchands et échevins de la ville de Paris, pour le jour de la naissance de Louis XIV, roi de France et de Navarre, et en réjouissance de son heureux retour dans la ville de Paris, composé par le sieur Valdor. *Paris*, Laurens Ninain, 1649, 7 pages.

Il y en a une autre édition, également chez Laurens Ninain, mais de 8 pages, et sur le titre de laquelle le nom du sieur Valdor est suivi de ces mots : « Par commandement de messieurs les prévôt des marchands et échevins de la ville de Paris. » Il eût été plus exact de dire « par autorisation ; » car je lis, dans le procès-verbal de l'assemblée de l'hôtel de ville, en date du 21 août, que messieurs les prévôt des marchands et échevins n'eurent qu'à répondre à la prière du sieur Valdor « qu'ils trouvoient bon que l'explication fût imprimée. »

« Comme ils ne se trouvoient gens bien satisfaits des desseins que le nommé Caresme, artiller de la ville, leur avoit présentés pour le feu d'artifice, est-il dit au même procès-verbal, l'un de MM. les échevins proposa le sieur de Valdor, demeurant aux galeries du Louvre, comme un excellent homme, qu'on le pria de voir et de l'amener au premier jour, pour adviser avec luy ce qu'il y auroit à faire en ce rencontre. » Le sieur de Valdor vint en effet à l'hôtel de ville, le lundi 23 août. Il montra des dessins qui furent trouvés fort beaux, et auxquels cependant on ajouta quelque chose. Il offrit « la conduite de l'ouvrage et tous les soins qui se pouvoient apporter, sans intérestz quèlconques. » C'est tout ce que je sais de lui.

Le feu d'artifice qui représentait Apollon et les neuf Muses, a été l'occasion de deux pamphlets d'un très-médiocre intérêt : l'*Éloge royal présenté à Sa Majesté*, etc., et le *Présent d'immortalité offert au roi*, etc.

Valdor est sans doute l'auteur de l'*Explication*, qui se complète d'ailleurs par l'*Exposition et explication* que l'on verra plus loin.

1335. Explication du miroir enchanté de la cour. *Paris*, François de Chaumusy, 1652, 14 pages.

« Avant la semaine sainte, Mazarin aura du pis. » Voilà pour la date.

Quant au reste, il suffit de dire que le maréchal d'Haumont (*sic*) répond à la *Lettre de M. de Sauvebœuf*, etc., qui est probablement du même auteur. Ce sont donc deux pièces qu'il faut réunir; mais il n'y a rien à y prendre.

1336. Exposition et explication des devises, emblêmes et figures énigmatiques du feu construit devant l'Hôtel de Ville, par messieurs les prévôt des marchands et échevins de Paris, sur l'heureuse naissance et retour du roi, faite par Henry Estienne, écuyer, sieur Des Fossés, poëte et interprète du roi ès langues grecque et latine. *Paris*, Antoine Estienne, 1649, 8 pages.

Le sieur Des Fossés était Henri IVe du nom, fils de Henri III et petit-neveu de Henri II. Il avait publié, en 1645, l'*Art de faire des devises, avec un traité des rencontres ou mots plaisants*, Paris, in-8°, et en 1649, *les Triomphes de Louis le Juste*, Paris, in-fol.

Antoine Estienne était son cousin.

1337. Extase de la France mourant d'amour pour Jésus-Christ crucifié, en vers burlesques. *Paris*, Claude Morlot, 1649, 8 pages.

Heureusement les vers ne sont pas burlesques; mais ils sont bien mauvais.

1338. Extrait d'une lettre envoyée de Ruel, en date du vendredi 19e de ce mois de mars 1649, contenant le véritable état où sont à présent les affaires, et réfutant les faux bruits qu'on a fait courir touchant la paix. *Paris*, veuve d'Antoine Coulon, 1649, 7 pages.

Signé De La Canaye.

1339. Extrait de l'adjudication faite au conseil du roy, le premier avril 1651, à Louis Fauveau, de la ferme des entrées du vin des villes de Paris et de Rouen, moyennant deux millions deux cent dix mille livres, et charges portées audit bail. (S. l., 1651), 1 page.

Voir la *Relation de ce qui s'est fait et passé touchant les propositions*, etc.

1340. Extrait de l'instruction envoyée par le prince de Condé au sieur de Saint-Romain, étant de présent en Champagne. *Compiègne*, Julien Courant, 1652, 4 pages. *Rare et curieux*.

Par cette instruction, le prince de Condé ordonne à Saint-Romain de se rendre à Bruxelles, et de dire à l'archiduc Léopold et au comte de Fuensaldagne que les princes ont fait leur déclaration à la nouvelle de l'éloignement de Mazarin, pour satisfaire le peuple qui commençait à s'émouvoir, mais qu'ils n'en persistent pas moins à vouloir continuer la guerre.

Saint-Romain faisait des pamphlets contre Mazarin pour le compte du prince de Condé. Voici du moins ce que je lis dans la note de la lettre écrite par le cardinal à Bartet, le 30 juin 1651 : Lyonne et particulièrement Servien sont tous deux causes « de toute la haine qu'on a vue pour moi, et des libelles faits par Saint-Romain et de Croissy. » (*Lettres du cardinal Mazarin*, publiées par M. Ravenel, p. 125.)

De son côté, mademoiselle de Montpensier dit de Saint-Romain, p. 240 de ses *Mémoires*, coll. Michaud : « Il a toujours été attaché à monsieur le Prince. C'est un homme d'esprit et de capacité, qui a été longtemps résident pour le roi en Allemagne et en plusieurs cours, où il a été fort employé... Je l'avois vu quelquefois pendant la guerre. Le temps que M. le Prince fut à Paris, il demeura malade ; de sorte que je pris soin de l'entretenir ; et j'eus beaucoup de plaisir à l'entendre parler du passé, dont nous avions eu connoissance. »

En 1650, l'abbé de Saint-Romain était à Stenay avec la duchesse de Longueville.

C'est lui qui fut envoyé en Portugal, au printemps de 1666, pour contrarier la négociation du chevalier Southwel.

1341. Extrait de la déclaration et dernière volonté du feu roi Louis XIII, d'heureuse mémoire, du mois d'avril 1643, registrée au Parlement le 22 du même mois, par laquelle il veut, entr'autres choses, que M. de Châteauneuf, prisonnier dans le château d'Angoulême, demeure au même état qu'il étoit lors jusqu'après la paix, laquelle conclue, il lui sera donné un lieu de retraite dedans ou dehors le royaume par l'avis de la reine régente et du conseil; et l'entrée dudit royaume est interdite à madame de Chevreuse, pendant la guerre, laquelle, même après ladite paix faite, ne pourra faire sa demeure, ni être en autre lieu proche la cour de ladite dame reine. (S. l. n. d.), 6 pages.

Publié en 1651, dans le temps où M. de Châteauneuf venait d'être appelé aux fonctions de premier ministre, en l'absence du cardinal Mazarin.

Il existe une *Réponse à la déclaration du roi imprimée contre M. de Châteauneuf et madame la duchesse de Chevreuse.*

1342. Extrait de tout ce qui s'est fait et passé à Bordeaux depuis le 29 juin 1652, touchant le parti de messieurs les princes et celui des Mazarins. *Paris*, Jacob Chevalier, 1652, 7 pages.

Récit mensonger du combat de l'Ormée contre le Chapeau Rouge. Voir le *Courrier bordelois*.

1343. Extrait des délibérations de messieurs les capitouls, bourgeois et habitants de Toulouse sur les troubles de la ville de Bordeaux et province de Guyenne, envoyé à Leurs Majestés. *Paris*, Guill. Sassier, 1650, 7 pages.

Par délibération du 11 août, le conseil de ville consent à prêter des canons au roi pour le siége de Bordeaux.

1344. Extrait des registres de l'Hôtel de Ville de Paris, du lundi 29 juillet 1652. (S. l. n. d.), 4 pages. *Très-rare.*

Délibération sur la taxe des habitants pour les frais de la guerre, avec la signature autographe de *Demezé,* commis.

Il y a, à la suite, une lettre d'envoi, datée du 2 août et signée *Demezé.*

1345. Extrait des registres de l'Officialité de Paris. (S. l. n. d.), 3 pages. *Très-rare.*

Du 3 août 1652.

L'official de Paris ordonne que le corps du duc de Nemours sera honoré de la sépulture ecclésiastique, fondé sur ce que ledit duc aurait donné des signes de pénitence avant que de mourir, et reçu l'absolution sacerdotale par le ministère de M. Geoffroy, prêtre.

Cette sentence de l'Officialité a été publiée, mais très-inexactement, sous la date inexacte du 14 août, dans le premier volume des *Curiosités historiques*, p. 116.

1346. Extrait des registres de la cour des Aydes de Guyenne. (S. l. n. d.), 7 pages.

Arrêt du 7 mars 1650.

1347. Extrait des registres de la cour des Aydes de Guyenne. (S. l. n. d.), 4 pages.

Arrêt du 30 mars 1650.

1348. Extrait des registres du Parlement. Placard in-folio.

Arrêt du 28 août 1648 pour la destruction des barricades.

1349. Extrait des registres du Parlement. (S. l. n. d.), 8 pages.

Du 10 janvier au 13 février 1649.

1350. Extrait des registres du Parlement. (S. l. n. d.), 4 pages.

Arrêt du 22 janvier 1650, en faveur du duc de Beaufort, du coadjuteur, de Broussel et du président Charton.

1351. Extrait des registres du Parlement, contenant ce qui s'est passé pour l'éloignement du cardinal Mazarin. *Paris*, par les imprimeurs et libraires ordinaires du roi, 1652, 48 pages.

Du 9 février 1651 au 13 avril 1652.
Il y a un *Second extrait* qui commence au 25 juin, et finit au retour des députés du Parlement, de Saint-Denys à Paris.

1352. Extrait des registres du Parlement contenant l'ouverture des rôles. (S. l.), 1649, 2 pages.

Arrêt du 10 avril, qui règle l'ordre des plaidoiries, interrompues par la guerre.

1353. Extrait des registres du Parlement de Bordeaux. *Paris*, 1649, 4 pages.

Du 24 septembre 1649.

1354. Extrait des registres du Parlement, touchant les plaintes que Louis, duc d'Orléans, beau-frère du roi Charles VIII, fit en Parlement, le 17 janvier 1484, contre l'enlèvement de ce roi par Anne de France, comtesse de Beaujeu, sa sœur, sur ce que Sa Majesté n'étoit en liberté, et que ce n'étoit pas le roi qui agissoit, avec des considérations historiques et politiques par Souil de Cinq Cieux (Ludovix de Quincé). *Paris*, Jacob Chevalier, 1652, 31 pages.

L'épître dédicatoire, au duc d'Orléans, est datée du 19 août 1652.

1355. Extrait du verbal des délibérations prises par les gens des trois États du pays de Languedoc, assemblés par permission du roi, dans sa ville de Carcassonne, ès mois de juillet, août, septembre et octobre mil six cent cinquante et un, du mercredi quatriesme octobre audit an, président monseigneur l'archevêque de Narbonne. *Paris*, 1651, 6 pages. *Très-rare.*

Les États protestent contre les armements de la Guyenne et la défection de Marsin. Il y a un arrêt du Parlement de Toulouse sur le même sujet.

1356. Extraits des registres du Parlement, contenant la harangue faite au roi et à la reine régente par M. Talon, avocat général, avec son rapport, audit Parlement, de la réponse de Leurs Majestés; ensemble la lettre de l'archiduc Léopold, les propositions de l'envoyé de sa part, et arrêts de la cour sur ce sujet, du 19 février 1649. *Paris*, par les imprimeurs et libraires ordinaires du roi, 1649, 8 pages.

1357. Extraordinaire arrivée du burlesque On de ce temps qui sait, qui fait et qui dit toutes les particularités du siége de Cambray, avec un sommaire de l'ordre du festin fait aux généraux et Parlement d'Angleterre par les communes. *Paris*, Étienne Hébert. Paginée de 29 à 36.

On lit sur la 36e page : fin. Le 1er juillet 1649.
Voir le *Burlesque On de ce temps*, etc.

1358. Fable du lion, du loup et de l'âne, sur le sujet de la paille du temps présent. (S. l., 1652), 7 pages. *Rare.*

C'est la fable première de la treizième nuit de Straparole : « Un loup, un renard et un âne se confessent l'un l'autre; les deux premiers s'entre-pardonnent, puis, d'un commun accord, dévorent l'âne, sous couleur d'une légère faute qu'il dit avoir faite. »

Le pauvre âne s'était reconnu coupable d'avoir mangé un brin de paille, qui sortait des sabots de son maître.

« Ainsi arrive-t-il que l'innocente populace paie aux dépens de sa vie les petites fautes qu'elle fait, tandis que les grands ferment les yeux à leur misère, et entretiennent à leurs dépens leurs factions et secrètes intelligences. »

A roi de papier, princes de paille, sujets de foin.

On a aisément reconnu, dans la fable, le sujet des *Animaux malades de la peste.*

1359. Facétieuse (la) défaite d'un boulanger par le général Herspel Rhusma. *Paris*, veuve Musnier, 1649, 7 pages.

Cette pièce, médiocrement plaisante, n'est cependant pas tout à fait dénuée d'intérêt. On y voit comment se traitait un rhume au XVIIe siècle.

« J'ai appris que le général Rhusma et le colonel Brouillard furent joindre l'infant Apoplexie, qui ont fait la guerre à M. de Bouillon, et en trente heures l'ont expédié. » Il ne paraît par aucun autre écrit du temps que le bruit de la mort de M. de Bouillon ait été répandu à cette époque.

1360. Factum contenant les justes défenses des rentiers de l'Hôtel de Ville de Paris, et les moyens véritables de la sûreté de leurs rentes et de leur conservation. *Paris*, Edme Pépingué, 1649, 35 pages.

Factum judiciaire à l'appui de la requête des rentiers contre l'arrêt de la chambre des vacations, en date du 1er octobre 1649.

Il faut y joindre les *Mémoires et plaintes des rentiers.*

Les rentes de l'Hôtel de Ville étaient assignées sur les gabelles. Les fermiers des gabelles avançaient cependant au roi cinq millions, je suppose. Ils prenaient cet argent sur leurs fermes. Il ne leur coûtait rien. Ce n'était qu'une avance, appelée prêt. On n'en laissait pas moins les fermiers se rembourser de ce qu'ils n'avaient pas déboursé en réalité. Ainsi il n'y avait plus de fonds pour les rentes. Les rentes étaient retranchées.

On a peine à croire à tant de simplicité chez les administrateurs des revenus du roi!

1361. Factum de la sapience éternelle, et requête remonstrative présentée au Parlement. (S. l., 1652), 11 pages.

Voici un modèle du style de François Davenne : « Je t'immole mon âme sur l'échafaud de mes idées, de la main de mes désirs, avec le glaive de ma résignation. »

1362. Factum du procès intenté contre César de Vendôme, duc de Vendomois, d'Etampes et de Penthièvre, pair de France, lieutenant général pour le roi, avec tous les droits et pouvoirs d'amirauté en ses pays et province de Bretagne, et aussi contre François de Vendôme, duc de Beaufort, pair de France, son fils, présenté par madame la duchesse de Vendôme à messieurs de la cour de Parlement. (S. l., 1649), 4 pag.

Quand le duc de Beaufort fut mis à la Bastille, le duc de Vendôme reçut ordre de se retirer dans ses terres. Plus tard il sortit du royaume. Mazarin ayant emmené le roi à Saint-Germain, le duc intervint dans le procès intenté à son fils, et somma le procureur général de déclarer s'il entendait l'accuser. C'est l'objet du *Factum*.

1363. Factum notable pour Thomas Carrel, huissier sergent à cheval au Châtelet de Paris, demandeur en exécution des arrêts de la cour des 7 décembre 1645 et 19 décembre 1647, contre Mes François Catelan, Martin Tabouret, secrétaires du roi, Pierre Meyssonier, Pierre Moysel, Jean Migné, Gaspard Baugi et Canto, associés en divers partis et complices, accusés et défendeurs. (S. l., 1649), 11 pages.

Carrel réclame son salaire pour les recouvrements par lui faits au profit des défendeurs.

Il y a là d'assez curieux détails sur les manœuvres des traitants. En voici deux : les rôles et arrêts portaient cette clause que foi était due aux copies collationnées, comme aux originaux. Or les traitants étant secrétaires du roi, ils faisaient autant de copies collationnées qu'ils voulaient.

Pour les taxes sur les offices et les aisés, ils vendaient aux officiers la faveur d'être taxés à bas prix; mais en même temps, afin de ne rien perdre, ils faisaient faire des rôles pour une somme plus forte que celle qui avait été fixée par le traité.

L'Arrêt notable de la cour de Parlement contre plusieurs partisans a été rendu au profit de Thomas Carrel.

1364. Factum pour les habitants de la ville d'Angers, demandeurs en requête du 19 avril dernier. (S. l., 1652), 6 pages.

Les habitants s'étaient pourvus en justice contre la destitution de leurs maire et eschevins, comme contraire à la capitulation accordée par le maréchal d'Hocquincourt, et contre la nomination du sieur de Hère aux fonctions d'intendant de justice dans la province d'Anjou, comme faite en violation de la déclaration d'octobre 1648. Le *Factum* est très-rare.

1365. Factum pour maistre Bernard de Bautru, advocat au conseil privé du roy, intimé et appelant de la procédure extraordinaire et sentence du 4e jour du présent mois de juin, et demandeur,

Contre le substitut de monsieur le procureur général au Chastelet, appelant, intimé et défendeur. (S. l., 1649), 6 pages.

Édition originale rare, mais fort peu nécessaire; car on a, dans le même temps, réuni le *Factum* et les *Causes et moyens d'appel*, sous le double titre qui suit:

1366. Factum pour Me Bernard de Bautru, avocat au conseil du roi, intimé et appelant de la procédure extraordinaire et sentence du 4e jour du présent mois de juin, contre le substitut du procureur général au Châtelet,

Causes et moyens d'appel proposés par le procureur

du roi au Châtelet contre Bernard Bautru (*sic*). (S. l., 1649), 12 pages.

Bautru est accusé d'avoir fait imprimer le libelle intitulé : *Discours fait contre la députation du Parlement à M. le prince de Condé.* Il a été arrêté, interrogé, confronté le même jour, et jeté dans un cachot. Il réclame d'abord contre son incarcération qui a eu lieu *sur ordonnance verbale.* C'est, selon lui, une violation de la loi et de la déclaration d'octobre.

Le procureur du roi produit contre lui deux témoins. L'un, Vaudran, facteur du messager, déclare qu'il a été chargé par Bautru de lui trouver un imprimeur, qu'il lui a amené Desdin, et qu'enfin Bautru a donné le manuscrit à Boucher ; l'autre, qui est Desdin, reconnaît avoir vu l'accusé, et même avoir consenti à l'impression du libelle ; mais il dit qu'il avait remis la livraison du manuscrit à un autre jour.

Bautru répond que Vaudran s'accuse lui-même de complicité, et qu'ainsi on ne peut admettre son témoignage. Il affirme que la pièce a circulé manuscrite plus d'un mois avant d'être imprimée. Il demande si les imprimeurs, qui sont si friands de pareils morceaux, avaient besoin qu'on les priât de mettre le *Discours* sous la presse. Il se plaint de ce qu'on suscite des gens pour faire le métier de dénonciateurs à la fois et de témoins. Il signale ce procédé comme contraire *à notre liberté françoise.*

Deux caractères principaux sont relevés dans le libelle : la sédition et la diffamation. Voici les passages que cite le procureur du roi : le Parlement est accusé *d'avoir commis des lâchetés et d'avoir fait une injure très-sensible au duc d'Orléans ;* les députés de la compagnie, de *corruption dans la négociation de la paix;* le prince de Condé, *d'impiété et de sacrilége, de porter avec impatience la qualité de sujet.* « C'est un fléau que Dieu prépare pour affliger le royaume, et un monstre pour la ruine et la désolation de son pays. » L'auteur menace de *gouvernement violent,* de *rétablissement de la tyrannie,* de *persécution et d'oppression publique.*

J'ai dit que Bautru est accusé d'avoir fait imprimer le *Discours.* On ne le soupçonne pas même de l'avoir écrit ; et cependant la peine, c'est la mort par la loi *de famosis libellis,* par l'édit de Charles IX, Mantes, 10 septembre 1563, par l'ordonnance de Moulins, art. 77, et par l'édit de pacification de Henri III (1577), art. 14 : « Défenses, à toutes sortes de personnes, de faire imprimer ou imprimer, mettre en lumière aucun livre, placard ou libelle diffamatoire, à peine de confiscation de corps et de biens. »

Il paraît que Bautru, s'il ne composait pas de libelles, aimait au moins à en recueillir; car son clerc a avoué dans la procédure qu'il avait transcrit la *Requête des provinces et villes désolées de France à nos seigneurs du Parlement de Paris*.

Boucher, averti par l'arrestation de Bautru, s'était caché, en sorte qu'il ne fut pas compris dans les poursuites. Une circonstance singulière, c'est que l'accusé se plaint de ce que le procureur du roi au Châtelet a fait imprimer ses causes et moyens d'appel.

Cette affaire fit un bruit immense. La cour sollicita pour le prince de Condé, et la Fronde, pour Bautru qui fut élargi par le Châtelet et par le Parlement. Guy Joly, page 21 de ses *Mémoires*, coll. Michaud, se donne le mérite d'avoir seul, par son activité et par sa hardiesse, arraché l'accusé aux juges du Châtelet, dont la pluralité, dit Guy Patin, allait à l'envoyer aux galères : « Ce conseiller (au Châtelet), par un pur esprit de générosité, dit-il, entreprit la défense de l'accusé avec tant de chaleur qu'il alla plusieurs fois dans le cachot instruire le prisonnier de ce qu'il avoit à faire et à dire; mais ce malheureux étoit si troublé qu'au lieu de profiter des conseils qui lui avoient été donnés, il pensa à se perdre lui-même par ses réponses. »

Guy Patin, dans la lettre du 7 juin 1649, à Charles Spon, confirme cette dernière partie du récit de Joly : « Enfin, dit-il, l'avocat est délivré, qui a eu belle peur, et qui est fort accusé par ses amis mêmes de ne s'être pas bien défendu, comme il devoit et pouvoit faire en une affaire et pour un crime dont il ne pouvoit être convaincu, vu qu'il n'en est pas l'auteur. » Mais dans la lettre du 5 juin 1649 à Belin, fils, médecin à Troyes, il nous apprend que « plusieurs frondeurs se mêlèrent d'intercéder pour Bautru, et même M. le duc de Beaufort. » On peut penser que leurs démarches n'eurent pas moins d'influence que les paroles de Joly.

Si nous en croyons Guy Patin, Bautru ne pouvait pas être l'auteur du *Discours*, « n'étant pas assez habile homme pour cela ; » mais il s'agissait de publication, et non de composition.

C'est dans la lettre à Spon (p. 134 du Ier vol.) qu'il faut chercher les détails les plus précis et les plus complets sur ce procès. Le

Châtelet ordonna qu'il serait plus amplement informé, et que cependant Bautru serait élargi à sa caution juratoire; mais le procureur du roi en appela aussitôt *à minimâ;* et le prisonnier fut conduit à la Conciergerie du palais. C'est là qu'il rédigea son *Factum*. A la Tournelle, le président de Nesmond, grand frondeur, ne mit pas moins de passion que Joly dans la défense de Bautru; et il obtint que la sentence du Châtelet fût confirmée; ce qui équivalait à un acquittement. Bautru, mis en liberté, n'eut plus en effet affaire avec la justice.

Talon ne dit qu'un mot du procès, page 359 de ses *Mémoires*, coll. Michaud; encore ne donne-t-il ni le titre du libelle, ni le nom de l'accusé. Mailly le raconte assez longuement, page 513 de son deuxième volume.

A mon tour j'en ai parlé avec étendue, parce que c'est le seul procès de presse dont il nous reste une pièce de procédure, et sur lequel les écrivains contemporains nous fournissent d'assez amples renseignements.

Guy Patin dit que Bautru était natif de Sens.

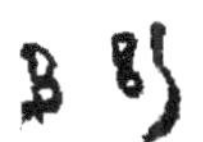

1367. Factum pour messieurs les princes. (S. l., 1650), 36 pages.

L'auteur était nourri de l'histoire de France. Il ne raisonne pas mal; et son style est bon.

Il ne peut pas comprendre qu'on emprisonne un prince du sang. « Autrefois on les condamnoit quelquefois à mort; mais on ne les mettoit pas en prison. »

1368. Factum servant au procès criminel fait au cardinal Mazarin, touchant ses intelligences avec les étrangers ennemis de l'État. *Paris*, veuve J. Guillemot, 1649, 8 pages.

Naudé revient quatre fois sur ce pamphlet dans le *Mascurat*, p. 11, 199 et 208, pour le présenter comme un modèle des meilleures pièces, et p. 459, pour le réfuter *ex professo*. Malheureusement pour les amateurs, le *Factum* est assez commun.

C'est, avec la première *Lettre du chevalier George* et la *Lettre d'un religieux au prince de Condé*, la pièce à laquelle Naudé s'attache le plus, parce que, dit-il, la plupart des circonstances cotées par ces trois auteurs, quoique absolument fausses, sont néanmoins si bien colorées, que ceux qui ne sont pas informés de la vérité, les peuvent plus facilement croire que toutes les niaiseries et sottises de tant d'autres auteurs.

1369. Faits (les) héroïques de messieurs les princes et généraux conservateurs de la ville de Paris, avec leurs éloges particuliers. *Paris*, Alexandre Lesselin, 1649, 13 pages. *Rare*.

1370. Faits (les) pernicieux que le cardinal Mazarin a commis en Italie, en Espagne et particulièrement en France, avec un avis salutaire, à messieurs du Parlement, du mauvais dessein qu'il a contr'eux, naïvement déduit sous le dialogue d'un gentilhomme françois avec un Sicilien. (S. l.), 1651, 24 pages.

Contrefaçon du *Tableau funeste des harpies de l'État*, etc.

On a retranché la signature S. C. Sr D. P., et l'épître dédicatoire au coadjuteur.

1371. Famine (la), ou les Putains à cul, par le sieur de la Valise, chevalier de la Treille. *Paris*, Honoré l'Ignoré, 1649, 8 pages.

Pièce très-ordurière, qui n'a d'autre mérite que sa rareté.

Le pamphlet qui suit est encore du sieur de la Valise.

1372. Farce (la) des courtisans de Pluton, et leur pélerinage en son royaume. (S. l.), 1649, 28 pages.

Au verso du titre, on lit une épigramme au sieur de la Valise *sur sa Farce*. Elle est signée N. Boscq, chevalier de la Treille.

Je trouve encore, de cette chevalerie de la Treille, un sieur de la Besace et le traitant Desbois. C'est un ordre dont il ne faut pas laisser perdre le souvenir.

Farceurs : Nirazam (Mazarin), Yremed' (D'Émery), Dracip (Picard), Teruobat (Tabouret), Telbuod (Doublet), Naletac (Catelan), Siobsed (Desbois), Pluton, Caron et Siobsed, espion.

Le sieur de la Valise pourrait bien avoir confondu Pluton et

Plutus. Sa pièce reste pourtant assez spirituelle, aussi ordurière, mais moins rare que la *Famine*.

1373. Farce (la) du cardinal aux enfers, suivant la comédie imprimée à Anvers. (S. l. n. d.), 4 pages.

Il s'agit, je crois, du cardinal de Richelieu; au moins la *Comédie imprimée à Anvers* a-t-elle été faite contre lui. Cela résulte évidemment du titre et de la date de la seconde édition : *Dialogue du cardinal de Richelieu voulant entrer en paradis, et sa descente aux enfers*, Paris, 1645. La première édition est intitulée : *le Cardinal tasche d'entrer en paradis. Tragi-comédie, acte premier, M. de Marillac. Imprimé à Envers* (sic). S. d.

Cependant la *Farce du cardinal* pourrait avoir été réimprimée pendant la Fronde, et appliquée à Mazarin.

1374. Fausse (la) lettre portée au duc de Lorraine par un mazarin, et renvoyée à Son Altesse Royale par le même duc de Lorraine. (S. l.), 1652, 7 pages.

1375. Faux (le) frondeur converti et démasqué, servant de réponse au prétendu *Frondeur désintéressé*. *Paris*, 1650, 15 pages.

Ce serait là une réponse de bonne foi, si c'était une réponse. Le texte de l'adversaire est en regard du texte de l'auteur; mais celui-ci n'a fait que retourner, dans le sens de la Fronde, chacune des strophes, presque chacun des vers du *Frondeur désintéressé*.

1376. Festin (le) burlesque du fourbe, ou la Mi-carême des partisans, traités à la cour par leur chef et leur protecteur, le C. M. *Paris*, veuve André Musnier, 1649, 8 pages.

C'est à cette pièce que s'applique ce passage du *Mascurat*, p. 675 : « Faites lecture, à un paysan, à un artisan, à des valets et gens de semblable étoffe, d'une *chanson contre le cardinal*, du *banquet qu'il fit le jour de la mi-carême aux partisans*; ils seront ravis d'entendre ces choses, les écouteront volontiers, les entendront et comprendront bien. »

1377. Festin (le) de la paix et de la guerre interrompu, en vers burlesques. *Paris,* Sébastien Martin, 1649, 15 pages.

C'est la même pièce que *la Haine irréconciliable de la paix et de la guerre*, etc.

On sait que souvent les pamphlets circulaient d'abord manuscrits. Les imprimeurs s'en emparaient, suivant qu'ils les jugeaient de bonne vente. C'est pourquoi il est arrivé que la même pièce a paru à la fois chez deux ou plusieurs libraires, et sous des titres différents.

1378. Festin (le) de Mazarin, avec les entretiens faits avec son maistre d'hostel pendant son festin dans la ville de Poitiers, avec l'ordre qu'il veut estre observé dans la ville de Saumur, par le sieur Euzenat. (S. l., 1652), 8 pages.

Ce n'est pas un festin, mais vingt-huit festins, du 1er au 28 août inclusivement. Chaque jour, le repas doit être assaisonné d'un emprunt, d'une création d'offices, d'une banqueroute.

On a refait ce pamphlet, presque dans le même temps. On en a retranché quelques vers détestables; et on l'a réimprimé sous le titre de *le Festin fait par Mazarin devant son départ de la cour,* etc.

L'original est intitulé : *Ordre donné par le Mazarin à son maistre d'hostel*, etc.

1379. Festin (le) des partisans, avancé par le chancelier, avant son départ, chef et protecteur de la maltôte. *Paris,* Jacques Canobe, 1650, 8 pages.

Avancé par le chancelier, *donné* par Mazarin le jour de la mi-carême 1650.

Je l'aimerais mieux sans l'âne d'Apulée.

1380. Festin (le) et plaisant entretien de deux Bourguignottes, sur l'arrivée de la cour à Dijon. 7 pages.

Pièce de vers détestable, mais très-rare ; car je ne l'ai trouvée que dans le *Quatrième recueil des pièces curieuses de ce temps.* Rouen, Jean Berthelin, 1649. J'ajoute qu'elle est royaliste.

1381. Festin (le) fait par Mazarin, devant son départ de la cour de la ville de Pontoise, et tous ceux de sa cabale, laissant le reste à la volonté de la reine. *Paris*, Nicolas Ledrut, 1652, 7 pages.

Autre édition *corrigée* du *Festin de Mazarin*, etc.

1382. Feu (le) de joie, ou la Réjouissance publique des bons François pour le retour de la paix. *Paris*, veuve Jean Remy, 1649, 8 pages.

1383. Feux (les) du ciel descendus en terre en faveur du roi. *Paris*, Pierre Variquet, 1649, 8 pages.

1384. Fiction. L'Heureux succès du voyage que le cardinal Mazarin a fait aux enfers, ces jours derniers, où l'auteur l'a accompagné. *Paris*, 1649, 15 pages.

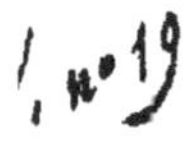

1385. Fictions (les) politiques, ou les Sérieux et agréables caprices du sieur de Sandricourt, sur les désordres civils arrivés en France ès années 1651 et 1652. *Rouen*, 1652.

C'est le titre général du recueil des pièces de Sandricourt.

1386. Fidèle (le) domestique à monseigneur le duc d'Orléans, sur les affaires de ce temps. *Paris*, Nicolas Jacquard, 1649, 8 pages.

Lettre signée J. L. (Jacques Labbé).

Très-peu de jours après la sortie du roi. L'auteur prétend que le duc d'Orléans, malade, avait été enlevé de son lit par l'abbé de la Rivière !

1387. Fidèle (le) empirique, ou le Puissant ellébore d'un Anti-Machiavel, pour contenter les malcontents de l'État, et affermir la liberté des peuples : *Cæcus est qui veritatem odit. Paris*, 1652, 24 pages.

C'est un pamphlet royaliste ; et à cause de cela seul, il mériterait quelque attention ; mais de plus, il n'est pas mal fait.

L'auteur pose en principe qu'on n'a pas le droit de prendre les armes contre le prince, sous prétexte d'oppression de la part d'un favori. Puis entrant dans les faits, il soutient que ceux qui se plaignent, ne valent pas mieux que ceux dont on se plaint; que leurs favoris sont sans vertu, leurs maisons sans ordre et sans règle; qu'ils ont beaucoup d'ambition, et fort peu d'amour du bien public.

Si cette dernière proposition s'applique au prince de Condé, les deux premières ne conviennent pas mal au duc d'Orléans.

C'est la même pièce que celle qui est portée au n° 22487 de la *Bibliothèque historique* du P. Lelong, sous le titre de l'*Anti-Machiavel*, etc.

1388. Fidèle (le) intéressé, par L. S. C. C. A. P. D. A. *Paris*, 1652, 12 pages.

L'auteur réfute à la fois la *Vérité toute nue* et le *Guide du chemin de la liberté*. Il tient une sorte de milieu entre la cour et la Fronde. Bonne pièce.

1389. Fidèle (le) politique. *Paris*, 1649, 15 pages.

Signé J. B. Le *Journal de tout ce qui s'est passé à Bordeaux depuis le 1er juin*, etc., porte la même signature.

Pamphlet mazarinique.

1390*. Fidèle (le) Provençal, consacrant son honneur et sa vie pour le service du roi, sur l'heureuse réception de M. le duc de Mercœur en Provence.

Bib. hist., 23683.

1391. Fidèle traduction du sermon de Pâques fleuries, fait, en présence du roi et de sa cour, par un père théatin, dans l'église de Saint-Germain en Laye, en vers burlesques. *Paris*, Claude Morlot, 1649, 7 pages.

Ne serait-ce pas la *traduction* du pamphlet dont Naudé parle à la p. 190 du *Mascurat*, sous le titre de : *Sermon d'État prêché à Saint-Germain devant la cour?*

1392. Fièvre (la) chaude du cardinal Mazarin et de ses

partisans, avec le sujet d'icelle, le tout contenu en dix articles, ensemble la confession générale dudit cardinal, le désir de s'amender en pardonnant à ses ennemis. *Paris*, J. Brulé, 1652, 8 pages.

Après l'arrêt de remontrance du Parlement de Pontoise.

1393. Fièvre (la) de Mazarin sur la victoire de messieurs les princes et l'arrivée de l'archiduc Léopold, avec un avis donné aux Parisiens. *Paris*, François Lerrein, 1652, 7 pages.

Après le combat du faubourg Saint-Antoine, que l'auteur appelle une victoire des princes.

1394. Fils (le) de l'impudique et le perfide voluptueux. *Paris*, Denys Langlois, 1649, 8 pages.

Je n'ai pas besoin de dire que c'est Mazarin.

1395. Fin (la) tragique de tous les partisans, arrivée de temps en temps, et tirée de l'histoire de France. *Paris*, Claude Huot, 1649, 8 pages.

« Montaigu fut interrogé de quel père il étoit fils, quels biens il avoit de patrimoine ou de successions échues, quelle vacation il avoit faite en sa jeunesse, quels services il avoit rendus à l'État, par quels moyens il étoit devenu si riche, quels dons il avoit reçus de Sa Majesté, quelle dépense il avoit faite, quel bien il avoit ; sur quoi ne pouvant satisfaire, il fut condamné. » Voilà, suivant l'auteur, comment il faut procéder contre les partisans.

1396. Finets (les) affinés, ou l'Emprisonnement des factieux. *Paris*, 1650, 6 pages.

C'est la vieille Fronde qui insulte, en mauvais vers, les princes prisonniers.

1397. Flambeau (le) d'État, avec lequel tous les peuples de France peuvent voir comme ils sont obligés de s'unir, pour l'exécution de l'arrêt du 29 décembre 1651 et de l'arrêt du 23 juillet 1652, donnés au Parlement contre Mazarin, toutes les chambres assemblées, où l'on verra 1. que les arrêts d'un si auguste Parlement que celui de Paris doivent être inviolables, principalement quand ils sont donnés pour délivrer l'État de la prodigieuse tyrannie où il est; 2. qu'il y va de la gloire de Dieu, de l'honneur du roi, du salut de la couronne, du repos public et du bien universel de tous les peuples de France; 3. qu'il n'est point de François qui ne soit véritablement obligé de répondre un jour, devant Dieu, de toutes les voleries, meurtres, violences, incendies et sacrilèges que Mazarin et ses complices font et feront de toutes parts, si on ne les en empêche, le pouvant faire; 4. qu'il n'y a rien de si facile que d'en venir à bout par un soulèvement général, puisque tous les autres moyens nous ont manqué; 5. et qu'il n'est point de peuple qui n'ait le droit de se faire justice soi-même, quand on refuse de la lui faire. (S. l. n. d.), 43 pages.

Longue, violente et sotte déclamation.

1398. Flambeau (le) d'Olympe, dédié à monseigneur le duc de Beaufort, avec la voix et les vœux du peuple, par le sieur Barroys. *Paris*, veuve d'Anthoine Coulon, 1649, 8 pages.

« Sur le sommet du mont Olympe, en la Natolie (*sic*), il y a un feu au milieu duquel un arbre naît, sans en être brûlé. » Cet arbre, c'est le duc de Beaufort.

1399. Fléau (le) de l'esprit de Dieu sur les ministres à deux cœurs, à deux maîtres et à deux visages.

« Le Seigneur veut que l'hypocrisie de ceux qui se glorifient en lui, pendant qu'ils le nient par des actions publiques, soit franchement reprise et hautement condamnée par les véritables évangélistes de sa parole éternelle. » ISAÏE, 48, 58, 66.

(S. l. n. d.), 48 pages. *Rare.*

L'auteur dit qu'il a écrit les *Apophthegmes de l'esprit de vérité*, etc.; et il avoue qu'il en reproduit ici quelques pages.

C'est en effet le même sujet; seulement il y a de plus, dans le *Fléau de l'esprit de Dieu*, des invectives contre Mazarin. L'auteur était-il gentilhomme ? il dit aux évêques : « Laissez-nous prêcher pour vous, puisque vous usurpez nos fonctions. »

1400. Foi (la) barbare et la liberté des volontés forcées ès personnes des députés du Parlement. *Paris,* veuve d'Anthoine Coulon, 1649, 7 pages.

1401. Formulaire (le) d'État, faisant voir par la raison et par l'histoire 1. que les lois fondamentales de la monarchie sont au-dessus de l'autorité du roi; 2. qu'il n'y a que les états généraux qui puissent entreprendre impunément les lois fondamentales, et que par conséquent l'autorité des états généraux est au-dessus de celle du roi; 3. que la royauté dégénère en tyrannie lorsqu'elle attente à ces lois fondamentales; 4. que le roi est obligé, par les lois fondamentales, d'agir avec les étrangers, pour les affaires d'État, par le conseil de ses princes, et que par conséquent le traité que la cour a fait depuis peu avec le duc de Lorraine, sans la participation des princes du sang, est invalide et tyrannique; 5. et comme il faut entendre cet aveuglement d'obéissance que les sujets doivent aux ordres des souverains, pour désarmer les prétentions du conseil prétendu de Sa Majesté. (S. l.), 1652, 24 pages.

Dubosc Montandré.

1402. Fort (le) et puissant bouclier du Parlement, en forme d'apologie, dédié au roi. *Paris,* 1649, 24 pages.

Date, à la fin, du 13 mars 1649.

1403. Foudre (la) du bureau et du monopole, en vers scarroniens. *Paris*, Philippe Clément, 1649, 8 pages.

« Ces faussonniers, pleins de courage,
Sont les vrais frondeurs de notre âge,
Fils légitimes des *Gaulois*,
L'unique support de nos lois. »

Encore les *Gaulois !* on sait que les faux-sauniers étaient les contrebandiers de la gabelle.

1404. Foudroiement (le) des géants mazarinistes, abîmés sous les ruines du fameux et désolé bourg de Charenton. *Paris,* François Noël, 1649, 8 pages.

1405. Fourberie (la) découverte, ou le Renard attrapé. (S. l.), 1650, 8 pages.

Ici le renard, c'est le prince de Condé. Dans les autres pièces où les princes prisonniers sont figurés par le lion, le renard et le singe, le renard est le duc de Longueville.

« Dans l'amour que j'ai pour la France,
Et pour Paris où je suis né,
Paris qui m'a vu destiné
A cultiver la poésie....
Mais ce métier plein de folie,
Combien qu'il ait beaucoup d'appas,
N'apporte pas un bon repas.
Soyez m'en témoins, je vous prie,....
Vous, Gomès, et vous, cher Civart,
Qu'on montre au doigt dedans le Louvre,
Devant qui chacun se découvre,
Comme devant un bon esprit,
A qui notre Apollon apprit
A faire vers à faire rire....
Et toi, Nervèze, damoiselle
Qui te vantes d'être pucelle,
Quoiqu'aussi vieille que Gournay,
As-tu chez toi un bon dîné ? »

L'auteur de la *Raillerie sans fiel* dit qu'il ne va point *jaser sa ratelée* à la table des riches, comme Gomès,

« Qui fait odes mieux que Ronsard....
Il fait des vers en multitude,

Qu'à courtisans fort bien ornés,
Sans rien avoir, il a donnés. »

« Gomez était un poëte fort pauvre, est-il dit, p. 55 du *Ménagiana*, t. III. Il se trouva un jour, je ne sais par quel hasard, dans le cabinet du roi. Sitôt que M. de Bautru l'eût aperçu, il s'écria : Comment ce misérable a-t-il pu passer par plusieurs portes fermées et gardées par des suisses et des huissiers, pour entrer en ce lieu, lui qui, depuis dix ans, n'a pu sortir de l'hôpital, quoique les portes en soient toujours ouvertes ? » Il n'y a d'imprimé, de Gomez, qu'une épigramme contre Maillet, épigramme rapportée dans les *Observations* de Ménage sur Malherbe, et dans le *Ménagiana*. Gomez et Maillet étaient le Bavius et le Mævius des Français.

1406. Fourbes (les) des Mazarins découvertes aux bons bourgeois de cette ville de Paris. *Paris*, 1652, 6 pages.

Après le combat de la porte de Saint-Antoine.

1407. Fourrier (le) d'État, marquant le logis de chacun selon sa fortune présente. *Paris*, 1652.

Deux parties, de 7 pages chacune.

Après le combat de la porte de Saint-Antoine. Le roi est logé à Saint-Denis, le duc d'Orléans au Louvre, et le duc de Valois à la place Dauphine !

Je ne serais pas éloigné de croire que ce pamphlet est de Sandricourt.

Mailly le cite, p. 96 de son Ve vol., à propos de la négociation que mademoiselle de Montpensier avait secrètement entamée pour son mariage avec l'archiduc Léopold.

Le *Nouveau fourrier de la cour* est une contre-partie du *Fourrier d'État*.

Si j'en crois l'*Interprète du caractère du royaliste*, le chancelier Séguier « trouvoit le mot pour rire dans le *Fourrier d'État;* et il en faisoit son plus agréable divertissement. » On peut du moins en conclure que ce pamphlet ne fut l'objet d'aucune poursuite.

1408. Franc (le) bourgeois de Paris, montrant les véritables causes et marques de la destruction de la ville de Paris, et les devoirs du magistrat et de tous les bons citoyens pour y remédier. *Paris*, 1652, 22 pages.

L'auteur se plaint de la cherté du pain; et il dit que Broussel n'a pas été, à cet égard, plus vigilant dans sa charge que Lefèvre. Plusieurs milliers de pauvres étaient morts de faim. Les meuniers exigeaient jusqu'à huit et dix livres tournois pour la mouture d'un setier de blé. L'auteur en conséquence propose plusieurs moyens de réprimer les fraudes des meuniers et des boulangers : 1. Favoriser la vente du *grand pain bourgeois;* 2. Encourager le particulier qui a établi des bureaux pour la mouture du blé, se chargeant, moyennant un droit, de payer les meuniers; 3. Établir une sorte de taxe des pauvres à l'imitation des Anglais; 4. Avoir des greniers de réserve, comme à Lyon, au moyen desquels on régulariserait les ventes du blé, et on fixerait le prix du pain.

La spéculation du *grand pain bourgeois* datait de juin 1649. A cette époque, Jean Alassin, bourgeois de Paris, avait pris des lettres patentes du roi pour ouvrir des magasins du grand pain bourgeois qui aurait été distribué au poids en échange du blé, « pour la commodité et soulagement tant des simples bourgeois, qui, occupés à leur commerce, n'ont ni le loisir, ni l'expérience, ni les instruments nécessaires pour boulanger chez eux, que des maisons de condition, qui par ce moyen pouvaient faire employer les blés nécessaires pour l'entretien de leurs familles avec beaucoup plus de profit et de ménage. » L'entreprise fut annoncée au public par la pièce intitulée : *Moyen assuré pour bien ménager le blé des bourgeois*, etc. Le premier tarif parut sous le titre de : *Moyens très-avantageux aux bourgeois de Paris pour bien ménager leurs blés*, etc. Ces prix étaient trop élevés apparemment; car l'entrepreneur les modifia, en 1650, dans le *Tarif des droits*.

Il paraît qu'il succomba au commencement de 1651, sous les manœuvres des boulangers et surtout des meuniers. On volait son blé; on le faisait passer sous des meules fraîchement repiquées, « afin que le pain se sentît de la poudre ou de la pierre; » on changeait ses farines; on y mêlait du son remoulu. Alassin ferma ses magasins.

Mais quelques mois après, il se trouva « obligé par la nécessité publique et extraordinaire » de les ouvrir de nouveau. Prenant alors conseil de l'expérience, il se réduisit à une seule sorte de pain pour le commun, « c'est à savoir du vrai pain bourgeois bis blanc avec son tout, c'est-à-dire auquel on n'ôtoit que les sons de la farine, très-bon et bien assaisonné, contenant toute la fleur et substance, composé du moins de trois quarts froment et d'environ un quart seigle, afin qu'il se maintînt plus frais, et que, tenant le ventre plus libre, il en fût plus sain et plus profitable. » Ainsi il simplifiait sa fabrication, réduisait ses frais et ses non-valeurs; surtout il désarmait la jalousie des boulangers.

Contre le mauvais vouloir des meuniers, il prit, le 23 août 1651, des lettres patentes du roi, par lesquelles Sa Majesté mandait au Parlement « qu'il eût à faire bailler à l'entrepreneur du grand pain bourgeois les moulins, magasins et autres lieux que ledit Parlement jugeroit être nécessaires dans la bonne ville de Paris, soit pour la mouture de ses blés, soit pour la fabrique et distribution du pain, et ce par préférence à toutes personnes, en payant la même ferme aux propriétaires, et dédommageant les fermiers d'iceux, si besoin étoit. »

Je ne sais pas pourquoi le Parlement ne rendit arrêt que le 10 mai 1652. Il renvoya l'affaire au lieutenant civil de la prévôté et vicomté de Paris, pour être pourvu ainsi que de raison. *Arrêt de la cour de Parlement et lettres patentes du roi,* etc.

Le *Franc bourgeois de Paris*, publié pendant que Broussel était prévôt des marchands, c'est-à-dire vers le mois d'août 1652, prouve qu'Alassin réussit auprès du lieutenant civil. On vit dans cet opuscule plus de politique qu'il n'y en avait, à mon avis. On fit paraître, presque en même temps, la *Réponse au libelle intitulé :* le Franc bourgeois, et le *Bon François au véritable mazarin, déguisé sous le nom du* Franc bourgeois de Paris.

C'était tout simplement un plaidoyer pour le grand pain bourgeois, et pour le *particulier* qui avait établi les bureaux de mouture.

Je ne saurais dire précisément en quelle année fut publié le *Vrai lustre des honnêtes dames,* etc., qui est, suivant une expression toute moderne, une réclame pour le grand pain bourgeois; mais on peut croire que ce petit livret est de 1649. Il m'a été impossible de donner une date, même approximative, aux trois pièces suivantes : *Avis salutaire à ceux qui baillent leurs bleds à boulanger,* etc. *Liquidation et supputation véritable de la quantité de livres de pain qu'un setier de blé peut rapporter,* etc.; *Propositions pour facilement et fidèlement exercer la police,* etc.

1409. François (le) affectionné à sa patrie. (S. l.), 1649, 8 pages.

1410. François (le) désabusé, montrant les moyens infaillibles pour établir et affermir la véritable paix dans l'État. *Paris*, 1652, 19 pages.

C'est la même pièce que le *Parfait repos de la France*, etc. Il y a de moins ici le premier paragraphe qui contient un aperçu des avantages de la France.

1411. François (le) fidèle à Jules Mazarin, traitant des devoirs des bons ministres envers leurs maîtres. *Paris*, Nicolas Bessin, 1649, 7 pages.

1412. François (les) oppressés sous la fureur et tyrannie de Jules Mazarin, dédié (*sic*) aux protecteurs du public. *Paris*, 1649, 7 pages.

Détestables vers, signés L. Q. N.

1413. France (la) à couvert sous les lauriers des princes. *Paris*, Salomon de la Fosse, 1652, 14 pages.

1414. France (la) à l'épreuve. Septième partie des *Lettres héroïques* du sieur de Rangouze. *Paris*, 1651, in-12.

Bib. hist., 23369.

Je connais, du sieur de Rangouze, *le Temple de la Gloire, aux héros de la France. Septième partie des* Lettres héroïques. 1 vol. grand in-12, 1654;

Et encore *le Temple de l'Honneur, aux illustres dames du siècle.* Aussi *Septième partie des* Lettres héroïques. 1 vol. grand in-12, 1654.

La *France à l'épreuve* serait donc une troisième *septième partie?* Je ne la connais pas. Toutes les recherches que j'ai pu faire à la Bibliothèque nationale, ne me l'ont pas fait trouver.

Je n'ai d'ailleurs jamais vu que trois éditions des *Lettres héroïques*. La première de 1644 se divise en deux parties; l'une qui contient les lettres « que Rangouze a écrites en son nom à toutes les personnes de l'un et de l'autre sexe qui pouvoient lui donner quelque paraguante » (*Tallemant des Réaux*); elle n'est pas paginée; l'autre qui se compose des lettres « qu'il a écrites au nom de divers personnages, par exemple pour le roi à la reine, pour la reine au roi; » les pages en sont numérotées. Les deux autres éditions de 1645 et 164.... (le dernier chiffre a été gratté pour y substituer un 7 d'abord, puis un 8), les deux autres éditions ne se divisent pas. Elles sont sans pagination. La fameuse lettre au duc d'Uzès n'est que dans l'édition de 1645.

Les *Lettres panégyriques* qui ont paru en 1650, avec privilége de 1648, ont bien six parties : 1° *Lettres panégyriques au roi, aux princes du sang*, etc.

2° *Lettres panégyriques aux plus grandes reines du monde, aux princesses*, etc.

3° *Lettres panégyriques aux princes et prélats de l'Église*, etc.

4° *Lettres panégyriques au chancelier de France, présidents au mortier, conseillers d'Estat*, etc.

5° *Lettres panégyriques aux chevaliers des ordres, ambassadeurs*, etc.

6° *Lettres panégyriques aux ministres d'Estat, surintendants des finances*, etc.

Mais sur les titres du *Temple de la Gloire* et du *Temple de l'Honneur*, comme dans l'article du P. Lelong, on lit très-positivement : septième partie des *Lettres héroïques*.

Dans tous les cas, à moins que quelque anonyme n'ait prêté à Rangouze, il n'est pas probable que ce livret soit un pamphet de la Fronde.

1415. France (la) à la reyne. *Paris*, Robert Sara, 1649, 7 pages.

Voir *Plainte de la France à la reyne*.

1416. France (la) à monseigneur le duc d'Elbeuf, général des armées du roi (*de la Fronde*). Parénétique. *Paris*, 1649, 16 pages.

1417. France (la) affligée, parlant et répondant à toutes les personnes et les corps qui suivent : le roi, la reine, le Mazarin, le confesseur de la reine, le privé conseil, le premier président, tous les mazarins en général, M. de Villeroy, M. le duc de Damville, M. le duc d'Orléans et Mademoiselle, le prince de Condé, le duc de Beaufort, M. de Brousselle (*sic*), le Parlement en général, le coadjuteur, le clergé, la noblesse, le tiers état, et faisant sa plainte sur le sujet de leurs réponses, qui l'obligent à former la résolution qu'elle témoigne à la fin de ce discours, le tout en vers héroïques. *Paris*, 1652, 31 pages.

« Point de chef, point d'amis qu'en m'apportant sa tête »
(de Mazarin).

Ce pamphlet n'est pas commun.

1418. France (la) affligée, présentée à la reine pour le rétablissement de ses États et de son royaume, par un de ses fidèles sujets. *Paris*, Pierre Variquet, 1649, 7 pages.

Voir la *France en deuil*, etc.

1419. France (la) affligée sur l'enlèvement du roi, avec une pièce contre les maltôtiers. *Paris*, Arnould Cottinot, 1649, 6 pages.

1420. France (la) aux frondeurs; 1re élégie. (S. l., 1652), 7 pages.

Voir l'*Élégie de la France aux Frondeurs*.

1421. France (la) congratulante à Venise sur sa très-glorieuse, amplissime victoire, remportée contre les mahumétans (*sic*). (S. l.), 1649, 4 pages non chiffrées. *Rare*.

C'est un extrait de l'*Universelle disposition du Ciel pour l'an de grâce* 1649, par Jean Mitannour Dufour, normand.

Mitannour a publié plus tard l'*Apothéose* de Clément, le coutelier.

1422. France (la) désolée au roi, dédiée à monsieur le prince. *Paris*, 1652, 16 pages.

Il y en a une autre édition, dont le titre porte : *la France désolée, parlant au roi*, etc.

1423. France (la) désolée aux pieds du roi, où le gouvernement tyrannique de Mazarin est succinctement décrit. (S. l., 1649), 8 pages.

Avec cette épigraphe :

Nulli fas Italo tantam subvertere *gentem*. VIRGILE.

« Si Dieu n'eût reveillé enfin le Parlement et le peuple de Paris, pour s'opposer puissamment, *comme ils ont fait depuis quelque temps*, *la tyrannie....* » C'est la date.

1424. France (la) désolée, parlant au roi étant à la chasse, où elle lui représente la fin tragique du marquis d'Ancre et la vie du cardinal Mazarin, avec le moyen de mettre la France en paix, dédiée à monsieur le prince de Condé. *Paris*, 1652, 16 pages.

Même pièce que la *France désolée au roi*, etc.

1425. France (la) en deuil, présentée à la reine pour le rétablissement de ses États et de son royaume, par un de ses fidèles sujets. *Paris*, Pierre Variquet, 1649, 7 pages.

Ce n'est, en quelque sorte, que la préface d'un livre qui n'a jamais été publié.

Il en a cependant été fait une autre édition, qui ne diffère de celle-ci qu'en un seul point : au lieu de *la France en deuil*, on lit au titre : *La France affligée*, etc.

1426. France (la) en prière pour la paix. *Paris*, veuve Musnier, 1649, 4 pages.

1427. France (la) en travail sans pouvoir accoucher

faute de sage-femme, par le sieur de Sandricourt. C'est une branche de mon *Accouchée espagnole*, et la cinquième pièce de mes fictions politiques (*suivent les titres des quatre premières*). Pour la clef que je t'ai promis (*sic*), elle est entre les mains du graveur. Il te burine quelques feuillages, pour te la rendre plus mignonne. *Paris*, 1652, 39 pages.

Le pamphlet est suivi de : l'*Innocence de mes amours sur le bouclier, l'accord du théorbe, le paranymphe et les grâces du corps;* vers exécrables, qui justifient pleinement ce jugement de Loret :

« Ceux de Sandricourt sont barbares. »

Ire lettre du livre IV de la *Muse historique*.

1428. France (la) espérant la paix. *Paris*, Pierre Dupont, 1649, 7 pages.

Mademoiselle, à Saint-Germain, fit vêtir les prisonniers des troupes parlementaires, qu'on laissait tout nus malgré la rigueur du froid.

Cette pièce a été réimprimée dans les *Premières nouvelles de la paix*, etc.

1429. France (la) et les royaumes ruinés par les favoris et les reines amoureuses. (S. l., août 1649), 8 pages.

1430. France (la) florissante sous le règne de Louis XIV. (S. l. n. d.), 7 pages.

1431. France (la) irritée contre ses tyrans. *Paris*, veuve Théod. Pépingué et Est. Maucroy, 1649, 7 pages.

Ce pamphlet est suivi d'un *Oracle* au Parlement, et de deux madrigaux à Broussel.

1432. France (la) languissante, résolue à vaincre ou à mourir. *Paris*, 1649, 16 pages.

Entre la conférence de Ruel et celle de Saint-Germain.

L'auteur a mis dans la bouche de la France une bonne partie des

Soupirs françois sur la paix italienne, traduite en prose, notamment la strophe sur la régence.

Naudé dit, p. 195 du *Mascurat*, qu'on attribuait ce pamphlet à un certain curé (Brousse, curé de Saint-Roch).

1433. France (la) mal régie.

Lettre au cardinal; burlesque.

1434. France (la) paisible, ou la Paix miraculeuse. Ode. *Paris*, 1649, 14 pages.

« Il (Dieu) n'a point déclaré sa haine
A l'un plus qu'à l'autre parti.
Tous deux ont eu le démenti
Par une victoire incertaine. »

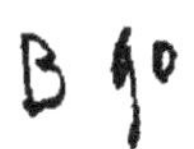

1435. France (la) parlant à monsieur le duc d'Orléans endormi. *Paris* (s. d.), 4 pages.

Pamphlet très-piquant, qui n'a que le malheur d'être des plus communs. Il a paru dans les premiers mois de 1649.

On a publié une réponse sous ce titre : *le Prince éveillé*. Le refrain est :

« Oui, j'ai voulu dormir; mais il n'en est plus temps. »

Dans le *Nouveau siècle de Louis XIV*, vol. I, p. 178, le titre de la pièce a été réduit ainsi: *La France au duc d'Orléans endormi*.

1436. France (la) pleurante aux pieds de Son Altesse Royale (s. l., 1652), 7 pages.

1437. France (la) prosternée aux pieds de la Vierge pour la remercier de la paix, dédié (*sic*) à la reine, par monsieur Mercier. *Paris*, Nicolas Gasse, 1649, 8 pages.

1438. France (la) prosternée aux pieds de messieurs du Parlement pour leur demander justice. *Paris*, Denys Langlois, 1649, 8 pages.

« Corrige præteritum, rege præsens, cerne futurum. »

Voilà le texte du pamphlet, qui n'est pas trop mal écrit.

1439. France (la) réjouie par le génie du roi pour la conservation de son royaume, présentée à Sa Majesté. *Paris*, veuve d'Anthoine Coulon, 1650, 8 pages.

Signé Laisné.

« Mangot, Tou, *Laisné*, Gouin
Fournissent le Zoar rabbin. »

Rimaille sur les plus célèbres bibliotières de Paris, 1649.

1440. France (la) rétablie, ou les Pressantes exhortations à ses peuples pour les obliger à l'union, à la concorde et à la réjouissance, en faveur de la paix et des lys florissants. *Paris*, 1649, 11 pages.

« Mon lieutenant civil a déjà si bien travaillé, et travaille encore tous les jours avec tant de soin et de vigilance pour détruire cet infâme usage (des pamphlets), que peu de personnes osent s'en rendre coupables, sans, à la même heure, voir leur condamnation et leur supplice. »

1441. France (la) ruinée par les favoris (s. l., 1649), 4 pages.

Après avoir parlé de la mort de Marie de Médicis, l'auteur dit à la reine :

« Régente qui *souillez* l'honneur du diadème,
Présagez votre arrêt, signé des mains de Dieu,
Ou de vivre autrement, ou de mourir de même. »

Il menace également le roi de la mort de Charles Stuart, qu'il appelle Jacques.

1442. France (la) sans espoir (s. l.), 1649, 8 pages.

Aussi insolente que sotte. J'en citerai deux vers :

« L'âne monte sur l'éminent;
Mais l'éminent monte sur l'âne. »

Puis vient *la Guerre suivie de la paix prétendue, arrêtée en la conférence de Ruel du* 11 *mars* 1649.

« Si c'est une paix d'hiver,
On ne s'y doit point fier;
Car c'est une paix fourrée. »

1443. France (la) suppliante au roy à son sacre pour la paix. *Châlon-sur-Saône,* Pierre Cusset, 1651.

L. Jacob, *Bibliographia parisina.*

1444. France (la) triomphante sur tous les États et empires du monde, à madame la princesse Palatine (s. l. n. d.), 6 pages.

Suzanne de Nervèze.

1445. France (la) vengée des malheurs dont elle étoit menacée par les armes de Jules Mazarin. *Paris*, Michel Mettayer, 1649, 6 pages.

1446. France (la) victorieuse au roi, ou Panégyrique dédié à Sa Majesté. *Paris*, Pierre Du Pont, 1649, 32 pages.

1447. Franche (la) marguerite faisant voir : 1° que le roi ne peut pas rétablir le Mazarin, et que par conséquent l'armement qui se fait pour ce dessein, est injuste; 2° que les lois fondamentales de l'État ne permettent pas à la reine d'être chef du conseil de Sa Majesté, et que par conséquent tout ce qui se fait par son avis, ne doit pas être suivi ; 3° que le roi, quelque majeur qu'il soit, doit néanmoins vivre sous la curatèle, quoique tacite, de Son Altesse Royale et de ses princes, jusqu'à l'âge prescrit par les lois pour l'émancipation des enfants ; 4° et que pendant cette conjoncture d'affaire, Son Altesse Royale, les princes et messieurs du Parlement peuvent commander le ban et l'arrière ban, pour terminer bientôt cette guerre mazarine. (S. l. n. d.) 16 pages.

Ce pamphlet de Dubosc Montandré a été condamné à être brûlé par arrêt du Parlement, en date du 27 mars 1652.

1448. Fronde (la) du Parlement fatale au Mazarin. *Paris*, Pierre Sévestre, 1649, 8 pages.

1449. Fronde (la) ressuscitée (s. l.), 1650, 7 pages.

C'est la même pièce que la *Résurrection de la Fronde*.

1450. Fronde (la) royale. *Paris*, Jean Brunet, 1650, 7 pages.

1451. Frondeur (le) bien intentionné aux faux frondeurs. *Paris*, Nicolas Vivenay, 1651, 8 pages.

Pour le prince de Condé contre Gondy. « Vos grands soins sont de vous rendre maître des bruits de Paris, » dit l'auteur au coadjuteur.

J'ai vu à la bibliothèque de l'Arsenal, sur un exemplaire de ce pamphlet, une note manuscrite qui l'attribue à Sarrazin.

1452. Frondeur (le) désintéressé (s. l.), 1650.

Deux parties, l'une de 14 pages, l'autre de 8.

Ce pamphlet est d'Isaac de Laffemas, tour à tour avocat au Parlement, secrétaire du roi, procureur général en la chambre du commerce, avocat général en la chambre de justice, maître des requêtes, lieutenant civil au châtelet de Paris, et encore maître des requêtes. Il exerçait cette dernière charge au temps de la Fronde.

Rangouze a adressé à Isaac de Laffemas une lettre, qui se trouve dans le recueil des *Lettres panégyriques au chancelier de France, aux présidents à mortier, aux conseillers d'État, aux maîtres des requêtes*, etc.; il y donne, sur la carrière de ce magistrat, des détails qui paraissent être restés inconnus aux biographes; et parce que cette lettre est rare, j'en citerai quelques passages : « Vos services importants, dit Rangouze, obligèrent le feu roi (Louis XIII) de vous donner en pur don la charge de maître des requêtes, pour joindre à votre mérite l'autorité de rendre par plusieurs intendances la justice dans les provinces. L'exécution avantageuse des ordres qui vous furent donnés, jetta tant d'éclat dans les esprits de toute la cour qu'un des plus grands hommes du siècle jugea par les effets de votre conduite que la sagesse de vos conseils étoit encore plus nécessaire près de Sa Majesté... Les obstacles que vous y rencontrâtes, et qui seroient aussi longs à réciter que difficiles à croire, bien loin de vous abaisser, ne servirent qu'à établir plus puissamment votre réputation... C'est votre zèle et votre expérience qui ont mérité de la justice du roi la gratification de la charge de lieutenant civil, qui étoit montée à un prix excessif... Après cela, Monsieur, cédant au changement du temps, vous avez paru aussi judicieux que désintéressé, vous dépouillant d'une charge avec la même facilité que vous en aviez été revêtu, pour revenir à votre premier exercice de maître des requêtes. »

Cette dernière phrase ne veut-elle pas dire qu'après la mort de Louis XIII, Laffemas fut contraint de se démettre de sa charge de lieutenant civil ? Au moins est-il vrai que le lieutenant criminel Tardieu l'accusa, en plein conseil, d'empiéter sur sa charge. Ces tracasseries expliqueraient peut-être la démission de Laffemas.

Tallemant des Réaux, 4e volume des *Historiettes*, confirme tous les faits avancés par Rangouze ; seulement il croit que Laffemas ne reçut de Louis XIII, en pur don, qu'une partie de sa charge de maître des requêtes. « Quand, dit-il, le cardinal de Richelieu lui fit exercer par commission la charge de lieutenant civil, il acquit beaucoup de réputation, et ôta bien des abus. A vivre en saint, comme on dit, mais ce n'est pas en saint de Paradis, la charge peut valoir vingt mille livres. Il n'en tiroit que six... Laffemas n'avoit pas passé pour voleur dans les intendances qu'il avoit eues. Je crois qu'il avoit les mains nettes. Il étoit effectivement bonhomme. »

On ne s'attendait guère à voir accoler l'épithète de bonhomme au nom du terrible justicier que Despeisses définissait : *vir bonus strangulandi peritus ;* mais Tallemant des Réaux n'est pas trop persuadé de la cruauté de Laffemas : « Il a passé pour un grand bourreau, dit-il ; mais il faut dire aussi qu'il est venu en un siècle où l'on ne savoit ce que c'étoit que de faire mourir un gentilhomme ; et le cardinal de Richelieu se servit de lui pour faire ses premiers exemples. »

Le *Frondeur désintéressé* valut à son auteur de violentes attaques, tant en vers qu'en prose. Davenne publia successivement la *Réponse au frondeur désintéressé, par un autre frondeur désintéressé,* et la *Satyre, ou Feu à l'épreuve de l'eau*, etc. Du Châtelet composa l'*Apologie pour Malefas*. Des anonymes firent paraître le *Faux frondeur converti* et la *Réponse des vrais frondeurs*, etc.

Laffemas ne répliqua qu'une seule fois, au *Faux frondeur con-*

verti. C'est l'objet de la seconde partie de son pamphlet ; mais il y eut une *Défense pour le* Frondeur désintéressé, qui réfutait la *Réponse des vrais frondeurs*. Par une singularité qu'explique la folie de Davenne, la *Satyre, ou Feu à l'épreuve de l'eau* est dirigée à la fois contre ces deux dernières pièces.

Dans la première partie de son *Frondeur*, Laffemas fait très-bien remarquer que la Fronde a coûté aux Parisiens plus cher même que les partisans ; et dans la seconde :

« Parmi ces frondeurs agissants,
J'en connois beaucoup d'innocents,
Qui n'ont prêté leur entremise
A ces demi républiquains (*sic*),
Que parce que les publiquains
Nous vouloient tous mettre en chemise. »

A son avis, tout avait été fini par la paix de Saint-Germain ; et la Fronde devait être bien morte ; mais

« L'indigence des colporteurs
Et la vanité des auteurs
Sont cause qu'on la fait revivre. »

C'est de ce pamphlet que parle Tallemant des Réaux quand il dit de Laffemas (page 36 du 4e vol. des *Historiettes*) : « Il s'avisa mal à propos d'aller faire des stances en 1650, pour montrer que la Fronde n'avoit fait que du mal ; » mais je ne saurais reconnaître, entre les réponses diverses qui furent publiées, celle dont le manuscrit portait pour titre : *Au Mazarin enfariné*.

Deux pièces rappellent l'anecdote à laquelle il est fait allusion par cette épithète d'*enfariné*. Dans l'*Apologie pour Malefas*, Du Châtelet accuse Laffemas d'avoir été comédien ; et l'auteur de la *Réponse des vrais frondeurs* dit avec plus de précision qu'il avait joué à l'hôtel de Bourgogne sous le nom de *Beausemblant*. Cette fable était assez accréditée pour que les maîtres des requêtes se crussent autorisés à en faire une cause d'indignité contre lui. Ils refusèrent de le recevoir. Le procès fut porté devant le Parlement. De Pleix et Montauban, qui plaidaient pour ses adversaires, mirent en fait qu'il avait joué le rôle du *fariné*. Laffemas se défendit lui-même, et gagna sa cause.

« La vérité est, dit Tallemant des Réaux, qu'il faisoit assez bien Gros Guillaume, qu'il avoit joué plusieurs fois, mais en particulier, comme tout le monde peut faire. On disoit encore qu'il avoit joué de ses propres pièces dans une troupe de comédiens de campagne, et qu'il s'appeloit le *Berger Talemas*. Je doute même, comme quelques-uns l'ont soutenu, qu'amoureux de quelque comédienne, il ait suivi une troupe, et que par hazard il lui soit arrivé de monter sur le théâtre, une ou deux fois, pour l'amour d'elle. »

Ces anecdotes n'ont pas plus de valeur que celle de l'Étoile, qui veut que Laffemas ait été tailleur; Tallemant des Réaux dit fils de tailleur. Beausemblant est le nom de la terre où le père de Laffemas est né en Dauphiné.

On comprend que les pamphlétaires ne se sont pas fait faute de ramasser toutes ces anecdotes scandaleuses et toutes ces calomnies. Voici ce que je lis dans la *Réponse des vrais frondeurs* :

« Votre personne, si bien peinte
Autrefois par Du Châtelet,
Fait bien juger qu'un châtelet,
Qui n'est plus de votre domaine,
Est le sujet de la migraine. »

L'auteur du *Faux frondeur converti* termine sa pièce par un sonnet, où se trouvent ces deux vers :

« Voir les innocents dans les mains des bourreaux,
C'étoit jadis l'emploi de sa belle intendance. »

Celui de la *Réponse des vrais frondeurs* dit :

« Lorsque vous prêchez la clémence,
Dieu sait ce que chacun en pense....
Et l'on sait qu'un *Beausemblant*
N'a rien qu'une charité feinte. »

Il conseille à Laffemas d'écrire un *Traité de l'art de ramer,* une *Oraison patibulaire* ou le *Parfait questionnaire.*

Boisrobert disait que, quand Laffemas voyait une belle journée, il s'écriait : « Ah ! qu'il feroit beau pendre aujourd'huy ! »

Isaac de Laffemas était fils de Barthélemy de Laffemas, contrôleur général du commerce sous le règne de Henri IV. Comme son père, il s'est beaucoup occupé des choses commerciales; et nous avons de lui une *Histoire du commerce de France, enrichie des plus notables de l'antiquité et du trafic des pays étrangers*. Paris, 1606, in-12.

Je ne sais pourquoi les auteurs de la *Biographie universelle* et les éditeurs de Tallemant des Réaux le font mourir vers 1650. Je vois dans le *Journal du Parlement* que Laffemas, encore maître des requêtes, fut accusé, dans l'audience du 19 juillet 1652, d'avoir remis les sceaux à un commis de Guénégaud; ce qu'il avoua, séance tenante.

Sautereau de Marsy a publié le *Frondeur désintéressé* dans son *Nouveau siècle de Louis XIV*, p. 280 du Ier vol.; mais il n'a reproduit aucune des réponses.

1453. Frondeurs (les) champêtres, Églogue allégorique sur les affaires du temps (s. l.), 1651, 8 pages.

1454. Frondeurs (les) victorieux et triomphants sous le règne de Louis XIV, dit Dieudonné (s. l., 1650), 8 pages.

Le triomphe de la Fronde, c'était la prison des princes. Mauvais, mais peu commun.

1455. Fuite (la) des maltôtiers après Mazarin, mise en vers burlesques par le sieur Pompholis. *Paris*, 1649, 3 pages.

1456. Funeste (la) et agréable résolution du lutin du cardinal Mazarin, à la sollicitation du diable Astaroth par le moyen de l'apparition de l'ombre de Henry le Grand, et l'interprétation des songes de ce ministre faite par l'assemblée de tous les dieux souterrains. Demandez au vendeur le *Sénèque exilé*. *Paris*, 1652, 15 pages.

« J'ai trop écrit et excité à sédition... J'avoue que j'ai fait quelques pièces contre le cardinal Mazarin, notamment le *Sénèque exilé* et la (Funeste et agréable) *résolution du lutin du cardinal*, dont voici la suite. Vous pouvez les demander au vendeur; et vous verrez si je suis Prince ou Mazarin. »

C'est ainsi que le sieur du Crest fait son *meâ culpâ* dans le *Sénèque mourant*. Je ne connais rien de plus de cet écrivain.

1457. Funeste (le) hoc de Jules Mazarin. *Paris*, Nicolas Boisset, 1649, 3 pages.

1458. Funeste (le) hoc de Jules Mazarin, avec le *Salve Regina* de Mazarin et des partisans. *Rouen, jouxte la copie imprimée chez Nicolas Boisset*, 1649, 6 pages.

1459. Furet (le), ou les Pourmenades du prince de Condé (s. l.), 1649, 8 pages.

Satire très-violente, assez spirituelle et peu commune contre le prince de Condé.

1460. Fureur (la) des Normands contre les mazarinistes. *Paris,* Pierre Variquet, 1649, 16 pages.

A la suite de la *Fureur des Normands,* on doit trouver le *Dialogue du duc de Longueville et de la Normandie*.

Le duc de Longueville parle en vers, et la Normandie en prose. C'est tout ce qu'il y a à en dire.

Il en existe une édition de Rouen, Jacques Besongne, 1649, 16 pages.

1461. Fureur (la) des juifs, dédié à messieurs de la Synagogue, en vers burlesques, par Claude Veyras. *Paris,* Jacques Le Gentil, 1652, 7 pages.

Voir le *Récit naïf et véritable du cruel assassinat.... commis.... par la compagnie des fripiers de la tonnellerie*, etc.

FIN DU PREMIER VOLUME.

Ouvrages publiés par la Société de l'Histoire de France *depuis sa fondation en* 1834.

L'Ystoire de li Normant, etc., 1 vol. gr. in-8. 1835 .... 9 fr.
Histoire ecclésiastique des Francs, par Grégoire de Tours, *texte latin;* 2 vol. gr. in-8. 1836 à 1838 .... 18 fr.
— Le même ouvrage, *trad. française*, 2 vol. gr. in-8 .... 18 fr.
Lettres du Cardinal Mazarin a la Reine, etc., 1 vol. gr. in-8. 1836. 9 fr.
Mémoires de Pierre de Fenin, 1 vol. gr. in-8. 1837 .... 9 fr.
De la Conqueste de Constantinoble, par Villehardoin, 1 vol. gr. in-8. 1838 .... 9 fr.
Orderici Vitalis Historia ecclesiastica, tomes I, II et III, gr. in-8. 1838 à 1845 .... 27 fr.
Correspondance de l'Empereur Maximilien et de Marguerite, sa fille, 2 vol. gr. in-8. 1839 .... 18 fr.
Histoire des Ducs de Normandie et des Rois d'Angleterre, 1 vol. gr. in-8. 1840 .... 9 fr.
Œuvres complètes d'Éginhard, 2 vol. gr. in-8. 1840 et 1843 .... 18 fr.
Mémoires de Philippe de Commynes, 3 vol. gr. in-8. 1840 à 1847... 27 fr.
Lettres de Marguerite d'Angoulême, sœur de François Ier, 2 vol. gr. in-8. 1841 et 1842 .... 18 fr.
Procès de Condamna[illegible]on et de Réhabilitation de Jeanne d'Arc, 5 vol. gr. in-8. 18[illegible]849 .... 45 fr.
Coutumes du Beauv[illegible] publiées par M. Beugnot. 2 vol. gr. in-8. 1842 .... 18 fr.
Mémoires et Lettr[illegible]s de [illegible]arguerite de Valois, 1 vol. gr. in-8. 1842 .... 9 fr.
Chronique latine de Guillaume de Nangis, 2 vol. gr. in-8. 1843... 18 fr.
Mémoires du Comte de Coligny-Saligny, etc., 1 vol. gr. in-8. 1844. 9 fr.
Histoire des Francs, par Richer, 2 v. gr. in-8, *texte et trad.* 1845. 18 fr.
Registres de l'Hôtel de Ville de Paris pendant la Fronde, 3 vol. gr. in-8. 1846 à 1848 .... 27 fr.
Vie de saint Louis, par Le Nain de Tillemont, gr. in-8, tomes I à V. 1846 à 1849 .... 45 fr.
Journal du Règne de Louis XV, par E. J. F. Barbier, gr. in-8, tomes I et II .... 18 fr.
Bulletin de la Société de l'Histoire de France, 1834 et 1835, 2 vol. gr. in-8 .... 18 fr.
Bulletin de la Société, de 1837 à 1840, et 1843 à 1847, chaque année. 2 fr.
Annuaire de la Société de l'Histoire de France, pour les années 1837 à 1842, 1844, et 1847 à 1850, in-18, chaque vol .... 2 fr.

SOUS PRESSE :

Vie de saint Louis, par Le Nain de Tillemont, tome VI et dernier.
Bibliographie des Mazarinades, par M. Moreau, tome II.
Comptes de l'Argenterie des Rois au xive siècle, par M. Douet-d'Arc.
Journal du Règne de Louis XV, par E. J. F. Barbier, tome IIIe et dernier.

De l'imprimerie de Crapelet, rue de Vaugirard, 9

www.ingramcontent.com/pod-product-compliance
Lightning Source LLC
Chambersburg PA
CBHW050548270326
41926CB00012B/1960

* 9 7 8 2 0 1 2 5 2 5 8 9 4 *